Achim Brunnengräber (Hrsg.)

Zivilisierung des Klimaregimes

D1725030

VS RESEARCH

Energiepolitik und Klimaschutz

Herausgegeben von
PD Dr. Achim Brunnengräber, TU Dresden
PD Dr. Lutz Mez, FU Berlin

Achim Brunnengräber (Hrsg.)

Zivilisierung des Klimaregimes

NGOs und soziale Bewegungen
in der nationalen, europäischen
und internationalen Klimapolitik

Mit einem Geleitwort von Ernst Ulrich von Weizsäcker

VS RESEARCH

Bibliografische Information der Deutschen Nationalbibliothek
Die Deutsche Nationalbibliothek verzeichnet diese Publikation in der
Deutschen Nationalbibliografie; detaillierte bibliografische Daten sind im Internet über
<http://dnb.d-nb.de> abrufbar.

1. Auflage 2011

Alle Rechte vorbehalten
© VS Verlag für Sozialwissenschaften | Springer Fachmedien Wiesbaden GmbH 2011

Lektorat: Frank Schindler | Verena Metzger

VS Verlag für Sozialwissenschaften ist eine Marke von Springer Fachmedien.
Springer Fachmedien ist Teil der Fachverlagsgruppe Springer Science+Business Media.
www.vs-verlag.de

Umschlaggestaltung: KünkelLopka Medienentwicklung, Heidelberg
Gedruckt auf säurefreiem und chlorfrei gebleichtem Papier
Printed in Germany

ISBN 978-3-531-18086-1

Inhaltsverzeichnis

Vorwort

Vor annähernd zehn Jahren war ich Mitherausgeber des Sammelbandes „NGOs als Legitimationsressource" (2001). Er gab, wie dann auch der Nachfolgeband bei der Bundeszentrale für politische Bildung „Mächtige Zwerge, umstrittene Riesen" (2005 auch als Nachdruck beim VS Verlag erschienen), einen Überblick über ein neues Phänomen: Das Aufkommen der Non-Governmental-Organisations (NGOs), der nicht-staatlichen Organisationen, die mit der UN-Konferenz für Umwelt- und Entwicklung 1992 zum ernst zu nehmenden Mitspieler auf der Bühne der internationalen Politik gekürt worden waren. Die Welt erschien damals relativ übersichtlich: Von der NGOisierung der Weltpolitik war die Rede. NGOs wurden zum Hoffnungsträger in der globalen Sozial-, Menschenrechts- oder Umweltpolitik. Diese Perspektive schien damals nicht unrealistisch. Vielmehr versprach die „Friedensdividende" nach dem Ende des Ost-West-Konflikts eine Chance zur Lösung vieler Weltprobleme. Die nun nicht mehr für das Wett- und Hochrüsten benötigten Finanzmittel sollten umgelenkt und zukünftig einem besseren Zweck dienen. NGOs sollten im „globalen Reparaturbetrieb" mitarbeiten und staatlicher Kooperationspartner für eine friedliche und demokratische Welt werden.

Wie wir heute wissen, kam alles ganz anders. Die weltweiten Rüstungsausgaben wurden nicht reduziert und auch die sozialen Missstände im globalen Maßstab nicht beseitigt, wie die mangelhafte Umsetzung der im Jahr 2000 von den Vereinten Nationen verabschiedeten Entwicklungsziele (Millennium Development Goals, MDG) zeigt. Aber auch im Umweltbereich wurde mit den UN-Rahmenkonventionen zum Schutz der Biodiversität und des Klimas die Hoffnung auf eine globale Problemlösung nicht eingelöst. Im Gegenteil: Trotz der „Menschheitsaufgabe", die im Schutz des Klimas immer wieder gesehen wird, sind sogar Rückschritte zu beklagen und nationale Interessen treten immer wieder in den Vordergrund. Die Interessenlagen der Nationalstaaten, der Industrie-, Schwellen- und Entwicklungsländer, sind sehr disparat und wirken einem nötigen, anspruchsvollen Konsens bei den UN-Weltkonferenzen wie in der internationalen Klimapolitik entgegen. Offensichtlich leitet sich auch aus globalen Problemlagen, die die Menschheit insgesamt betreffen, nicht wie gehofft eine lösungsorientierte Kooperation innerhalb der Staatenwelt ab.

Aber nicht nur die internationale Politik befindet sich offensichtlich in einem Prozess wachsender Gegensätze. Auch die NGO-Landschaft wird zerklüfteter und unübersichtlicher. Zu den NGOs gesellen sich, auch in der Klimapolitik, neue soziale Bewegungen, die den Protest stärker „auf die Straße" tragen. Denn mit der Kritik an der offiziellen nationalen wie internationalen Politik zeigten sich auch deutlicher die Grenzen der NGO-Kooperation und -Einflussnahme auf das offizielle Konferenzgeschehen. Während die einen Akteure aus NGOs und Bewegungen die internationalen Klimakonferenzen jedoch weiterhin als alternativlos ansehen, fordern andere dazu auf, neue Wege einzuschlagen, nach dem Motto: Der Klimawandel braucht einen Politik- und Gesellschaftswandel. Ganz unterschiedliche Positionen werden artikuliert und das Handlungsspektrum von NGOs und Bewegungen wird ausgeweitet. Die neue Unübersichtlichkeit im Feld der sozialen Akteure ließ es konzeptionell spannend erscheinen, nicht einen neuerlichen Sammelband über NGOs in den verschiedenen Politikfeldern herauszugeben (so der Ansatz der beiden erwähnten Mitherausgeberschaften), sondern sich auf das Klimaregime, freilich in einem erweiterten Sinne, zu konzentrieren. Als Klimaregime werden hier die Akteure, Institutionen und Handlungsansätze der staatlichen wie der nicht-staatlichen Politik gerade in ihren Wechselwirkungen verstanden.

Ziel des vorliegenden Bandes ist es demzufolge, die neue Unübersichtlichkeit empirisch wie theoretisch zu reduzieren und das heterogene NGO- und Bewegungsspektrum fassbarer zu machen. Ganz unterschiedliche theoretische Ansätze werden bemüht, um zum Teil auch ähnliche politische, sozial-ökologische oder sozio-ökonomische Phänomene zu erfassen. Daneben werden gänzlich unterschiedliche Akteursgruppen und Problembereiche behandelt. Dies alles kreist letztlich aber um eine zentrale Frage: Wie ist die „Zivilisierung des Klimaregimes" möglich? Damit wird eine in der Klimapolitik eher unübliche Perspektive eingenommen. Nicht der Klimawandel selbst wird in diesem Band als zentrales Problem definiert, sondern die mindestens mangelhafte, wenn nicht sogar gescheiterte – nationale wie internationale – Regulierung des Problems.

Ausgehend von dieser zentralen Fragestellung haben sich Anfang 2010 die AutorInnen zusammengefunden und mit dem Verfassen ihrer Beiträge begonnen. Für den intensiven, inhaltlichen Austausch in den letzten Monaten, die hohe Verbindlichkeit beim Einhalten des ehrgeizigen Zeitplans und die vielen Anregungen, die ich erhalten habe, möchte ich mich an dieser Stelle ganz herzlich bei Ihnen bedanken. Die Konzepterstellung, die Absprachen mit den AutorInnen und das Redigieren der Texte fiel in die Zeit, in der ich Vertretungsprofessor am Lehrstuhl für Internationale Politik der Technischen Universität Dresden war. Ohne die Unterstützung des Lehrstuhlteams hätten die Manuskripte, eingedenk der Prüf- und Lehrverpflichtungen, wohl nie dem Verlag übergeben werden können. Namentlich danke ich Wibke Sperling, Kathrin Sommer, Christin Linße, Alexander Brand und Alexander Wajnberg für ihre hilfreichen Kommentare und die hervorragende Zusammenarbeit. Schließlich gilt mein großer Dank dem VS Verlag für Sozialwissenschaften, namentlich Frank Schindler, mit dem – wie schon vor fünf Jahren – Herausgeberschaften ein angenehmes Unterfangen sind.

Achim Brunnengräber, Berlin im Winter 2010

Hoffnungsträger Zivilgesellschaft
Aber nicht von Amerika gegängelt

Geleitwort von Ernst Ulrich von Weizsäcker

Bei den Klimaverhandlungen im Dezember 2009 in Kopenhagen gab es keine ernsthaften Zweifel mehr daran, dass der vom Menschen verstärkte Treibhauseffekt real ist. Die Vorverhandlungen in Bali 2007 waren genau davon noch ausgegangen. Europa wollte mutig voran gehen, gleichzeitig aber US-Präsident Obama dessen ohnehin schwierige Position gegenüber dem Senat nicht unnötig erschweren. Was Obama natürlich wusste, viele im EU-Lager offensichtlich aber nicht realisierten, war, dass der US-amerikanische Senat keinerlei Bereitschaft haben würde, ein Klimaabkommen zu ratifizieren. Erst sollten die großen Entwicklungsländer mit eigenen Verpflichtungen dabei sein. Deshalb musste Obama an China und Indien sehr viel mehr Interesse haben als an Europa. Da aber die großen Entwicklungsländer schon seit Monaten, nein: seit Jahren klarmachen, dass sie zu internationalen Verpflichtungen noch nicht bereit sind, war das Patt schon lange vorprogrammiert. Gegenüber dieser im Kern hoffnungslosen Situation war der „Copenhagen Accord" eigentlich relativ beachtlich.

Das tröstet aber nicht darüber hinweg, dass man mit dem Programm der Fortschreibung und der Verschärfung des Kyoto-Protokolls keinen Schritt weiter gekommen ist. Eine Einigung auf verbindliche und angemessene Geldzahlungen für Anpassungsmaßnahmen ist bekanntermaßen weit davon entfernt, umgesetzt zu werden. Die EU will „die Amerikaner wieder ins Boot holen", aber auch das wird nicht gelingen. Die amerikanische Innenpolitik bewegt sich weg von Europa und weg vom Klimaschutz. Nun sagen europäische Wirtschaftvertreter selbstverständlich, dass man aus Gründen der Wettbewerbsfairness auf keinen Fall auf die Zusammenarbeit mit den USA verzichten darf. Wenn die Regierungen, wie es ihre Art ist, dem Druck der heimischen Wirtschaft nachgeben, wird man folglich noch sehr lange warten müssen, bis überhaupt ein Kyoto-Nachfolgeabkommen zustande kommt.

Was können NGOs, was können soziale Bewegungen in dieser klimapolitisch ziemlich verzweifelten Lage tun, um die Klimapolitik voranzubringen? Natürlich müssen sie versuchen, den moralischen und politischen Druck aufrecht zu erhalten und zu verstärken. Es war das gemeinsame Verdienst von Wissenschaft und NGOs, das „2°-Ziel" in die öffentliche Meinung und die Klimadiplomatie hinein zubringen. NGOs haben sowohl in den USA wie in Europa, abgeschwächt auch in anderen Ländern, die Klimadiskussion immer wieder neu angestoßen; gerade auch dann, wenn sie drohte, im Tagesgeschäft unterzugehen. Aber insbesondere in den USA haben die NGOs, allen voran der Environmental Defense Fund (EDF), die Nähe zur Industrie gesucht. Das Motiv war ehrenhaft: In den USA bewegt sich seit Jahrzehnten nichts mehr ohne die Industrie und die Finanzmärkte. Die große Heldentat des EDF 2007 war die Partnerschaft mit dem riesigen „Heuschrecken"-Konzern KKR (Kohlberg, Kravis, Roberts) bei dessen Übernahme von Texas Utilities (TXU): Man rang dem KKR-Konzern ein Versprechen ab, 8 von 11 geplanten Kohlekraftwerken nicht zu bauen und durch Effizienz und Windenergie zu substituieren. Als Gegenleistung bot der EDF an, die Proteste gegen neue Kraftwerke einzustellen. Eine echte Leistung im inneramerikanischen Klimaschutz, aber für die internationale Klimapolitik natürlich unbedeutend. Denn es war (ungewollt) auch eine Bestätigung der amerikanischen Doktrin, internationale Verpflichtungen abzulehnen, weil man doch die eigentlichen Durchbrüche zu Hause ohne jede Einmischung von außen zustande bringe. Europäische NGOs sollten nicht in diese Falle tappen!

Meine über Jahre gewachsene Innenkenntnis der US-amerikanischen Situation hat mich mehr und mehr zu der Überzeugung gebracht, dass es ziemlich sinnlos für uns Europäer ist, uns an Amerika zu binden. Der US-Senat, der in aller Regel die alleinige Macht hat, internationale Verträge für die USA in nationales Recht zu verwandeln, hat sich seit der Regierungszeit von Ronald Reagan vom Ratifizieren internationaler Verpflichtungen praktisch verabschiedet. Das Abschmettern der von US-Präsident Obama unterstützten Klimavorlage im Juli 2010 war nicht ein Betriebsunfall, sondern die Fortsetzung einer konsequenten Verweigerungspolitik.

Die Hauptfrage, die man sich stellen muss, ist: Wie kann Europa zusammen mit anderen Ländern einen klimapolitischen Alleingang unter Aussparung der USA hinbekommen, ohne dabei wirtschaftlichen Schaden zu nehmen? Denn auch in Europa ist es ja fast unmöglich, gegen „die Wirtschaft" Politik zu machen. Aber in Europa gibt es tendenziell noch eine Allianz zwischen NGOs und dem Staat, auch wenn dieser in aller Regel wirtschaftsfreundlich gepolt ist. In den USA hingegen hat sich seit dem Amtsantritt von Ronald Reagan eine immer merkwürdiger werdende Staatsverachtung ausgebildet. „Non-governmental" hat dort nicht nur eine definitorische Bedeutung, sondern adelt zugleich: „Wir handeln als unabhängige Bürger, und die brauchen eigentlich gar keinen Staat". Die gegenwärtige Tea-Party-Bewegung, die nun alles andere als progressiv ist, ist der bisherige bizarre Höhepunkt dieser im Volk scheinbar tief verwurzelten Staatsverachtung.

Zurück zur Hauptfrage: können wir klimapolitische „Alleingänge" riskieren? Hierzu stelle ich die These auf, dass wir Europäer uns mit den Asiaten, einschließlich der Chinesen, zusammenschließen sollten. Der Kern der neuen Allianz müsste die klimaverträgliche Technologieentwicklung sein. Wenn es gelingt, dass die dem 21. Jahrhundert gemäßen Technologien und Infrastrukturen von Europa und Asien aus konzipiert und entwickelt werden, dann bleibt den USA über kurz oder lang gar nichts anderes übrig, als sich anzuschließen. Wenn Wall-Street-Vertreter beim US-Senat anklopfen, man solle die Blockade der Klimapolitik auflösen, ist das viel wirksamer, als wenn unsere Politiker als klimapolitische Bittsteller in Washington vorstellig werden.

Doch ist das nicht Traumtänzerei? Können wir mit dem Kriterium der Klimaverträglichkeit eine technologische Führerschaft erwerben? Ich meine ja, das geht. Der Beweisführung dient das neue Buch „Faktor Fünf".[1] Darin wird ausgeführt und belegt, dass eine Verfünffachung der Ressourcenproduktivität technologisch erreichbar ist. Insbesondere die Verminderung der CO_2-Intensität der gesamten Wirtschaft um einen Faktor Fünf ist machbar, und zwar auch in den als besonders schwierig geltenden Sektoren wie Verkehr, Landwirtschaft und Industrie. Bei Gebäuden ist inzwischen eher ein Faktor Zehn erreichbar. Unter den Bedingungen von „Peak Oil" dürfte sich ein Vorauspreschen mit solchen Technologien, Infrastrukturen und Lebensgewohnheiten rasch als Wettbewerbsvorteil erweisen.

China hat die aggressive Dekarbonisierung ohnehin vor. Man hat es ja den Chinesen geradezu vorgeworfen, mit ihrem Kopenhagener „Angebot", die CO_2-Intensität der chinesischen Wirtschaft innerhalb von 15 Jahren um 40-45% zu senken, nichts anderes als ihre ohnehin vorhandenen Planungen auf den Verhandlungstisch zu legen. Aber warum soll das eigentlich ein Vorwurf sein? Es ist doch prima, wenn die chinesische Führung eine so drastische Politik verfolgt. Japan und Südkorea sind ebenfalls durchaus bereit, sich auf den Weg der Klimaverträglichkeit zu begeben, wobei allerdings leider die Kernenergie eine viel zu prominente Rolle spielt. Aber das japanische Top-Runner-Programm, nach welchem das jeweils energieeffizienteste Produkt innerhalb einer Produktklasse zum „Top Runner" gekürt und damit zum Standard gemacht wird, kann sich sehen lassen.

Die europäischen und asiatischen Industrieländer bringen zusammen deutlich mehr auf die Waage als die USA. Und wenn China (heute bereits das Land mit dem größten *Industrie*volumen) mitmacht, dann wird ganz Amerika hellwach und gerät in Alarmstimmung. Dann kehrt sich die Situation von Kopenha-

---

[1] Von Weizsäcker, Ernst Ulrich; Hargroves, Karlson u.a. (2010): Faktor Fünf. Die Formel für nachhaltiges Wachstum. München: Droemer Knaur.

gen um, und auf einmal sitzen dann die Europäer und Japaner mit den Chinesen im geheimen Green Room, während die Amerikaner draußen bleiben. Doch die skizzierte Allianz der euro-asiatischen Industrieländer unter Einschluss Chinas ist klimapolitisch noch nicht gut genug. Wenn Indien, Bangladesch, die „Tiger-staaten", Lateinamerika und Afrika mit ihrem immer kohleintensiveren Wachstum fortfahren, ist nicht allzu viel gewonnen. Um all diese Länder ins Boot zu holen, gibt es nur einen Weg: das diplomatische Angebot von pro Kopf gleichen Emissionsrechten weltweit.

Zwar gibt es noch die Hürde, dass die Entwicklungsländer uns vorhalten, wir hätten ja die energieintensiv hergestellte Infrastruktur schon stehen, sie müssten diese erst aufbauen, also bräuchten sie höhere pro Kopf-Erlaubnisse als wir. Das Argument entspricht dem „Budget-Ansatz" des WBGU von 2009.[2] Aber auch darauf könnten wir uns einlassen, wenn wir nur halbwegs großzügige Übergangszeiten vereinbaren. Bei pro Kopf gleichen Emissionsrechten ist es allerdings so gut wie ausgeschlossen, die US-Amerikaner ins Boot zu holen, ebenso die Kanadier, Australier, Saudi-Araber und ein paar andere. Das soll uns aber keine Angst einjagen. Unter dem Gesichtspunkt des Wettrennens zu den klimaverträglichen Technologien des 21. Jahrhunderts kann uns das *wettbe-werbs*mäßig egal sein. Bloß *klima*politisch tut es selbstverständlich weh.

Was wir innenpolitisch durchsetzen sollten, um den Abschied aus der CO_2-Intensität möglichst profitabel zu machen, wäre ein künstlicher Preis für CO_2-Emissionen oder besser noch Energie insgesamt. Die in Ökonomenkreisen favorisierten CO_2-Handelssysteme sind nicht unbedingt der beste Weg dahin. Sie sind großen spekulativen Schwankungen unterworfen und haben sich durch allerlei kuriose Ausgleichsmechanismen auch ökologisch in Verruf gebracht. Demgegenüber ist die in Deutschland von 1999 bis 2003 durchgeführte aufkommensneutrale Ökologische Steuerreform eine sehr vernünftige Maßnahme gewesen; und sie hat ja inzwischen zwei Regierungswechsel klaglos überstanden – allerdings ist sie leider auf dem Stand von 2003 eingefroren worden.

In „Faktor Fünf" plädieren wir nun für ein neues Modell: Die Anhebung der Energiepreise (und anderer Ressourcenpreise) in strikter Parallelität zu den gemessenen Effizienzfortschritten des Vorjahres. Dann bleiben die durchschnittlichen monatlichen Kosten für Energie konstant. Bloß die Überverbraucher werden leicht bestraft und die Effizienzkönige leicht belohnt. Durch eine Differenzierung nach Kriterien wie CO_2-Ausstoß oder Radioaktivität kann man Fehlsteuerungen vermindern. Setzt man so ein System sehr langfristig durch, dann hat es trotz der jederzeit sehr zahmen Änderungen eine enorme Anreizwirkung für Ingenieure, Investoren, Planer und Verbraucher. Das Modell ist der seit gut 150

---

[2] WBGU (2009): Kassensturz für den Weltklimavertrag, Berlin.

Jahren wirksamen Dynamik der Erhöhung der Arbeitsproduktivität abgeschaut. Diese ist nämlich überall auf der Welt im Wesentlichen im Gleichschritt mit den Bruttolohnkosten angestiegen. Löhne und Produktivität haben sich jeweils gegenseitig zur Steigerung angestachelt, und am Ende war die Arbeitsproduktivität gut zwanzigfach gestiegen.

NGOs und soziale Bewegungen sollten mutig genug sein, sich mit frischen Gedanken auf den Weg der Klimapolitik zu machen. Staatsverachtung wie in den USA ist das falsche Rezept. So etwas wie eine ökologisch und technologisch motivierte Preispolitik für Energie oder CO_2 kann überhaupt nur der Staat durchsetzen. Die Weltgemeinschaft der Zivilgesellschaften darf sich aber auch nicht von den langsam gewordenen USA am Nasenring durch die Arena führen lassen. Sie soll selber führen. Dann werden die USA auch folgen.

Das Klimaregime
Globales Dorf oder sozial umkämpftes, transnationales Terrain?

Achim Brunnengräber

Den Theorien der Internationalen Beziehungen liegen sehr unterschiedliche Prämissen zu Grunde. Die internationale Politik ist im Wesentlichen, so die geläufige Überzeugung der (neo)realistischen Schule, von Anarchie geprägt. Einzelstaatliche und unterschiedlich mächtige Akteure streben unter den Bedingungen der formalen Herrschaftsfreiheit nach Selbstbehauptung. Zentral sind hier die Interessen der Nationalstaaten, die sich im internationalen System zu behaupten haben. Die (neo)institutionalistischen Ansätze, zu denen Regimeansätze gezählt werden, gehen von Interdependenzen, geteilten Normen und Prinzipien aus, die grundsätzliche und auch tief reichende Kooperationen begründen. Hierbei werden auch die substaatliche Ebene und gesellschaftliche Gruppen in den Fokus genommen. Schließlich wird in einem jüngeren Strang, der konstruktivistischen Schule, die Bedeutung von Ideen sowie die soziale Konstruktion von Problemen und daraus abgeleitete Lösungsansätze thematisiert. Diese unterschiedlichen Theorieschulen lassen sich gleichermaßen und mit einiger Plausibilität auf die internationale Klimapolitik beziehen.

In diesem, den Band zur „Zivilisierung des Klimaregimes" einführenden Beitrag, wird dementsprechend argumentiert, dass es verkürzt wäre, nur die nationalstaatliche Machtpolitik in den Blick zu nehmen, um etwa das Scheitern der Klimakonferenz 2009 in Kopenhagen erklären zu können. Das liegt zwar nahe, lässt aber den Einfluss wirtschaftlicher Akteure im innerstaatlichen wie transnationalen Kontext außen vor, die sich teils mit ihren spezifischen Anliegen gegen ein aus Sicherheitsbedürfnissen begründbares „nationales Interesse" der Staaten an Klimaschutzbemühungen durchsetzen konnten und damit ganz erheblich zum Scheitern beigetragen haben. Auch der Regimeansatz greift zu kurz. Mit ihm lässt sich zwar begründen, warum es vor dem Hintergrund des Klimawandels überhaupt zur Kooperation innerhalb der Staatenwelt und damit zur Bearbeitung des Problems im Rahmen der Konvention zum Schutz des Klimas und zum Kyoto-Protokoll kam (in Kraft getreten 1994 bzw. 2005). Doch in der Regimeforschung wird eher von dynamischen, fortschreitenden Prozessen der Institutionalisierung

ausgegangen. Die „Problemsolving-Attitüde" (List 2007: 238, Gehring/Oberthür
1997: 23) lässt das Erfassen von Rückschritten oder gar den Zerfall eines Regimes
analytisch aber kaum zu. Schließlich bietet die konstruktivistische Perspektive
Einsichten in die Problemkonstitution, die heute kaum unterschiedlicher sein
kann. Das vermeintliche globale Umweltproblem „Klimawandel" wird nicht mehr
nur als Bedrohung der Menschheit oder als Umweltkatastrophe gedeutet und
wahrgenommen, sondern zunehmend auch als Chance für wirtschaftlichen Auf-
schwung oder als Motor für gesellschaftlichen Wandel (zu den verschiedenen
„Konstruktionen" bspw. Welzer 2008 („Klimakriege"), Edenhofer/Stern 2009
(„Towards a Global Green Recovery") oder Homer-Dixon 2010 („Der heilsame
Schock")). Der Konstruktivismus kann zwar plausibel aufzeigen, inwiefern Ideen
und Prozesse diskursiver Bedeutungsprägung für die jeweilige Problemdefinition
und Wahl der Lösungsstrategien etwa bei der Entstehung der Klimarahmenkonvention mitverantwortlich waren (Ulbert 1997, Pettenger 2007, siehe auch den
Beitrag von Chris Methmann in diesem Band). Die materiell-stofflichen Dimensionen des Klimawandels sowie die sozio-ökonomischen Ungleichheiten, die die
Menschen mehr oder weniger in die Lage versetzten, auf den Klimawandel zu
reagieren, bleiben dadurch aber unterbestimmt.

Werden diese theoretisch-konzeptionellen Dimensionen aber als integraler
Bestandteil einer Analyse der internationalen Klimapolitik zusammengeführt, so
lässt sich Klimapolitik als transnationales und umkämpftes Konfliktterrain be-
greifen, auf dem unter Beteiligung ganz unterschiedlicher Akteure um die
Durchsetzung von durchaus auch gegenläufigen Interessen gerungen wird (zur
Rolle von NGOs dabei siehe den Beitrag von Barbara Unmüßig in diesem Band).
Wenn im Nachfolgenden vom „Klimaregime" gesprochen wird, ist dieses Konfliktterrain gemeint, das analysiert wird, und nicht eine normative Lesart der
Regimeanalyse, der eine Vorstellung der Problemlösung unterliegt. Zugleich
wird der Schwerpunkt dieses Beitrags auf der Bedeutung von Non-Governmen-
tal-Organisations (NGOs) und Neuen Sozialen Bewegungen (NSB) liegen. Dies
ist freilich diesem Band geschuldet, der durch eine zentrale Frage zusammen-
gehalten wird: Der Klimawandel ist real, er beruht auf sozial ungleich verteilten
Ursachen und führt zu sozial ungleich verteilten Betroffenheiten, und er wird im
Rahmen der staatlichen und der internationalen wie der marktwirtschaftlichen
Ordnung nicht angemessen reguliert. Große Hoffnungen liegen folglich auf
NGOs und Neuen Sozialen Bewegungen. Sind diese zivilgesellschaftlichen Akteure aber in der Lage, zur „Zivilisierung des Klimaregimes" beizutragen oder
sind sie nicht selbst Bestandteil eines komplexen und widersprüchlichen Terrains? Die Beiträge in diesem Band versuchen, empirie- wie theoriegeleitet Antworten auf diese Frage zu geben.

Einleitend wird in diesem Beitrag zunächst ein Überblick über das Terrain gegeben, auf dem sich NGOs und NSB bewegen. Dann wird die Regimebildung vorgestellt, um schließlich zu argumentieren, dass die Phase der Regimegenese von einer Phase der Re-Nationalisierung entsprechend der realistischen Theorieschule abgelöst wurde. Nach definitorischen Ausführungen zum Phänomen der NGOs und der NSB werden theoriegeleitete Erörterungen zu deren Bedeutung in der inter- und vor allem transnationalen Politik angestellt. Auf die komplizierte Materie der internationalen Klimaverhandlungen, die Wirkungsweise der marktwirtschaftlichen Instrumente oder die Anpassungspolitik in Bezug auf die Entwicklungsländer wird knapp eingegangen (dies ist an anderer Stelle ausführlich geschehen: Brunnengräber et al. 2008; Brunnengräber 2009). Dieser Teil ist aber unerlässlich, um die Regimeeffektivität einschätzen zu können. Der Beitrag schließt mit einer zusammenfassenden Begründung, warum es aus politik- wie aus sozialwissenschaftlicher Perspektive geboten ist, das Klimaregime als Konfliktterrain zu konzeptionalisieren – und ein Scheitern des Regimes nicht grundsätzlich auszuschließen. Dann erst wird die zivilisatorische Herausforderung deutlich, die mit der Lösung des Klimaproblems verknüpft ist.

Von der Staatenwelt zur Gesellschaftswelt

Nach dem realistischen Paradigma besteht die Welt aus Einzelstaaten, die unter den Bedingungen der formalen Herrschaftsfreiheit (Anarchie) je spezifischen Strategien, prinzipiell aber einer Handlungslogik der Existenzsicherung folgen. Die Welt seit dem Westfälischen Frieden von 1648 bis zum Ende der Blockkonfrontation 1989 war in der Politikwissenschaft, die die internationalen Beziehungen zum Gegenstand hatte, vornehmlich eine Staatenwelt und ein internationales System. Die Frage der demokratischen Gestaltung dieses Systems wurde nicht gestellt oder schien geklärt: Weil die Regierungen der Nationalstaaten – wenn auch nicht alle – demokratische Legitimität dadurch besaßen, dass sie von ihren Bürgerinnen und Bürgern gewählt worden waren, wurden in der Konsequenz auch die internationalen Institutionen als demokratisch legitimiert betrachtet und – wenn auch nicht immer protestfrei – akzeptiert. Normen, Werte, Regeln und – sofern diese eine gewisse Dauerhaftigkeit erlangen – Organisationen und Regime waren der Ausdruck der Beziehungen der Staaten untereinander. Das Prinzip der Nichteinmischung in die inneren Angelegenheiten garantierte – vor allem in der OECD-Welt – die grundsätzliche Souveränität der einzelnen Staaten auf ihrem Territorium.

Doch seit den 1990er Jahren sind die Strukturveränderungen des internationalen Systems unübersehbar. Denn der „Systemwettbewerb", der die Welt der

Nachkriegszeit übersichtlich binär und nationalstaatlich strukturierte, wurde mit dem Zusammenbruch des „real existierenden Sozialismus" und dem „Sieg im Kalten Krieg" beendet. Zugleich wurden die globalen Problemlagen wie der Klimawandel, der Verlust an biologischer Vielfalt oder der Mangel an Süßwasser immer deutlicher. Distanzen wurden kleiner, die entferntesten Weltregionen rückten näher aneinander und das globale Dorf schien als „Schicksalsgemeinschaft" real zu werden. Insbesondere der Klimawandel wird seit mittlerweile zwei Jahrzehnten entsprechend interpretiert. Er gilt als eine – wenn nicht sogar *die* – globale Herausforderung der Menschheit im 21. Jahrhundert, mit der sich die Staatenwelt konfrontiert sieht. Wissenschaftlich wie politisch wird der Klimawandel als globales Umwelt- und Menschheitsproblem – und zunehmend auch als neues Sicherheitsproblem (Schwartz/Randall 2003; Europäische Kommission 2008) – diskursiv gerahmt und bearbeitet, sprich: sozial konstruiert. Grundlage dieser Diagnose ist die Feststellung, dass, wenn auch unterschiedlich, alle Menschen weltweit von den Folgen des Klimawandels betroffen sind und auch die „Reichsten" und „Mächtigsten" sich diesen Folgen langfristig nicht werden entziehen können (Beck 2008). Ein globales, gleichgerichtetes und gemeinsames Interesse an der effektiven Problemlösung scheint die logische Schlussfolgerung aus dieser Diagnose.

Auf territoriale Souveränität können sich nationalstaatliche Institutionen aber nun nicht mehr wie früher einmal berufen. Der Treibhauseffekt kennt keine Grenzen und die Regeln des Kyoto-Protokolls sind verpflichtend, wenn ein Land das Vertragswerk erst einmal ratifiziert hat. In der Folge kommt es zu veränderter Staatlichkeit, weil die internationale Politik eine Wirkungsmacht entfaltet, die den schwachen Nationalstaaten ungewollt und den starken Nationalstaaten oft selbst zu verantwortende Anpassungsleistungen an von außen gesetzte Restriktionen und Sachzwänge abringt. Dabei ist offensichtlich, dass die Anpassungskapazitäten an den Klimawandel ungleich verteilt sind. In der Welt der hoch entwickelten Industrieländer entstehen Forschungsverbünde zum Klimawandel, Anpassungsprogramme, kommunale Arbeitsgruppen und regionale Foren, um Antworten auf den Klimawandel zu finden. In manchen ärmeren und von gewalthaltigen Konflikten überzogenen Regionen der Welt hingegen gelingt eine solche Anpassung nicht; mit dem fatalen Effekt, dass die staatliche Politik von den betroffenen Bevölkerungen kritisiert wird, sich Konflikte um knappe Ressourcen zuspitzen und die Versorgung der Bevölkerung mit öffentlichen Gütern zusammenbricht.

Hier kommt besonders deutlich die soziale *Ungleichheit* des Klimawandels zum Ausdruck. Von einem globalen Umwelt- oder Menschheitsproblem lässt sich also nur sprechen, wenn gleichzeitig von den sozialen Ungleichheiten und Verteilungskonflikten abstrahiert wird, die dem Klimawandel inhärent sind (zur besonderen Stellung der Länder Afrikas etwa Unmüßig / Cramer 2008). Die unterschiedlichen Betroffenheiten, die internationalen und innergesellschaftlichen Kräfte- und Herrschaftsverhältnisse im Nord-Süd-Kontext, den hierin verankerten Macht-Wissen-Asymmetrien und die historisch-materiellen Ursachen des Klimawandels – etwa die Herausbildung fossilistischer Produktions- und Konsumptionsmuster im globalen Norden – bleiben dann außen vor.

Das realistische Paradigma kann diese Wahrheit der subnationalen sozialen Ungleichheiten nicht erfassen. Das liberal-institutionalistische Paradigma, bei dem transnationale, Staatsgrenzen überschreitende gesellschaftliche Gruppen und Interessenkonstellationen berücksichtigt werden, erfasst dagegen Entwicklungsdynamiken von der Staaten- hin zur Gesellschaftswelt (Czempiel 2002). Dann gerät eine dreifache Ungleichheit („triple inequality") in den Blick, die sich aus der unterschiedlichen Verantwortung für das Problem, der unterschiedlichen gesellschaftlichen Verwundbarkeit gegenüber den Folgen des Klimawandels (Vulnerabilität) und den unterschiedlichen Möglichkeiten zur Emissionsvermeidung zusammensetzt (Roberts/Parks 2007). Die Ungleichheiten spiegeln sich schließlich in unterschiedlichen Handlungs-, Einfluss- und Gestaltungspotenzialen von Akteuren, d.h. Verursachern und Betroffenen, wider, die schon existierten, als die Klimafolgen noch nicht in dem Maße wie heute virulent waren (Dietz/Brunnengräber 2008). Regime der realen Welt weichen, so schreibt Harald Müller, dann von idealistischen Konstruktionen ab. Regime können auch „Ungleichheits-Normen" inkorporieren (Müller 1993: 53).

Von der Anarchie zum Regime – und wieder zurück

Regime entstehen, so eine der definitorischen Hinführungen, wenn zunehmend nationalstaatlich geteilte Interessen vorliegen oder ein breit geteiltes Verständnis über das Problem besteht, so dass es zur Internationalisierung eines vormals nationalen Politikfeldes kommt (List 2007: 231). In der Klimapolitik waren die Wissenschaft, NGOs und Kommunen diejenigen, die das Problem zunächst politisierten. Über 300 WissenschaftlerInnen und VertreterInnen von Umweltorganisationen aus 48 Ländern waren bei der ersten Klimakonferenz 1988 in Toronto als Privatpersonen von der kanadischen Regierung eingeladen worden, um sich mit dem Klimawandel zu beschäftigen. Das Agenda-Setting fand in diesem Fall also über den Weg *transnationaler* Politik Eingang in Nationalstaaten und wurde daraufhin wiederum internationalisiert, sprich den Vereinten Nationen (United Nations, UN) überantwortet. In Toronto verständigten sich die Teilnehmer auf eine Deklaration, in der eine international gültige Klimakonvention, eine Verringerung des weltweiten Kohlendioxidausstoßes um 20 Prozent bis zum Jahr 2005 bzw. um mehr als 50 Prozent bis zum Jahr 2050 sowie eine Steigerung der Energieeffizienz um 10 Prozent bis 2005 gegenüber dem Basisjahr von 1988 gefordert wurden. Diese Übereinkunft wurde als *Toronto-Ziel* bekannt; sie stellt den ersten Ausgangspunkt einer globalen Rechtsentwicklung zum Klimaschutz dar und war anspruchsvoller als alles, was später von Regierungen an Reduktionszielen im Kyoto-Protokoll verankert wurde.

Im gleichen Jahr wurde auf Veranlassung der UN-Vollversammlung und in Zusammenarbeit der World Meteorological Organization (WMO) mit dem UN-Entwicklungsprogramm (UNEP) das Intergovernmental Panel on Climate Change (IPCC) ins Leben gerufen. Das IPCC bildet die *epistemic community* (allgemein zu diesem Terminus Haas 1992), die seither eine so tragende Rolle in den Klimaverhandlungen spielt. Die Gründung dieses von WissenschaftlerInnen aus der ganzen Welt gebildeten Ausschusses stellte die zweite Grundlage für die Ausarbeitung der Klimarahmenkonvention dar (Framework Convention on Climate Change; FCCC). Das transnational strukturierte IPCC trägt dazu bei, die Wirkungen des Klimawandels, die zu erwartenden Folgen und die zum Erhalt der Erdatmosphäre notwendigen Maßnahmen wissenschaftlich zusammenzutragen und darzulegen (etwa IPCC 2007). Seine Rolle im Klimaprozess und hinsichtlich der Bedeutungskonstruktion des globalen Klimawandels sind aber nicht unumstritten (Demeritt 2001). Deutungen der Berichte des IPCC etwa durch Klimaskeptiker wie Klimaschutzbefürworter, waren – bei deutlichen Diskursverschiebungen – stets Teil des Konfliktfeldes. Während der anthropogen verursachte Klimawandel zu Beginn der 1990er Jahre noch mit einigem Nachdruck geleugnet wurde, ist dies 2010 kaum noch der Fall. Dafür gewinnen Auseinandersetzungen darüber an Intensität, ob Emissionsreduktionen überhaupt sinnvoll sind oder Anpassungsmaßnahmen, weil schneller umsetzbar, nicht die bessere Klimaschutzpolitik darstellen.

Das UN-Sekretariat der internationalen Klimapolitik in Bonn kann dagegen als relativ neutraler Prozessmanager angesehen werden. Es ist für die Organisation und den reibungslosen Ablauf der klimapolitischen Verhandlungen verantwortlich. Das oberste, Beschluss fassende Organ der internationalen Klimapolitik ist schließlich die seit 1995 jährlich stattfindende Vertragsstaatenkonferenz, auf der die Normen und Regeln festgelegt werden, mit denen dem Klimawandel begegnet werden soll. Damit sind alle Ingredienzien – Sekretariat, *epistemic community*, Staatenkonferenz, Prinzipien, Normen und Regeln – gegeben, die ein ordentliches Regime auszeichnen (Ott 1997). Die erste Phase der internationalen Klimapolitik zwischen 1992 (Klimarahmenkonvention) und 2009 (Kopenhagener Klimagipfel) zeichnet sich demzufolge auch durch die Genese eines solchen Regimes aus (Ott 1997, Oberthür/Ott 2000). Die Regimeentstehung und – wird das marktwirtschaftliche Regelwerk miteinbezogen – die Regimekonsolidierung scheinen aber an einem Endpunkt angelangt. Formal läuft das völkerrechtlich verbindliche Kyoto-Protokoll Ende 2012 aus, politisch ist die nationalstaatliche Klimapolitik kaum auf dem Pfad eines anspruchsvollen Nachfolgeabkommens. Schon jetzt gelingt die Reduktion der schädlichen Treibhausgase nur unzulänglich. Dennoch kann, wie unten noch zu zeigen sein wird, von einer gewissen Robustheit des Klimaregimes gesprochen werden.

Spätestens 2009 in Kopenhagen zeigte sich jedoch in gleich mehrfacher Hinsicht eine deutliche Zäsur in der Regimeentwicklung. Nie zuvor wurden die Handlungsgrenzen multilateraler, auf Konsens zielender Klimapolitik so deutlich wie bei diesen zähen, ergebnislos verlaufenden Verhandlungen. Die unauflösbaren Interessenkonflikte, für die Kopenhagen 2009 insbesondere im Gedächtnis bleiben wird (das unverbindliche Abschlussdokument, der Copenhagen-Accord, wurde nur zur Kenntnis genommen), hatten sich allerdings schon länger angedeutet. Und sie hatten ihre Ursachen auch nicht in den Widrigkeiten der mittlerweile überkomplexen Klimaverhandlungen selbst, sondern in drei externen „Effekten": einmal den Machtverschiebungen im internationalen System (Messner 2006), dann in der Finanzmarkt- und Weltwirtschaftskrise sowie in der nur innenpolitisch begründbaren Rolle der USA als schwergewichtige Klima-Opposition. Sie deuten in der Summe auf eine – dem realistischen Paradigma nahe kommenden – Re-Nationalisierung der Politik hin.

(1) Das Erstarken der BRIC-Staaten Brasilien, Russland, Indien und China in der Weltwirtschaft bleibt auch für das klimapolitische Konfliktterrain nicht ohne Konsequenzen. Vor allem Indien und China mit 40 Prozent der Weltbevölkerung sind längst aus dem Schatten Europas, Japans und den USA hervorgetreten, als machtvolle Verhandlungspartner agieren und leiten eine „tektonische Verschiebung" der Weltordnung ein (Flavin/Gardner 2006: 53). Die Erweiterung der G8 zur G20 im Zuge der Finanzmarktkrise ist nur eines, wenn auch ein deutliches politisches Zeichen für diese Entwicklung. Ein weiteres sind die Auswirkungen auf den Klimawandel: Das Wachstum in den BRIC-Staaten führt zu einer gesteigerten Nachfrage nach fossilen Energieträgern und durch deren Verbrennung zu einem globalen Anstieg an Treibhausgasen. Wenn die Industrieländer nun fordern, dass auch die Schwellenländer einen Beitrag zum Klimaschutz leisten müssen, erscheint das mehr als gerechtfertigt. Es lässt sich aus einer realistischen Perspektive aber auch so deuten, dass die Selbstbehauptung im Vordergrund steht. Denn es drohen nationale Wettbewerbsnachteile und eine Infragestellung der ökonomischen Machtbasis, wenn die Industrieländer kostspielige Klimaschutzmaßnahmen ergreifen und die BRIC-Staaten davon ausgenommen sind. Für die BRIC-Staaten wäre es wiederum von Nachteil, wenn sie nicht ebenso wie die Industrieländer gerade in der Phase ihres wirtschaftlichen Aufstiegs auf billige, fossile Energieträger zugreifen können.

(2) 2008 brach zudem die Finanzmarkt- und in der Folge eine Wirtschaftskrise aus – ebenfalls mit erheblichen Konsequenzen für die Klimaverhandlungen. Zum einen waren die BRIC-Staaten in geringerem Ausmaß von der Krise betroffen. Sie traten 2009 in Kopenhagen selbstbewusster und fordernder als jemals zuvor in den Klimaverhandlungen auf. Mit einigem Recht klagten sie auch die Industrieländer an, die sich in der Mehrzahl schwer damit tun, die selbst gesteckten Reduktionsziele des Kyoto-Protokolls zu erfüllen (Ziesing 2008, siehe unten). Zum anderen zeigte sich, dass in Krisenzeiten die Bereitschaft zum Finanztransfer in die Entwicklungsländer und die Bereitschaft, sich auf klimapolitische Regulierungen einzulassen, die womöglich neuerliche Wachstumsdynamiken verhindern könnten, mehr als gering sind. Die Milliardenausgaben der Industrieländer für Konjunkturpakete, Rettungsschirme und Stabilisierungsmaßnahmen ihres jeweils nationalen Banken- und Wirtschaftssektors verhinderten zudem, dass der Handlungsspielraum für konkrete finanzielle Zugeständnisse bestand.

(3) Spätestens seit 2001 und geprägt von der ablehnenden Haltung der damaligen Bush-Regierung betätigen sich die USA am den Klimaverhandlungen als Bremsernation. Die Theorie der hegemonialen Stabilität, der zufolge es für die Begründung und Konsolidierung eines internationalen Regimes der Vorleistung eines starken Akteurs (Hegemon) bedarf, trifft auf das Klimaregime folglich nicht zu (Keohane 1984). Mit dem Regierungswechsel 2008/09 und dem neuen Elan, den US-Präsident Obama und die Demokraten gerade auch in die Klimapolitik einbrachten, stiegen zunächst die Hoffnungen darauf, dass in den internationalen Klimaverhandlungen ein Durchbruch gelingen könnte. Doch früh schon war abzusehen, dass das Anfang 2009 im Repräsentantenhaus vorgelegte Klimagesetz, der *American Clean Energy and Security Act*, im US-amerikanischen Kongress keine Überlebenschance haben würde. Nach den Zwischenwahlen in 2010 und den neuen Mehrheitsverhältnissen im Repräsentantenhaus sowie der neuen Sitzverteilung im Senat gilt es als ausgeschlossen, dass das Energie- und Klimaschutzgesetz in der vorliegenden Form den politischen Prozess überstehen und verabschiedet wird. Das kurze, vermeintlich klimafreundliche Zeitfenster, das mit dem Amtsantritt der Obama-Administration geöffnet wurde, hat sich nur allzu schnell wieder geschlossen (weshalb Ernst Ulrich von Weizsäcker in seinem Geleitwort zu diesem Band auch eine neue Bündnispolitik zwischen Asien, China und Europa – zunächst ohne die USA – vorschlägt).

Alles deutet somit darauf hin, dass die Klimapolitik noch länger und in den kommenden Jahren wieder deutlicher im Schatten nationalstaatlicher Handels-, Wettbewerbs- und Finanzmarktpolitik stehen wird. Denn die drei beschriebenen Strukturveränderungen des nationalen wie internationalen Staatengefüges – ausgelöst durch den Machtzuwachs der BRIC-Staaten, die Finanzmarktkrise und den (gescheiterten) innenpolitischen Neuanfang in den USA – sind keine vorü bergehenden Erscheinungen. Sie stehen erst für den Anfang einer Entwicklung und sind Signal für die Herausbildung veränderter, sehr weit reichender weltpolitischer Kräftekonstellationen. So wie das Ende des Ost-West-Konfliktes die UN-Konferenz für Umwelt und Entwicklung 1992 in Rio de Janeiro mit dem anschließenden Jahrzehnt der Weltkonferenzen der UN (Fues/Hamm 2001) und ebenso die „NGOisierung der Weltpolitik" ermöglichte (Brunnengräber et al. 2005), so bleiben auch die neuen weltpolitischen Verschiebungen nicht ohne erhebliche Konsequenzen für die zivilgesellschaftlichen Akteure in NGOs und NSB – und für das Klima.

Von der NGOisierung zu neuen Bewegungen

Was für die internationalen Klimaverhandlungen gilt, ist verallgemeinerbar: Die Regierungspolitiken, die Verhandlungsdiplomatie und die internationalen Institutionen sind längst nicht mehr die alleinigen Akteure auf der Bühne der internationalen Politik (Altvater/Brunnengräber 2002). Die Politik wird auch dort begleitet von NGOs und ihren Netzwerken. Die Zahl der international tätigen Organisationen hat bereits seit Beginn des vorhergehenden Jahrhunderts stetig zugenommen, mit besonderer Dynamik seit den 1980er und 1990er Jahren. Die „Revolution" im Kommunikationsbereich durch die Nutzung von Computer und Internet hat wesentlich dazu beigetragen. NGOs wurden von den UN zur Mitarbeit eingeladen: Sie nutzen die Widersprüche zwischen den verhandelnden Parteien aus, weisen auf globale Missstände hin, skandalisieren, betreiben *blaming and shaming*, legen eigene Studien vor und entwickeln eigene Handlungsansätze.

NGOs werden als „Advokaten" derjenigen gesehen, die keine Stimme haben oder sich im Geräusch der politischen Medien kein Gehör verschaffen können (*advocacy*). Bekannt sind ihre Kampagnen mit dem Ziel, staatliche ebenso wie privatwirtschaftliche Akteure und die Gesellschaft insgesamt zu Verhaltensänderungen zu bewegen (*campaigning*). Sie bündeln auch beträchtliches knowhow *(expertise)*, das in die Entscheidungsprozesse auf verschiedenen Wegen eingebracht wird: über Beratungen von PolitikerInnen und Institutionen, mittels der Medien, mit eigenen Broschüren oder durch *lobbying*. Auch deutet ihr Engagement unzweifelhaft darauf hin, dass die internationalen Regime wie internationale Institutionen insgesamt um zivilgesellschaftliche Akteure erweitert wurden und werden. Doch das Phänomen der NGOs ist komplizierter, als es zunächst erscheint.

NGOs sind nicht neu in der internationalen Politik. Schon im 19. Jahrhundert gab es sie: 1823 wird die Foreign Anti-Slavery Society, 1874 der Weltpostverein und 1864 – als die älteste humanitäre Organisation der Welt – das Rote

Kreuz gegründet. Nach dem Zweiten Weltkrieg haben NGOs einen rechtlichen Status innerhalb der UN erlangt. Als „Supernova" am Firmament globaler Politik erscheinen sie aber erst mit den Weltkonferenzen der UN. Ihre massive Präsenz bei diesen Konferenzen hat sie zum *shooting star* der internationalen Politik und der Medien werden lassen. Das Kürzel NGOs gehört in der Öffentlichkeit und den Medien seither zum Arsenal politischer Alltagsbegriffe.

Die wissenschaftliche Definition aber bleibt schwierig. Am einfachsten ist noch der eher technische Gebrauch des Begriffs innerhalb der UN. Als NGOs werden alle Organisationen bezeichnet, die nicht-staatlich sind. Demnach werden Umweltgruppen oder entwicklungspolitische Solidaritätsbewegungen, gewerkschaftliche Dachverbände oder die Industrielobby, Forschungsinstitute, Stiftungen, Kirchen oder Universitäten unter dem *catch all*-Begriff zusammengefasst. In den Sozialwissenschaften ist das Kürzel jedoch vorwiegend reserviert für Organisationen mit einem Schwerpunkt auf sozialpolitischen Fragen wie Asyl-, Menschenrechts- oder Entwicklungspolitik bzw. auf umweltpolitischen Fragen wie Klimawandel, Verlust an Biodiversität oder Regenwaldabholzung. Sie bedienen keine Klientel einer Glaubensgemeinschaft, sind keine Autofahrerlobby und verfolgen keine spezifischen Arbeitnehmer- oder Arbeitgeberinteressen. Sie sind auch nicht einer politischen Partei zuzuordnen, sondern nehmen für sich in Anspruch, allgemeine und universelle Gesellschaftsinteressen wahrzunehmen und zu vertreten. Greenpeace, der World Wide Fund for Nature, Friends of the Earth, Ärzte ohne Grenzen oder amnesty international sind sicherlich die bekanntesten unter den großen und globalen NGOs. Sie stellen einen Organisationstyp mit globaler Artikulationsfähigkeit dar.

Historisch markiert das Aufkommen von NGOs in der Klimapolitik die Phase der Ablösung von Neuen Sozialen Bewegungen, die im Umweltbereich in den 1970er und 1980er Jahren so erfolgreich waren. Sowohl deren Mobilisierungsschwächen, die nationale Beschränktheit der Parteien und anderer Großorganisationen als auch das demokratische Vakuum im internationalen System machten scheinbar einen anderen Akteurtypus erforderlich, der die verschiedenen Handlungsarenen und Themenfelder miteinander verknüpfen und neue politische Räume der Interessenartikulation erschließen konnte. NGOs und ihre Netzwerke haben sich in der Phase der klimapolitischen Regimeentstehung und der Regimekonsolidierung mit großer Kontinuität und intensiv eingebracht; mehr noch, sie sind mit dem Klimaregime aufs Engste verstrickt (dass dies freilich nicht auf alle NGOs gleichermaßen zutrifft, behandelt Monika Neuner in diesem Band). NGOs profitierten von der Teilnahme an den Klimakonferenzen durch Fördermittel, Spendeneinnahmen oder durch ein gesteigertes Medieninteresse. Von staatlicher Seite wurde die moderate Haltung der NGOs durchaus begrüßt.

Doch ebenso kontinuierlich wird ihr Engagement von Kritik begleitet. Den „Konferenz-NGOs" wird vorgeworfen, sich als Alibi-Klimaschützer und Feigenblätter für eine katastrophale Regierungspolitik zur Verfügung zu stellen. Zwar werden auch von NGOs die Klimaverhandlungen als „Misserfolg" oder als gescheitert bezeichnet, doch findet sich dann immer auch ein „aber", das daraufhin weist, dass die internationalen Klimaverhandlungen alternativlos sind. Die Kombination aus kritischer Haltung gegenüber dem zähen Verhandlungsverlauf auf der einen und der grundsätzlichen Befürwortung des Prozesses auf der anderen Seite stellt also ebenfalls – neben der kontinuierlichen Mitarbeit – eine Konstante der NGOs in der internationalen Klimapolitik dar. Sie wirken deshalb als bedeutsame „Legitimationsressource" auf einem Terrain, das nur über (gewählte) Regierungen demokratisch abgesichert ist (Brunnengräber et al. 2001).

In Kopenhagen stieß die Strategie der konfliktiven Kooperation, d.h. der kritischen, aber aktiven Mitarbeit der NGOs an der staatlichen Ausgestaltung der Klimapolitik, an die Grenzen machtvoller Interessenpolitik. Noch bei keiner anderen internationalen Klimakonferenz der UN gestalteten sich der Zugang zu den Konferenzsälen und die politische Teilnahme so schwierig; die Möglichkeiten zur Partizipation wurden erstmalig restriktiv gehandhabt. Die Legitimation, mit der NGOs die Entscheidungen der internationalen Verhandlungen durch ihre Partizipation und Zustimmung von Jahr zu Jahr unterfütterten, scheint nicht mehr erforderlich. In dem Maße, wie auch die Erfolge in der Emissionsreduktion ausbleiben oder Konflikte bei der Implementierung der Klimaschutzinstrumente auftreten, müssen NGOs auch um ihre eigene Legitimation als Akteure internationaler Klimapolitik bangen. Die Frage, ob NGOs weiterhin die schleppenden Klimaverhandlungen aktiv begleiten sollen, ohne selbst vom bösen Geist der Klimaverhandlungen in Misskredit gebracht zu werden, wird seit Kopenhagen in NGO-Broschüren und im Internet jedenfalls intensiver denn je diskutiert.

Schon lange vor Kopenhagen, aber dort mit einiger medialer Aufmerksamkeit, betreten neue und ebenfalls transnational vernetzte Bewegungen die Bühne der internationalen Klimapolitik (siehe dazu die Beiträge von Philipp Bedall und Jonas Rest in diesem Band). Schon bei den G8-Gipfeln, insbesondere seit 2007 in Heiligendamm, hat sich über eine kritische, gesellschaftliche Auseinandersetzung mit den Defiziten der internationalen Klimapolitik eine neue Protestgeneration herausgebildet. Von ganz unterschiedlichen außerparlamentarischen Klimaschutzinitiativen werden neue Perspektiven auf den Klimawandel entwickelt, die Aspekte von Demokratie, das Ende des Fossilismus, Gerechtigkeit und neue Lebensstilformen umfassen – Dimensionen, die in der marktwirtschaftlich ausgerichteten Klimapolitik in Vergessenheit geraten waren. Die Netzwerke zur Politisierung der Geschlechterverhältnisse und die Klimacamps sind zugleich Ausdruck neuer Formen des Politischen, die in die Klimapolitik der Gesellschaftswelt Einzug halten (siehe dazu die Beiträge von Liane Schalatek und Fabian Frenzel in diesem Band).

Heterogenität im globale Dorf

Es wäre aber zu einfach, eine Trennlinie zwischen NGOs und NSB zu ziehen, denn die Übergänge zwischen ihnen sind fließend. Nur zum Zweck der Analyse erscheint die Trennung sinnvoll. Ebenso bieten sich inhaltliche Unterscheidungs- merkmale zur Strukturierung des Terrains: Vier Grundpositionen lassen sich im global vernetzten Dorf der Zivilgesellschaft feststellen: Die Einen sind der Über- zeugung, dass Umweltverbände, Kommunen, Wirtschaftsverbände oder auch Gewerkschaften zusammenarbeiten müssen, um dem Klimawandel zu begegnen (*Kooperationsansatz*). Andere wollen durch Mobilisierung und Demonstrationen den Druck auf die Regierungen erhöhen, endlich Klimaschutz ernst zu nehmen und zu handeln (*appellativer Ansatz*). Und wiederum andere Initiativen sehen keinen Sinn darin, mit denjenigen staatlichen Akteuren zu kooperieren oder an die Regierungen ihre Forderungen zu adressieren, die für das klimapolitische Desaster letztendlich die Verantwortung tragen. Sie setzen auf eigenständige Lebensentwürfe (*Selbsthilfe-Ansatz*). In einem vierten Ansatz finden politische Kämpfe um die Deutungsmacht statt, mit dem Ziel, alternative Denkansätze in die Gesellschaft zu tragen (*Diskurs-Ansatz*). Sie alle eint die Herausforderung, den Weg in die große Transformation für eine klimaverträgliche Zukunft zu finden (wie unterschiedlich die Positionen von NGOs und sozialen Bewegungen sein können, zeigt Eva Friesinger am Beispiel der Agrotreibstoffe in diesem Band; vgl. zur Transnationalisierung von Protestformen zu diesem Thema auch Pye 2009).

Das globale Dorf der NGO und NSB ist vor allem aus einer Nord-Süd- Perspektive heterogener, als es die grobe Unterteilung vermuten lässt. So kann auch kaum von einer Kooperation unter Gleichen ausgegangen werden. Die westeuropäischen und nordamerikanischen NGOs haben meist einen größeren Einfluss als die NGOs aus dem „Süden" des Globus. Letztere haben auf Grund geringerer Ressourcen nicht nur eine schwere Stellung während der internationa- len Konferenzen, sondern können es sich oftmals gar nicht leisten, daran teilzu- nehmen. Es muss also bedacht werden, dass NGOs wie NSB und deren Netz- werke immer auch Fallstricke und Ausschlusskriterien aufweisen (*lock in*- Effekte und *exclusion-mechanisms*). In den Klimaverhandlungen setzt sich eine Gruppe von NGOs für wirtschaftliche Modernisierungsstrategien und technolo- gische Innovationen zur Problemlösung ein, andere – vor allem diejenigen aus dem Süden – fordern mit schwächerer Stimme mehr Gerechtigkeit in der Welt und – als operationalisiertes Ziel – gleiche Emissionsrechte von klimaschädlichen Gasen für alle. Die Liste der Kontroversen ließe sich fortsetzen. In der Sache „mehr Menschenrechte", „mehr Umweltschutz", „mehr soziale Gerechtigkeit" sind sich NGOs meist einig. Die Schwierigkeiten liegen im Detail – und in den Deutungskämpfen um den richtigen Weg dorthin (zu konkurrierenden Diskurssträngen vgl. Böckstrand/Lövbrand 2007).

In den Massenmedien, nicht in den alternativen Medien, die sich mit der Klimapolitik beschäftigen, scheinen jedoch nur etablierte, sich affirmativ auf die Konferenzen beziehende NGOs von Interesse zu sein. Vor allem die klassischen Funktionen von NGOs als geduldete Verhandlungsbeobachter, als Informanten über die offizielle Agenda oder als kritische Kooperationspartner stehen in der Berichterstattung im Vordergrund. Die neuen Mobilisierungsformen und vor allem die auf grundsätzlichen gesellschaftlichen Wandel zielenden Themen der neuen Protestgeneration werden entweder nicht zur Kenntnis genommen oder als gesellschaftliche Randerscheinung behandelt (siehe beispielhaft zur *Anti-Atom-* und *Gendreck-weg*-Bewegung den Beitrag von Mareike Korte in diesem Band). Durch neue Bündnisse etwa zwischen der Anti-Atom- und der Klimabewegung, den Protesten gegen das fossile, auf Zentralisierung beruhende Energieregime und den Befürwortern des Ausbaus der erneuerbaren Energien „franzt" das Klimaregime an seinen Rändern aber erheblich aus.

Das Engagement von NGOs und NSB im Klimaregime zeigt, dass *erstens* viele Akteure mit ganz unterschiedlichen Zielvorstellungen beteiligt sind, die *zweitens* auf ganz unterschiedlichen Ebenen, von der globalen bis zur lokalen Ebene, agieren, und dabei *drittens* ganz unterschiedlichen Handlungslogiken folgen. Die einen handeln gemäß dem Prinzip der Macht und ihrer Reproduktion im politischen System, die anderen dem Prinzip der marktwirtschaftlichen Logik folgend (dazu gleich mehr) und die Dritten der Logik von vermeintlichen Gemeinwohlinteressen sowie universellen Werten und Normen verpflichtet. Im Ergebnis werden politische Prozesse transnationalisiert und Probleme ebenso wie Problemlösungen in einer unübersichtlichen Gemengelage auf komplexe, aber spezifische Weise sozial konstruiert.

In der internationalen Klimapolitik wird ganz offensichtlich das zivilgesellschaftlich nachgeholt, was in der Weltfinanz- und Welthandelspolitik lange schon beobachtet wird: Protest und Demonstrationen vor den Toren der Tagungsstätten, in denen um internationale Verhandlungsergebnisse gerungen wird, stellen die Legitimität der vorbereiteten Beschlüsse in Frage. Das war in Seattle 1999 der Fall, wo die Welthandelsorganisation (WTO) ihre Verhandlungsrunde ergebnislos abbrach, aber auch in Prag, wo die Jahrestagung des Internationalen Währungsfonds (IMF) und der Weltbank vorzeitig beendet werden musste, oder in Göteborg, wo die europäischen Regierungschefs auf heftigen Protest stießen.

Daraufhin wurde im November 2001 die WTO-Konferenz in Doha/Katar abgehalten. Dort waren Demonstrationen und Proteste verboten. Auch 2009 in Kopenhagen wurden NGOs und Bewegungsakteure trotz Akkreditierung daran gehindert, das Konferenzgebäude zu betreten. Die Legitimität der Entscheidungen dürfte durch eine solche Vorgehensweise nicht gerade zunehmen. Denn Neue Sozialen Bewegungen „bringen sich nicht nur als Souverän in Erinnerung und fordern mehr demokratische Partizipation [...] darüber hinaus machen sie auch deutlich, dass Selbstregierung des Volkes schließlich über die engen historischen Grenzen der bestehenden Formen der Demokratie und ihrer Organisationen hinausweist" (Demirovic 1997: 16).

Demokratie ist nicht mehr wirksam, wenn der Radius ihrer Gestaltungsmacht geringer ist als der zu gestaltende Raum materieller und ideeller Lebenszusammenhänge (Brock 1998). Die Norm einer demokratischen Ordnung öffnet den Bürgerinnen und Bürgern die größtmögliche Partizipation an den sie betreffenden Entscheidungen und verlangt zugleich Verantwortlichkeit und Rechenschaftspflicht der Entscheidungsträger. Offene und freie Willensbildungsprozesse, die Transparenz der Entscheidungsfindung, demokratische Organisationsformen in allen gesellschaftlichen Bereichen, der Abbau patriarchaler Herrschaft und die Gleichstellung der Geschlechter gehören zu dieser Norm, an der gemessen die Transnationalisierung tatsächlich ein großes Problem darstellt; sie hat ihren demokratischen Preis. Regime müssten sich weiter öffnen, um diesem demokratischen Ideal zu entsprechen. Doch zivilgesellschaftliche Akteure sind nicht nur Reparaturinstanz und Demokratielieferant. Sie sind Teil des inter- und transnationalen politischen Systems.

Hier scheint eine Annäherung hilfreich, die auch die oben schon angesprochene Unterscheidung in NGOs und NSB in ein anderes, theoretisches Licht rückt: Im liberalen Sinne werden die zivilgesellschaftlichen Akteure als eine dritte „Sphäre" gegenüber von Markt und Staat gesehen. Sie werden gleichsam erforderlich, weil die klassischen gesellschaftlichen Organisationsinstanzen gerade im Zuge der Globalisierung nicht in der Lage sind, soziale wie ökologische Fehlleistungen von Markt und Staat zu korrigieren und das Demokratievakuum zu füllen. Darauf bauen Regimeansätze auf, die neben dem Staat als zentralem Akteur zivilgesellschaftliche Akteure in die Forschungsarbeiten integrieren. Zum anderen lassen sich NGOs/NSB und die Zivilgesellschaft insgesamt als Bestandteil eines politischen Herrschafts- und Regulationskomplexes begreifen, der nach Gramsci als „erweiterter Staat" bezeichnet wird. NGOs sind demnach an „der Transformation des Staates" (Brand et al. 2001) beteiligt. Nicht nur der Staat wird internationalisiert (Zürn 1998 spricht in diesem Zusammenhang von Denationalisierung), sondern auch die Zivilgesellschaft in Form von transnationalen Organisationsstrukturen, Netzwerken und Bewegungen. Die Zivilgesellschaft ist Bestandteil des konfliktiven Terrains, das als „erweiterter Staat" verstanden werden kann.

Hohe Regimeflexibilität, geringe Regimeeffektivität

Die Mechanismen des Kyoto-Protokolls

Auf diesem konfliktiven Terrain wird um die angemessene Bearbeitung des Klimawandels gerungen. Dies geschieht nicht voraussetzungslos: Nach den ersten Jahren der Verhandlungen unter dem Dach der UN dominierten neoliberale Politikvorstellungen. Die unendliche Zahl möglicher Verhaltensweisen wurde durch die Bezugnahme auf die Norm Freihandel und Wachstum stark verringert. Die drei flexiblen Mechanismen des Kyoto-Protokolls (Emissionshandel, Clean Development Mechanism (CDM) und Joint Implementation (JI)) wurden gleichzeitig so gestaltet, dass die klimapolitische Kooperation weiter stabilisiert werden konnte. Die „neuartigen Steuerungsinstrumente" gaben zu „vorsichtigem Optimismus" Anlass, wenngleich in den ersten zehn Jahren nach der Verabschiedung der Klimarahmenkonvention auch nicht von einer annähernd erreichten Effektivität gesprochen werden kann (Breitmeier/Zürn 2003: 4). Die *International Energy Agency* weist auch sieben Jahre später in ihrem *World Energy Outlook* auf die „bescheidenen Versprechen" zur Reduktion von Treibhausgasen im Rahmen des Kopenhagener Abkommens hin (IEA 2010). Die flexiblen Mechanismen sind so gestaltet, dass weder die erneuerbaren Energien systematisch gefördert werden noch eine generelle Trendwende im Energieverbrauch eingeleitet werden konnte (Schüle 2008). Das die Schwellen- und Entwicklungsländer von der Emissionskontrolle ausgenommen sind, hat schließlich den Effekt, dass Treibhausgase im globalen Maßstab kaum zurückgegangen sind (Ziesing 2008).

Das Kyoto-Protokoll wurde nach seiner Verabschiedung 1997 und seinem In-Kraft-Treten 2005 dennoch von den Staaten als ein bedeutendes internationales Abkommen angesehen, welches die Tür zu einem wirksamen Klimaschutz aufgestoßen hat. Der damalige UN-Generalsekretär Kofi Annan bezeichnete es in seinem Grußwort an die Klimakonferenz 1998 in Buenos Aires als „landmark event" und als „the most far-reaching agreement on environment and sustainable development ever adopted". Ein Scheitern des Prozesses wurde in der Folge immer wieder als unter allen Umständen zu vermeiden angesehen, und zwar sowohl von den staatlichen wie von den zivilgesellschaftlichen Akteuren. Nicht zuletzt verbirgt sich dahinter die berechtigte Gefahr, dass ein Scheitern des Regimes einen Rückfall in die Eigeninteressen der beteiligten Staaten bedeuten könnte und die vermittelnde und zivilisierende Regimewirkung, die im Kyoto-Protokoll angelegt ist, verloren gehen würde. Aber auch in der Privatwirtschaft stößt das Kyoto-Protokoll auf Unterstützung. Dort werden die Instrumente auf Grund ihrer Flexibilität und Kosteneffektivität bei der Emissionsreduktion als praktikabel und sogar vorteilhaft angesehen. Der Emissionshandel wurde und wird insbesondere von vielen Ökonominnen und Ökonomen als, zumindest gemäß der ökonomischen Theorie, effizientes Instrument durchaus gelobt. Zu den Befürwortern der Instrumente gehörten bald auch eine Reihe von NGOs, deren Expertise in der komplexen Materie „Emissionshandel" und „Clean Development Mechanism" nachgefragt wurde. Aber auch Kritik wird an den flexiblen Mechanismen geübt. Sie zielt etwa darauf, dass die Reduktionsverpflichtung bzw. die Reduktionsbemühungen in den Industriestaaten ausgehöhlt werden können, weil es möglich ist, Emissionsrechte aus anderen Ländern zu beziehen (Loske/Steffe 2001).

Unbegründet ist diese Kritik nicht. So ist der CDM über die *EU-Linking-Directive* unmittelbar mit dem europäischen Emissionshandelssystem verknüpft. Demnach können etwa deutsche Firmen 90 Millionen Tonnen CO_2-Zertifikate im Ausland „produzieren" und müssen diese Menge dementsprechend nicht in Deutschland reduzieren. Es soll nach offizieller Formulierung auf diese Weise ein Anreiz zum Technologietransfer in die Entwicklungsländer gegeben werden. Vor allem aber wird so die Möglichkeit verbessert, über eine kreative Kohlenstoffbuchführung die Emissionen rechnerisch in den Industrieländern nicht senken zu müssen (vgl. die Beiträge in Schüle 2008 sowie Brouns/Witt 2008, Witt/Moritz 2008).

Bei einem Großteil dieser CDM-Projekte besteht das Problem in ihrer tatsächlichen Zusätzlichkeit sowie in Bezug auf ihren Beitrag zur nachhaltigen Entwicklung – eigentlich ein konstituierendes Element des CDM. Das Kriterium der Zusätzlichkeit (*Additionality*) ist deshalb so zentral, weil es die reale Reduktionsleistung der flexiblen Mechanismen gravierend beeinträchtigen kann, „da die durch den Mechanismus generierten Emissionsreduktionszertifikate das Emissionsbudget erhöhen, das den Industrieländern gemäß Kyoto-Protokoll zur Verfügung steht. Ist diese Budgeterhöhung im Norden nicht durch entsprechende tatsächliche Emissionsreduktionen im Süden gedeckt, sind die globalen Emissionen höher, als wenn es den CDM nicht gäbe" (Luhmann/Sterk 2007: 14).

Besonders die durch den CDM geförderten großen Industrieprojekte, die zur Vermeidung bzw. Entsorgung von teilhalogenierten Kohlenwasserstoffen (HFCs) und Lachgas (N_2O) in China, Indien und Brasilien beitragen sollen, werden als problematisch eingeschätzt (Elliesen 2007, Wara 2007). Mehr als ein Drittel der handelbaren Zertifikate werden dort mit so genannten *end-of-pipe* Technologien generiert. Das Gas, das bei der Herstellung von Kühlmitteln anfällt, hat ein hohes „Global Warming"-Potential und ist somit ein extremer Klima-Killer. Durch die Verbrennung dieses Gases lassen sich viele Emissionszertifikate schnell und kostengünstig generieren. Das weckt Begehrlichkeiten: Es besteht die Gefahr, dass über das Kyoto-Instrument der ökonomische Anreiz zur Produktion von Klimakillern erst geschaffen wird, um diese dann nachträglich – profitabel – zu entsorgen (Wara 2007). Grundsätzlich wird zudem die Frage aufgeworfen, inwieweit das Kriterium der Zusätzlichkeit in den großen Wachstumsländern wie China oder Indien überhaupt erfüllbar bzw. messbar ist.

Auch die räumliche Verteilung der CDM-Maßnahmen ist für die Diskrepanz zwischen Anspruch und Wirklichkeit des Mechanismus verantwortlich. Über 90% der handelbaren Zertifikate im Bereich CDM kommen aus Indien, China, Südkorea und Brasilien. Die Menschen in den meisten ländlichen Regionen Afrikas, Lateinamerikas und Asiens erreicht folglich nur ein verschwindend geringer Anteil von den CDM-Investitionen der Industrieländer. Dort wird folglich wenig zur Beseitigung der Energiearmut beigetragen. Die Kyoto-Mechanismen führen vielmehr dazu, dass solche Länder bevorzugt werden, in denen ohnehin ein günstiges Investitionsklima und gute wirtschaftliche Rahmenbedingungen vorliegen. Das für den CDM konstitutive Kriterium der nachhaltigen Entwicklung stand in der bisherigen Einführungsphase des Mechanismus daher auch nicht im Vordergrund (Friberg et al. 2006, Luhmann/Sterk 2007, Pearson 2007).

Die so genannten „Schlupflöcher" müssten also ordentlich gestopft werden, damit eine Emissionsreduktion tatsächlich eintritt. Geschieht dies nicht, erfolgen die Emissionsreduktionen möglicherweise nur auf dem Papier. Folgende praktische Umsetzungsprobleme verringern jedenfalls die Regimeeffektivität:

- Unsicherheiten bei der Bestimmung von Emissionsreduktionen durch die schwierigen Verknüpfung der projektbasierten Mechanismen ET, CDM und JI;
- große Unsicherheiten bei der methodischen Bestimmung von Kohlenstoff-Senken und der Senkenpotentiale;
- die Substitution von CO_2-Reduktionen durch andere Treibhausgase (Korb-Ansatz des Kyoto-Protokolls) und im Rahmen der flexiblen Mechanismen;
- Schwierigkeiten in der Prüf- und Kontrollierbarkeit der Kriterien Zusätzlichkeit und Nachhaltigkeit;
- unzureichende Sanktionsmechanismen bei Nichteinhaltung der Ziele oder günstige Emissionszertifikate, so dass keine Preissignale zur Reduktion ausgesendet werden.

Um die Schlupflöcher zu schließen, wurde eine Fülle von Detailregelungen entwickelt, so dass mittlerweile die hohe Komplexität des Klimaregimes kritisiert wird. Dies führte zu einem hohen bürokratischen Aufwand und der Ausbildung von ExpertInnenwissen (bzw. neuen *epistemic communities*), welches bei der Anwendung und Umsetzung der Mechanismen erforderlich ist. Schließlich wird konstatiert, dass die erforderliche Veränderung und grundlegende Transformation des fossilen Energiesystems hin zu erneuerbaren Energien oder die Beseitigung der Energiearmut in den Entwicklungsländern durch das Kyoto-Protokoll nicht angestoßen, geschweige denn erreicht wird (Scheer 2001, Lohmann 2006, Schüle 2008). Dafür wären weiter reichende staatliche Maßnahmen und Veränderungen des globalen Energiesystems erforderlich (IEA 2010). Dies ist zwar nicht das explizite Ziel des Protokolls – und somit auch nicht der Kyoto-Mechanismen –, allerdings wird in den klimapolitischen Debatten die Ausrichtung der Klimaschutzinstrumente auf diesen Energiepfad hin angemahnt, da die Mechanismen ihre eigentliche Innovationskraft andernfalls nicht entfalten können.

Doch dem stehen die *lock in*-Effekte und Pfadabhängigkeiten der fossilen Energieversorgungssysteme in Industrieländern im Wege. Im Grunde beziehen sich die Kyoto-Mechanismen auf die *output*-Seite des fossilen Energieregimes. Der nationalstaatlich verregelte und von transnationalen Konzernen beherrschte Energiemarkt auf der *input*-Seite bleibt davon weitgehend unberührt. Die institutionelle Trennung zwischen der *input*- und der *output*-Seite des kapitalistischen Fossilismus hat somit strategisches Moment: Das Energieregime, das die Extraktion und den Zugriff auf die Ressourcen ebenso beinhaltet wie deren Transport und Vermarktung, den Handel mit *paper oil* an den internationalen Börsen und die auf fossile Energien angewiesenen Industriebranchen wie die Automobil- oder Zementindustrie, wird auf der *input*-Seite nicht gestört. Das spiegelt sich letztlich auch im Verbrauch fossiler Energien und der Emissionsentwicklung wieder.

Der Verbrauch fossiler Energien nimmt stetig zu. Auch der Zuwachs im Bereich der Primärenergie wird, so die Prognose der IEA, zu mehr als der Hälfte auf fossilen Energien beruhen (IEA 2010). Nicht nur auf globaler Ebene, sondern auch in vielen nach dem Kyoto-Protokoll verpflichteten Industrieländern sind die Emissionen zwischen 2000 und 2008 leicht angestiegen – in der Summe der im Anhang B des Kyoto-Protokolls genannten „westlichen" Industrieländer (Annex-II-Länder, ohne USA) um etwa 2,2 Prozent (Ziesing 2008). Innerhalb der Europäischen Union konnten die Emissionen gegenüber dem Basisjahr 1990 gesenkt werden, was zu nahezu 80 Prozent an den gesunkenen Emissionen in Deutschland liegt. In allen anderen EU-15 Mitgliedern steigen die Emissionen an (EEA 2007). Länder wie Dänemark, Irland, Italien, Luxemburg, Österreich, Portugal oder Spanien werden ihre Reduktionsziele ohne den Zukauf von Emissionszertifikaten kaum erfüllen können. Im Jahr 2009 konnte allerdings ein Rückgang der globalen CO_2-Emissionen vermerkt werden. Die damit verbundene „Atempause" in der Emissionsentwicklung ist aber nicht auf die Kyoto-Instrumente zurückzuführen, sondern in erster Linie auf die schwerwiegende wirtschaftliche Krise (Ziesing 2010).

Das Klimaregime in den Nord-Süd-Beziehungen

Auch die stärkere Berücksichtigung der Nord-Süd-Dimensionen im Klimaregime erfolgte, wie oben in Zusammenhang mit den marktwirtschaftlichen Instrumenten gezeigt wurde, pfadabhängig. Jedenfalls sind die Anleihen der Maßnahmen – wie der Probleme – aus dem Entwicklungsregime offensichtlich. Einerseits wurde mit dem CDM einem projektorientierten Ansatz gefolgt, und zum anderen nehmen die Finanzinstrumente einen hohen Stellenwert in den Klimaverhandlungen ein. Die Frage der Anpassung und damit die besondere Situation in den Entwicklungsländern wurden allerdings erst bei der Klimakonferenz 1997 in Buenos Aires stärker in den Blick genommen. Das Thema stand lange im Schatten der Auseinandersetzung um verbindliche Ziele zur Emissionsreduktion und der Gestaltung der dafür als erforderlich erachteten Instrumente in den Industrieländern. Auch die Deutung des Problems als vorwiegend globales Umweltproblem stand den entwicklungspolitischen Perspektiven entgegen. Doch mit den Sachstandsberichten des IPCC (IPCC 1996, 2001) änderte sich dies. In diesen Berichten wird auf die Notwendigkeit von Anpassungsmaßnahmen vor allem in den Ländern und Regionen hingewiesen, die als besonders klimavulnerabel gelten. Grundsätzlich werden unter dem Begriff der Anpassung all die Maßnahmen zusammengefasst, die dazu beitragen, negative Auswirkungen des anthropogenen Klimawandels zu reduzieren (ausführlich Dietz 2007).

Die auf unterschiedlichen Interpretationen und kulturellen Dynamiken basierenden Unterschiede im Umgang mit dem Klimawandel sowie die unterschiedlichen sozio-ökonomischen, ungleich verteilten Verwundbarkeiten sind weniger auf Veränderungen der äußeren Umwelt zurückzuführen. Sie sind vielmehr historisch und gesellschaftlich bedingt. Diese Zusammenhänge finden in den Anpassungs-Konzepten aber keine Berücksichtigung. Es setzt sich in der internationalen Klimapolitik vor allem ein technologisches Anpassungsverständnis durch. Deiche, sturmsichere Brücken oder Bewässerungssysteme stehen im Vordergrund. Die Nord-Süd-Kooperationen sollen sich entsprechend der vorherrschenden Lesart vor allem auf zentrale Sektoren wie Küstenschutz, Wasser und Landwirtschaft konzentrieren. Konkretisiert werden die Vereinbarungen in makroregionalen wie nationalen Planungsinstrumenten. So wurde 2001 mit den so genannten Nationalen Anpassungsplänen (*National Action Plans for Adaptation,* NAPAs) ein neues Planungsinstrument für die als besonders verwundbar geltenden LDCs (Least Developed Countries) eingeführt. Die NAPAs verfolgen das Ziel, die zentralen und „drängenden" Anpassungserfordernisse eines LDCs zu identifizieren und horizontal in andere Politikbereiche hinein zu kommunizieren. Anpassung soll zum Querschnittsthema werden.

Gleichzeitig soll der Transfer von finanziellen Ressourcen zwischen Nord und Süd ausgebaut werden. Die Industrieländer sollen für die neuen und zusätzlichen Kosten aufkommen, die den Entwicklungsländern dadurch entstehen, dass sie vom Klimawandel in besonderer Weise betroffen sind. Deshalb wurden im Jahr 2001 während der Klimakonferenz in Marrakesch drei globale Klimafinanzfonds vereinbart, die sich vor allem hinsichtlich der Zielsetzung, der Vergabepraxis und der Einzahlungsmodalitäten unterscheiden: (1) der so genannte *Special Climate Change Fund* (SCCF) zur Finanzierung von sektoralen Maßnahmen und Projekten in Bereichen wie Energie, Verkehr oder Landwirtschaft; (2) der *Least Developed Country Fund* (LDCF), der für die NAPA-Erarbeitung sowie für die Umsetzung der prioritären Maßnahmen zur Verfügung gestellt wird und (3) der *Adaptation Fund* (AF), dessen Einnahmen sich aus einer verpflichtenden 2-Prozent-Abgabe auf jede Emissionseinheit (CER) ergeben, die aus CDM-Projekten generiert wird. Der *Adaptation Fund* ist immer noch in der Konsolidierungsphase, während die beiden anderen Finanzinstrumente auf dem Prinzip der Freiwilligkeit beruhen. Das hat zur Folge, dass die Einzahlungen bisher gering blieben.

Mittlerweile ist außerhalb des UN-Klimaregimes eine Vielzahl weiterer Finanzfonds entstanden, die zu einem Konkurrenzkampf um knappe Mittelzuweisungen und Gestaltungsmacht geführt hat. Über ein Dutzend solcher Finanzierungsinitiativen bi- und multilateraler Art wurden bereits auf Initiative von Industrieländern, der G8 und vor allem der Weltbank eingeführt. Ihr Volumen soll sich auf etwa 15 Mrd. US$ belaufen. Es ist noch weitgehend offen, woher diese Mittel im Einzelnen kommen sollen. Die Mittel, die seitens der Industrieländer bereits zur Verfügung gestellt wurden, entstammen aber zu einem Großteil den Budgets der Entwicklungsministerien. Die ohnehin knappen Mittel aus der Entwicklungszusammenarbeit werden für die neuen klimapolitischen Herausforderungen nur umgewidmet. Obwohl mit den UN-Fonds wie allen anderen Fonds Finanzmittel vom Norden in den Süden fließen (sollen), ist noch unklar, inwiefern mit diesen Summen tatsächlich das Ziel verfolgt wird, Anpassungsmaßnahmen umzusetzen. Für Ausgleichsmechanismen zur Förderung einkommensschwacher bzw. sozial marginalisierter Bevölkerungsgruppen stehen gegenwärtig kaum Mittel zur Verfügung.

Regimeeffektivität

Zusammenfassend lässt sich konstatieren, dass die innerhalb des Regimes errichteten flexiblen Instrumente und die Maßnahmen zur Anpassung sowie die zivilgesellschaftliche Partizipation zu einer gewissen Stabilität der Kooperation in der Staatenwelt geführt haben. Dazu trug bei, dass erstens ein Wertkonflikt vermieden wurde. Die Verbrennung fossiler Energien und wirtschaftliches Wachstum standen nicht zur Disposition. Zweitens wurde der Mittelkonflikt rasch in Richtung marktwirtschaftlicher Flexibilität entschieden. Deren Schwächen werden als „Kinderkrankheiten" (so Sigmar Gabriel im Vorwort zu Schüle 2008) dargestellt, die bei der Regimegenese fast unvermeidlich sind, aber durch Lernprozesse überwunden werden können. Zentral für die Regimegenese waren auch das Zusammentragen und die Verbreitung von Wissen über Ursache-Wirkungs-Beziehungen des Klimawandels durch das IPCC, durch *think tanks* oder NGOs, die insgesamt zur Erhöhung des allgemeinen Problembewusstseins beigetragen haben. Unter Anlehnung an die differenzierten Effektivitätskriterien von Regimen, die Oran Young formulierte (Young 1999), und die oben geschilderten Regimedynamiken ergibt sich allerdings ein weniger positives Gesamtbild:

- Das Klimaregime wird durch internationales Völkerrecht (*process effectiveness*) abgesichert. Mit der Klimarahmenkonvention und dem Kyoto-Protokoll liegen völkerrechtlich verbindliche Vereinbarungen vor, auf die sich die weitere Regimegenese stützt. Regime beinhalten neben den verrechtlichten auch nicht-verrechtlichte, geschriebene und ungeschriebene Elemente. So sind die übergeordneten Normen Freihandel und Wachstum für das Regime handlungsleitend.
- Veränderte soziale Praktiken (*constitutive effectivness*) können insoweit festgestellt werden, als dass NGOs und damit zivilgesellschaftliche Akteure stärker am Klimaregime partizipieren, wenngleich ihre direkten Einflussmöglichkeiten gering sind. Aber auch NGOs haben sich sozial an die gegebenen Bedingungen angepasst und tragen zur Stabilität des Regimes bei. Zugleich gerät das Regime *von außen*, durch neue soziale Bewegungen, aber auch im breiteren öffentlichen Diskurs, unter Legitimationsdruck.
- Verhaltensänderungen der Regimemitglieder auf Grund des Regimes (*behavioral effectiveness*) sind insofern zu konstatieren, als dass neue marktwirtschaftliche Mechanismen, Finanzinstrumente und Anpassungsmaßnahmen (u.a. Finanzinstrumente) implementiert werden. In diesen Bereichen wirkt das Regime über seinen engeren institutionellen Rahmen weit hinaus.
- Das Ziel des Regimes (*goal attainment*), die Emissionen in den Industrieländern bis 2012 um 5,2 Prozent gegenüber 1990 zu reduzieren, könnten

durchaus, aber nur unter Zuhilfenahme der flexiblen Mechanismen, erreicht
werden. Vor allem die großen Schlupflöcher erleichtern die Zielerreichung.
- Davon ist auch die Regeleinhaltung betroffen. Die Schlupflöcher bieten
  kostengünstigere Möglichkeiten, die Reduktionsziele bilanztechnisch zu erreichen. Die Sanktionen greifen bisher, insbesondere auch auf Grund der
  geringen Zertifikatspreise, kaum (*compliance*).
- Die Zielerreichung im Rahmen des Kyoto-Protokolls ist jedoch zu unterscheiden von der Lösung des Problems (*effectiveness as problem solving*).
  Die stetige Zunahme des Verbrauchs fossiler Energien in den Industrie- wie
  den Schwellen- und Entwicklungsländern führt dazu, dass sich der Klimawandel entgegen der Stoßrichtung des Regimes weiter verschärft, wenn nicht
  entsprechende staatliche Gegenmaßnahmen eingeleitet werden (IEA 2010).
- Das Regime weist institutionell schließlich eine gewisse Robustheit auf
  (*evaluative effectiveness*), die mit der geringen Effektivität eines Regimes
  nicht zwangsläufig im Widerspruch stehen muss.

Regime aus Staaten, NGOs, transnationalen Koalitionen und Netzwerken unter
Beteiligung der Wissenschaft oder privatwirtschaftlichen Akteuren induzieren,
wenngleich sie keine institutionellen Eigeninteressen oder einen autonomen
Akteurscharakter entwickeln, neue Geschäftsfelder und Marktdynamiken. Dabei
werden – wie beschrieben – vor allem marktwirtschaftliche Ansätze verfolgt. Die
in der politikwissenschaftlichen Teildisziplin Internationale Beziehungen geführte Debatte, ob internationale Institutionen einen eigenständigen Beitrag für die
Erzielung von grundlegenden Verhaltensänderungen leisten können, muss für
das Klimaregime deshalb verneint werden. Es muss eher als Kristallisation der
vorherrschenden Machtkonstellationen angesehen werden. Dort wo nationale
Interessen im Vordergrund stehen, stoßen die internationalen Regelwerke an ihre
Grenzen oder werden solchermaßen ausgestaltet, dass die Normeinhaltung diesen Interessen nicht grundsätzlich entgegen wirkt.

Das Klimaregime – ein Konfliktterrain

Zu fragen ist dann aber, ob der Zustand, in dem sich die internationale Klimapolitik befindet, nicht durch die realistische Theorieschule besser erklärt werden
kann. Denn Gültigkeit scheinen auch die Prämissen der realistischen Schule zu
haben: Staaten als die zentralen Akteure, deren Selbstbehauptung im Vordergrund steht und deren Kooperation unter Staaten stets prekär bleibt. Mit anderen
Worten: Ein Regime kann zerfallen, weil es immer nur die überwölbende Machtstruktur des internationalen Systems widerspiegelt; die Klimaverhandlungen

stehen also im Schatten der Anarchie. Die Strukturveränderungen im internationalen System sind offensichtlich; zumindest in der Klimapolitik schlägt dass Pendel zwischen Multilateralismus und Unilateralismus stärker hin zu Letzterem aus. Bestenfalls bahnen sich neue staatliche Allianzen für den Klimaschutz an. NGOs – durch Vergesellschaftungsprozesse der Staatenwelt ins Blickfeld gerückt – werden nicht gebraucht, wenn die Nationalstaaten ihre „harten" ökonomischen Interessen zu verwirklichen suchen. Analog zur Entwicklungspolitik sind NGOs tendenziell eher dazu da, beratend tätig zu werden oder humanitäre Katastrophen zu lindern, die nun allerdings der Klimawandel mit sich bringt. Gleichwohl sind zivilgesellschaftliche Akteure integraler Bestandteil institutionalisierter Strukturen transnationaler Politik; sie bilden – und das sollte dieser einführende Beitrag aufzeigen – mit anderen Akteuren die Konfliktkonstellationen ab, durch die sich das Politische des Klimawandels auszeichnet.

Die Öffnung politischer Räume für die Akteure aus der Zivilgesellschaft geht aber nicht unbedingt mit substantiellen inhaltlichen Veränderungen staatlicher Politik einher, ihr Einfluss auf das Klimaregime bleibt gering. Allerdings wird die politische Bedeutung von NGOs erkannt, weshalb sie von den inter- wie supranationalen Institutionen zu Gesprächen eingeladen und zur Partizipation aufgerufen werden. Doch liegt die Vermutung nahe, dass es bei der „Offensive des Lächelns" dieser Institutionen vor allem darum geht, die eigene Legitimität zu erhöhen. Doch mit der neuen Protestgeneration verändern sich auch die staatlichen Beziehungen zu den NGOs und den NSB. Wo zuvor von offizieller Seite begrüßt wurde, dass sich die Zivilgesellschaft einmischt, klingen nun verhaltenere Töne an. In der „Transformation" der Zivilgesellschaft werden hingegen nun anti-kapitalistische und anti-institutionelle Forderungen deutlicher artikuliert. Die Mitarbeit in der internationalen Klimapolitik und die geringen Erfolge, die dort erzielt werden, werden in ein kritisches Licht gerückt. Die *soft issues* Soziales und Umwelt werden im Zuge der Vierfachkrise aus Weltfinanz-, Welternährungs-, Weltenergie- und Weltklimakrise auf einen hinteren Rang verwiesen. Hoffnungen auf ein politisches Umsteuern haben sich bisher nicht erfüllt.

Die positiven Ansätze der frühen Regimephase sind an einem (vorläufigen) Endpunkt angelangt. Doch Regime sind dynamische Gebilde, können Lernprozesse befördern und dazu beitragen, dass neues Wissen generiert wird. Konstruktivistisch weiter gedacht wären neue Ideen, Normen und Konzepte gefragt, die in die Klimapolitik eingebracht werden müssen. Von Seiten der offiziellen Politik stehen jedoch derzeit die Bewältigung der Finanzmarktkrise, der Abbau der Staatsschulden und die internationale Wettbewerbsfähigkeit im Vordergrund. Sowohl eine Anschlussfähigkeit an diese multiplen Krisen- und Bewältigungsdiskurse als auch das Aufzeigen attraktiver und viabler Gegenentwürfe gesellschaftlichen Umgangs mit dem Klimawandel dürften dabei von zentraler Bedeutung für ein wissensbasiertes Umsteuern sein. Es ist allerdings keinesfalls gesichert, dass aus den zivilgesellschaftlichen Bewegungen solcherart neue Ideen hervorgehen bzw. hinreichend stark artikuliert werden. Die verschiedenen Beiträge dieses Bandes gehen dieser spannenden Fragestellung differenziert nach. Vor dem Hintergrund so mancher Erfahrungen der Frauenbewegungen, der Arbeiterbewegungen und auch der Umweltbewegungen besteht aber auch Anlass, die Zivilisierung des Klimaregimes und damit das Unmögliche zu denken.

Literatur

Altvater, Elmar; Brunnengräber, Achim (2002): NGOs im Spannungsfeld von Lobbyarbeit und öffentlichem Protest. In: *Aus Politik und Zeitgeschichte* (B 6-7/2002): S. 6-14.

Bäckstrand, Karin; Lövbrand, Eva (2007): Climate Governance Beyond 2012: Competing Discourses of Green Governmentality, Ecological Modernization and Civic Environmentalism, in: Mary Pettenger (Hg.): The Social Construction of Climate Change. Power, Knowledge, Norms, Discourses. Aldershot: Asghate, 123-147.

Beck, Ulrich (2008): Die Neuvermessung der Ungleichheit unter den Menschen: Soziologische Aufklärung im 21. Jahrhundert. Eröffnungsvortrag zum Soziologiekongress „Unsichere Zeiten" am 6. Oktober 2008. Jena. Online verfügbar unter http://dgs2008. de/wp-content/uploads/2008/10/vortrag-beck.pdf, zuletzt geprüft am 15.11. 2010.

Brand, Ulrich; Demirovic, Alex; Görg, Christoph; Hirsch, Joachim (Hg.) (2001): Nichtregierungsorganisationen in der Transformation des Staates. Münster: Westfälisches Dampfboot.

Breitmeier, Helmut; Zürn, Michael (2003): Die Sozialwissenschaftliche Forschung über die Effektivität der Globalen Klimapolitik. Bestandsaufnahme und Zukunft. In: Hake, Jürgen-Friedrich; Hüttner, Karl Ludwig (Hg.) (2003): Klimaschutz und Klimapolitik. Chancen und Herausforderungen. Beiträge aus der Forschung. Jülich: Schriften des Forschungszentrums, S. 1-25.

Brock, Lothar (1998): Staatenwelt, Weltgesellschaft und Demokratie. In: Messner, Dirk (Hg.) (1998): Die Zukunft des Staates und der Politik. Möglichkeiten und Grenzen politischer Steuerung in der Weltgesellschaft. Bonn: Dietz, S. 44-73.

Brouns, Bernd; Witt, Uwe (2008): Klimaschutz als Gelddruckmaschine. In: Altvater, Elmar; Brunnengräber, Achim (Hg.) (2008): Ablasshandel gegen Klimawandel? Marktbasierte Instrumente in der globalen Klimapolitik und ihre Alternativen. Hamburg: VSA, S. 67-87.

Brunnengräber, Achim (2009): Die politische Ökonomie des Klimawandels. Ergebnisse Sozial-ökologischer Forschung, Band 11. München: oekom.

Brunnengräber, Achim; Dietz, Kristina; Hirschl, Bernd; Walk, Heike; Weber, Melanie (2008): Das Klima neu denken. Eine sozial-ökologische Perspektive auf die lokale, nationale und internationale Klimapolitik. Münster: Westfälisches Dampfboot.

Brunnengräber, Achim; Klein, Ansgar; Walk, Heike (Hg.) (2001): NGOs als Legitimationsressource. Zivilgesellschaftliche Partizipationsformen im Globalisierungsprozess. Opladen: Leske + Budrich.

Brunnengräber, Achim; Klein, Ansgar; Walk, Heike (Hg.) (2005): NGOs im Prozess der Globalisierung. Mächtige Zwerge – umstrittene Riesen. Bonn: Bundeszentrale für politische Bildung.

Czempiel, Ernst-Otto (2002): Weltpolitik im Umbruch. Die Pax Americana, der Terrorismus und die Zukunft der internationalen Beziehungen. München: C.H. Beck.

Demeritt, David (2001): The Construction of Global Warming and the Politics of Science. In: *Annals of the Association of American Geographers* 91 (2): S. 307-337.

Demirovic, Alex (1997): Demokratie und Herrschaft. Aspekte kritischer Gesellschaftstheorie. Münster: Westfälisches Dampfboot.

Dietz, Kristina (2007): Vulnerabilität und Anpassung gegenüber Klimawandel: Ansatzpunkte für eine Multi-Level-Governance-Analyse aus der Persektive der Problemkonstitution. In: Brunnengräber, Achim; Walk, Heike (Hg.) (2007): Multi-Level-Governance. Umwelt-, Klima- und Sozialpolitik in einer interdependenten Welt, Schriften zur Governance-Forschung des WZB. Baden-Baden: Nomos, S. 161-187.

Dietz, Kristina; Brunnengräber, Achim (2008): Das Klima in den Nord-Süd-Beziehungen. In: *Peripherie, Zeitschrift für Politik und Ökonomie in der Dritten Welt, Schwerpunkt: Klima – Politik und Profit* 2008 (112): S. 400-428.

EEA (2007): Greenhouse gas emission trends and projections in Europe 2007. Tracking progress towards Kyoto targets. In: EEA Report No 5/2007.

Elliesen, Tillmann (2007): Reformbedarf beim Emissionshandel. Stanford-Wissenschaftler sorgt mit einer Kosten-Nutzen-Analyse für Aufsehen in der klimapolitischen Debatte. In: *Frankfurter Rundschau*.

Europäische Kommission (2008): Klimawandel und internationale Sicherheit. Papier des Hohen Vertreters und der Europäischen Kommission für den Europäischen Rat, S113/08, 14. März 2008. Brüssel. (http://ec.europa.eu).

Flavin, Christoph; Gardner, Gary (2006): China, Indien und die neue Weltordnung. In: Worldwatch Institute (Hg.) (2006): Zur Lage der Welt 2006: China, Indien und unsere gemeinsame Zukunft. Münster: Westfälisches Dampfboot, S. 53-84.

Friberg, Lars; Benecke, Gudrun; Schröder, Miriam (2006): The Role of the Clean Development Mechanism – Now and in the Future. Berlin: conference paper.

Fues, Thomas; Hamm, Brigitte (Hg.) (2001): Die Weltkonferenzen der 1990er Jahre. Baustellen für Global Governance. Bonn: Stiftung Entwicklung und Frieden.

Gehring, Thomas; Oberthür, Sebastian (1997): Internationale Regime als Steuerungsinstrumente der Umweltpolitik. In: Gehring, Thomas; Oberthür, Sebastian (Hg.) (1997): Internationale Umweltregime. Umweltschutz durch Verhandlungen und Verträge. Opladen: Leske + Budrich, S. 9-25.

Haas, Peter M. (1992): Introduction: epistemic communities and international policy coordination. In: *International Organization 46*: S. 1-35.

Homer-Dixon, Thomas (2010): Der heilsame Schock. Wie der Klimawandel unsere Gesellschaft zum Guten verändert. München: oekom.

IEA (2010): World Energy Outlook 2010. Online verfügbar unter www.worldenergyoutlook.org, zuletzt geprüft am 12.10.2010.

IPCC (1996): Climate Change 1995: Impacts, Adaptations and Mitigation of Climate Change: Scientific-Technical Analyses. Contribution of Working Group II to the Second Assessment Report of the Intergovernmental Panel on Climate Change. Cambridge: Cambridge University Press.

IPCC (2001): Climate Change 2001: Impacts, Adaptation and Vulnerability. Contribution of Working Group II to the Third Assessment Report of the Intergovernmental Panel on Climate Change. Cambridge: Cambridge University Press.

IPCC (2007): Climate Change 2007: The Physical Science Basis – Contribution of Working Group I to the Fourth Assessment Report of the IPCC – Summary for Policymakers. Cambridge and New York.

Keohane, Robert O. (1984): After Hegemony. Cooperation and Discord in the World Political Economy. Princeton: Princeton UP.

List, Martin (2007): Regimetheorie. In: Benz, Arthur; Lütz, Susanne; Simonis, Georg (Hg.) (2007): Handbuch Governance. Theoretische Grundlagen und empirische Anwendungsfelder. Wiesbaden: VS Verlag für Sozialwissenschaften, S. 226-239.

Lohmann, Larry (2006): Carbon Trading. A Critical Conversation on Climate Change, Privatisation and Power. Upsala.

Luhmann, Hans-Jochen; Sterk, Wolfgang (2007): Klimaschutzziel für Deutschland. Kurzstudie für Greenpeace Deutschland. Wuppertal.

Messner, Dirk (2006): Machtverschiebungen im internationalen System: Global Governance im Schatten des Aufstieges von China und Indien. In: Debiel, Tobias; Messner, Dirk; Nuscheler, Franz (Hg.) (2006): Globale Trends 2007: Frieden Entwicklung Umwelt. Frankfurt am Main: Fischer Taschenbuch Verlag, S. 45-60.

Müller, Harald (1993): Die Chance der Kooperation. Regime in den internationalen Beziehungen. Darmstadt: Wissenschaftliche Buchgesellschaft.

Oberthür, Sebastian; Ott, Hermann E. (2000): Das Kyoto-Protokoll. Internationale Klimapolitik für das 21. Jahrhundert. Opladen: Leske + Budrich.

Ott, Hermann E. (1997): Das internationale Regime zum Schutz des Klimas. In: Gehring, Thomas; Oberthür, Sebastian (Hg.) (1997): Internationale Umweltregime. Umweltschutz durch Verhandlungen und Verträge. Opladen: Leske + Budrich, S. 201-218.

Pearson, Ben (2007): Market failure: why the Clean Development Mechanism won't promote clean development. In: *Journal of Cleaner Production* 15 (2007) S. 247-252.

Pettenger, Mary E. (2007b): Introduction: Power, Knowledge and the Social Construction of Climate Change, in: Mary Pettenger (Hg.): The Social Construction of Climate Change. Power, Knowledge, Norms, Discourses. Aldershot: Asghate, 1-19.

Pye, Oliver (2009): Palmöl und die Transnationalisierung von Protest. In: Hoering, Uwe; Pye, Oliver; Schaffar, Wolfram; Wichterich, Christa (Hg.) (2009): Globalisierung bringt Bewegung. Lokale Kämpfe und transnationale Vernetzungen in Asien. Münster: Westfälisches Dampfboot, S. 69-85.

Roberts, J. Timmons; Parks, Bradley C. (2007): A climate of injustice: global inequality, North-South politics and climate policy. Cambridge: MIT Press.

Scheer, Hermann (2001): Klimaschutz durch Konferenzserien: eine Fata Morgana. In: *Blätter für deutsche und internationale Politik* (9): S. 1-8.

Schüle, Ralf (Hg.) (2008): Grenzenlos Handeln? Emissionsmärkte in der Klima- und Energiepolitik. München: oekom.

Schwartz, Peter; Randall, Doug (2003): An Abrupt Climate Change Scenario and its Implications for United States National Security. Online verfügbar unter http://www.gbn.com/consulting/article_details.php?id=53, zuletzt geprüft am 30.11.2010.

Ulbert, Cornelia (1997): Die Konstruktion von Umwelt. Der Einfluss von Ideen, Institutionen und Kultur auf (inter-)nationale Klimapolitik in den USA und der Bundesrepublik Deutschland. Baden-Baden: Nomos.

Unmüßig, Barbara; Cramer, Stefan (2008): Afrika im Klimawandel. In: Giga Focus Nr. 2, 2008.

Wara, Michael (2007): Is the global carbon market working? In: *Nature* 445: S. 595-596.

Welzer, Harald (2008): Klimakriege. Wofür im 21. Jahrhundert getötet wird. Frankfurt am Main: S. Fischer.

Witt, Uwe; Moritz, Florian (2008): CDM – saubere Entwicklung und dubiose Geschäfte. In: Altvater, Elmar; Brunnengräber, Achim (Hg.) (2008): Ablasshandel gegen Klimawandel? Marktbasierte Instrumente in der globalen Klimapolitik und ihre Alternativen. Hamburg: VSA, S. 88-105.

Young, Oran R. (1999): The Effectiveness of International Environmental Regimes. Cambridge / London: MIT Press.

Ziesing, Hans-Joachim (2008): Weiteres Warten auf Rückgang der weltweiten CO2-Emissionen. In: *Energiewirtschaftliche Tagesfragen* 58. Jg. (2008) (Heft 9): S. 62-73.

Ziesing, Hans-Joachim (2010): Wirtschaftskrise beschert Rückgang der weltweiten CO2-Emissionen. In: *Energiewirtschaftliche Tagesfragen* Heft 9, 2010.

Zürn, Michael (1998): Regieren jenseits des Nationalstaates. Globalisierung und Denationalisierung als Chance. Frankfurt am Main: Suhrkamp.

NGOs in der Klimakrise
Fragmentierungsprozesse, Konfliktlinien und strategische Ansätze

Barbara Unmüßig

„Die globale Krisensituation fordert zu einem neuen prozessorientierten Ansatz zivilgesellschaftlichen Engagements heraus" – so endet ein Beitrag von Klaus Heidel im Social Watch Deutschland Report 2009. Heidel präsentiert – aus den Reihen zivilgesellschaftlicher Organisationen eher selten – eine kritische Reflexion zur Rolle der Zivilgesellschaft, benennt Grenzen und Spaltungen sowie die diversen Dilemmata, mit denen zivilgesellschaftliche Akteure konfrontiert sind (Heidel 2009).

Die Debatte ist überfällig. Seit vielen Jahren hält sich hartnäckig der Glaube an die *eine* globale Zivilgesellschaft, die – in historischer Mission – angesichts des *universellen* Politikversagens der Staaten die Welt retten soll. Diese Position erfährt insbesondere nach dem enttäuschenden Klimagipfel der Vereinten Nationen (United Nations – UN) in Kopenhagen 2009 eine Renaissance. Dabei zeigt gerade der internationale Klimaverhandlungsprozess wie im Brennglas, wie groß mittlerweile die geografischen, positionellen und ideologischen Interessensgegensätze zwischen den zivilgesellschaftlichen Klimaakteuren geworden sind. Von der Stärke in der Einheit, von positioneller Harmonie kann nicht (mehr) die Rede sein. Zu den politischen Interessensgegensätzen gesellen sich noch zahlreiche innerinstitutionelle „Gesetzmäßigkeiten" und Zwänge für zivilgesellschaftliche Arbeit – vor allem Zugang zu Ressourcen und Spenden und zu (medialer) Öffentlichkeit.

Nichtregierungsorganisationen (Non-Governmental Organizations – NGO), die sich auf globale Verhandlungsprozesse wie die Klimaverhandlungen einlassen, sind längst mit ähnlichen strukturellen Problemen und Dilemmata konfrontiert, wie die offiziellen Regierungsverhandler: Wer ist dabei, wer ist ausgeschlossen? Wie ist Handlungs- und Strategiefähigkeit bei äußerst heterogenen Interessen überhaupt herstellbar? Wie sieht eine kluge Arbeitsteilung bei so vielen Akteuren aus? Welche Ressourcen können wie sinnvoll eingesetzt werden? Was ist realpolitisch umsetzbar und was wäre klimapolitisch wünschenswert (Gerechtigkeit, Solidarität, den Nord-Süd-Konflikt überwinden)?

Zwar hat seit der Enttäuschung über den Ausgang des Klimagipfels in Kopenhagen in vielen zivilgesellschaftlichen Organisationen das Nachdenken über
die eigene Rolle in den Klimaverhandlungsprozessen und generell beim Klimaschutz begonnen. Jürgen Maier, Geschäftsführer des Forums Umwelt & Entwicklung, fordert in seinem Diskussionsanstoß vom Januar 2010 „sich selbstkritisch die Frage zu stellen, welchen Anteil eigentlich die NGOs an der dürren
Bilanz der Klimaverhandlungen haben und ob dementsprechend Kurskorrekturen
für NGOs anstehen" (Maier 2010).

Greenpeace[1] oder der World Wide Fund for Nature (WWF)[2], Climate Action Network (CAN)[3] oder Friends of the Earth International (FOEI)[4] und Climate Justice Now![5] – alle globalen Klimaakteure diskutieren in Klausuren über
ihre künftige Rolle bei den Klimaverhandlungen und in der Klimapolitik generell. An die Öffentlichkeit dringt wenig durch. Die oben gestellten Fragen – so
die eigene Beobachtung – spielen dabei kaum eine Rolle. Eine internationale und
Organisationen übergreifende Strategiedebatte gibt es nicht. Es gibt keinen Akteur, der eine solche Debatte organisieren würde. Es gibt eben nicht das *eine*
strategische Zentrum für *die* Zivilgesellschaft und ein solches wird es auch nie
geben.

Bunter Haufen

Wer ist dieser bunte Haufen, dem das Kürzel „NGOs" verpasst wird? NGOs
steht für „Non-Governmental Organizations" und ist der Sammelbegriff für ganz
verschiedene zivilgesellschaftliche Organisationen, aber auch für informelle
Zusammenschlüsse und Regionen übergreifende Netzwerke (Janett 1997). In
Umfragen bei der Bevölkerung erhalten sie mitunter Sympathiewerte, von denen

---

[1] Zur Klimaarbeit von Greenpeace siehe: Greenpeace 2010, http://www.greenpeace.de/themen/
klima/ (02.08.2010).
[2] WWF 2010, http://www.wwf.org/ (02.08.2010).
[3] Das Climate Action Network (CAN) ist ein Netzwerk von ca. 450 NGOs, die sich für eine Politik,
die sich gegen den Klimawandel einsetzt, engagiert. Neben CAN International operiert das Netzwerk
außerdem über regionale Netzwerke, beispielsweise CAN Europe oder CAN South Asia. Vgl.: http://
www.climatenetwork.org/ (02.08.2010).
[4] Friends of the Earth International ist ebenfalls ein Netzwerk, bestehend aus 77 nationalen Umweltgruppen und ca. 5.000 lokalen Aktivistengruppen. Siehe: Friends of the Earth International 2010,
<http://www.foei.org/ (02.08.2010).
[5] Climate Justice Now! ist ein Netzwerk von Organisationen und Bewegungen, die für soziale, ökologische Gerechtigkeit und Geschlechtergerechtigkeit eintreten. Mitglieder von Climate Justice Now!
sind u.a.: Focus on the Global South, Friends of the Earth International und Gendercc – Woman for
Climate Justice. Vgl.: Climate Justice Now! 2010, http://www.climate-justice-now.org/ (02.08.
2010).

Politiker nur träumen können. Sogar als „Sauerteig für eine bessere Welt" werden sie ab und an bezeichnet (Nuscheler 1998).

Neu ist das Auftreten von NGOs nicht, schon gar nicht in der Klimapolitik. Seit zwei Jahrzehnten hat keine Klimakonferenz der Vereinten Nationen ohne ihre Präsenz und ihr Einmischen ins Verhandlungsgeschehen stattgefunden. Seit dem Beginn der Verhandlungen unter der Klimarahmenkonvention der Vereinten Nationen (United Nations Framework Convention on Climate Change – UNFCCC) im Jahre 1992 werden interessierte NGOs in die offiziellen Verhandlungen miteinbezogen. Sofern sie über einen Organisations- bzw. Institutionsstatus verfügen, können sie sich als Beobachterorganisationen für die Verhandlungen registrieren. Waren zu Beginn 171 Organisationen registriert, wuchs die Zahl bis 2000 bereits auf 530 Organisationen an (Carpenter 2001). Mittlerweile sind über 1.297 NGOs bei der UNFCCC registriert. Die hohe Zahl mag auf den ersten Blick erstaunen. Die Vereinten Nationen legen aber einen breiten NGO-Begriff an, der alle Organisationen umfasst, die nicht „durch ein intergouvernmentales Abkommen eingerichtet wurden". Hierunter fallen dann auch Universitäten, Wirtschafts- und Industrieverbände, kirchliche Träger oder Kommunen.[6]

Konjunkturen der Klimaarbeit

Die Beteiligung an den UN-Klimaverhandlungen durch zivilgesellschaftliche Akteure hat in den letzten 20 Jahren diverse Konjunkturen erlebt. Unmittelbar um und nach dem Erdgipfel „Umwelt und Entwicklung", der 1992 in Rio de Janeiro stattfand, haben sich zahlreiche Umwelt- und Entwicklungsorganisationen an den Verhandlungen beteiligt. In Deutschland hat die UN-Klimavertragsstaatenkonferenz, gemeinhin auch als COP, eine Abkürzung für Conference of Parties, bekannt, in Berlin 1995 ein hohes Maß an Mobilisierung und an lokaler, nationaler und internationaler Vernetzung erreicht (Walk 1997). Das Interesse eines breiten Spektrums zivilgesellschaftlicher Akteure an den Klimaverhandlungen ebbte spätestens nach der Vertragsstaatenkonferenz im japanischen Kyoto (1997) ab. Vor allem Entwicklungsorganisationen aus Nord und Süd zogen sich aus dem Klimaprozess zurück und widmeten ihre politische Aufmerksamkeit verstärkt der „klassischen" Armutsthematik und vor allem der internationalen Handelspolitik – auf internationaler Verhandlungsebene dem WTO-Prozess. Insgesamt lässt sich festhalten, dass die erstarkende globalisierungskritische Bewegung wenig bis kaum die globalen ökologischen Herausforderungen the-

---

[6] Vgl. UNFCCC 2010: Parties & Observers, http://unfccc.int/parties_and_observers/items/2704.php (02.08.2010).

matisierte. Verteilungs- und Gerechtigkeitsfragen wurden stärker mit der sozialen denn mit der ökologischen Frage verknüpft. Umwelt und Entwicklung zusammen zu diskutieren, hatte nicht mehr die gleiche Fundierung im zivilgesellschaftlichen Engagement wie in den 1990er Jahren.

Im Ergebnis waren die großen und transnational operierenden Umweltorganisationen wie WWF und Greenpeace, nationale Umweltorganisationen wie der US-amerikanische Environmental Defense Fund[7] oder der deutsche BUND[8], internationale Netzwerke wie Friends of the Earth International oder das Climate Action Network sowie wie neuere hoch spezialisierte NGOs wie die deutsche Organisation Germanwatch[9] oder das britische E3G[10] bei den jährlichen Vertragsstaatenkonferenzen fast unter sich. Ihre KlimaspezialistInnen haben sich in die technischen Details der Verhandlungen vergraben, sich mit den komplizierten Arbeitsstrukturen des UN-Klimaprozesses befasst, einige Instrumente wie den Clean Development Mechanism (CDM – Mechanismus für umweltverträgliche Entwicklung) und den Emissionshandel zwar hie und da kritisiert, aber mitgetragen. Im jährlichen – medienwirksamen – Ritual wurden die mangelnden Fortschritte bei der Umsetzung der Reduktionsverpflichtungen aus dem Kyoto-Protokoll beklagt, mehr Technologietransfer und mehr Geld für den Klimaschutz gefordert. Der internationale Verhandlungsprozess war aber kaum rückgebunden an die eigenen Mitglieder der größeren NGOs und an eine breitere Öffentlichkeit waren die Verhandlungsprozess kaum noch vermittelbar. Eine breitere Mobilisierung über die eigenen Organisationen fand gar nicht mehr statt. Die NGO-KlimaspezialistInnen waren weitgehend unter sich und nahmen auch gegenüber den Regierungsdelegationen eher einen ko-elitären Status ein. Auffällig war außerdem, dass außer über die transnationalen Netzwerke wie Climate Action Network oder Friends of the Earth International hinaus, die zivilgesellschaftliche Präsenz aus den Ländern des globalen Südens eher gegen Null tendierte. Auch international agierende Entwicklungsorganisationen wie Oxfam waren jahrelang abstinent.

Das änderte sich erst wieder Mitte der 00er Jahre. Der globale Weckruf für eine neue Offensive im globalen Klimaschutz kam aber nicht von *der* Zivilgesellschaft, sondern aus der Klimawissenschaft, die mit ihren Erkenntnissen zum dramatischen Fortschritt des Klimawandels die Öffentlichkeit und Politik alarmierte.

---

[7] Siehe auch: Environmental Defense Fund 2010, http://www.edf.org/home.cfm (02.08.2010).
[8] Der Bund für Umwelt und Naturschutz Deutschland (BUND) ist die deutsche Sektion von Friend of the Earth und somit Mitglied von Friends of the Earth International. Siehe auch: BUND 2010: http://www.bund.net/bundnet/ (02.08.2010).
[9] Siehe auch: Germanwatch 2010, http://www.germanwatch.org/ (02.08.2010).
[10] Siehe auch: E3G – Change Agents for Sustainable Development 2010, http://www.e3g.org/ (02.08.2010).

Viele zivilgesellschaftliche Organisationen änderten erneut ihre Agenda und engagieren sich nun wieder für den Klimaschutz, u.a. zuungunsten von Handelsfragen. Die WTO ist nun out, die NGO-Karawane ist in aller Massivität beim Kopenhagener UN-Klimagipfel im Dezember 2009 gestrandet. Dieser Klimagipfel hat die größte Massenmobilisierung erlebt, seit es die Klimaverhandlungen gibt.

Viele neue Akteure aus Nord und Süd mischen nun also wieder mit bei den Klimaverhandlungen: Entwicklungsorganisationen wie Oxfam[11], Christian Aid[12] oder in Deutschland Misereor[13] und Brot für die Welt[14] sind nun wieder klimapolitisch aktiv, ob in der neugegründeten deutschen Klima-Allianz[15] oder in Entwicklungsländern mit entsprechenden Programmen und PartnerInnen. Auch lokal – ob in Nord, Ost oder Süd – gibt es wieder mehr und mehr Initiativen und Organisationen, die sich gegen fehlgeleitete Energie- oder andere Großprojekte zur Wehr setzen.

Mit diesen neuen zivilgesellschaftlichen Akteuren sind „vergessene" oder vernachlässigte Themen wie Klimagerechtigkeit und Armut auch in die Verhandlungsprozesse zurück gekehrt. Das war spätestens seit der COP 2007 in Bali sicht- und vernehmbar und manifestiert sich u.a. in der Gründung eines ganz neuen transnationalen Netzwerks wie Climate Justice Now!. Das einflussreiche Third World Network[16] hat sich binnen drei Jahren zu einer zentralen Stimme der Zivilgesellschaft mit großem Einfluss auf Süd-Regierungen etabliert und veröffentlicht bei Klima-Zwischenverhandlungen und bei den COPs selbst tägliche Newsletter. CAN hat vor allem aus dem Süden neue Mitglieder aufgenommen. Sie forderten CAN intern Debatten zu Klimagerechtigkeit und Lastenteilung bei den CO_2-Reduktionszielen und den Finanzen. Die NGO Focus on the Global South[17] organisierte im Juli 2008 eine *Climate Justice Conference* in Bangkok mit, an der 170 AktivistInnen aus sozialen Bewegungen und der kriti-

---

[11] Zum Engagement von Oxfam mit Blick auf den Klimawandel siehe bspw.: Oxfam 2010, http://www.oxfam.de/klimablog (03.08.2010).

[12] Zur Arbeit von Christian Aid, einer in Großbritannien registrierten, aber international tätigen NGO, zum Thema Klimawandel siehe: Christian Aid 2010, http://www.christianaid.org.uk/whatwedo/issues/climate_change.aspx (03.08.2010).

[13] Zur Arbeit von Misereor zum Thema Klimawandel siehe: Misereor 2010, http://www.misereor.de/themen/klimawandel.html (03.08.2010).

[14] Zur klimapolitischen Arbeit von Brot für die Welt vgl.: Brot für die Welt 2010, http://www.brot-fuer-die-welt.de/weltweit-aktiv/index_1880_DEU_HTML.php (03.08.2010).

[15] In der Klima-Allianz haben sich über 100 Organisationen zu einem Bündnis zusammengeschlossen. Gemeinsam setzten sie sich dafür ein, dass die politischen Rahmenbedingungen geschaffen werden, die eine drastische Senkung der Treibhausgase in Deutschland bewirken. Zu den Mitgliedern zählen u. a. BUND, Brot für die Welt, Forum Umwelt & Entwicklung und Germanwatch. Vgl.: Die Klima-Allianz 2010, http://www.die-klima-allianz.de/ (03.08.2010).

[16] Siehe auch: Third World Network 2010, http://www.twnside.org.sg/ (02.08.2010).

[17] Siehe auch: Focus on the Global South 2010, http://www.focusweb.org/ (02.08.2010).

schen Wissenschaft aus 31 Ländern teilnahmen.[18] Im südindischen Mamallapuram lud CAN im Oktober 2008 zu ihrem 2. *Equity Summit* nach 2001 ein, an dem 150 VertreterInnen aus zivilgesellschaftlichen Organisationen aus 48 Ländern teilnahmen (Fuhr 2008). Damit hat sich die Beteiligung erkennbar erweitert, sie ist weniger homogen und exklusiv. Die größere Vielfalt und Heterogenität hat allerdings auch die Konflikte zwischen den NGOs und den diversen Interessensvertretungen (indigene oder berufsständische Organisationen, feministische und genderpolitische Organisationen, Gewerkschaften uvm.) verstärkt.

Allerdings bleibt ein weiterer Faktor für die Beteiligung an globalen Verhandlungen wichtig: Wer kann das nötige Geld dafür aufbringen? Wer kann sich die Reisen, die Hotels leisten? Auch solche materiellen Fragen entscheiden über Ausschluss oder Teilhabe. Im Ergebnis hat sich eine Kluft innerhalb der NGO-Gemeinde geöffnet, die eher hierarchisch organisierte „global players" von anderen, weniger Ressourcen starken NGOs oder spontan organisierten Graswurzel-Organisationen und soziale Bewegungen trennt.

Fragmentierungen und Divergenzen

Die Klimakrise legt mehr denn je offen, wie unterschiedlich die historische und ökonomische Verantwortung für die Krise ist und wie verschieden Regionen und soziale Klassen vom Klimawandel betroffen sind. Das schlägt sich auch in den Interessensdivergenzen innerhalb der Zivilgesellschaft nieder. Interessensgegensätze werden immer schärfer sichtbar, zwischen Nord und Süd NGOs, zwischen NGOs und sozialen Bewegungen, zwischen Umwelt- und Entwicklungsorganisationen. Sie machen sich positionell aber auch am strategischen Vorgehen (Lobbyarbeit vs. Aktionen) und an den jeweiligen Handlungsebenen (lokal vs. global) fest. So sind Spaltungen nicht ausgeblieben. Friends of the Earth International ist aus CAN ausgetreten. Climate Justice Now! erst gar nicht Mitglied bei CAN geworden. Insgesamt hat CAN an Bindewirkung und Koordinationskraft verloren. Heterogenere Interessen und mehr Mitglieder machen die Kompromisssuche schwerfällig. Gerade große NGOs, die viel Geld in ihre Präsenz rund um die Klimaverhandlungen stecken, eigene Publikationen und Veranstaltungen rund um die Gipfel organisieren und vor allem in die (Welt)Medien wollen, arbeiten wieder mehr „auf eigene Rechnung". Für Strategiedebatten und Kompromisssuche bleibt da keine Zeit übrig. Außerdem gibt es mittlerweile unüberbrückbare

---

[18] Vgl. Focus on the Global South-Philippines 2008: Announcement: Climate Justice Conference, 12.-14. July 2008, http://focusweb.org/philippines/content/view/141/5/ (02.08.2010).

positionelle Differenzen, die Abstimmungen überflüssig erscheinen lassen – man geht dann eben getrennte Wege.

Und je mehr sich NGOs über die Zeit professionalisiert haben, desto größer wurde die Gefahr, dass sie ihre Bodenhaftung und ihren basisdemokratischen Anspruch verlieren. Und je stärker sie auf reale politische Prozesse Einfluss ausüben, desto eher verlieren sie ihre Fähigkeit, dem Gemeinwohl eine Stimme zu verleihen. Sie verlieren sich häufig im Klein-Klein ihrer punktuellen Anliegen. Sie schielen auf das, was ihren SpenderInnen gefallen könnte. Wer nicht mehr nur protestieren und Kampagnen organisieren will, sondern sich auf die Kooperation mit staatlichen Institutionen einlässt, um in die Vorhöfe der Macht zu gelangen, der läuft schnell Gefahr, ein Stück Autonomie zu opfern und vom System instrumentalisiert zu werden. Nicht alle NGOs bewältigen diese Gratwanderung zwischen Richtigkeit der Anliegen und Wichtigkeit des Einflusses.

Gemeinsamer Nenner: 2 Grad

Doch zunächst zu dem, was als Konsens unter allen zivilgesellschaftlichen Klimaakteuren gelten kann: Alle die auf den UN-Prozess setzen, wollen ein ambitioniertes, faires und verbindliches Kyoto-Folgeabkommen, das sich an klimawissenschaftlichen Erkenntnissen orientiert. Die Erderwärmung unter 2 Grad Celsius zu halten, daran müssen sich die mittel- und langfristigen Reduktionsziele – verbindlich in einem UN-Abkommen vereinbart – messen lassen. Darüber, dass dafür weltweit die Emissionen bis zum Jahr 2050 bis zu 90 Prozent sinken müssen und damit die Dekarbonisierung der Wirtschaft schnellstmöglich eingeleitet werden muss, besteht Einigkeit. Unumstritten ist auch, dass der globale Süden beim Ausstieg aus der fossilen Wirtschaft und bei der Anpassung an den Klimawandel Finanz- und Technologietransfers aus den OECD Ländern erhalten soll.

Konfliktlinie 1: Lastenteilung zwischen Nord und Süd

Die positionellen Differenzen beginnen jedoch – wie zwischen den Regierungen auch – bei der Frage der Lastenteilung. Seit klar ist, dass die 2 Grad-Leitplanke nur noch zu halten ist, wenn neben den hauptverantwortlichen Industrieländern auch die großen Schwellenländer verbindliche Reduktionsziele in einem globalen Vertrag eingehen müssten, werden die Kontroversen darüber schärfer. Während die einen die alte Aufteilung der Länderkategorien in Annex-B-Länder, also derjenigen Länder, die gemäß Annex B des Kyoto-Protokolls konkrete Verpflichtungen zur Emissionsreduktion eingegangen sind, und den Non-Annex-B-

Ländern[19], die laut Kyoto-Protokoll zu keinen Reduktionen verpflichtet sind, für überholt halten, wollen die anderen unbedingt daran festhalten. Viele NGOs, darunter das Third World Network, das indische Centre for Science and Environment (CSE)[20] und die CAN-Regionalgruppen halten es wie die Schwellenländer der Südregierungen: sie wollen keine verbindlichen Reduktionsverpflichtungen eingehen, solange der Norden nicht verbindlich und drastisch seine CO_2-Emissionen (möglichst bis zu minus 40 % bis 2020) reduziert. Und hier wird insbesondere die Rolle der USA zentral, weil von dort zwar stetig die Forderung nach Einbindung der Schwellenländer China und Indien kommt, sie selbst aber nichts in die Verhandlungen einzubringen vermögen, das der historischen und aktuellen Verantwortung entspräche. NGOs aus den OECD-Ländern drängen jedoch auch Süd-Regierungen, ihre Verantwortung für das 2 Grad Ziel zu übernehmen, jenseits aller Zusagen aus dem Norden. Ebenfalls entlang der Positionen ihrer Regierungen fordern zivilgesellschaftliche Organisationen der Inselstaaten von Industrie- und Schwellenländern ambitionierte Reduktionsziele. NGOs formulieren also nicht selten Forderungen analog zu den Interessen ihrer jeweiligen Länder und Regierungen. Im Gerangel und Gefeilsche um die jeweiligen nationalstaatlichen Reduktionsverpflichtungen, die möglichst keinerlei ökonomische Nachteile für die jeweiligen Volkswirtschaften bringen sollen, nehmen NGOs die ihnen zugeschriebene Rolle, „sich als Organisationen des „dritten Sektors" zwischen die Sphären von staatlicher Gewalt und wirtschaftlicher Macht (zu) schieben", leider nicht immer wahr (Janett 1997).

Sie machen sich so häufig auch zu Verbündeten von Regierungen. Problematisch wird dies noch mehr, wenn es sich um autoritäre und menschenrechtsverachtende Regime handelt, die sich auf der globalen Bühne plötzlich als Klimagerechtigkeitsverfechter präsentieren. Die Rechtfertigung mancher US-amerikanischer Regierungspositionen durch einige US-NGOs ist auch in dieses Problemfeld einzuordnen.

Konfliktlinie 2: Marktmechanismen vs. Systemwechsel

Das gilt auch für ein zweites Konfliktfeld. Mit welchen Instrumenten soll dem Klimawandel begegnet werden? Hier gibt es größere Auseinandersetzungen um die sogenannten flexiblen marktorientierten Instrumente, wie den Clean Deve-

---

[19] Der Begriff „Annex-B-Länder" wird oft synonym mit Industrieländer benutzt, wohingegen unter dem Begriff „Non-Annex-B-Länder" in der Regel die Entwicklungs- und Schwellenländer verstanden wird.
[20] Das Centre for Science and Environment ist eine in Neu Delhi/Indien ansässige NGO, vgl.: Centre for Science and Environment 2010, http://www.cseindia.org (03.08.2010).

lopment Mechanism, das Instrument der Joint Implementation (JI), der Emissionshandel oder die Reduktion von Emissionen aus Entwaldung und Schädigung von Wäldern (REDD – Reducing Emissions from Deforestation and Degradation). Während eine große Gruppe von NGOs diese Instrumente grundsätzlich befürwortet, aber auch großen Reformbedarf sieht, lehnen eher radikalere NGOs sie generell als nicht für den Klimaschutz und den Abbau von Ungleichheit und Armutsüberwindung geeignet ab. „We also condemn their [the Northern governments; Anm. der Autorin] aggressive promotion of false solutions such as carbon trading (including the Clean Development Mechanism and Reduced Emissions from Deforestation in Developing Countries/and Forest Degradation); technofixes such as agrofuels, megadams, and nuclear power; and science fictions like carbon sequestration and storage. These so-called solutions will merely exacerbate the climate crisis and deepen global inequality."[21]

Manche NGOs, die noch vor zehn Jahren das Kyoto-Protokoll in einigen seiner Grundelemente kritisiert haben – etwa den Handel mit Emissionszertifikaten oder das faule Gegenrechnen von Treibhausgassenken gegen energiebedingte Emissionen – verteidigen es heute vehement gegen neu auftretende NGOs und soziale Bewegungen, die den gegenwärtigen Klimaprozess inklusive der mitmischenden NGO-Vertreter letztlich als Legitimation und Stabilisierung des Wirtschaftssystems nach dem Status quo verachten. Brauchen wir „green growth" à la Kapitalismus reloaded oder vielmehr einen radikalen „system change", um den Kollaps abzuwenden?

Vom neuen Mechanismus REDD erhoffen sich wiederum vor allem indigene Organisationen Finanzen für den Schutz der Wälder. Sie wollen davon profitieren, während ihn andere als erneutes Schlupfloch betrachten, mit dem sich die Industrieländer ihrer Verantwortung entziehen.[22] Auch große Naturschutzorgani-

---

[21] „ Towards climate Justice in Asia", Summary report of the Climate Justice Conference, Bangkok 12-14 July 2008, veröffentlicht am 26.08.2010 unter http://www.ecologicaldebt.org/Carbon-and-Climate-Change-Debt/Summary-report-of-the-Climate-Justice-Conference-Bangkok-12-14-July-2008.html (03.08.2010).

[22] Dass die Reduzierung der Entwaldung ein wichtiger Baustein in der Klimapolitik ist, kann als Konsens gelten. Umstritten ist jedoch die Frage, wie die Finanzierung von REDD geregelt werden soll: über einen Marktmechanismus oder einen Fonds. In Amazonien hat sich ein breites Pro-REDD-Bündnis von NGOs und sozialen Gruppen formiert – darunter auch die Indianerorganisation COIAB als auch Unternehmen –, das für die Einbeziehung von REDD in den internationalen Emissionshandel eintritt und sich davon hohe Geldererträge verspricht. Auch REDD-kritische Stimmen haben sich organisiert: In dem Brief von Belém, der von den Gewerkschaftsverbänden, der Bewegung der Landlosen (MST), Via Campesina und zahlreichen anderen Gruppen Amazoniens unterschrieben wurde, wird die Befürchtung geäußert, dass REDD Schlupflöcher für die Wiederaufforstung durch Baumplantagen eröffnet. Siehe auch: Fatheuer, Thomas 2009: Amazonien: Kontroversen um die Reduzierung der Entwaldung (REDD), 29.10.2009, http://www.boell.de/weltweit/lateinamerika/lateiname rika-7729.html (02.08.2010).

sationen wie The Nature Conservancy (TNC), die global mit Hunderten von Millionen US-Dollar im Naturschutz operieren, sehen sich als Profiteure von REDD und intensivieren seit Jahren ihre Lobbyarbeit dafür.[23] Sie sind also längst Teil der neuen klimawirtschaftlichen Optionen und Interessen. Dies sind nur einige der Konfliktlinien, die schnell mit dem Mythos aufräumen, NGOs oder soziale Bewegungen zögen an einem Strang oder sprächen mit einer Stimme.

Lokal vs. International

Auch bei den Aktionsformen und Handlungsebenen gibt es größere Unterschiede. Anlässlich der UN-Klimaverhandlungen in Kopenhagen 2009 kam zwar ein breites Bündnis für die große Klimademonstration zustande. Dennoch ist unübersehbar, dass die einen ihre Lobbyaktivitäten im Verhandlungszentrum weiterhin für Erfolg versprechend halten, während andere Organisationen und Zusammenschlüsse dieses Vorgehen nur noch mit Verachtung strafen. Statt sich über komplementäre Strategien auszutauschen und eine kluge Arbeitsteilung zu verabreden, sind eher scharfe Abgrenzungen der verschiedenen NGOs und sozialer Gruppen und Bewegungen zu beobachten, die immer weniger miteinander zu tun haben. Zwar bezieht sich die große Mehrheit der klimapolitisch Aktiven immer noch auf die UN als den geeigneten Prozess für ein globales Abkommen. Aber auch daran wird immer häufiger Kritik geäußert.

Zu viele Ressourcen würden auf den globalen Prozess fokussiert statt sich konkret, vor Ort, lokal für mehr Klimaschutz einzusetzen. In diese Kerbe schlägt auch Jürgen Maier, wenn er fragt, „[…] ist die begrenzte Kraft der NGOs am besten investiert, wenn wir alles darauf mobilisieren […] einen Vertrag per Konsensbeschluss der Vereinten Nationen zu bekommen?" Und „ […] müssen wir uns die Frage stellen, ob das Schneckentempo des UN-Prozesses die Antworten liefern kann, die wir brauchen." Letztlich plädiert er, wie nach dem Scheitern von Kopenhagen viele andere auch, für eine stärkere bis ausschließliche Konzentration auf nationale und lokale klimapolitische Aktivitäten und Aktionen. „Die Veränderungen müssen dann auf andere Weise kommen. Wenn es stimmt, dass der Klimawandel so rasch vonstatten geht, dass wir keine Zeit verlieren dürfen, dann haben auch die NGOs die Verpflichtung, sich auf diejenigen Aktivitäten zu konzentrieren, die am raschesten Ergebnisse versprechen." (Maier 2010)

Letztlich plädiert Maier für nichts anderes als eine strategisch ausgerichtete Arbeitsteilung, bei der der größte Teil der Zivilgesellschaft sich auf Verände-

---

[23] Für einen Einblick in die Position von The Nature Conservancy mit Blick auf REDD siehe: The Nature Conservancy 2010: Climate Change – Get the Facts: Forests and Climate Change, http://www.nature.org/initiatives/climatechange/strategies/art22146.html (02.08.2010).

rungsprozesse vor Ort konzentriert und einem kleinen Rest von DiplomatInnen und NGO-VertreterInnen den Aushandlungsprozess für ein globales Klimaabkommen überlässt. Wenn Klimapolitik Mehrebenenpolitik par excellence ist, dann macht das Gegeneinander-Ausspielen der verschiedenen Handlungsebenen aber wenig Sinn. Es braucht vielmehr den Austausch über den richtigen Ressourceneinsatz und die politischen Positionierungen. Die internationalen Verhandlungen an ein paar selbsternannte NGO-Lobbyisten zu delegieren, ohne über ihre Rolle und ihre Rückbindung an Politik und Gesellschaft (Legitimation, Rechenschaftspflicht usw.) nachzudenken, kann nur, wer vom UN-Klimaprozess letztlich nichts mehr erwartet, ihn für gänzlich irrelevant hält. Wo aber soll der internationale Interessensausgleich zwischen Nord- und Süd stattfinden, wo sollen die verbliebenen Emissionsbudgets der Zukunft gerecht verteilt werden, wenn nicht in der UNO?

Fazit

Kein Zweifel: Ideen zu entwickeln und Forderungen aufzustellen, wie die Welt verbessert werden kann, das gehört zum Kerngeschäft von NGOs und sozialen Bewegungen. Sie können die Welt der politischen bürokratischen Sachzwänge und mühsamen Kompromisse mit Idealen und Utopien konfrontieren, die im politischen Alltagsgeschäft oft im Keim erstickt werden. Und sie genießen das Privileg, über den kurzen Zeithorizont von Wahlterminen hinausschauen und Vorschläge unterbreiten zu können, die in der Politik aus wahltaktischen Gründen allzu oft tabuisiert werden.

Doch längst sind NGOs mehr als Ideenwerkstätten. Zunehmend global organisiert, bilden sie und ihre Netzwerke die Organisationskerne einer internationalen Öffentlichkeit und Zivilgesellschaft. Damit können sie auch als Gegenmacht zum bereits seit längerem international organisierten Kapital, den transnationalen Konzernen und Wirtschaftsvereinigungen mit ihrem Geschwader an einflussreichen LobbyistInnen auftreten. Und sie können Menschenmassen mobilisieren: gegen Großstaudämme, gegen Kohle- und Atomkraftwerke. Auch bei Welthandelsrunden und bei Klimagipfeln schaffen sie es, Zigtausende auf die Straßen vieler Hauptstädte in der Welt zu bringen. So streuen sie Sand ins Getriebe der Machtpolitik und erzwingen ein Stück Öffentlichkeit und Transparenz.

Doch auch wenn sie zu Recht als demokratisches Gegengewicht zu den Mächten in Wirtschaft und Politik bezeichnet werden, sehen sich NGOs selbst immer wieder der Frage ihrer Legitimität ausgesetzt. Meinungsumfragen mögen ihnen eine hohe Wertschätzung in der Bevölkerung bescheinigen. Aber diese demoskopisch ermittelte Akzeptanz verleiht ihnen noch keine demokratische

Legitimation. In wessen Namen sprechen ihre Funktionäre, auf deren Auswahl zum Beispiel einfache SpenderInnen gar keinen Einfluss haben? Sie repräsentieren allenfalls eine virtuelle Gemeinde. Der Mythos von basisdemokratischen und nur edlen Zielen verpflichteten Organisationen wurde an Fundraising-Plakaten in Bushaltestellen oder gar bitteren Spendenskandalen gebrochen, auch wenn diese bislang nur sehr vereinzelt vorkamen.

Bei aller Gemeinsamkeit, die Welt retten zu wollen, bleiben NGOs also immer ein bunter Haufen, der sich nur zäh und sporadisch auf gemeinsame Botschaften einigen kann. Eine Watchdog-Funktion für die Politik zu haben, denn viele Augen sehen viel, oder eine Flut an Ideen und Alternativen zu entwerfen, denn viele Köpfe denken viel – das ist klar auf der Habenseite. Doch dass NGOs sich auf eine gemeinsame inhaltliche und strategische Stoßrichtung einschwören, gelingt allenthalben für kurze Momente. Wer auch sollte in einer Bewegung ohne Zentrale solch zentrale Entscheidungen treffen?

Die Fragmentierung und Differenzierung des zivilgesellschaftlichen Engagements im Klimakontext ist größer denn je. Dies ist ein Faktum, das bei genauerer Analyse hilft, Abschied zu nehmen vom harmonisierenden Bild der Zivilgesellschaft, der mehr Problemlösungskompetenz zugetraut wird als „der" Politik. NGOs und soziale Bewegungen müssen die Debatte um die diversen Interessenskonflikte und positionellen Differenzen untereinander suchen. Selbst die gegründeten Netzwerke der vergangenen Jahre (CAN, Forum Umwelt & Entwicklung, Klima-Allianz) scheint es nicht zu gelingen, solche strategischen und selbstreflexiven Auseinandersetzungen zu organisieren. Sektorale, fragmentierte und widersprüchliche Vorgehensweisen sind aber keine Antworten auf die globalen Krisen der Welt. Ohne die Interessenskonflikte unter den Teppich zu kehren: es brauchte Formen des Austausch und des Konfliktaustrags, die neu wären für eine globale und vielfältige Zivilgesellschaft.

Literatur

Carpenter, Chad (2001): Businesses, Green Groups, and the Media: the Role of Non-Governmental Organizations in the Climate Change Debate. In: International Affairs, April 2001, S. 319.

Equity Summit. Report. 20.-23.10.2008. Mamallapuram, Tamil Nadu, India. Online verfügbar unter http://www.boell-india.org/downloads/Report_Equity_Summit.ppt, zuletzt geprüft am 02.08.2010.

Fatheuer, Thomas (2009): Amazonien: Kontroversen um die Reduzierung der Entwaldung (REDD). Online verfügbar unter http://www.boell.de/weltweit/lateinamerika/latein amerika-7729.html, zuletzt geprüft am 02.08.2010.

Focus on the Global South-Philippines 2008: Announcement: Climate Justice Conference. 12.-14. July 2008. Online verfügbar unter http://focusweb.org/philippines/content/view/141/5/, zuletzt geprüft am 02.08.2010.

Fuhr, Lili. Blog Klima der Gerechtigkeit 2009. Mamallapuram Climate Equity Declaration. Online verfügbar unter http://klima-der-gerechtigkeit.de/2008/10/23/mamalla puram-climate-equity-declaration/, zuletzt geprüft am 02.08.2010.

Heidel, Klaus (2009): Von der Notwendigkeit neuer Formen zivilgesellschaftlichen Engagements. Sechs Thesen. In: Social Watch Deutschland/Forum Weltsozialgipfel: Globale Krisen. Soziale Auswirkungen – Politische Konsequenzen, Report 2009, H. 8, S. 71.

Janett, Daniel (1997): Vielfalt als Strategievorteil: Zur Handlungskompetenz von Nicht-Regierungs-Organisationen in komplexen sozialen Umwelten. In: Altvater, Elmar; Brunnengräber, Achim; Haake, Markus; Walk, Heike (Hrsg.): Vernetzt und Verstrickt: Nicht-Regierungs-Organisationen als gesellschaftliche Produktivkraft. Münster, S. 145-173.

Maier, Jürgen (2010): Klimagipfel gescheitert: Nach der COP ist vor der COP. Diskussionsanstoß. Online verfügbar unter www.asienhaus.de/public/archiv/maier-kopen hagen-gescheitert-070110.pdf, zuletzt geprüft am 02.08.2010.

Nuscheler, Franz (1998): NGOs in Weltgesellschaft und Weltpolitik: Menschenrechtsorganisationen als Sauerteig einer besseren Welt? Online verfügbar unter http://www.oneworld.at/ngo-conference/discussion/nuscheler.htm, zuletzt geprüft am 02.08.2010.

The Nature Conservancy 2010: Climate Change – Get the Facts: Forests and Climate Change. Online verfügbar unter http://www.nature.org/initiatives/climatechange/strategies/art22146.html, zuletzt geprüft am 02.08.2010.

Towards climate Justice in Asia. Summary report of the Climate Justice Conference. Bangkok 12-14 July 2008. Online verfügbar unter http://www.ecologicaldebt.org/Carbon-and-Climate-Change-Debt/Summary-report-of-the-Climate-Justice-Conference-Bangkok-12-14-July-2008.html, zuletzt geprüft am 03.08.2010.

UNFCCC 2010: Parties & Observers. Online verfügbar unter http://unfccc.int/parties_and_observers/items/2704.php, zuletzt geprüft am 02.08.2010.

Walk, Heike 1997: „Ein bißchen bi schadet nie": Die Doppelstrategie von NGO-Netzwerken. In Altvater, Elmar; Brunnengräber, Achim; Haake, Markus; Walk, Heike (Hrsg.): Vernetzt und Verstrickt: Nicht-Regierungs-Organisationen als gesellschaftliche Produktivkraft, Münster, 195-221.

NGOs, soziale Bewegungen und Auseinandersetzungen um Hegemonie[*]

Eine gesellschaftstheoretische Verortung in der Internationalen Politischen Ökonomie

Philip Bedall

Auf den ersten Blick erscheint die Sachlage klar: Es gibt einen wissenschaftlichen Konsens über eine Handlungsnotwendigkeit aufgrund des drohenden Klimawandels. Deutlich macht das bspw. der 4. Sachstandsbericht des IPCC von 2007. Erforderlich ist die Reduktion von Treibhausgasen wie CO_2, Methan, Lachgas oder Fluorkohlenwasserstoffen. Einige Länder jedoch – allen voran die USA und China – weigern sich, einen effektiven Klimaschutz zu unterstützen. Nennen wir sie die ‚Blockierer'. Sei es, weil dort ein Lebensstil vorherrscht, der alle Rahmen sprengt und den ‚die' Leute nicht aufgeben wollen, weil dort eine Elite der fossilistischen Energiewirtschaft die Politik vereinnahmt oder weil ein auf ökonomisches Wachstum konzentriertes Verständnis nachholender Entwicklung dominiert. Doch in der Klimapolitik treten auch verschiedene zivilgesellschaftliche Akteure auf – darunter eine Vielzahl von Non-Governmental-Organisations (NGOs) und sozialen Bewegungen –, die gegen diese Blockierer und für den ‚Schutz *unseres* Klimas' protestieren. Den Blockierern gegenüber steht also eine breite Front vor allem auch zivilgesellschaftlicher Gruppen, die wirklichen Klimaschutz befürworten.

Einer solchen Sicht auf die Klimapolitik, der einfachen Unterscheidung zwischen ‚den Befürwortern' und ‚den Blockierern', muss jedoch eine Absage erteilt werden. Der eigentlichen Komplexität der Sache wird sie nicht gerecht: Ausgeblendet wird einerseits die Heterogenität zivilgesellschaftlicher Akteure. Eine Heterogenität hinsichtlich dessen, was als Problem ausgemacht wird – d.h. der Analyse der Ursachen des Klimawandels –, aber auch der formulierten klimapolitischen Forderungen – d.h. der Vielfalt an Programmatiken. Andererseits

---

[*] Der Beitrag basiert in Teilen auf: Bedall, Philip (2009): Klimapolitische Diskurse im Feld transnationaler sozialer Bewegungen und NGOs. Das Paper wurde präsentiert im Rahmen des Panels „Klima und Gerechtigkeit. Transnationale Mobilisierung sozialer Bewegungen" des 24. wissenschaftlichen Kongresses der Deutschen Vereinigung für Politische Wissenschaften, 21. bis 25. September 2009, an der Christians-Albrechts-Universität zu Kiel.

trägt eine solche Sicht kaum zur Erklärung der Politikprozesse bei – der Frage, warum sich bestimmte Politiken durchsetzen, aber andere scheitern. Auf den folgenden Seiten soll ein hierzu alternatives Verständnis der internationalen Klimapolitik skizziert werden, das soziale Kräfte im Kontext von Auseinandersetzungen um Hegemonie in den Blick nimmt.

Ausgehend von einer knappen Darstellung der Klimapolitik als einem umkämpften Konfliktfeld (erster Abschnitt) wird zunächst ein gesellschafts- bzw. staatstheoretischer Rahmen umrissen, mit dem die internationale Klimapolitik bzw. die Bedeutung der Zivilgesellschaft fassbar wird (zweiter und dritter Abschnitt). Daran anschließend erfolgt ein Blick ins Feld der Klimapolitik: zum einen auf die gegenwärtig hegemoniale Bearbeitung des Klimawandels (vierter Abschnitt), zum anderen auf die zivilgesellschaftlichen Akteure der NGOs, sozialen Bewegungen bzw. ihrer Netzwerke und deren Bedeutung bei der Hegemoniebildung, d.h. des Vorantreibens des hegemonialen bzw. eines gegen-hegemonialen Projekts (fünfter Abschnitt). In einem abschließenden Resümee werden die wesentlichen Ergebnisse zusammengefasst: Mit der neo-gramscianischen Internationalen Politischen Ökonomie als einer heuristischen Brille kann die internationale Klimapolitik als ein hegemoniales Konfliktfeld beschrieben werden. Die sich darstellende politische Bearbeitung des Klimawandels kann davon ausgehend als ‚strategisch selektiv' begriffen werden. Im Bereich des Ökologischen sichert sie die neoliberale Hegemonie ab. Während im Akteursfeld sozialer Bewegungen und NGOs das dort dominante NGO-Netzwerk CAN (Climate Action Network) diesen hegemonialen Konsens durch ‚konfliktive Kooperation' stützt, zeigt sich hier ebenso die Formierung eines gegen-hegemonialen Projekts. Getragen wird es von sich auf nationaler wie auch internationaler Ebene neu konstituierenden Akteuren, die zugleich Ausdruck einer Zuwendung globaler Bewegung zur internationalen Klimapolitik sind.

Klimapolitik: Ein umkämpftes Konfliktfeld

Der Klimawandel stellt sich als ein hochpolitisiertes Thema dar. Mit dieser Feststellung soll hier jedoch keine Debatte über Existenz bzw. Nicht-Existenz des anthropogen verursachten Klimawandels thematisiert werden. Es geht hier nicht darum, einen grundsätzlichen Konsens der wissenschaftlichen Community über einen anthropogenen Klimawandel in Frage zu stellen, einen Konsens im Hinblick darauf, dass „der größte Anteil des seit Mitte des 20. Jahrhunderts beobachteten Anstieges der globalen Durchschnittstemperaturen mit hoher Wahrscheinlichkeit auf die beobachtete Zunahme der anthropogenen THG[Treibhausgas]-Konzentrationen zurückzuführen ist" (IPCC 2007b).[1]

‚Hochpolitisiert' ist der Klimawandel insofern, als eine Vielzahl unterschiedlicher Auffassungen dazu, was als Ursache des Klimawandel gefasst wird, welche Folgen zu erwarten sind, wie er zu verhindern bzw. mit ihm umzugehen sei, darum konkurrieren, wirkmächtig zu werden: Trotz eines Konsenses über den vorliegenden anthropogenen Klimawandel bzw. einen Anstieg von Treibhausgasen ist es erstens die *Analyse der zugrundeliegenden Ursachen*, die strittig ist. Ist es bspw. eine fehlende Regulierung des Marktes, die ursächlich ist? Oder ist es eine Über-Regulierung des Marktes, denn Markt bzw. Unternehmen werden das Problem ohne staatliche Interventionen am besten lösen? Oder liegt die zentrale Ursache im Paradigma des unbegrenzten auf fossiler Energie beruhenden (Wirtschafts-)Wachstums, das im Widerspruch zu sozial-ökologischer Gerechtigkeit steht?

Zweitens sind es *Prognosen globaler Erwärmung* wie auch *Abschätzungen zu erwartender Folgen*, die sozialen Auseinandersetzungen unterliegen. Von welchem Klima unter bestimmten Voraussetzungen in der Zukunft auszugehen ist und welche Folgen zu erwarten sind, lässt sich nicht zweifelsfrei klären. Deshalb werden Szenarien etwa zum Meeresspiegelanstieg, zur Wüstenbildung oder zur Ausbreitung von Krankheiten erstellt, die immer auch umkämpft sind. Ebenso umkämpft ist, welche Szenarien schließlich als politikleitend aufgegriffen werden.

Drittens sind es die *Handlungen* im Kontext (drohender) globaler Erwärmung, zu denen widerstreitende Perspektiven miteinander konkurrieren. Einerseits hinsichtlich der Frage, wie mit bestimmten unvermeidbaren Folgen umgegangen werden soll. Andererseits hinsichtlich der Frage, wie bestimmte Szenarien abgewendet werden können, d.h. wie globale Erwärmung verhindert oder ihre Folgen abgemildert werden können. Sollte auf Marktmechanismen gesetzt werden oder auf eine ökologische Modernisierung ineffizienter Technologie oder geht es darum, alternative Praxen im Alltagsleben auf lokaler Ebene umzusetzen? In Konkurrenz treten hier unter anderem die Leitbilder der ‚Green Economy', des ‚Green New Deal' oder des ‚System Change'.

---

[1] Oreske (2004) kommt in der Zeitschrift Science nach einer Auswertung von 928 Abstracts von Artikeln wichtiger Fachzeitschriften aus dem Zeitraum 1993 bis 2003 (die in der ISI-Datenbank unter dem Stichwort ‚globaler Klimawandel' aufgelistet werden) zum Ergebnis, dass es darin keinen einzigen Widerspruch zu dieser bereits 2001 vom IPCC gemachten Aussage gibt. 75% der Wissenschaftler stimmen mit dem IPCC, der National Academy of Sciences und anderen wissenschaftlichen Organisationen überein und vertreten überwiegend im- und explizit die Position, dass es einen Einfluss menschlicher Aktivitäten auf das Klima gibt.

Zivilgesellschaft und Hegemonie

Dargestellt wurde, wie sich Klimapolitik als ein hinsichtlich verschiedener Dimensionen umkämpftes Konfliktfeld darstellt. In diesem Konfliktfeld setzen sich spezifische Formen der Regulierung durch. Wie dies erklärbar ist, darauf soll im Folgenden eingegangen werden, indem Antonio Gramscis staatstheoretische Überlegungen aufgegriffen werden.

Mit Gramsci ist es die Zivilgesellschaft, in der sich als Ergebnis sozialer Auseinandersetzungen eine Balance von Kompromissen einstellt: ein hegemonialer Konsens, der für die Gestaltung von Politik und den Umgang mit kollektiven Problemen von wesentlicher Bedeutung ist. Dem Begriff der Hegemonie kommt bei Gramsci für die Erklärung der Dynamik und gleichzeitigen Bewahrung bürgerlicher Gesellschaft eine zentrale Rolle zu (Gramsci 1991ff.; vgl. im Folgenden auch Borg 2001b, Bieling 2002). Er fasst die bürgerliche Gesellschaft als historische Formation und Herrschaftszusammenhang (Bieling 2002: 443). Herrschaft wird dabei durch Hegemonie abgesichert, wobei Hegemonie nicht lediglich als Dominanzverhältnis zu verstehen ist. Sie ist gegeben, wenn es einer herrschenden Gruppe[2] möglich ist, für ihre Partikularinteressen Zustimmung bei Angehörigen anderer Gruppen zu schaffen. Der hegemoniale Konsens kann aktiver wie auch passiver Natur sein. Kennzeichnend für Hegemonie ist eine ungleiche Kräftekonstellation, innerhalb derer eine konfliktuelle Auseinandersetzung über unterschiedliche politische Strategien und Diskurse erfolgt. Als Terrain, auf dem Kämpfe um Hegemonie stattfinden, bestimmt Gramsci die Zivilgesellschaft, die er gegenüber der politischen Gesellschaft abgrenzt. Während die *politische Gesellschaft*, d.h. der Staat im engeren Sinne, in erster Linie die administrativen und juristischen Aufgaben wahrnimmt und die hier getroffenen Entscheidungen notfalls auch gewaltsam durchsetzt, repräsentiert die *Zivilgesellschaft* das Ensemble all jener Verhältnisse und Praxen, über die die bestehenden Herrschaftsverhältnisse hegemonial abgesichert werden[3] (ebd.: 450).

Die Verbindung von politischer Gesellschaft und Zivilgesellschaft bildet bei Gramsci der *integrale* oder *erweiterte Staat*, den er entsprechend als „Hegemonie, gepanzert mit Zwang" begreift[4] (Gramsci 1991ff.: 783). Im Staat drücken sich für Gramsci insofern nicht nur exekutive Funktionen aus, sondern er be-

---

[2] Gramsci selbst verwendet den Begriff der Klasse.

[3] Bieling (2002: 450) weist darauf hin, dass eine solche Zuordnung nur methodisch sein kann. Eine ausführlichere Diskussion des bei Gramsci unscharf verbleibenden Verhältnisses von politischer und ziviler Gesellschaft bzgl. funktionsspezifischer Trennung bzw. gegenseitiger Verflechtung findet sich bei Brand (2000: 73f., 245).

[4] Gramsci weist jedoch an anderer Stellen darauf hin, dass auch Hegemonie bereits Momente des Zwangs enthält, weshalb in der Literatur teils mit dem abgewandelten Zitat ‚Hegemonie = Konsens gepanzert mit Zwang' auf ihn Bezug genommen wird (vgl. hierzu Habermann 2008: 44).

greift ihn als ein „gesellschaftliches Verhältnis" (Bieling 2002: 451), als einen „voraussetzungsvolle[n] gesellschaftliche[n] Prozess", der dadurch gegeben ist, „dass der Staat im Sinne eines institutionellen Ensembles, als Terrain der Konfliktaustragung und Kompromissbildung, als Akteur, Diskurs und Praxis" vorliegt (Brand 2000: 164). Als „geschichtlichen Block" begreift Gramsci daran anschließend eine spezifische hegemoniale Konstellation sozialer Gruppen, die die gesamte Gesellschaft prägt und die sich im integralen Staat reproduziert (Gramsci 1991ff.: 1045, 1547).

Ein solches gramscianisches Verständnis der Zivilgesellschaft kann von einem intermediären Verständnis abgegrenzt werden, das die Zivilgesellschaft als eine Art vermittelndes Organ[5] gegenüber einer Staatsmacht versteht, die sich als „politische Spitze" bzw. „Einheit" konstituiert (Demirovic 2001: 150): eine Staatsmacht, in der sich politische Herrschaft top-down, hierarchisch, organisiert. Zivilgesellschaftliche Akteure können in solch einem Modell „für ihre Argumente Resonanz in der Öffentlichkeit erzeugen und das politische System aus Bürokratie, Parlament und Regierung belagern, doch haben sie keine direkte Macht über deren Entscheidungen" (ebd.: 148).

In Abbildung 1 wird das gramscianische Verständnis der Zivilgesellschaft graphisch dem intermediären Modell der Zivilgesellschaft gegenübergestellt. Im Bezug auf die Erklärung von Politikprozessen stellt sich das intermediäre Modell von Zivilgesellschaft statisch dar. Kaum erklärt werden können komplexe Prozesse als Auseinandersetzungen einer Vielzahl sozialer Kräfte.

Abbildung 1:   Zwei Konzeptionen der Zivilgesellschaft

Intermediäres Modell der Zivilgesellschaft:

staatliche Entscheidungen

Apelle

Staat / Regierungen

zivilgesellschaftliche Akteure

Zivilgesellschaft als Terrain hegemonialer Auseinandersetzungen:

hegemonialer Konsens

Politikgestaltung

Zivilgesellschaft als Terrain der Konfliktaustragung

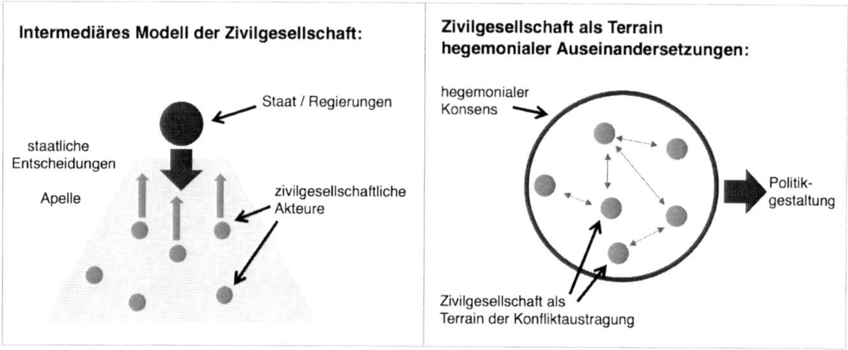

[5] Warum ein solches Modell einer intermediären Zivilgesellschaft – gerade auch vor dem Hintergrund internationalisierter Staatlichkeit (vgl. Abschnitt „Zum Verständnis von Staat und Zivilgesellschaft in internationalisierter Staatlichkeit") – nicht ausreicht, begründet bspw. Demirovic (2001: 150f.).

Eine Konsequenz aus dem gramscianischen Verständnis der Zivilgesellschaft als dem Terrain hegemonialer Auseinandersetzung ist es, Zivilgesellschaft als eine nicht von Grund auf progressive Instanz zu denken: Zivilgesellschaftliche Akteure verfolgen nicht per se altruistische – am Allgemeinwohl orientierte – Ziele bzw. sind nicht grundsätzlich demokratisch verfasst oder staatskritisch aufgestellt. Im Feld konkurrierender Problemdeutungen, Forderungen und Handlungsansätze bildet sich jedoch ein hegemonialer Konsens beispielsweise darüber heraus, was als klimapolitisch adäquat oder legitim angesehen wird. Dies gilt für die Ebene des Nationalstaats, die Gramsci mit seiner Gesellschaftstheorie in den Blick nimmt. Es kann jedoch ebenso auf den Raum internationalisierter Staatlichkeit übertragen werden, der mit dem internationalen Klimaregime in den Blick genommen wird. Im Folgenden wird deshalb zunächst auf die globalisierungsbedingten Veränderungen von Staat und (Zivil-)Gesellschaft eingegangen, die der Internationalisierung zugrundeliegen. Daran anschließend werden Ansätze der neo-gramscianischen Internationalen Politischen Ökonomie dargestellt, die versuchen, die internationalisierte Staatlichkeit konzeptionell zu fassen.

Zum Verständnis internationalisierter Staatlichkeit

In der zentralen Bedeutung, die der UN-Klimarahmenkonvention (UNFCCC) und dem Kyoto-Protokoll für die Klimapolitik zukommt, offenbart sich eine Transformation von Staatlichkeit, wie sie sich im Zuge der Globalisierung (des Kapitalismus) seit Anfang der 1970er Jahre diagnostizieren lässt: Eine Transformation von Struktur wie auch Funktionsweise der nationalstaatlichen Regulation (Bieling & Deppe 1996: 729). Sie gründet auf drei Entwicklungstrends (vgl. hierzu im Folgenden Jessop 1997: 573ff. bzw. Hirsch 2001: 20ff.):

Erstens kommt es in einem Prozess der Denationalisierung des Staates aufgrund einer territorialen wie auch funktionalen Reorganisation staatlicher Kapazitäten zu einer 'Aushöhlung' nationalstaatlicher Apparatur. Interventionsmöglichkeiten des Einzelstaates werden so eingeschränkt. *Zweitens* zeigt sich eine verstärkte Entstaatlichung bzw. Privatisierung von Politik auf allen räumlich-politischen Maßstabsebenen. Nicht-staatliche Akteure werden mehr und mehr in politische Entscheidungsprozesse integriert. Regieren wandelt sich im 'verhandelnden Staat' zu Governance, in der staatlichen Akteuren verstärkt Moderationsaufgaben gegenüber nicht-staatlichen Akteuren zukommen. Die Internationalisierung politischer Regulierungskomplexe stellt den *dritten* Entwicklungstrend dar. Sie kann einerseits als Reaktion auf übergreifende – globale – Problemlagen verstanden werden, die im Zuge der Globalisierung entstehen. Anderseits auch als Ausdruck einer (internationalen) Machtstruktur starker Einzelstaaten, die sich in IWF, OECD oder G8 widerspiegelt.

In all diesen Entwicklungstendenzen zeigt sich eine Internationalisierung von Staatlichkeit. Diese umfasst nicht ausschließlich die zunehmende Bedeutung internationaler Institutionen[6] – „Mechanismen des Regierens, die nicht notwendigerweise territorial gebunden sind" (Zürn 1998: 172) –, die eine Beteiligung von Regierungen einschließen, jedoch ebenso alleinig auf nichtstaatlichen Akteuren beruhen können (ebd.: 171ff.). Die Internationalisierung ist dabei auch durch die Internationalisierung staatlicher Apparate selbst sowie die vielschichtige Verknüpfung verschiedener Handlungsebenen gekennzeichnet (vgl. Hirsch 2001: 24).

Angestoßen von diesen hier umrissenen globalen Transformationsprozessen versuchen seit den 1980er Jahren vermehrt Arbeiten, Gramscis staatstheoretische Überlegungen, die dieser mit Bezug auf den Nationalstaat entwickelt, für die inter- und transnationale Ebene fruchtbar zu machen (für einen Überblick vgl. bspw. Bieling & Deppe 1996, Bieling et al. 1998, Scherrer 1998). Dabei bildet sich die *neo-gramscianische Internationale Politische Ökonomie* (IPÖ)[7] als ein kritischer Theoriestrang im Feld der Internationalen Beziehungen heraus. Sie wird hier im Sinne eines gesellschafts- bzw. staatstheoretischen Rahmens umrissen, mit dem die in den Blick genommene internationale Klimapolitik und die zugrundeliegenden Auseinandersetzungen sozialer Kräfte um Hegemonie fassbar werden (vgl. im Folgenden a. Okereke & Bulkeley 2007: 22): Einerseits hebt das an Gramsci anschließende Verständnis von Zivilgesellschaft weitere Akteure – neben den staatlichen – als bedeutend für die Gestaltung von Politik wie den Umgang mit kollektiven Problemen hervor. Andererseits bietet die IPÖ eine umfassende Konzeption von Hegemonie. Ein Fokus der IPÖ liegt auf dem Prozess politischer Auseinandersetzung und Verständigung.

Gegenüber konventionellen Theorien Internationaler Beziehungen begreift die IPÖ Hegemonie nicht als Dominanzverhältnis eines Einzelstaats gegenüber anderen Staaten. Hegemonie im internationalen politischen System wird demgegenüber als ein „konsensual abgestützter Modus transnationaler Vergesellschaftung" verstanden (Bieling & Deppe 1996: 730), als „ein soziales Verhältnis auf der Basis einer geschichtlich spezifischen Konstellation von materiellen Strukturen, politischen und sozialen Kräften sowie herrschenden Normen und Diskursen" (Borg 2001b, vgl. a. ders. 2001a: 100). Gegenüber den Staaten in herkömmlichen Theorien Internationaler Beziehungen werden auch soziale Kräfte als Subjekte der Hegemoniebildung verstanden. Sie wirken nicht nur auf der Ebene

---

[6] Zu entsprechenden internationalen Institutionen zählen Regime – wie UNFCCC und Kyoto-Protokoll – ebenso wie Netzwerke, Organisationen und konstitutive Prinzipien (vgl. Zürn 1998: 171ff.).
[7] Wird im Folgenden von IPÖ gesprochen, so ist immer die neo-gramscianische Ausprägung Internationaler Politischer Ökonomie gemeint.

der Nationalstaaten, sondern weisen ebenso eine „transnationale Handlungskompetenz" auf (ders. 2001b). Insofern wird der „Kampfplatz um Hegemonie", die Zivilgesellschaft, „globalisiert" (ebd.). Kontrovers bleibt die Frage, ob alle sozialen Kräfte zur hegemonialen Artikulation auf internationaler Ebene in der Lage sind oder ob dies ausschließlich für bestimmte Kräfte gilt – Kräfte, die sich territorial (insb. auf der Ebene des Nationalstaats) verorten lassen[8].

Eine Gemeinsamkeit unabhängig von diesen Unterschieden ist die zentrale Bedeutung, die einem Gefüge sozialer Kräfte hinsichtlich des globalen Vorantreibens hegemonialer Diskurse und Politiken beigemessen wird: der 'transnationalen Managerklasse' (Cox 1987: 253–265), der 'transnationalen kapitalistischen Klassenfraktion' (Gill 1993: 261) bzw. dem 'transnationalen Elitennetzwerk' (van der Pijl 1995). Diese transnationalen sozialen Kräfte hegemonialer Artikulation, so eine Vorstellung der IPÖ, konstituieren einen transnationalen historischen Block bzw. ein spezifisches transnationales Akkumulationsregime[9] (Bieling & Deppe 1996: 732). Mit der Zentralität, die die IPÖ diesem Gefüge sozialer Kräfte für die Hegemoniebildung zumisst, setzt sie sich der Kritik aus, einem „elitenfixierten Voluntarismus" anzuhängen und damit das gegenüber funktionalistischen Argumentationsweisen andere Extrem einzunehmen (vgl. Borg 2001a: 114ff.). Gleichzeitig besteht die Gefahr mit der Betonung des Begriffs der Klasse (tendenziell) doch ökonomistisch zu argumentieren und damit die in den Blick genommenen Herrschaftsverhältnisse eindimensional zu verengen. Einen alternativen Ansatz für das Verständnis sozialer Kräfte in hegemonialen Auseinandersetzungen in der internationalen Politik, der dieser Gefahr begegnet, bietet die diskursanalytische Hegemonietheorie (Laclau & Mouffe: 1985). Hegemoniebildung wird hier weder als das Resultat determinierender (ökonomischer) Strukturen verstanden noch ausschließlich als Resultat politischer Strategien einer bestimmten Elite. Die strikte Gegenüberstellung von Struktur und Akteur wird dekonstruiert und soziale Kräfte als (kontinuierlich) diskursiv (re-)produziert betrachtet. Herrschaftsverhältnisse werden mit diesem Verständnis in ihren unterschiedlichen Ausprägungen ebenso durch soziale Kräfte diskursiv (re-)pro-

---

[8] Borg diskutiert Unterschiede zwischen den für die IPÖ zentralen Theoretikern Cox und Gill. Er kommt zu dem Ergebnis, dass für Cox ausschließlich ein Teil der sozialen Kräfte, der gleichzeitig auf der nationalen Ebene verortet ist, an der hegemonialen Artikulation auf internationaler Ebene mitwirkt. Gill hingegen begreift – zumindest für die Phase nach Abschluss des Fordismus – die Gesamtheit sozialer Kräfte als handlungskompetente globale Akteure, die nicht mehr territorial zuzuordnen sind. (vgl. Borg 2001a: 98f, 105ff.)

[9] Abgesichert wird dieses Akkumulationsregime, so eine verbreitete Vorstellung in der IPÖ, durch einen ‚neuen Konstitutionalismus' (Gill), d.h. eine „veränderte, neoliberal-monetaristisch ausgerichtete Funktionsweise der internationalen Regime", die „die Vernetzung des globalen Kapitals, die Intensivierung der Marktdisziplin und damit die Kommodifizierung von Sozialbeziehungen vorantreibt" (Bieling & Deppe 1996: 733).

duziert und wirken gleichfalls auf den Diskurs. Auch ein solches diskurstheoretisches Verständnis geht von der Herausbildung von Gefügen sozialer Kräfte aus, die sich durch eine unterschiedliche Wirkmächtigkeit in hegemonialen Auseinandersetzungen auszeichnen können. In diesen ‚Diskurskoalitionen' werden verschiedene diskursive Subjekte durch die Artikulation spezifischen sprachlichen Sinns wie auch nicht-sprachlichen Handelns miteinander vernetzt (vgl. hierzu auch Nonhoff 2006: 188ff.).

Wenn neo-gramscianische Ansätze der IPÖ ihre Aufmerksamkeit, wie dargestellt wurde, auf Prozesse der Zivilgesellschaft richten, ermöglichen sie ein Verständnis hegemonialer Auseinandersetzungen bzw. der Rolle sozialer Kräfte in der internationalen Politik. Eine Konzeption der *Internationalisierung von Staatlichkeit* wird jedoch eher nachrangig behandelt. Der „integrale (National-)Staat" – so die verbreitete Auffassung – unterliege im Zuge der Internationalisierung verschiedenen „Neukonfigurations-, Desintegrations- und Fragmentierungstendenzen" (Hirsch 2001: 24). Regulation und Hegemoniebildung vollziehe sich infolgedessen in verschiedenen „Reproduktionsräumen", die nicht per se mit dem Nationalstaat konsistent sein müssen (Brand et al. 2007: 222). Die Internationalisierung von Staatlichkeit wird damit jedoch nicht als Herausbildung einer in sich geschlossenen autonomen Einheit auf internationaler Ebene – eines „Weltstaates" (Brand 2007: 161) – gedacht (vgl. hierzu auch Jessop 1997: 574). Der Staat vermittle hingegen im Sinne eines Transmissionsriemens zwischen internationaler und nationaler Ebene. Internationalisierter Staatlichkeit wird in neo-gramscianischen Ansätzen die Rolle zugewiesen „antagonistische gesellschaftliche Verhältnisse abzusichern und auf Dauer zu stellen", was sich auch in der Etablierung internationaler Institutionen ausdrückt (Brand et al. 2007: 222). Der Versuch, Staatlichkeit auf internationaler Ebene *konzeptionell* zu fassen, bleibt bei neo-gramscianischen Ansätzen der IPÖ oft unscharf[10] (vgl. auch Brand et al. 2007: 218f.).

Um der Aktualität von Staatlichkeit gerecht zu werden, ist insofern eine Fortentwicklung neo-gramscianischer Ansätze notwendig. Eine gewinnbringende Perspektive, das oben beschriebene Defizit in der staatstheoretischen Fundierung neo-gramscianischer Ansätze zu überwinden, liefert die *historisch-materialistische Staatstheorie Nicos Poulantzas'*[11]. Poulantzas begreift den Staat als „ein Verhältnis, genauer als die materielle Verdichtung eines Kräfteverhältnisses zwischen Klassen und Klassenfraktionen, das sich im Staat immer in spezifischer Form ausdrückt" (Poulantzas 1978: 119). Mit dem Verständnis des *Staates als*

---

[10] So beschreibt bspw. Cox die politische Struktur veränderter Staatlichkeit analytisch vage als „global nébuleuse" (Cox 1992).

[11] Vgl. dazu insb. die Arbeiten von Ulrich Brand u.a., Alex Demirovic, Joachim Hirsch und Bob Jessop.

eines sozialen Verhältnisses erfolgt eine Abgrenzung von der Auffassung des Staates als „neutrale[r] und zweckrationale[r] Instanz oder 'Instrument' der herrschenden Klasse(n)" (Brand et al. 2007: 225). Mit dem Begriff der *Verdichtung* konkretisiert Poulantzas nun dieses Verständnis, indem er hervorhebt, dass der Staat stabilisierend auf soziale Kräfteverhältnisse wirkt, aber diese auch durch seine Materialität verändert (Brand 2007: 166). Verdichtung ist dabei nicht im Sinne von „Kompression" zu verstehen, sondern als eine Verknüpfung unterschiedlicher „Handlungsketten und Machtverhältnisse" in einem „Element", die zu einer Konzentration bestimmter „Interessens- und Konfliktlagen" führt (Demirovic 2001: 155). Drei Aspekte kennzeichnen das Verständnis des Staates als Verdichtung: „Erstens hat der Staat keine eigene Macht, sondern ist eine besondere Form, die die gesellschaftliche Macht annimmt. [...] Zweitens nimmt die gesellschaftliche Macht, indem sie zum Staat wird, [eine besondere materielle Gestalt an; sie verdichtet sich zu und in besonderen Apparaten. [...] Drittens handelt der Staat nicht einheitlich. [...] Einzelne [...] Machtpositionen [...] dominieren die anderen und vereinheitlichen sie." (ebd.)

Den Begriff der Verdichtung greifen Brand et al. für das Verständnis von Staatlichkeit auf internationaler Ebene auf (vgl. bspw. Brand 2007, Brand et al. 2007): In den internationalen Institutionen[12], so ihr Hinweis, zeige sich eine „spezifische Materialität internationaler Politik", d.h. umkämpfter sozialer Kräfteverhältnisse (Brand 2007: 167). Indem internationale Institutionen als eine *„materielle Verdichtung sozialer Kräfteverhältnisse zweiter Ordnung"* begriffen werden, wird so ein Verständnis des internationalisierten Staates möglich[13] (ebd.: 170, Hvb. P.B.). Die internationalen Institutionen sind dabei „Teile einer umfassenden Struktur internationaler Regulation" (ebd.: 167).

Die Konstitution von Staatlichkeit, wie sie sich in der Verdichtung erster und zweiter Ordnung darstellt, ist auch ein Ausdruck des gesellschaftlichen und politischen Konsenses, der sich in der Zivilgesellschaft herausbildet. In ihr vereinen sich soziale Kräfte wie (transnationale) Unternehmen und Gewerkschaften, aber auch NGOs und soziale Bewegungen unterschiedlichster Ausrichtung, die hier an Hegemonie- und Gegenhegemoniebildungsprozessen mitwirken.

---

[12] Brand spricht von internationalen staatlichen Apparaten (ebd. 2007).

[13] Ausgehend von der Kritik an der Beschränkung des poulantzianischen Staatsbegriffs auf die nationale Ebene entwickelt Demirovic hingegen ein Verständnis des internationalisierten Staates als „ein Reproduktionsmodus, der sich auf Teile des Nationalstaats wie auf internationale Organisationen stützen kann" (Demirovic 2001: 163). Der Staat ist aus seiner Sicht als „strategisches Feld, als weitläufiges Netzwerk von reproduktiven Mechanismen zu begreifen, in denen die soziale Macht flottiert" (ebd.: 162).

Internationale Klimapolitik – ein hegemoniales Konfliktfeld

Die klimapolitischen Institutionen der Klimarahmenkonvention (UNFCCC) und des Kyoto-Protokolls stellen – mit Poulantzas – eine materielle Verdichtung sozialer Kräfteverhältnisse auf der Ebene der internationalen Politik dar. In ihr zeigt sich die Dominanz einer bestimmten Ursachenanalyse sowie bestimmter Lösungsansätze. Für die Gesamtheit sozialer Kräfte sind die internationalen klimapolitischen Institutionen nicht im gleichen Umfang offen. In der politischen Bearbeitung des Klimawandels zeigt sich eine „strategische Selektivität"[14], die sich im Wesentlichen durch zwei Aspekte kennzeichnet (vgl. im Folgenden vor allem Brunnengräber et al. 2008: 188ff.):

Zum einen wird im politischen Prozess die Problemkomplexität des anthropogenen Klimawandels reduziert. Der Klimawandel wird nicht als Ausdruck einer Krise herrschender gesellschaftlich vermittelter Naturverhältnisse begriffen, sondern als eine Krise der Ökologie, die der Gesellschaft äußerlich ist – einer Krise des globalen Kohlenstoffhaushalts. Dass er auf bestimmten sozialen, politischen und ökonomischen Verhältnissen gründet, die sich lokal, regional bzw. national aber auch zeitlich-historisch konkretisieren lassen, wird außer Acht gelassen. Darüber darf auch die zunehmende mediale Diskussion der Ursächlichkeit von Konsumtions-, aber auch Produktionsweisen für den anthropogenen Klimawandel nicht hinwegtäuschen. Diese in der politischen Bearbeitung vorherrschende Auffassung des Klimawandels als eines „globale[n] Umweltproblem[s]" (ebd.: 188) ermöglicht Kohärenz zwischen der Regulation der sozial-ökologischen Problemlage und der Regulation des fossilistisch ausgerichteten Wettbewerbs.

Zum anderen werden ausgehend von dieser Problemwahrnehmung bestimmte Strategien zur Lösung des Klimawandels bevorzugt. So wird einseitig auf die Verregelung der Emission von Treibhausgasen gesetzt. Ausgeklammert wird damit die Frage der Energieproduktion. Diese „institutionelle Trennung zwischen input- und output-Seite" des fossilistischen Energieregimes (ebd.) wird insbesondere in den sogenannten flexiblen Mechanismen des Kyoto-Protokolls (Emissionshandel, Clean Development Mechanism und Joint Implementation) deutlich, die ausschließlich auf die Reduktion von CO_2-Emissionen zielen und nicht auf eine Transformation des Energieregimes. Die bevorzugten Lösungsansätze, wie die Inwertsetzung der Treibhausgasemissionen aber auch technologi-

---

[14] Mit dem Begriff der ‚strategischen Selektivität' beziehen sich Brunnengräber et al. auf Bob Jessop. Dieser schließt damit an Poulantzas Ausführungen zur ‚strukturellen Selektivität' staatlicher Apparate an (vgl. Poulantzas 1978: 124f.), begründet seinen Begriff jedoch nicht ausschließlich im Staat (Brand 2007: 166).

sche Lösungsansätze wie Effizienzstrategien oder Sequestrierung, bringen die Regulation der sozial-ökologischen Krise mit der des Wettbewerbs in Kohärenz. In der internationalen Klimapolitik bildet sich damit ein *„neues globales Regulierungssystem"* heraus (ebd.: 191, Hvb. P.B.). Durch die internationalen, klimapolitischen Institutionen werden die gesellschaftlichen Bedingungen geschaffen, die eine beständige Kapitalakkumulation weiterhin zulassen bzw. diese noch verbessern (Brunnengräber 2008: 32). Der Reproduktionsprozess der Ökonomie erfordert dabei *einerseits* den Zugang zu und den Verbrauch von fossilen Rohstoffen zu gewährleisten, sowie *andererseits* die Externalitäten – die Treibhausgasemissionen – politisch im Sinne der Konfliktreduktion zu bearbeiten (ebd.). Im Folgenden soll begründet werden, inwiefern die herrschende Klimapolitik in Form des Kyoto-Prozesses beide Erfordernisse erfüllt. Dafür wird zunächst auf Anspruch und Wirkung des Prozesses eingegangen.

Für die Vertragsparteien, die die Verpflichtung durch das Kyoto-Protokoll anerkennen – d.h. die westlichen Industrieländer ohne die USA und Australien, die eine Ratifizierung verweigerten – gilt bis 2012 eine Emissionsminderung von knapp 5 % (Basisjahr 1990) (Ziesing 2006: 486). Auf den ersten Blick scheint dies erreichbar, wenn in diesen Ländern im Zeitraum von 1990 bis 2005 eine Reduktion von fast 14 % auszumachen ist (ebd.). Skepsis an der Wirkung kommt jedoch dann auf, wenn deutlich wird, dass ein wesentlicher Anteil der Reduktion auf externe Effekte, vor allem den Zusammenbruch von Industrien in den Transformationsstaaten in den 1990er Jahren, zurückzuführen ist und die Emissionen im Zeitraum von 1998 bis 2005 wieder um 10 % gestiegen sind (ebd.).[15] „The Kyoto Protocol is a symbolically important expression of governments' concern about climate change. But as an instrument for achieving emissions reductions, it has failed. It has produced no demonstrable reductions in emissions or even in anticipated emissions growth" (Prins & Rayner 2007: 973).

Die Klimapolitik hat insofern in Bezug auf die Bearbeitung der externen Effekte einen im Wesentlichen symbolischen Charakter – der emissionsmindernde Effekt selbst ist höchst zweifelhaft. Die symbolische Bearbeitung ist jedoch ausreichend konfliktreduzierend. Auch wenn soziales, ökologisches und ökonomisches Konfliktpotential in den Zentren der Ökonomie zunimmt und damit Bruchstellen durchscheinen – bspw. wenn sich die Bedingungen des europäischen Wintersports drastisch verändern –, so ist die Reproduktion der Ökonomie

---

[15] Global betrachtet kann für den Zeitraum von 1990 bis 2007 sogar ein Anstieg der CO_2-Emissionen durch den Gebrauch fossiler Energien und aus der Zementindustrie von 38% festgestellt werden (Global Carbon Project 2008). Die anthropogenen CO_2-Emissionen wachsen dabei seit dem Jahr 2000 im Vergleich zum vorherigen Jahrzehnt mit einer vierfachen Geschwindigkeit – womit der Anstieg über dem worst-case-Szenario der KlimaforscherInnen des Intergovernmental Panel on Climate Change (IPCC) liegt (Global Carbon Project 2008).

derzeit nicht gefährdet. Mittel- bis langfristig ist jedoch von einer Zunahme der durch externe Effekte bewirkten Krisenhaftigkeit gesellschaftlicher (Natur-)Verhältnisse auszugehen, die zu einer Instabilisierung beiträgt[16]. Andererseits trägt die aktuelle politische Bearbeitung der sozial-ökologischen Problemlage zu einer Sicherung der Verwertung fossiler Ressourcen bei, wenn sie mittels strategischer Selektivität ausschließlich die Output-Seite verregelt (s.o.). Die Ausklammerung der Input-Seite – der Energieproduktion – sichert den fossilistischen Kapitalismus und damit bestehende Macht- und Herrschaftsverhältnisse und wirkt so stabilisierend auf die Reproduktion der Ökonomie. Es kann insofern von einer *erfolgreichen Regulation* gesprochen werden[17]. Mit den vorliegenden Abkommen ist diese jedoch zeitlich auf das Jahr 2012 begrenzt. Auch darüber hinaus gilt es, die Kohärenz zwischen Wachstum und sozial-ökologischer Problemlage institutionell zu gewährleisten[18].

In der politischen Bearbeitung des Klimawandels zeigt sich ein zentraler Stellenwert von Wettbewerb und wirtschaftlichem Wachstum, der sich in den marktorientierten Instrumenten des Kyoto-Protokolls manifestiert. Die Institutionen der internationalen Klimapolitik sichern die *neoliberale Hegemonie* „nun auch im ökologischen Bereich" ab[19] (Brunnengräber et al. 2008: 198). Sie sind dabei Teil des neuen globalen Konstitutionalismus (s.a. Fn. 10; vgl. a. ebd.: 193ff.). Dieser wird „an verschiedenen Orten bzw. auf unterschiedlichen Ebenen von sozialen Kräften formuliert und kompromisshaft abgesichert" (Brand 2007: 175). Die materielle Verdichtung sozialer Kräfteverhältnisse erfolgt multiskalar. Die Institutionen der internationalen Klimapolitik stellen insofern eine „institutional dimension of the neoliberalising of nature" dar (ders. 2009: 105 mit Verweis auf Brunnengräber 2007, Brand & Görg 2008). „Staat, Ökologie und Öko-

---

[16] Unter entsprechend veränderten Bedingungen bleibt fraglich, ob es mittels Symbolik gelingt, einen gesellschaftlichen Konsens aufrechtzuerhalten oder ob dieser mit Mitteln des Zwangs zu untermauern sein wird bzw. ob es alternativ zu einer Restrukturierung des Regulationssystems kommt. Bereits heute kann eine Flankierung der Klimapolitik mit sicherheitspolitischen Maßnahmen festgestellt werden (vgl. Wagner 2008).

[17] Missbach geht demgegenüber eher von einer „Krise der Hegemonie im regulationstheoretischen Sinne" aus, die zur Folge hat, dass die „dominante Ökonomie die Grundlagen ihrer Führerschaft neu schaffen" muss (Missbach 1999: 291 zitiert bei Brunnengräber et al. 2008: 45).

[18] Mit der UNFCCC-Vertragsstaatenkonferenz (COP13) in Bali im Jahr 2007 wurden mit der sogenannten Bali-Roadmap die Verhandlungen über ein Nachfolge-Abkommen des Kyoto-Protokolls auf den Weg gebracht.

[19] Brand spricht sich demgegenüber dagegen aus, die gegenwärtige Konstellation als eine hegemoniale zu betrachten. Statt von Hegemonie könne eher von Vorherrschaft gesprochen werden (Brand 2007: 175f. mit Verweis auf Gill). Dennoch lässt sich auf der internationalen Ebene im Kontext einer „Ausdifferenzierung" staatlicher Apparate und der „Fragmentierung der Gesellschaft" eine „Form fragmentierter Hegemonie" ausmachen: Herrschaft durch einen „zumindest passiven Konsens" (ebd.: 176).

nomie bilden als Ausdruck bestehender Verwertungsinteressen eine widersprüchliche Einheit", einen „komplexe[n] Herrschaftszusammenhang", der mit der gramscianischen Begrifflichkeit als hegemonialer Block beschrieben werden kann (Brunnengräber et al. 2008: 197).

NGO-Netzwerke, sozialen Bewegungen und Gegen-Hegemonie

Im Folgenden wird das Feld der NGOs und sozialen Bewegungen und ihrer Netzwerke in den Blick genommen, die sich auf die internationale Klimapolitik – sprich den UNFCCC- bzw. Kyoto-Prozess – konzentrieren. Gegenüber den hegemonialen Auseinandersetzungen in der internationalen Klimapolitik ist dieses Akteursfeld nicht homogen. Der hegemoniale Konsens (vgl. die Darstellungen im vorherigen Abschnitt) wird einerseits von verschiedenen dieser zivilgesellschaftlichen Akteure gestützt, während es gerade auch NGOs und soziale Bewegungen sind, die ein *gegen-hegemoniales Projekt* artikulieren. Eine Re-Politisierung der (sozial-)ökologischen Krise, die seit Ende 2006 auszumachen ist, stellt den Kontext dar, indem es zu einer verstärkten Dynamik im Akteursfeld kommt – insbesondere hinsichtlich des Vorantreibens gegenhegemonialer Perspektiven. Anschließend an eine Darstellung der Ereignisse und Entwicklungen, die diese Re-Politisierung kennzeichnen, sowie dadurch bedingter Veränderungen im Akteursfeld werden verschiedene Akteure hinsichtlich der Hegemoniebildung, d.h. des Vorantreibens des hegemonialen bzw. eines gegen-hegemonialen Projekts, in den Blick genommen. Diese Betrachtung erfolgt anhand der sich im Umfeld der internationalen Klimaverhandlungen in Kopenhagen (COP15, 2009) konstituierten Struktur des Akteursfeldes. Zunächst werden jedoch die Begriffe der sozialen Bewegung bzw. NGO knapp umrissen.

In einer ersten Annäherung fasst Raschke soziale Bewegung als einen „kollektive[n] Akteur, der in den Prozess sozialen bzw. politischen Wandels eingreift" (ebd. 1985: 76). Ziel des Handelns von sozialer Bewegung ist es, sozialen Wandel herbeizuführen, zu verhindern oder rückgängig zu machen (ebd.). Soziale Bewegungen agieren mit einer gewissen Kontinuität und kennzeichnen sich durch eine variable Organisations- und Aktionsform (ebd.: 77f.), als „soziale Gebilde aus miteinander vernetzten Personen, Gruppen und Organisationen" (Rucht & Neidhardt 2007: 634). Verbindend innerhalb sozialer Bewegungen wirkt eine „hohe symbolische Interaktion" (Raschke 1985: 78), eine kollektive Identität (vgl. a. Hellmann 1998: 19f.). Tarrow beschreibt soziale Bewegungen als „collective challenges based on common purposes and social solidarities, in sustained interaction with elites, opponents, and authorities" (Tarrow 2003: 4ff.).

Ende der 1980er und zu Beginn der 1990er Jahre vollzieht sich im Feld sozialer Bewegungen ein Formwandel (Walk & Brunnengräber 2000: 205f.): Von den sozialen Bewegungen abgegrenzt werden können nun die Non-Governmental Organisations (NGOs)[20] als ein neuer „Organisationstypus" und Ausdruck „professioneller, staatsnaher und institutionsverbundener Politik", die sich auch dadurch auszeichnen, dass sie sich global in transnationalen Netzwerken organisieren (ebd.: 214).

Die wesentlichen Unterschiede zwischen beiden Typen – den neuen sozialen Bewegungen und NGOs – stellen Walk und Brunnengräber anhand zentraler Merkmale gegenüber (vgl. Tabelle 1). In ihrer Arbeit kommen sie in Bezug auf das Auftreten globaler Bewegungen Ende der 1990er Jahre zu dem Schluss, dass „[d]as Fehlen klarer Konfliktlinien […] langfristige Mobilisierungsprozesse [verhinderte], weshalb in der internationalen Politik nicht von globalen Bewegungen gesprochen werden kann. Stattdessen treten Organisationen und Netzwerke in den Vordergrund" (ebd.: 212). Die Proteste im Zusammenhang mit der WTO-Ministerkonferenz in Seattle 1999, dem Treffen des IWF und der Weltbank in Prag 2000 oder dem G8-Gipfel 2001 in Genua haben deutlich gemacht, dass in der internationalen Politik globale Bewegungen grundsätzlich möglich sind. Die zu diesen Mobilisierungsereignissen in Erscheinung tretende altermondialistische Bewegung konstituiert sich eher als ein globales Netzwerk von Netzwerken bzw. des globalen Protests (vgl. für einen Überblick bspw. Brunnengräber 2005 und zur Struktur dieser Bewegungen bspw. Juris 2008). Für NGOs in der Klimapolitik scheint Walk und Brunnengräbers Einschätzung bislang ihre Gültigkeit zu besitzen, doch ist im Zusammenhang mit der Vertragstaatenkonferenz in Kopenhagen (COP15) eine *Mobilisierung* sozialer Bewegungen auszumachen, wie sie bis dato nicht in Erscheinung trat. Sie ist Ausdruck von Veränderungen im Feld der klimapolitisch orientierten sozialen Bewegungen und NGOs.

---

[20] Wenn im Folgenden NGOs in den Fokus genommen werden, so wird nicht auf Unternehmen, Think Tanks, Stiftungen oder parteipolitische Organisationen und Netzwerke eingegangen. Unter der Definition von NGO, wie sie die UNFCCC formuliert, werden auch diese Akteure gefasst (vgl. UNFCCC, Art. 7 §6). Zur Vertragstaatenkonferenz in Kopenhagen 2009 (COP15) akkreditiert waren über 1.200 solcher NGOs (http://maindb.unfccc.int/public/ngo.pl/ – Stand: 20.12.2009).

Tabelle 1: Neue Soziale Bewegungen (NSB) und NGOs
(Walk & Brunnengräber 2000: 217)

NSB	NGOs
→ hoher Stellenwert der Binnenkommunikation	→ Identität als Organisation und Teil eines (transnationalen) Netzwerkes
→ authentische Interessenartikulation auf Integration bedacht	→ Legitimation über institutionelle Integration und Kooperation mit dem Staat, den Medien und dem Markt
→ Legitimation durch die Basis	
→ Ziel der Demokratisierung und Reform des Systems	→ Funktion als Advokat und Repräsentant
→ geringe Rollenspezifikation	→ auf hohe mediale und öffentliche Außenwirkung bedacht
→ Identität als kollektiver Akteur	→ universeller Geltungsanspruch
→ selbstbestimmte Ziele, die sich im Organisationshandeln widerspiegeln	→ pragmatische Aktionsformen und Zieldefinitionen
→ geringe finanzielle Ressourcen	→ Ziel ist die Problemlösung
→ abhängig von Mobilisierungsfähigkeit	→ hoher Professionalisierungs- und Spezialisierungsgrad
→ Anhängerschaftslogik, ohne formale Mitgliedschaften	→ expertenhaft-technisch
→ Politikstil von unten, Basisarbeit	→ kontinuierlich arbeitend und formell strukturiert
→ systemkritisch, staatsfern	→ Mitgliedschafts- und Spendenlogik
→ lokal, regional und national strukturiert	→ Staats- und Institutionennähe
→ konfrontativ und konfliktiv ausgerichtet	→ indirekte Politikformen: Lobbying und Verhandlungsbeteiligung
	→ symbolisch integriert
	→ Effizienzkriterien, Themenbewirtschaftung

Kontext der Veränderungen ist das, was Ulrich Brand als „Re-Politisierung" der (sozial-)ökologischen Krise beschreibt (ebd. 2009: 107f.). Als ausschlaggebend für diese Re-Politisierung kann eine katalysierend wirkende Mixtur beschrieben werden (ebd.: 107). Dazu zu rechnen ist die Veröffentlichung des sog. Stern-Reports (Stern 2006) zu den wirtschaftlichen Folgen des Klimawandels sowie des vierten Sachstandsberichts des Intergouvernmental Panels on Climate Change (IPCC 2007a), der G8-Gipfel 2007 in Heiligendamm, bei dem das Thema Klimawandel auf die Tagesordnung gehoben wurde, und die Vergabe des Friedensnobelpreises an die KlimaforscherInnen des IPCC und Al Gore im Jahr 2007. Ergänzt wird diese Mixtur durch diverse Entwicklungen, die eine Re-Politisierung unterstützen – allen voran die sich manifestierende Krisenhaftigkeit des Neoliberalismus auch im sozialen und ökonomischen Bereich[21], die eine „Krise der Legitimität" des Neoliberalismus (Brand 2009: 103f.) bewirkt. Zu diesen Entwicklungen zählen *erstens* in verschiedenen Ländern eine „gesellschaftliche Sensibilisierung gegenüber Umweltthemen", sowie *zweitens* – in anderen Ländern – eine Intensivierung der „Konflikte über Ressourcen" in Folge von Umweltereignissen oder politischen Entscheidungen (ebd.: 107). Eine weitere – *dritte* – Entwicklung ist die zunehmende Skepsis gegenüber der Angemessenheit der vorherrschenden politischen Bearbeitung der sozial-ökologischen Krise nicht nur in der Wissenschaft (ebd.). Die Debatte um ein Post-Kyoto-Abkommen verstärkt *viertens* die diskursiven Auseinandersetzungen um eine zukünftige Bearbeitung des Klimakonflikts und trägt gleichzeitig zu einer Öffnung der Deutungskämpfe bei (Bäckstrand & Lövbrand 2007: 124).

In diesem Kontext entstehen auf *nationaler Ebene* seit 2006 eine Vielzahl von Klimacamps, die lokal und regional verankerte Gruppen zusammenführen (vgl. hierzu auch den Beitrag von Fabian Frenzel in diesem Band). Den Auftakt dieser sich vor allem in den Industrieländern verbreitenden Erscheinung[22] bildet im August 2006 ein Camp in Großbritannien nahe der Drax Power Station, dem größten britischen CO_2-Emittenten. Als basisorientierte Zusammenkünfte geht von den Klimacamps eine Kritik der fossilistischen Energieproduktion, der Inwertsetzung von Treibhausgasemissionen oder der Technik der CO_2-Sequestrierung aus. Ihre Aufmerksamkeit richtet sich auf die Blindstellen herrschender

---

[21] Dies ist jedoch nicht in dem Sinne zu verstehen, dass ökonomische Strukturveränderungen eine direkte Wirkung auf Hegemoniebildung bzw. gesellschaftlichen Wandel haben. Bereits Gramsci kritisiert eine solche funktionalistische Betrachtungsweise. „Ausgeschlossen kann werden, daß die unmittelbaren Wirtschaftskrisen von sich aus fundamentale Ereignisse hervorbringen; sie können nur einen günstigeren Boden für die Verbreitung bestimmter Weisen bereiten, die für die ganze weitere Entwicklung des staatlichen Lebens entscheidenden Fragen zu denken, zu stellen und zu lösen" (Gramsci 1991ff.: 1563 zitiert in Borg 2001a: 103).

[22] Vgl. bspw. die Zusammenstellung einer Vielzahl von Klimacamps unter http://www.climateconvergence.org/ (Stand: 15.4.2010).

Klimapolitik. Klimacamps sind Ausgangspunkt direkter Aktionen gegen zentrale Treibhausgas-Emittenten wie auch Orte alternativer Ansätze für eine kohlenstoff-neutrale Gesellschaft. Die Klimacamps wenden sich in diesem Sinne stärker dem Handeln auf anderen Ebenen als der des internationalen politischen Prozesses zu, auf den NGOs und grüne Parteien in den letzten Jahrzehnten fokussierten. Mit dieser inhaltlichen und aktionistischen Ausrichtung tragen Klimacamps zu einer Weiterentwicklung gegen-hegemonialer Perspektiven bei.

Auf *internationaler Ebene* kommt es in Folge der Vertragsstaatenkonferenz in Bali 2007 (COP13) aufgrund von politisch-strategischen Differenzen zu einer Abspaltung aus dem zentralen NGO-Netzwerk *Climate Action Network* (CAN), einem 1989 gegründeten Zusammenschluss von aktuell um die 500 umwelt- und entwicklungspolitisch tätigen Organisationen[23], die die klimapolitischen Verhandlungen vorwiegend „kritisch-produktiv" begleiten (vgl. im Folgenden auch Brunnengräber et al. 2008: 104f.). Der Wille zur Teilnahme am offiziellen Verhandlungsprozess bestimmt in diesem Sinne die Grenzen der politischen Forderungen und Protestaktionen CANs. Der institutionelle Rahmen wie auch der abgesteckte Weg der marktorientierten und technologiefixierten Instrumente wird von CAN kaum in Frage gestellt. Gerade auch in Abgrenzung zur Verweigerungshaltung der US-amerikanischen Politik trat CAN für die Umsetzung und Optimierung von Kyoto-Protokoll und dessen flexiblen Mechanismen ein. Es ist dabei dieses Agieren in einer Art „konfliktive[n] Kooperation" (ebd.: 108), das den hegemonialen Konsens in der internationalen Klimapolitik) stützt.

Mit dem aus der Spaltung hervorgehenden Netzwerk *Climate Justice Now!* (CJN!) verliert CAN sein „de facto Monopol [...] auf die Vernetzung der international aktiven klimapolitischen Umweltszene bei den UN-Verhandlungsprozessen" (Passadakis & Müller 2009: 60). CJN! gründet dabei auf einer Vielzahl von Gruppen, die bereits innerhalb CAN gegenüber dessen vorherrschender umwelt-politischer Ausrichtung Perspektiven sozialer Gerechtigkeit hervorgehoben hatten[24]. Zu dem großen Anteil an Zusammenhängen aus dem globalen Süden innerhalb CJN! gehören vielfach indigene Gruppen. CJN! richtet sich gegen die strategisch selektive Bearbeitung des Klimawandels (vgl. Abschnitt 4), wenn sie

---

[23] Vgl. http://www.climatenetwork.org/about-can/ (Stand: 1527.89.20092010). Zu den Mitgliedern von CAN gehören unter anderem NGOs wie Greenpeace, World Wide Fund For Nature (WWF), Birdlife International, Friends of the Earth bzw. deren deutsche Mitgliedsgruppe BUND, German-watch, Christian Aid oder das Aktionsnetzwerk 350.org (vgl. http://www.climatenetwork.org/cop15/CAN-COP15Guide.pdf, (Stand: 15.4.2010).

[24] Unter den aktuellen Mitgliedern von CJN! befinden sich bspw. die NGOs Focus on the Global South, La Via Campesina – ein Netzwerk von KleinbäuerInnen –, das Indigenous Environmental Network oder die Global Forest Coalition. Zu CJN! gehören aber bspw. auch Friends of the Earth International, die auch in CAN organisiert sind. (vgl. http://www.climate-justice-now.org/category/cjn-members/, (Stand: 15.4.2010)

beispielsweise fordern, fossile Ressourcen im Boden zu lassen (CJN! 2007). Ein antagonistisches Verhältnis CJN!s zum hegemonialen Konsens der internationalen Klimapolitik wird auch dann deutlich, wenn „carbon offsetting, carbon trading for forests, agrofuels, trade liberalization and privatization pushed by governments, financial institutions and multinational corporations" als falsche Lösungen des Klimawandels kritisiert werden oder auf den Menschen und Perspektiven ausschließenden Charakter des politischen Prozesses der Klima-Verhandlungen hingewiesen wird (ebd.). „Mit Climate Justice Now! scheint sich eine bisher hier und da vereinzelt am UNFCCC-Prozess und an Kyoto geäußerte Kritik zu einer programmatischen Alternative zu verdichten, die zudem von einer breiten sozialen Basis vor allem im Süden getragen wird" (Passadakis & Müller 2009: 61).

Gegenüber CJN! und CAN – die sich beide als Netzwerke von NGOs konstituieren, die die UN-Verhandlungen als akkreditierte Observer-Organisationen begleiten – formieren sich im Umfeld der COP15 zwei weitere Netzwerke, die außerhalb des offiziellen Verhandlungsprozesses agieren[25]. Sie sind dabei insofern Ausdruck wesentlicher Veränderungen im Akteursfeld, als dass sie die Zuwendung transnationaler sozialer Bewegung zur internationalen Klimapolitik markieren. Ebenso wie CJN! stehen diese Netzwerke in einem antagonistischen Verhältnis zur hegemonialen Klimapolitik. Ihre Konstitution trägt in diesem Sinne zur Formierung eines gegen-hegemonialen Projekts bei.

Das transnationale Netzwerk *Climate Justice Action* (CJA) – zu dessen Gründung es im September 2008 im Vorfeld der COP15 kommt – vereint eine Vielzahl von Gruppen und Einzelpersonen aus dem globalen Norden wie auch Süden[26]. Einerseits finden sich in CJA NGOs aus dem Spektrum von CJN![27]. Gegenüber CJN! ist CJA andererseits jedoch auch ein bottom-up-Netzwerk – ein basisorientiertes Netzwerk aus in geringerem Maße institutionalisierten Gruppen, die vielfach regional oder lokal tätig sind. In CJA gehen Zusammenschlüsse und Einzelpersonen auf, die Klimacamps in verschiedenen nationalen Kontexten mit trugen. CJA knüpft an eine Bewegung an, für die Seattle 1999 oder Genua 2001 wesentliche Bezugspunkte sind. Mit CJA tritt die Globalisierungs- bzw. altermondialistische Bewegung im klimapolitischen Feld in Erscheinung. Auf der Webseite von CJA heißt es so bspw.: „Ten years ago at the protests against the

---

[25] Jonas Rest geht in seinem Beitrag in diesem Band detaillierter auf die vier Netzwerke – die sie tragenden Akteurskonstellationen, ihre Programmatik, ihren Politikstil und ihre Aktionsformen – ein. Der Großteil der auf die internationale Klimapolitik orientierten sozialen Bewegungen und NGOs im Umfeld der COP15 organisierte sich in mindestens einem der vier Netzwerke.

[26] Vgl. http://www.climate-justice-action.org/about/organizations/ (Stand: 15.4.2010).

[27] Beispielsweise die Organisationen Focus on the Global South, das Indigenous Environmental Network oder die Global Forest Coalition.

WTO in Seattle, a global movement emerged to proclaim that another world was possible. Today, this world is not just possible – it is necessary" (CJA 2009). Die klimapolitischen Forderungen und Kritik von CJA stehen denen von CJN! nahe, doch unterscheiden sich die Netzwerke wesentlich auf der Handlungsebene. Ziel von CJA ist es, während der COP15 mit Mitteln des zivilen Ungehorsams einen 'Marsch der Ausgeschlossenen' auf das Konferenzgelände durchzuführen. Indem für einen Tag die Tagesordnung der Konferenz mit der eigenen Agenda besetzt werden soll, wird die strategische Selektivität der hegemonialen Klimapolitik hervorgehoben[28].

Der Aktionskonsens[29] bewirkt dabei eine weitere Dynamik im Akteursfeld: In Abgrenzung zu CJA schließen sich autonome Gruppen und Personen zu einem separaten transnationalen Netzwerk zusammen, das auf direkte Aktionsformen im Umfeld der COP15 setzt: dem Netzwerk *Never trust a COP* (NTAC). NTAC wendet sich vehement gegen alle marktorientierten Regulierungsansätze, gegen den von ihm ausgemachten grünen Kapitalismus und alle Formen der Repräsentation. Den eigentlichen Zweck der COP15 macht NTAC darin aus, „[d]ie Legitimität des globalen Kapitalismus durch Einläuten einer Ära des ‚grünen' Kapitalismus wieder herzustellen" (NTAC 2009). Den Verhandelnden bzw. dem Verhandlungsprozess spricht NTAC die Legitimation ab: „Es ist Zeit festzustellen, dass wir die Strukturen, welche den COP15 unterstützen, in vollem Bewusstsein angreifen werden: Wir werden ihre Polizeiketten durchbrechen; wir werden uns weigern, mit kriegstreiberischen Regierungen und eingebetteten Medien zu verhandeln; wir werden uns weigern, mit ausverkauften NGOs und all den Möchtegern-Managern des Protests gemeinsame Sache zu machen; wir weisen alle Regierungen und alle Formen von Governance zurück und wollen nicht lediglich die gegenwärtigen delegitimieren" (NTAC 2009).

Wie skizziert wurde, unterscheiden sich die vier Netzwerke von NGOs und sozialen Bewegungen hinsichtlich ihrer Verortung in den hegemonialen Auseinandersetzungen, d.h. ihrer Kritik und Forderungen bzw. ihrer Handlungsweise. Während der hegemoniale Konsens der internationalen Klimapolitik von CAN durch konfliktive Kooperation gestützt wird, stehen CJN!, CJA und NTAC für ein gegen-hegemoniales Projekt. Hinsichtlich der Kritik an marktorientierten Mechanismen bzw. am unbegrenzten (ökonomischen) Wachstum sowie ihrer Orientierung hin zum Verhandlungs-Prozess weisen die Netzwerke Unterschiede

---

[28] Vgl. http://www.climate-justice-action.org/2009/09/call_to_action/ (Stand: 10.9.2009).
[29] So heißt es im Call to Action: „Reclaim Power! is a confrontational mass action of non-violent civil disobedience. We will overcome any physical barriers that stand in our way – but we will not respond with violence if the police try to escalate the situation, nor create unsafe situations; we will be there to make our voices heard!" – vgl. unter: http://www.climate-justice-action.org/mobilization/ reclaim-power-pushing-for-climate-justice/ (Stand: 15.4.2010).

und Gemeinsamkeiten auf. In Abbildung 2 werden diese graphisch dargestellt. Deutlich werden dabei Überschneidungen der die Netzwerke konstituierenden Akteure.

Abbildung 2:   Transnationale Netzwerke im Umfeld der COP15

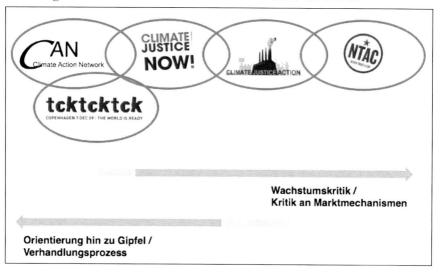

Neben CAN und CJN tritt während der COP15 das Kampagnen-Netzwerk *tcktcktck* in Erscheinung, dessen Ziel es ist „to mobilize civil society and to galvanize public opinion in support of transformational change and rapid action"[30]. Tcktcktck orientiert sich dabei positiv auf den Verhandlungsprozess. Seine stützende Akteurskonstellation setzt sich zu einem wesentlichen Teil aus dem Kreis von CAN zusammen.

Resümee

Zivilgesellschaft in der internationalen Klimapolitik ist kein homogenes Feld grundsätzlich progressiver Akteure, die mit Appellen unidirektional staatliches Handeln zu beeinflussen suchen. Um komplexe Politikprozesse als Auseinandersetzung verschiedener sozialer Kräfte zu erklären, ist ein solches Verständnis

---

[30] Vgl. http://tcktcktck.org/about (Stand: 15.4.2010).

ungeeignet. Gerade auch unter zivilgesellschaftlichen Akteuren konkurrieren hinsichtlich der Analyse der Ursachen des Klimawandels, der Formulierung von Zukunftsprognosen oder der als notwendig erachteten Handlungsweisen mehr oder weniger gegensätzliche Auffassungen miteinander. Im vorliegenden Beitrag sollte deshalb zunächst diskutiert werden, wie ein alternatives Verständnis von Zivilgesellschaft in der internationalen Klimapolitik aussehen kann.

Mit Antonio Gramscis Begriff des erweiterten Staates kann die Zivilgesellschaft als das Terrain der Auseinandersetzungen sozialer Kräfte um Hegemonie gefasst werden. Hegemonie ist dabei konstitutiv für den Staat, der zugleich auf Zwangsmittel rekurriert. Mit dem Klimaregime werden hegemoniale Auseinandersetzungen auf der Ebene der internationalen Politik in den Blick genommen. Gramsci selbst konzentriert sich jedoch mit seiner Gesellschaftstheorie auf die Ebene des Nationalstaats. Ansätze der neo-gramscianischen Internationalen Politischen Ökonomie greifen Gramscis Verständnis von Zivilgesellschaft auf und übertragen es auf die internationale Ebene. Gegenüber konventionellen Theorien Internationaler Beziehungen können neben ‚Staaten' so auch soziale Kräfte als Subjekte der Hegemoniebildung verstanden werden. Doch was bedeutet Staatlichkeit auf der internationalen Ebene? Wie kann es konzeptionell gefasst werden? Um diese Fragen zu beantworten wurden jüngere Arbeiten herangezogen, die an die historisch-materialistische Staatstheorie Nicos Poulantzas' anschließen. Mit ihnen können internationale klimapolitische Institutionen als die „materielle Verdichtung sozialer Kräfteverhältnisse zweiter Ordnung" (Brand 2007) konzeptionalisiert werden.

Ausgehend von dieser gesellschaftstheoretischen Verortung erfolgte ein Blick ins Feld. Gefragt wurde, wie sich die gegenwärtig hegemoniale Bearbeitung des Klimawandels darstellt. Die internationale Klimapolitik, so wurde mit Brunnengräber et al. (2008) argumentiert, zeichnet sich durch eine strategische Selektivität aus, die die Problemkomplexität reduziert und bestimmte Lösungsansätze bevorzugt. Es kann hier von einer erfolgreichen – wenngleich teils auf Symbolik beruhenden – Regulation krisenhafter gesellschaftlicher Naturverhältnisse gesprochen werden. In der politischen Bearbeitung des Klimawandels, so wurde dargestellt, zeigt sich ein zentraler Stellenwert von Wettbewerb und wirtschaftlichem Wachstum. Es sind dabei die Institutionen der internationalen Klimapolitik, die die neoliberale Hegemonie auch im Bereich des Ökologischen absichern. Doch welche Bedeutung kommt bestimmten zivilgesellschaftlichen Akteuren in diesen hegemonialen Auseinandersetzungen zu? Fokussiert wurde auf das Akteursfeld von NGOs und sozialen Bewegungen. Dabei wurde der Frage nachgegangen, ob bestimmte Akteure ausgemacht werden können, die das hegemoniale bzw. ein gegen-hegemoniales Projekt artikulieren. Im Kontext einer grundsätzlichen Re-Politisierung der (sozial-)ökologischen Krise sind im Akteursfeld klimapolitisch orientierter sozialer Bewegungen und NGOs seit Ende 2006 Wandlungsprozesse beobachtbar, die zur Etablierung neuer Akteure auf nationaler wie auch internationaler Ebene führen. Neben dem Phänomen der Klimacamps zählt hierzu das Auftreten bestimmter transnationaler Netzwerke von NGOs wie auch sozialen Bewegungen – CJN!, CJA und NTAC. Einerseits zeigt sich darin die Zuwendung globaler Bewegung zur internationalen Klimapolitik in einer bislang nicht dagewesenen Qualität. Vom Fortbestand dieses Phänomens im Sinne einer langfristigen Mobilisierung ist es abhängig, ob es zur Herausbildung einer globalen Klima-"Bewegung" kommt. Andererseits formiert sich mit den Klimacamps und den Netzwerken ein gegen-hegemoniales Projekt. Mit ihren Forderungen und Handlungsweisen treten sie in ein antagonistisches Verhältnis zum hegemonialen Konsens. Ein Konsens, der auch im Akteursfeld vom dort dominanten NGO-Netzwerk CAN gestützt wird, wenn es eine Politik der ‚konfliktiven Kooperation' verfolgt.

Literatur

Bäckstrand, Karin; Lövbrand, Eva (2007): Climate Governance Beyond 2012: Competing Discourses of Green Governmentality, Ecological Modernization and Civic Environmentalism. In: Pettenger, Mary E. (Hg.): The social construction of climate change. Power, knowledge, norms, discourses. Aldershot: Ashgate, S. 123-147.

Bieling, Hans-Jürgen (2002): Die politische Theorie des Neo-Marxismus: Antonio Gramsci. In: Brodocz, André; Schaal, Gary S. (Hg.): Politische Theorien der Gegenwart. : eine Einführung (UTB für Wissenschaft Politikwissenschaft, 2218). Opladen: Leske + Budrich, S. 439-470.

Bieling, Hans-Jürgen; Deppe, Frank (1996): Gramscianismus in der internationalen politischen Ökonomie. Eine Problemskizze. In: Das Argument, H. 217, S. 729-740.

Bieling, Hans-Jürgen; Deppe, Frank; Tidow, Stefan (1998): Soziale Kräfte und hegemoniale Strukturen in der internationalen politischen Ökonomie. Vorwort in Cox, Robert W. (1998). S. 7-27.

Borg, Erik (2001a): Projekt Globalisierung. Soziale Kräfte im Konflikt um Hegemonie. Hannover: Offizin.

Borg, Erik (2001b): Steinbruch Gramsci. Hegemonie im internationalen politischen System. In: iz3w, H. 256. Online verfügbar unter http://www.sopos.org/aufsaetze/3bbd cd9ea0c9f/1.phtml, zuletzt geprüft am 03.07.2009.

Brand, Ulrich (2000): Nichtregierungsorganisationen, Staat und ökologische Krise. Konturen kritischer NRO-Forschung ; das Beispiel der biologischen Vielfalt. Münster: Westfälisches Dampfboot.

Brand, Ulrich (2007): Die Internationalisierung des Staates als Rekonstitution von Hegemonie. Zur staatstheoretischen Erweiterung Gramscis. In: Buckel, Sonja; Fischer-Lescano, Andreas; Gramsci, Antonio (Hg.): Hegemonie gepanzert mit Zwang. Zivilgesellschaft und Politik im Staatsverständnis Antonio Gramscis. Baden-Baden: Nomos, S. 161-180.

Brand, Ulrich (2009): Environmental crisis and the ambiguous postneoliberalising of nature. In: Brand, Ulrich; Sekler, Nicola (Hg.): Postneoliberalism – A beginning debate (development dialogue, 51). Uppsala: S. 103-117.

Brand, Ulrich; Görg, Christoph; Wissen, Markus (2007): Verdichtungen zweiter Ordnung. Die Internationalisierung des Staates aus einer neo-poulantzianischen Perspektive. In: Prokla. Zeitschrift für kritische Sozialwissenschaft, Jg. 37, H. 2 (Nr. 147), S. 217-234.

Brunnengräber, Achim (2005): Gipfelstürmer und Straßenkämpfer. NGOs und globale Protestbewegungen in der Weltpolitik. In: ders.; Klein, Ansgar; Walk, Heike; (Hrsg.): NGOs im Prozess der Globalisierung. Mächtige Zwerge – umstrittene Riesen, Bonn: Schriftenreihe der Bundeszentrale für politische Bildung (Band 400), S. 328-365

Brunnengräber, Achim (2008): Die Ökonomie des Klimawandels. Sozial-ökologische Lösungsansätze für den Klimaschutz. In: Ökologisches Wirtschaften, H. 4, S. 30-33.

Brunnengräber, Achim; Dietz, Kristina; Hirschl, Bernd; Walk, Heike; Weber, Melanie (2008): Das Klima neu denken. Eine sozial-ökologische Perspektive auf die lokale, nationale und internationale Klimapolitik. Münster: Westfälisches Dampfboot.

CJA – Climate Justice Action (2009): Reclaim Power! Pushing for Climate Justice. Call to action. Online verfügbar unter http://www.climate-justice-action.org/mobiliza tion/reclaim-power-pushing-for-climate-justice/, zuletzt geprüft am 15.04.2010.

CJN! – Climate Justice Now! (2007): Press release 14 December 2007. What's missing from the climate talks? Justice! Online verfügbar unter http://www.climate-justice-now.org/cjn-founding-press-release/, zuletzt geprüft am 15.9.2010.

Cox, Robert W. (1987): Power and production. New York: Columbia University Press.

Cox, Robert W. (1992): Global Perestroika. In: Miliband, Ralph; Panitch, Leo Panitch (Hg.): The new world order. Social Register. London: Merlin Press, S. 26–43.

Demirovic, Alex (2001): NGO, Staat und Zivilgesellschaft. Zur Transformation von Hegemonie. In: Brand, Ulrich (Hg.): Nichtregierungsorganisationen in der Transformation des Staates. Münster: Westfälisches Dampfboot: S. 141-168.

Gill, Stephen (1993): Neo-Liberalism and the Shift towards a US-Centered Hegemony. In: Overbeek, Hendrik W. (Hg.): Restructuring hegemony in the global political economy. The rise of transnational neo-liberalism in the 1980s. London: Routledge, S. 246-282.

Global Carbon Project (2008): Carbon budget and trends 2007. Online verfügbar unter www.globalcarbonproject.org, zuletzt geprüft am 23.08.2009.

Gramsci, Antonio (1991ff.): Gefängnishefte. Hamburg [u.a.]: Argument-Verlag.

Habermann, Friederike (2008): Der homo oeconomicus und das Andere. Hegemonie, Identität und Emanzipation. Baden-Baden: Nomos.

Hellmann, Kai-Uwe (1998): Paradigmen der Bewegungsforschung- Forschungs- und Erklärungsansätze – ein Überblick. In: Hellmann, Kai-Uwe; Koopmans, Ruud (Hg.): Paradigmen der Bewegungsforschung. Entstehung und Entwicklung von Neuen sozialen Bewegungen und Rechtsextremismus. Opladen [u.a.]: Westdeutscher Verlag, S. 9-30.

Hirsch, Joachim (2001): Des Staates neue Kleider. NGO im Prozess der Internationalisierung des Staates. In: Brand, Ulrich (Hg.): Nichtregierungsorganisationen in der Transformation des Staates. Münster: Westfälisches Dampfboot, S. 13-42.

IPCC – Intergovernmental Panel on Climate Change (2007a): Climate Change 2007. Synthesis Report. Online verfügbar unter http://www.ipcc.ch/ipccreports/ar4-syr.htm, zuletzt geprüft am 10.09.2008.

IPCC – Intergovernmental Panel on Climate Change (2007b): 4. Sachstandsbericht (AR4) des IPCC (2007) über Klimaänderungen. Syntheseberichte. Kernaussagen. Online verfügbar unter http://www.bmu.de/files/download/application/pdf/syr_kurzzusammenfassung_071117_v5-1.pdf, zuletzt geprüft am 15.04.2010.

Jessop, Bob (1997): Capitalism and its future: remarks on regulation, government and governance. In: Review of International Political Economy, Jg. 4, H. 3, S. 561-581.

Juris, Jeffrey S. (2008): Networking Futures. The movements against corporate globalisation. Durham [u.a.]: Duke University Press.

Laclau, Ernesto; Chantal Mouffe (2006 [1985]): Hegemonie und radikale Demokratie. Zur Dekonstruktion des Marxismus. Wien: Passagen Verlag.

Missbach, Andreas (1999): Das Klima zwischen Nord und Süd. Eine regulationstheoretische Untersuchung des Nord-Süd-Konflikts in der Klimapolitik der Vereinten Nationen. Münster: Westfälisches Dampfboot.

Nonhoff, Martin (2006): Politischer Diskurs und Hegemonie. Das Projekt »Soziale Marktwirtschaft«. Bielefeld: transcript.

NTAC – Never trust a COP (2009): Never trust a COP!   Gegen den COP15 Gipfel im Dezember 2009 in Copenhagen. Online verfügbar unter http://nevertrustacop.org/Deutsch/Aufruf, zuletzt geprüft am 01.02.2010.

Okereke, Chukwumerije; Bulkeley, Harriet – Tyndall Centre for Climate Change Research (2007): Conceptualizing climate change governance beyond the international regime: a review of four theoretical approaches – Tyndall Centre for Climate Change Research. (Tyndall Centre Working Paper, 112). Online verfügbar unter http://www.scribd.com/doc/5283233/Conceptualizing-climate-change-governance-beyond-the-international-regime-a-review-of-four-theoretical-approaches, zuletzt geprüft am 28.08.2009.

Oreskes, Naomi (2004): The Scientific Consensus on Climate Change. In: Science, Vol. 306, S. 1686.

Passadakis, Alexis; Müller, Tadzio (2009): Gipfelstürmen im Treibhaus. Strategien um den UN-Klimagipfel in Kopenhagen. In: Redaktion Analyse & Kritik (Hg.): Die Linke und die sozial-ökologische Frage. Klima, Kämpfe, Kopenhagen (Sonderausgabe, Sommer 2009), S. 60-62.

Poulantzas, Nicos (1978): Staatstheorie. Politischer Überbau, Ideologie, sozialistische Demokratie. Hamburg: VSA.

Prins, Gwyn; Rayner, Steve (2007): Time to ditch Kyoto. In: Nature, H. 449, S. 973-975.

Raschke, Joachim (1985): Soziale Bewegungen. Ein historisch-systematischer Grundriß. Frankfurt am Main, New York: Campus-Verlag.

Rucht, Dieter; Neidhardt, Friedhelm (2007): Soziale Bewegungen und kollektive Aktionen. In: Joas, Hans (Hg.): Lehrbuch der Soziologie. Frankfurt am Main, New York: Campus-Verlag, S. 627-651.

Scherrer, Christoph (1998): Neo-gramscianische Interpretationen internationaler Beziehungen. Eine Kritik. In: Hirschfeld, Uwe (Hg.): Gramsci-Perspektiven. Beiträge zur Gründungskonferenz des „Berliner Instituts für Kritische Theorie" e.V. vom 18. bis 20. April 1997 im Jagdschloß Glienicke, Berlin. Berlin: Argument-Verlag, S. 160-174.

Stern, Nicholas (2006): Stern Review on the Economics of Climate Change. Online verfügbar unter http://www.hm-treasury.gov.uk/6520.htm, zuletzt geprüft am 03.11.2008.

Tarrow, Sidney (2003): Power in movement. Social movements and contentious politics. Cambridge: Cambridge University Press.

van der Pijl, Kees (1995): The Second Glorious Revolution: Globalizing Elites and Historical Change. In: Hettne, Björn (Hg.): International political economy. Understanding global disorder. London: Zed Books, S. 100-128.

Wagner, Jürgen (2008): Die Versicherheitlichung des Klimawandels. Wie Brüssel die Erderwärmung für die Militarisierung der Europäischen Union instrumentalisiert. In: IMI-Magazin, Jg. 2008, H. Juni, S. 14-16. Online verfügbar unter http://www.imi-online.de/download/JW-Klima-juni-08.pdf zuletzt, geprüft am 25.08.2009.

Walk, Heike (2008): Partizipative Governance. Beteiligungsformen und Beteiligungsrechte im Mehrebenensystem der Klimapolitik. Wiesbaden: VS Verlag für Sozialwissenschaften, GWV Fachverlage GmbH Wiesbaden.

Walk, Heike; Brunnengräber, Achim (2000): Die Globalisierungswächter. NGOs und ihre transnationalen Netze im Konfliktfeld Klima. Münster: Westfälisches Dampfboot.

Ziesing, Hans-Joachim (2006): Trotz Klimaschutzabkommen: Weltweit steigende CO2-Emissionen. In: DIW Wochenbericht, Jg. 73, H. 35/2006, S. 485-499.

Zürn, Michael (1998): Regieren jenseits des Nationalstaates. Globalisierung und Denationalisierung als Chance. Mit einem Nachwort zur zweiten Auflage. Frankfurt am Main: Suhrkamp.

Von der NGOisierung zur bewegten Mobilisierung
Die Krise der Klimapolitik und die neue Dynamik im Feld der NGOs und sozialen Bewegungen

Jonas Rest

Drei Tage bevor der UN-Klimagipfel in Kopenhagen offiziell scheitern wird, versuchen knapp dreitausend Klima-Aktivisten zum Bella-Center, dem offiziellen Veranstaltungsort, durchzudringen. Zeitgleich machen sich innerhalb des Konferenzzentrums mehrere hundert NGO-Delegierte auf den Weg, um sich mit den Demonstranten zu verbinden. Die Fernsehbilder werden später zeigen, wie Delegierte und Klima-Aktivisten von den Einsatzkräften aufgehalten werden. Was in den Medienberichten untergeht: Die Bilder sind Ausdruck einer tiefgreifenden Veränderung im Feld der NGOs und sozialen Bewegungen, die gekennzeichnet ist durch das Entstehen neuer Akteurskonstellationen und das Aufkommen konfliktiver zivilgesellschaftlicher Strategien, welche die offizielle Klimapolitik grundlegend in Frage stellen.

Der UN-Klimagipfel in Kopenhagen markiert einen Bruch: Die im zivilgesellschaftlichen Feld dominierende Strategie einer dialogorientierten „konfliktiven Kooperation" wird durch neue Akteure zunehmend herausgefordert (Walk/Brunnengräber 2000: 276). Während die Klimapolitik bislang von auf Lobbying und Expertisen setzenden NGOs dominiert wurde, formiert sich mit dem Entstehen des kritischen NGO-Netzwerks „Climate Justice Now!" eine umfassende Kritik an der internationalen Klimapolitik. Diese geht einher mit einer veränderten politisch-strategischen Ausrichtung, die gekennzeichnet ist durch eine Fokussierung auf Prozesse gesellschaftlicher Organisierung und Mobilisierung. Eng damit verbunden ist das Aufkommen sozialer Bewegungen in der Klimapolitik. Sie versuchen Strategien zu entwickeln, welche die internationale Klimapolitik mit lokalen Bewegungspraxen verbinden.

In diesem Beitrag wird nach den Ursachen der Herausbildung der neuen zivilgesellschaftlichen Akteurskonstellationen und Bewegungen gefragt und ihre Bedeutung für die internationale Klimapolitik analysiert. Dazu werden zunächst die verwendeten Begrifflichkeiten bestimmt, sowie die Entwicklung der NGO-Strategien in der Klimapolitik skizziert und die Bedeutung von NGOs für die gegenwärtige Klimapolitik herausgearbeitet (Abschnitt 1). Daran anschließend

wird die Neuorientierung eines Teils der NGO-Bewegung als Reaktion auf die
Grenzen der bisherigen NGO-Strategien analysiert (Abschnitt 2) und das Aufkommen sozialer Bewegungen in der Klimapolitik untersucht (Abschnitt 3).
Abschließend werden die Auswirkungen des UN-Klimagipfels in Kopenhagen
auf NGOs und soziale Bewegungen diskutiert (Abschnitt 4) und gezeigt, wie
Bewegungsakteure unter veränderten polit-ökonomischen Bedingungen versuchen, auch neue strategische Handlungskapazitäten zu entwickeln (Abschnitt 5).[1]

NGOs als Hegemonieproduzenten

Um die Entwicklung im Feld der NGOs und sozialen Bewegungen in der Klimapolitik zu analysieren, ist es zunächst notwendig, die verwendeten Begrifflichkeiten zu bestimmen. Im Folgenden werden soziale Bewegungen verstanden als
„ein auf eine gewisse Dauer gestellter Versuch mobilisierter Netzwerke von
Gruppen und Organisationen, sozialen Wandel durch Protest herbeizuführen, zu
verhindern oder rückgängig zu machen" (Rucht 1994: 22f.). Während nach der
technisch ausgerichteten UN-Definition der Begriff der Nichtregierungsorganisationen (NGOs) alle *nicht-staatlichen* Organisationen umfasst, also auch Industrieorganisationen mit einbezieht, wird im Folgenden eine enger gefasste Definition verwendet, nach der NGOs im weitesten Sinne als „institutionalisierter Ausdruck von Bewegungen" verstanden werden können (Brunnengräber/Walk 2000:
194; vgl. Altvater/Brunnengräber 2000; Mertens 2002: 31). Dieser Begriff umfasst somit sowohl eng an sozialen Bewegungen ausgerichtete NGOs bzw. „Bewegungsorganisationen"[2] wie Via Campesina oder Focus on the Global South als
auch vornehmlich auf Expertise und Lobbying ausgerichtete internationale
NGOs mit professionalisierten Apparaten wie das Worldwide Fund of Nature
(WWF). NGOs, deren historische Genese als „Zerfallsprodukt" sozialer Bewegungen analysiert werden kann, müssen demnach nicht *notwendigerweise* auch
Bestandteil sozialer Bewegungen sein, sondern können ebenso in einem *Konkur-
renzverhältnis* zu diesen hinsichtlich politischer Positionen und Strategien stehen
(vgl. Boehme/Walk 2002: 15; Demirovic 2001: 142f.; Roth/Rucht 2008a; Walk/
Brunnengräber 2000: 214ff.). Die im Folgenden diskutierte Entwicklung der

---

[1] Dieser Beitrag fokussiert auf die Entwicklungen in Westeuropa. Tatsächlich stellen sich gerade im
globalen Süden zahlreiche soziale Bewegungen der hegemonialen Klimapolitik und ihren oftmals
problematischen sozial-ökologische Auswirkungen entgegen (vgl. Cabello 2009: 198; Lohmann
2008).
[2] McCarthy/Zald definieren Bewegungsorganisationen als „a complex, or formal, organization which
identifies its goals with the preferences of a social movement or a countermovement and attempts to
implement those goals" (McCarthy/Zald 1977: 1218; vgl. Della Porta/Diani 2006: 140ff.).

NGO-Strategien in der internationalen Klimapolitik verdeutlicht dieses widersprüchliche Verhältnis zwischen NGOs und sozialen Bewegungen.

Wie kaum ein anderes Politikfeld wurde die internationale Klimapolitik seit Ende der 1980er Jahre von einer „NGOisierung" begleitet (Walk/Brunnengräber 2000: 267). Bereits 1989 fanden sich viele NGOs, die sich permanent mit internationaler Klimapolitik auseinandersetzten, im Climate Action Network (CAN) zusammen, das mittlerweile über 450 NGOs umfasst (vgl. CAN 2002; CAN 2010).[3] Während die im CAN organisierten NGOs in den ersten Jahren der Verhandlungen darauf setzten, öffentliches Problembewusstsein zu schaffen, hat sich ihre Rolle im Verlauf der Verhandlungen „grundsätzlich verändert" (Brunnengräber et al. 2008: 97).

Die politisch-strategische Ausrichtung der internationalen NGOs auf Expertise und Lobbying bedingt eine Orientierung „entlang der politischen und herrschaftsförmigen Restriktionen, wie sie durch die Partizipationsbedingungen und inhaltliche Vorgaben im internationalen System gegeben sind" (Walk/Brunnengräber 2000: 276). Dies hat dazu geführt, dass die im CAN zusammengeschlossenen NGOs inzwischen in die Umsetzung eines Ansatzes von Klimapolitik eingebunden sind, den sie bis zur Verabschiedung des Kyoto-Protokolls mehrheitlich ablehnten (vgl. Brunnengräber 2009a: 125; Lohmann 2006: 53). Cass stellt fest: „Environmental NGOs, who had staunchly opposed the international emissions trading provisions and wanted to – at a minimum – cap their use, rejoiced in an accord that contained no limits on trading and actually increased the ‚Hot Air' credits that Russia would be able to sell" (Cass 2005: 57).

Als sich marktbasierte Instrumente auf US-amerikanischen Druck hin mit dem Kyoto-Protokoll 1997 in den Klimaverhandlungen durchsetzten, folgten die internationalen NGOs der Entwicklung der internationalen Politik und fokussierten ihre Aktivitäten in der Folge auf die Ausgestaltung des Emissionshandels und der Offset-Mechanismen (vgl. Brunnengräber et al. 2008: 105; Lohmann 2006: 53; Newell/Paterson 2010: 78-93; Treber et al. 2000: 12ff.). Mit der Übernahme von Beratungs-, Monitoring- und Kontrollfunktionen entwickelten sich internationale NGOs wie das WWF zu Schlüsselakteuren auf den rasant anwachsenden CO_2-Märkten. NGOs des CAN partizipieren an freiwilligen Emissionshandelssystemen wie dem Chicago Climate Exchange, sind beteiligt an der Entwicklung von „grünen" Finanzmarktprodukten, sowie der Ausgestaltung von Zertifikaten im Bereich der Offset-Mechanismen wie dem Clean Development Mechanism (vgl. De Lucia 2009: 234f.; Paterson 2009: 247ff.; Pinkse/Kolk 2009).

---

[3] Neben einem internationalen Sekretariat verfügt CAN über sieben regionale Büros in Afrika, Australien, Mittel- und Osteuropa, Westeuropa, Lateinamerika, Nordamerika, Südasien und Südostasien (vgl. CAN 2010).

Mit der politisch-strategischen Ausrichtung der Mehrheit der internationalen NGOs auf die technische Optimierung des sich herausbildenden „Klima-Neoliberalismus" (Brunnengräber 2009b: 29) wirken sie zugleich als bedeutende „Legitimationsressource" für die hegemoniale Klimapolitik und ihre Finanzialisierung (vgl. Brunnengräber *et al.* 2008: 97; Brunnengräber/Klein/Walk 2001; Paterson 2007; Walk/Brunnengräber 2000: 182). Dies verweist darauf, dass während „Zivilgesellschaft" oftmals als „Korrektiv" staatlicher Politik verstanden wird, diese mit Antonio Gramsci auch als ein Ort gedacht werden kann, an dem staatliche Herrschaft legitimiert und Hegemonie erzeugt wird (vgl. Brand *et al.* 2008: 35f.; Demirovic 2001: 165; Gramsci 1991: 783ff.; Walk/Brunnengräber 2000: 278). Die internationalen NGOs können somit als „Bestandteil eines politischen Herrschafts- und Regulationskomplexes" in der Klimapolitik gefasst werden (Altvater/Brunnengräber 2002:9; vgl. De Lucia 2009: 236).

Mit dem Entstehen des NGO-Netzwerks „Climate Justice Now!" kommt hingegen eine Neuorientierung zum Ausdruck, die darauf verweist, dass Zivilgesellschaft als „politisch-ideologischer Kampfplatz" nach Gramsci auch ein Feld kennzeichnet, „auf dem neue hegemoniale Konzepte von Ordnung und Entwicklung der Gesellschaft entstehen" (Walk/Brunnengräber 2000: 278). Die Formierung des neuen NGO-Netzwerks und das Entstehen sozialer Bewegungen könnten somit zur Herausbildung gegen-hegemonialer Akteure führen, die „für ernsthafte Alternativen zum herrschenden kapitalistischen Reproduktions- und Regulationsmodell eintreten" (Demirovic 2001: 150).

Neuorientierung der NGO-Bewegung

Während des UN-Klimagipfels in Bali im Dezember 2007 gründete eine Gruppe von NGOs mit dem „Climate Justice Now!"-Netzwerk eine informelle NGO-Allianz, die zwei Jahre später bereits über 200 Mitgliedsorganisationen für sich reklamierte und inzwischen auch durch die UN offiziell als weiteres bedeutendes NGO-Netzwerk neben dem CAN anerkannt wird (vgl. CJN 2007; CJN 2010a).[4] Während das CAN von finanzkräftigen internationalen NGOs wie WWF und Greenpeace dominiert wird, die selbst über weltweite Organisationsstrukturen

---

[4] Vorausgegangen war eine zunehmende internationale Vernetzung von NGOs, welche die Gerechtigkeitsfrage thematisieren. Während der UN-Klimapgipfel in Den Haag (2000) und in Delhi (2002) fanden etwa „Climate Justice Summits" statt, bei denen die Frage der Klimagerechtigkeit aufgeworfen und mit einer Kritik an marktbasierten Lösungsmechanismen verbunden wurde (vgl. Brunnengräber *et al.* 2008: 165). Im März 2010 wurde „Climate Justice Now!" durch das Sekretariat der UN-Klimarahmenkonvention offiziell als weiteres bedeutendes NGO-Netzwerk neben dem CAN anerkannt und bekam in der Folge während des UN-Klimagipfels in Kopenhagen nahezu die Hälfte der Sprechplätze für NGOs zugeteilt (vgl. CJN 2010a).

verfügen, identifizieren Passadakis/Müller (2009) hinter der neuen NGO-Allianz mit Focus on the Global South und der internationalen Kleinbauernbewegung Via Campesina NGOs bzw. Bewegungsorganisationen aus dem globalen Süden als „treibende Kräfte".[5]

Die Formierung des neuen Netzwerks kann auf die Wirkungslosigkeit der internationalen Klimapolitik zurückgeführt werden, effektive Emissionsreduzierungen zu erreichen. Während die Konstruktion der CO_2-Märkte zu einer Expansion von Finanztransaktionen geführt hat, sind die globalen CO_2-Emissionen weiter angestiegen (vgl. Brunnengräber et al. 2008: 120ff.).[6] Dies führt insbesondere im globalen Süden zu immer schwerwiegenderen Folgen des Klimawandels (vgl. Brunnengräber/Dietz 2008a, 2008b; Parks/Roberts 2006). Das „Climate Justice Now!"-Netzwerk (CJN) hält in seinen Grundsätzen fest: „Communities in the Global South as well as low-income communities in the industrialised North have borne the toxic burden of this fossil fuel extraction, transportation and production. Now these communities are facing the worst impacts of climate change – from food shortages to the inundation of whole island nations" (CJN 2008a).

Ferner hat die *marktbasierte* Klimapolitik, insbesondere die Umsetzung des Clean Development Mechanism, teilweise gravierende sozial-ökologische Auswirkungen im globalen Süden zur Folge und führt dort zu lokalen und regionalen sozialen Bewegungen und Konflikten (vgl. Böhm/Dabhi 2009; Lohmann 2006, 2008). Das CJN-Netzwerk betont: „Indigenous Peoples, peasant communities, fisherfolk, and especially women in these communities, have been living harmoniously and sustainably with the Earth for millennia. They are not only the most affected by climate change, but also its false solutions, such as agrofuels, megadams, genetic modification, tree plantations and carbon offset schemes. Instead of market led schemes, their sustainable practices should be seen as offering the real solutions to climate change" (CJN 2008b; vgl. CJN 2008a).[7]

---

[5] Auch Friends of the Earth (FoEI) ist an „Climate Justice Now!" (CJN) beteiligt. Im Vergleich zu den anderen internationalen Umweltverbänden ist diese Organisation „eher horizontal und basisdemokratisch" strukturiert (Brunnengräber/Walk 2000: 113), so dass den Organisationsstrukturen aus dem „globalen Süden" eine größere Bedeutung zukommt. Die Beteiligung an CJN kann zudem daher erklärt werden, dass „die Herstellung sozio-ökonomischer Gerechtigkeit" als ein Schwerpunktthema dieser Organisation betrachtet werden kann (vgl. ebd.).

[6] Zur Kritik an der emissionsreduzierenden Wirksamkeit des Emissionshandels und der Offset-Mechanismen siehe auch Gilbertson/Reyes 2009; Lohmann 2006, 2009.

[7] Die Herausbildung des CJN-Netzwerks kann auch auf die Machtkonstellationen im CAN zurückgeführt werden. Innerhalb des CAN wurden NGOs aus dem globalen Süden „strukturell benachteiligt" (Walk/Brunnengräber 2000: 275). Brunnengräber/Walk beschreiben die Nähe der internationalen NGOs zur internationalen Klimapolitik als Auslöser eines „kumulativen Prozesses", der „die bestehenden Machtkonstellationen weiter beförderte" (2000: 275). So wurden die NGOs gestärkt, die bereits über „ausreichende Ressourcen zur Transnationalisierung ihres Organisationshandelns verfüg-

Während das CAN marktkonforme Mechanismen zur Emissionsreduzierung wie den Emissionshandel als alternativlos begreift, werden sie von dem neuen Netzwerk explizit abgelehnt (vgl. CAN 2009; CJN 2008a, 2008b).[8] Das neue NGO-Netzwerk kritisiert, dass, wenngleich sich die „flexiblen Instrumente" des Kyoto-Protokolls (Emissionshandel und Offset-Mechanismen) als „vollkommen ineffektiv" hinsichtlich der Emissionsreduzierung erwiesen haben, diese im Zentrum der UN-Verhandlungen bleiben (CJN 2008b). Stattdessen wird eine grundlegende Neuorientierung internationaler Klimapolitik gefordert. Während die internationale Klimapolitik dadurch gekennzeichnet ist, dass das Regelwerk der Klimarahmenkonvention die Emissionsseite in den Blick nimmt, während die – für Emissionsreduzierungen letztlich entscheidende – Reduktion der Verbrennung fossiler Brennstoffe ausgeblendet bleibt, fordert das neue NGO-Netzwerk den Verbleib der fossilen Brennstoffe im Boden (vgl. Brunnengräber *et al.* 2008: 47; CJN 2008a). Ferner wird die Frage der „Klimagerechtigkeit" in den Mittelpunkt gerückt und damit die Nord-Süd-Dimension des Konfliktes thematisiert (vgl. CJN 2008a, 2008b). Die neue Allianz fordert angesichts der „historischen CO_2-Schuld des Nordens" substantielle Finanztransfers von Norden nach Süden und beharrt auf dem Selbstbestimmungsrecht der indigenen Bevölkerungen (vgl. CJN 2008a).

Mit dieser grundlegenden Kritik, welche die Effektivität und Ausrichtung der internationalen Klimapolitik hinterfragt, werden die in die internationalen klimapolitischen Institutionen eingelassenen Macht- und Herrschaftsverhältnisse thematisiert. Während Akteure des etablierten CAN frühzeitig auf Partnerschaften mit Unternehmen gesetzt haben, um ihren Einfluss in den Klimaverhandlungen zu erhöhen[9], verurteilt das CJN-Netzwerk die Dominanz von Unternehmen und Industrieorganisationen innerhalb des offiziellen Klimaprozesses, deren

---

ten", da sie weitere finanzielle Mittel durch Projekte und Expertisen bekamen (ebd.; vgl. ebd.: 119f., 141ff.).

[8] In einem frühen Statement mehrerer NGOs, die später zur Formierung von „Climate Justice Now!" beitrugen, wird bereits festgehalten: „History has seen attempts to commodify land, food, labour, forests, water, genes and ideas. Carbon trading follows in the footsteps of this history and turns the earth's carbon-cycling capacity into property to be bought or sold in a global market. Through this process of creating a new commodity – carbon – the Earth's ability and capacity to support a climate conducive to life and human societies is now passing into the same corporate hands that are destroying the climate" (Durban Group 2004).

[9] Greenpeace International hat etwa ab Beginn der 1990er Jahre unter der Führung von Jeremy Leggett intensiv daran gearbeitet, die Versicherungsindustrie als Bündnispartner gegen die „fossilen Industrien" zu gewinnen (vgl. Leggett 1993; Paterson 1999). Diese Strategie scheiterte. Anstatt sich für umfangreiche Emissionsreduzierungen einzusetzen und Investitionen umzulenken, konzentrierten sich die Unternehmen der Versicherungsindustrie darauf, neue Finanzinstrumente zu entwickeln sowie staatliche Unterstützung für die steigenden versicherten Verluste zu erlangen (vgl. Brieger et al. 2001; Paterson 2001).

Präferenz für marktbasierte Mechanismen als einem wirksamen Klimaschutz entgegenstehend analysiert wird (vgl. CJN 2009a). Während des UN-Klimagipfels 2008 in Poznań kritisierte „Climate Justice Now!" etwa: „[Private] investors are circling the talks like vultures, swooping in on every opportunity for creating new profits. [...] Market ideology has totally infiltrated the climate talks, and the UNFCCC negotiations are now like trade fairs hawking investment opportunities" (CJN 2008b). In diesem Kontext verweist CJN auf die selektive Einbindung von NGOs in der internationalen Klimapolitik: Repräsentanten indigener Bevölkerungen wie marginalisierte und betroffene Communities im globalen Süden und im Norden blieben „systematisch ausgeschlossen" (CJN 2008b; vgl. Walk/Brunnengräber 2000: 269).

Entsprechend wird die Möglichkeit als gering einschätzt, durch Lobbying innerhalb des offiziellen Verhandlungsprozesses eine grundlegende Transformation der internationalen Klimapolitik zu erreichen (vgl. auch Walk/Brunnengräber 2000: 140). Stattdessen rückt das neue NGO-Netzwerk die Veränderung gesellschaftlicher Kräfteverhältnisse durch Prozesse gesellschaftlicher Mobilisierung und Organisierung im Rahmen des Aufbaus von sozialen Bewegungen in das Blickfeld (vgl. CJN 2007, 2009a, 2009b). In einem Strategiepapier wird festgehalten: „CJN is based on the politics and structures of movements and community organizations" (CJN 2009b).

Dieses bewegungsorientierte Politikverständnis unterscheidet das CJN-Netzwerk grundlegend von dem CAN. Ferner verweist es auf die Nähe des neuen NGO-Netzwerks zu der globalisierungskritischen Bewegung (vgl. CJN 2010a). Diese leitete eine neue protestorientierte Phase hinsichtlich Globalisierungsdiskursen ein und war gekennzeichnet durch das Zusammenwirkungen von NGOs und sozialen Bewegungen (vgl. Roth/Rucht 2008b). Bedeutende Akteure des CJN-Netzwerks wie Focus on the Global South und Via Campesina haben die Entwicklung der globalisierungskritischen Bewegung mitgeprägt und an ihrer Formierung mitgewirkt. Ebenso haben Akteure der neuen NGO-Allianz nun im Vorfeld des UN-Klimagipfels in Kopenhagen zu dem Entstehen von Climate Justice Action und damit zur Herausbildung eines neuen Zusammenschlusses im Feld sozialer Bewegungen beigetragen (vgl. CJN 2009b).

Das Aufkommen sozialer Bewegungen

Climate Justice Action (CJA) ist ein Netzwerk aus Klima-Aktivisten, antikapitalistischen Gruppen, sowie bewegungsorientierten NGOs aus dem Umfeld des

„Climate Justice Now!"-Netzwerks.[10] Die Forderungen, die Climate Justice Action in den Vordergrund stellt, ähneln den Forderungen des neuen NGO-Netzwerks: Die Frage der Klimagerechtigkeit wird in das Zentrum gerückt, Macht- und Herrschaftsverhältnisse werden thematisiert (vgl. CJA 2009a; CJA 2009c; CJA 2009d; WSF 2009). In einem Aufruf von CJA zu dem UN-Klimagipfel in Kopenhagen heißt es etwa: „The UN climate talks will not solve the climate crisis. [...] We cannot trust the market with our future, nor put our faith in unsafe, unproven and unsustainable technologies (..) Instead of trying to fix a broken system, we should be: leaving fossil fuels in the ground; socialising and decentralising energy; relocalising our food production; recognising and repaying ecological and climate debt; respecting indigenous peoples' rights; regenerating our eco-systems" (CJA 2009b).

Die Forderung nach einem politischen Paradigmenwechsel in der Klimapolitik kombinieren Bewegungsakteure des Weiteren mit einer expliziten Kritik an dem hegemonialen „post-politischen" Klimadiskurs (vgl. Brand *et al.* 2009; Russel 2010). Während dieser gerade dadurch gekennzeichnet ist, dass eine kapitalistische bzw. marktförmige ökonomische Organisationsform der Gesellschaft nicht hinterfragt wird, wird diese durch die Bewegungsakteure problematisiert (vgl. Swyngedouw 2009). Die Klimakrise und ökologische Krisentendenzen werden in einen Zusammenhang mit kapitalistischen Strukturprinzipien gestellt (vgl. CJA2009d; Müller/Kaufmann 2009). Entsprechend wird hinsichtlich des Politikverständnisses von CJA festgehalten: „At least a basic common ground recognition of capitalism as the cause of the climate crisis will form the basis of our politics" (CJA 2010).[11]

Das Entstehen von Climate Justice Action kann als Ausdruck von verschiedenen Prozessen gefasst werden, darunter erstens der in der Gründung von „Climate Justice Now!" zum Ausdruck kommenden *Neuorganisierung der bewegungsorientierten NGOs*; sowie zweitens der *Neuorientierung eines Teils der anti-kapitalistisch orientierten Gruppen der globalisierungskritischen Bewegung*

---

[10] Das Netzwerk Climate Justice Action wurde im Herbst 2008 von anti-kapitalistischen Gruppen in Kopenhagen initiiert, die eine besondere Anstrengung unternahmen, Organisationen und Bewegungen aus dem „globalen Süden" mit einzubeziehen (vgl. Russel 2010). Bei dem folgenden Treffen in Poznan, Polen, im März 2009 verständigten sich Aktive und Gruppen aus etwa vierzig Ländern auf einen Netzwerk-Konsens (vgl. CJA 2009d). Akteure der „Climate Justice Now!"-Allianz, darunter etwa Focus on the Global South oder Jubilee South, beteiligen sich an dem neuen Netzwerk (vgl.: CJA 2009e).

[11] Die Argumentation, dass der kapitalistischen Produktionsweise auf strukturtheoretischer Ebene ökologische Krisentendenzen eingelassen sind, haben u.a. Foster (2000), O'Conner (1998) und Altvater (1992; 2005) entwickelt (vgl. zur Einführung Dietz/Wissen 2010). Differenzen innerhalb des anti-kapitalistischen Klimadiskurses gibt es hinsichtlich der Frage, welche politisch-strategischen Konsequenzen aus dieser Analyse gezogen werden sollten (vgl. zur Diskussion Müller/Wolf 2009; Neale 2010: 53ff.).

auf den Klimawandel; und drittens, eng damit verknüpft, der *Herausbildung der Klimacamp-Bewegung*, die mit Aktionsformen des zivilen Ungehorsams in die Klimapolitik eingreift (siehe ausführlich zu den Klimacamps den Beitrag von Fabian Frenzel in diesem Band).

Die Klimacamp-Bewegung bildete sich zunächst in Großbritannien aus den Protesten gegen den G8-Gipfel in Gleneagles 2005 heraus (vgl. Plows 2008: 96, 101; Price/Saunders 2009: 117). Dies reflektierte die erhöhte öffentliche Aufmerksamkeit für das Thema und seinen zunehmenden Stellenwert im Globalisierungsdiskurs.[12] Mit dem Klimacamp-Prozess initiierten vornehmlich autonom bzw. „post-autonom" orientierte Akteure der globalisierungskritischen Bewegung eine – im Feld der Klimapolitik – neue Protestform, bei der sie sich hinsichtlich der *Legitimation* der Strategien des zivilen Ungehorsams auf Statements einiger der renommiertesten Persönlichkeiten im hegemonialen Klimadiskurs berufen konnten.[13]

Die Klimacamp-Aktionen basieren darauf, dass ein Camp als Basis für massenhafte Aktionen zivilen Ungehorsams gegen CO_2-Emittenten dient und gleichzeitig so ein Raum für politische Diskussionen geschaffen wird. Am 31. August 2006 versuchten bis zu 600 Demonstranten das Kohlekraftwerk Drax in North Yorkshire und damit gleichzeitig den größten einzelnen CO_2-Emittenten in England zu blockieren. In der Folge wurde das Klimacamp als Protestform „modular" (Tarrow 2005: 101): Aktive aus dem anti-kapitalistischen Spektrum der globalisierungskritischen Bewegung griffen die Protestform auf. So fanden unter anderem Camps in Kanada, Dänemark, Frankreich, Niederlande/Belgien, Schottland, Wales, Neuseeland, den USA, Chile, Australien und Deutschland statt (vgl. Price/Saunders 2009; Müller 2009).[14]

---

[12] Ein neuer Stellenwert der Klimapolitik wird mit dem G8-Gipfel in Gleneagles 2005, bei dem sich die G8 erstmals zur Klimarahmenkonvention bekannte, sowie insbesondere in Heiligendamm im Juli 2007 sichtbar, bei dem das Thema erstmals als ein Schwerpunktthema auf die Tagesordnung gesetzt wurde (vgl. Brand et al. 2009; Brunnengräber 2007; Hirschl 2008: 437f.). In der Folge wurde es auch in globalisierungskritischen Zusammenhängen verstärkt diskutiert (vgl. Brand/Köhler/Wissen 2008). Die mediale Aufmerksamkeit wurde zudem durch den Stern-Report (Stern 2006) zu den ökonomischen Folgen des Klimawandels sowie die Veröffentlichung des vierten Sachstandsberichts des Intergouvernmental Panels on Climate Change (IPCC 2007) erhöht (vgl. Brand et al. 2009).

[13] Der Friedensnobelpreisträger und ehemalige US-Vizepräsident Al Gore sagte etwa: „I can't understand why there aren't rings of young people blocking bulldozers and preventing them from constructing coal-fired power plants" (zit. nach: Schlembach et al. 2010: 3). Ebenso argumentierte der renommierte US-amerikanische Klimaforscher James Hansen, Direktor des Goddard Institute for Space Studies der NASA: „It seems to me that young people, especially, should be doing whatever is necessary to block construction of dirty (no CCS) coal-fired power plants" (zit. nach: ebd.). Schlembach et al. stellen fest: „„Direct action' protest (..) enjoys levels of respect in elite circles rarely ever witnessed in relation to law-breaking protests" (Schlemach et al. 2010: 4).

[14] In Deutschland haben aktivistische Zusammenhänge das Konzept mit dem Klimacamp im August 2008 in Hamburg aufgegriffen. Das sich der internationalen Climate Justice Action-Vernetzung

In Kopenhagen versuchten die vorwiegend westeuropäischen Akteure von Climate Justice Action mit massenhaften Aktionen zivilen Ungehorsams die Protestpraxis der Klimacamp-Prozesse bzw. anti-kapitalistischer Teile der globalisierungskritischen Bewegung auch auf den UN-Klimagipfel zu übertragen, um somit einer grundlegenden Kritik an der internationalen Klimapolitik auch einen neuen Ausdruck zu geben (vgl. Passadakis/Müller 2009). Abgezielt wurde damit auf eine ähnliche Entwicklung wie beim Globalisierungsdiskurs, bei dem die Proteste der globalisierungskritischen Bewegung zu einer „Politisierung vermeintlich alternativloser Entwicklungen" beitrug (Brunnengräber 2005: 357; vgl. Callinicos 2004: 16).

NGOs und soziale Bewegungen nach Kopenhagen

Die auf „konfliktive Kooperation" setzenden internationalen NGOs, die ihre Ressourcen maßgeblich auf die internationalen Klimaverhandlungen konzentriert haben, befinden sich durch die Entwicklungen in Kopenhagen in einer schwierigen Ausgangsposition. Wenngleich es ihnen gelungen ist, in den Jahren vor dem UN-Klimagipfel dazu beizutragen, dass die Bedeutung eines verbindlichen internationalen Folgeabkommens zum Kyoto-Protokoll für die Bekämpfung des Klimawandels von allen Staatschefs hervorgehoben wurde, scheiterte der UN-Klimagipfel letztlich nahezu vollständig.

Es ist nicht ausgeschlossen, dass angesichts der Erfahrungen in Kopenhagen zumindest einige NGOs eine kritischere Haltung zum offiziellen UN-Klimaprozess einnehmen und in der Folge eine „bewegungspolitische Alphabetisierung" durchlaufen könnten (Brouns 2010: 15).[15] Allerdings ist sowohl angesichts der bisherigen Entwicklungsdynamiken als auch der innerorganisatorischen Strukturen der NGOs kaum zu erwarten, dass die Krise der internationalen Klimapolitik zu einer grundsätzlichen Wende der politisch-strategischen Ausrichtung der Mehrheit der internationalen NGOs führt.[16] Es liegt näher, dass der Prozess der

---

zurechnende Klima!Bewegungsnetzwerk in Deutschland ist im Wesentlichen aus diesem Prozess hervorgegangen (vgl. Klima!Bewegungsnetzwerk 2009).

[15] Für Christoph Bals, Geschäftsführer der NGO Germanwatch, ist etwa „absehbar", dass nach dem Scheitern von Kopenhagen „Strategien des Zivilen Ungehorsams eine weit größere Rolle spielen werden" (Bals 2009: 3; vgl. auch Brouns 2010: 15). Jürgen Maier, Geschäftsführer des Forum Umwelt und Entwicklung, meint, dass es an der Zeit sei, „sich selbstkritisch die Frage zu stellen, welchen Anteil eigentlich die NGOs an der dürren Bilanz der Klimaverhandlungen haben und ob dementsprechend Kurskorrekturen anstehen" (zit. nach: Kreutzfeld/Michel 2010).

[16] Brunnengräber stellt heraus, dass bisherige Krisen der internationalen Klimapolitik nicht zu einem Infrage stellen der marktbasierten Instrumente geführt haben, sondern „zu einem immer verzweifelteren Versuch, trotz all ihrer Schwächen an diesen festzuhalten, da abseits dieser nur politisches Nie-

Anpassung an den bestehenden Zustand der Klimapolitik fortgesetzt wird, auch wenn dies kaum ohne Auseinandersetzungen innerhalb der NGOs erfolgen wird.[17] Die Bedeutung gesellschaftlicher Mobilisierungen könnte in diesem Fall noch weiter in den Hintergrund rücken. Darauf deutet etwa die effektive Auflösung der „Stop Climate Chaos"-Allianz nach Kopenhagen durch die führenden britischen NGOs hin (vgl. Neale 2010: 50).

Für kritische NGOs und Bewegungsakteure, die nicht vornehmlich auf die offizielle Klimapolitik setzten, sondern auf Prozesse gesellschaftlicher Mobilisierung und Organisierung, ist hingegen bedeutend, dass Kopenhagen die Möglichkeit von Massenmobilisierungen in der Klimapolitik gezeigt hat – eine Thematik, die gerade durch ihre „komplexe zeitlich-räumliche variierende Ursachen-Folgen-Struktur" (Brunnengräber *et al.* 2008: 71) gekennzeichnet ist (vgl. Neale 2010: 47ff.). In Dänemark demonstrierten zum ersten Mal 100.000 Menschen bei einem UN-Klimagipfel – eine für diesen Bereich bislang beispiellose gesellschaftliche Mobilisierung. Entscheidend ist dabei, dass die Mobilisierung anders als bei vorherigen Gipfeln auch von *Bewegungsstrukturen* getragen wurde, die eine gewisse *Kontinuität* von sozialen Bewegungen in der Klimapolitik andeuten (vgl. Plows 2008: 100f.).[18]

Wenngleich es kritischen NGOs und Klima-Aktivisten in Kopenhagen nicht gelungen ist, eine grundlegende alternative Klimapolitik auch medial zu vermit-

---

mandsland zu liegen scheint" (Brunnengräber 2009: 26, Übers. d. Verf.). Die meisten NGOs sind zudem hierarchisch aufgebaut und haben wenige demokratische Mechanismen, die Mitgliedern Möglichkeiten geben die politisch-strategische Ausrichtung zu beeinflussen.

[17] Neale stellt fest: „Many of the full-timers and the activists are furious about Copenhagen. [...] This is creating tensions, arguments, soul searching, and bad consciences at all levels of the NGOs. Some of the NGOs will break with the consensus. And many of their activists and full-timers are looking to keep movement together. There are discussions in private and in meetings across the different wings of the existing climate movement, about how a new alliance can come together" (Neale 2010: 50f.; vgl. Brouns 2010: 15).

[18] Dies kann als Bruch mit einer Dynamik verstanden werden, die Walk/Brunnengräber beschreiben: „Breite Vernetzungsinitiativen, die sich jährlich zu den internationalen Klimakonferenzen an ganz unterschiedlichen Orten bildeten, waren ortsabhängig und nicht von Dauer", auch weil „sich die internationale Klimapolitik als diskursives Terrain erwies, das sich nur schwerlich mit konkreten Handlungsoptionen verbinden ließ" (2000: 272). Wenngleich sich Climate Justice Action in Hinblick auf den UN-Klimagipfel in Kopenhagen formiert hat, deutet sich mit den diesen Zusammenhang im wesentlichen tragenden Klimacamp-Prozessen die Möglichkeit von lokalen Klimabewegungspraxen an, die wiederum international vernetzt sind. Nach Kopenhagen fokussieren britische Klimacamp-Aktivisten etwa auf Aktionen gegen die Royal Bank of Scotland, um ihre anhaltenden Investitionen in fossile Industrien zu thematisieren. Die Bank finanziert etwa den Abbau besonders klimaschädlichen Ölsande in Kanada (vgl. Webb 2010). Das Klima!Bewegungsnetzwerk, dem sich CJA zurechnet, hält in seiner Auswertung der Kopenhagen-Proteste fest: „An Orten der Auseinandersetzung fehlt es nicht: Kohlekraftwerke werden bei uns vor der Haustüre gebaut. Atomkraftwerke, die für eine herrschaftliche Struktur der Energieversorgung stehen, sollen ihren Betrieb ausweiten" (Klima!Bewegungsnetzwerk 2010).

teln, wird von Bewegungsakteuren registriert, dass, über die mediale Wahrnehmung hinausgehend, ein alternativer Klimadiskurs in Kopenhagen auf eine breitere soziale Basis gestellt wurde (vgl. Passadakis/Müller 2010).[19] Ein Indikator
dafür ist, dass sich an dem parallel zum UN-Klimagipfel organisierten alternativen Klimaforum nach Angaben der Organisatoren bis zu 50.000 Menschen beteiligten (vgl. Klimaforum09 2010). In der mittlerweile von rund 500 Organisationen unterzeichneten Abschlusserklärung „System Change Not Climate Change"
werden etwa marktbasierte Mechanismen zur Bekämpfung des Klimawandels
kritisiert (vgl. Klimaforum09 2009).

   Dass sich der entstandene Diskussionsprozess von unten weiter ausdehnt,
zeigte sich nach Kopenhagen etwa bei der „World People's Conference on Climate Change" im April 2010 in Cochabamba, Bolivien. Dort kamen auf Initiative des bolivianischen Präsidenten Evo Morales mehrere zehntausend Menschen
vornehmlich aus den sozialen und indigenen Bewegungen Lateinamerikas, sowie
rund hundert anderen Ländern zusammen, um über alternative Formen der Klimapolitik und bewegungspolitische Strategien zu diskutieren (vgl. Müller 2010;
World People's Conference 2010). Die Abschlusserklärung identifiziert Kapitalismus als Ursache des Klimawandels, wendet sich gegen marktbasierte Klimapolitik und fordert umfangreiche Emissionssenkungen (vgl. World People's Conference 2010).[20] Die bolivianische Regierung hat wenige Tage nach der Konferenz das Dokument in den offiziellen UN-Klimaprozess eingebracht, so dass die
Forderungen der globalen Klimagerechtigkeitsbewegung „nun auf eine noch nie
da gewesene Art offizielles Diskussionsmaterial der UN" sind (Müller 2010).

   Die Konferenz kann auch als Indikator dafür gesehen werden, dass sich die
politisch-strategische Ausrichtung der verschiedenen NGOs nach Kopenhagen
weiter ausdifferenziert: Während das etablierte CAN die Konferenz in Cochabamba weitgehend ignorierte, kündigte das neue NGO-Netzwerk „Climate Justice Now!" an, den „Cochabamba-Akkord" in und außerhalb der UN-Klimaverhandlungen zu unterstützen (vgl. CJN 2010b; Müller 2010).

---

[19] Passadakis/Müller halten in ihrer Auswertung der Proteste fest: „Klar ist aber auch, dass das zentrale Ziel nicht erreicht wurde: die Inhalte der UN-Klimaverhandlungen zu politisieren und einen
antagonistischen und öffentlich weithin wahrnehmbaren kapitalismuskritischen/antikapitalistischen
Pol gegenüber der liberalen und daher marktorientierten Klimapolitik des UN-Prozesses zu etablie-
ren" (Passadakis/Müller 2010, vgl. Russel 2010).
[20] Des Weiteren wird die Einrichtung eines Umwelt- und Klimagerichtshofes im Rahmen der UN
gefordert, über den im Rahmen eines „globalen Referendums" zur Klimapolitik abgestimmt werden
soll (vgl. World People's Conference 2010).

Die Entwicklung neuer Handlungskapazitäten

Ob kritische NGOs und soziale Bewegungen tatsächlich zu einer Veränderung sozialer Kräfteverhältnisse beitragen können, wird entscheidend davon abhängen, ob es ihnen gelingt, ein *framing*[21] der Klimafrage zu entwickeln, das die Einbeziehung breiterer gesellschaftlicher Gruppen ermöglicht und somit die Erschließung neuer Bündnispotentiale. Als eine bedeutende Frage hat sich in dieser Hinsicht die Allianzbildung mit Gewerkschaften heraus gebildet, wie der britische Klimacamp-Prozess verdeutlicht. Diese kann als elementar verstanden werden, wenn auf eine ökologische Transformation der Ökonomie abgezielt wird (vgl. auch Walk/Brunnengräber 2000: 269f.).

Die Proteste gegen das Kohlekraftwerk Kingsnorth bei Kent im Rahmen des Klimacamps 2008 brachte die Klimacamp-Aktiven in Konflikt mit der Bergarbeitergewerkschaft, welche die Forderung des Verbleibs fossiler Brennstoffe im Boden als Angriff auf die Arbeitsplätze der Beschäftigten interpretierte (vgl. Price/Saunders 2009: 119). In der Folge wurde der „gerechte Übergang" für Beschäftigte fossiler Industrien zu einer Grundsatzforderung der Klimacampbewegung, die sich auch in den Positionen von Climate Justice Action oder dem NGO-Netzwerk „Climate Justice Now!" wieder findet (vgl. CJN 2008a, Price/ Saunders 2009: 119).

Eine andere Konstellation formierte sich hingegen nur zwölf Monate später auf der Isle of Wright. Als dort die Vestas-Fabrik, die Turbinen für Offshore-Windanlagen herstellte, geschlossen werden sollte, verhinderten Klima-Aktivisten und Beschäftigte die Verladung bereits hergestellter Rotorenblätter (vgl. Lewis/Fouché 2009). Auch wenn es letztlich nicht gelang, die Fabrikschließung zu verhindern, verwies die Auseinandersetzung auf Möglichkeiten zur zukünftigen Bündnisbildung für Arbeitsplätze im Bereich erneuerbarer Energien.

In der Folge gelang es britischen Klima-Aktivisten, eine Kampagne aufzubauen, die als eine Weiterentwicklung der Bündniskonstellation der Vestas-Auseinandersetzung verstanden werden kann und neben Klima-Gruppen auch mehrere britische Einzelgewerkschaften umfasst (vgl. Campaign against Climate Change 2009; Dale 2010; Neale 2010: 51f.). Die Kampagne fordert, dass der Staat eine Million Menschen einstellt, die in Bereichen arbeiten, die direkt zu einer Emissionsreduzierung beitragen (vgl. ebd.). Die Dringlichkeit, die Klimaerwärmung zu stoppen, wird somit in eine Notwendigkeit zur Schaffung von Arbeitsplätzen transformiert.

---

[21] Mit *framing*, verstanden als „Deutungs- und Interpretationsrahmen" wird gleichzeitig die Wahrnehmung gesellschaftlicher Konflikte durch die Protestakteure und ihre Selbstlegitimierung gegenüber der Gesellschaft bezeichnet (vgl. Rucht 2007: 23).

Angeknüpft wird damit an den Diskurs um einen „Green New Deal". Diese Konzepte betonen im Kontext der Krise die Notwendigkeit staatlicher Intervention zur Erschaffung neuer Akkumulationspotentiale, die gleichzeitig die Transformation zu einer „low-carbon economy" einleiten soll (vgl. GNDG 2008; UNEP 2009). Das *framing* der neuen Kampagne knüpft an diese breit diskutierten Konzepte an, gleichzeitig gibt es allerdings einen wesentlichen Unterschied: Es wird explizit mit dem Muster gebrochen, auf *Marktmechanismen* zur Bekämpfung des Klimawandels zu setzen (vgl. Campaign against Climate Change 2009: 8).[22] Es wird argumentiert, dass die gegenwärtige Finanz- und Wirtschaftskrise gerade zeige, dass Märkte nicht in der Lage sind, gesellschaftliche Probleme zu lösen (vgl. ebd.). Stattdessen wird versucht, staatliche Politik direkt in die Verantwortung zu nehmen und die Klimafrage somit zu politisieren. Mit den Forderungen an staatliche Politik wird ein Adressat für *kollektive Aktionen* geschaffen und somit für eine grundlegend andere Logik gesellschaftlicher Veränderung argumentiert, die auf gesellschaftliche Mobilisierung und Organisierung setzt – nicht auf Marktentwicklungen und individuelle Konsumentscheidungen (vgl. Campaign against Climate Change 2009: 40ff.; Dale 2010: 14f.).

Die neue Dynamik im Feld der NGOs und sozialen Bewegungen

Zusammenfassend kann festgehalten werden, dass die auf Lobbying setzenden internationalen NGOs der Ökonomisierung und Finanzialisierung der internationalen Klimapolitik gefolgt sind und sich in der Folge zu Schlüsselakteuren auf den entstehenden CO_2-Märkten entwickelt haben. Die Wirkungslosigkeit der internationalen Klimapolitik hinsichtlich des Erreichens von CO_2-Reduktionen sowie die teilweise gravierenden sozial-ökologischen Auswirkungen *marktbasierter* Klimapolitik im globalen Süden haben in der Folge zu einem Bruch im Feld der NGOs geführt. Mit der Formierung von „Climate Justice Now!" hat sich ein kritisches NGO-Netzwerk herausgebildet, das die Konstruktion der gegenwärtigen Klimapolitik grundlegend hinterfragt.

Während die NGOs des CAN ihre Kritik und Konzepte innerhalb des hegemonialen Klimadiskurses und der engen Paradigmen der gegenwärtigen Bearbeitung der Klimathematik äußern und somit wesentlich zur gesellschaftlichen Legitimierung eines Ansatzes von Klimapolitik beitragen, den sie zunächst abge-

---

[22] Dies unterscheidet sie von der „strategischen Allianz", die NGOs wie Sierra Club und mehrere US-amerikanische Gewerkschaften in der „Blue Green Alliance" bilden. Diese funktioniert in erster Linie als Kampagnen-Dachverband auf Funktionärsebene (vgl. Blue Green Alliance 2010). Die britische Klima-Kampagne unterliegt dementgegen einem anderen Konzept sozialer Veränderung, das auf kollektive Aktionen setzt (vgl. Campaign against Climate Change 2009: 40ff.; Dale 2010: 14f.).

lehnt haben, kommt es mit der Formierung des neuen NGO-Netzwerks zu der Herausbildung einer umfassenden Kritik am gegenwärtigen Prozess, die auf eine gegen-hegemoniale Problemkonstruktion und Bearbeitung hinausläuft. Hinsichtlich ihrer strategisch-politischen Ausrichtung findet sich hier ein grundlegend anderes Politikverständnis: Statt auf Lobbying, Beratung und technokratische Managementfunktionen wird auf kollektive Aktionen und eine Veränderung der gesellschaftlichen Kräfteverhältnisse gesetzt.

Eng damit verflochten ist es zu der Herausbildung aktivistischer Netzwerke gekommen, die versuchen, eine grundlegende Kritik der internationalen Klimapolitik mit der Entwicklung lokaler Bewegungspraxen zu verbinden. Durch die Entwicklung eines neuen *framings* der Klimafrage versuchen Bewegungsakteure neue Bündnispotentiale zu erschließen und somit neue strategische Handlungskapazitäten zu entwickeln, die über die engen Handlungskorridore hinausweisen, die sich die internationalen NGOs gegeben haben.

Literatur

Altvater, Elmar (1992): Die Zukunft des Marktes. Ein Essay über die Regulation von Geld und Natur nach dem Scheitern des „real existierenden" Sozialismus. 2., durchges. Aufl. Münster: Westfälisches Dampfboot.

Altvater, Elmar (2005): Das Ende des Kapitalismus, wie wir ihn kennen. Eine radikale Kapitalismuskritik. 1. Aufl. Münster: Westfälisches Dampfboot.

Altvater, Elmar; Brunngräber, Achim (2002): NGOs im Spannungsfeld von Lobbyarbeit und öffentlichen Protest. In: Aus Politik und Zeitgeschichte, H. 6-7, S. 6-14.

Blue Green Alliance (2010): About the Blue Green Alliance. Online verfügbar unter http://www.bluegreenalliance.org/about_us?id=0001, zuletzt geprüft am 05.04.2010.

Boehme, Nele; Walk, Heike (2002): Einleitung. Globalisierung von unten: Transnationale Netzwerke in Aktion. In: Boehme, Nele; Walk, Heike (Hg.): Globaler Widerstand: Internationale Netzwerke auf der Suche nach Alternativen im globalen Kapitalismus. Münster: Westfälisches Dampfboot, S. 9-24.

Böhm, Steffen; Dabhi, Siddhartha (Hg.) (2009): Upsetting the Offset: The Political Economy of Carbon Markets. London: MayFly.

Brand, Ulrich; Bullard, Nicola; Lander, Edgardo; Mueller, Tadzio (2009): Radical climate change politics in Copenhagen and beyond: From criticism to action? In: Brand, Ulrich; Bullard, Nicola; Lander, Edgardo; Mueller, Tadzio (Hg.): Contours of Climate Justice. Ideas for shaping new climate and energy politics. Uppsala: Dag Hammarskjöld Foundation (Critical Currents, No. 6), S. 9-16.

Brand, Ulrich; Görg, Christoph; Hirsch, Joachim; Wissen, Markus (2008): Conflicts in environmental regulation and the internationalisation of the state. Contested terrains. London: Routledge.

Brand, Ulrich; Köhler, Bettina; Wissen, Markus (2008): Sozial-ökologische Konflikte. Emanzipatorische Umweltpolitik ist radikal-demokratische Gesellschaftspolitik. In: Analyse & Kritik. Zeitung für linke Debatte und Praxis, H. 529.

Brieger, Tracy; Fleck, Trevor; Macdonald, Douglas (2001): Political Action by the Canadian Insurance Industry on Climate Change. In: Environmental Politics, Jg. 10, H. 3, S. 111-126.

Brouns, Bernd (2010): Kopenhagen bewegt. Konturen einer neuen Bewegung für Klimagerechtigkeit. In: Prager Frühling, H. 6, S. 14–15.

Brunnengräber, Achim (2005): Gipfelstürmer und Straßenkämpfer. NGOs und globale Protestbewegungen in der Weltpolitik. In: Brunnengräber, Achim et al. (Hg.): NGOs im Prozess der Globalisierung. Mächtige Zwerge – umstrittene Riesen. Bonn (Schriftenreihe der Bundeszentrale für politische Bildung, 400), S. 328-365.

Brunnengräber, Achim (2007): Multi-Level Climate Governance. Strategische Selektivitäten in der internationalen Politik. In: Brunnengräber, Achim / Walk Heike (Hg.): Multi-Level-Governance. Klima-, Umwelt- und Sozialpolitik in einer interdependenten Welt. Baden-Baden: Nomos, S. 207-228.

Brunnengräber, Achim (2009a): Die politische Ökonomie des Klimawandels. München: oekom-Verl. (Ergebnisse sozial-ökologischer Forschung, 11).

Brunnengräber, Achim (2009b): Kyoto´s ‚flexible mechanisms‘ and the right to pollute the air. In: Brand, Ulrich; Bullard, Nicola; Lander, Edgardo; Mueller, Tadzio (Hg.): Contours of Climate Justice. Ideas for shaping new climate and energy politics. Uppsala: Dag Hammarskjöld Foundation (Critical Currents, No. 6), S. 26-35.

Brunnengräber, Achim; Dietz Kristina (2008a): Das Klima in den Nord-Süd-Beziehungen. In: Peripherie – Zeitschrift für Politik und Ökonomie in der Dritten Welt, Jg. 28, H. 112, S. 400-428.

Brunnengräber, Achim; Dietz, Kristina (2008b): Der Bali-Konsens als Problem. Eine Kritik der Ergebnisse der Klimakonferenz. In: Weltwirtschaft & Entwicklung, H. 1, S. 1-2.

Brunnengräber, Achim; Dietz, Kristina; Hirschl, Bernd; Walk, Heide; Weber, Melanie (2008): Das Klima neu denken. Eine sozial-ökologische Perspektive auf die lokale, nationale und internationale Klimapolitik. Münster: Westfälisches Dampfboot.

Brunnengräber, Achim; Klein, Ansgar; Walk, Heike (2001): NGOs – die ‚Entschleuniger‘ der Globalisierung? In: Brunnengräber, Achim; Klein, Ansgar; Walk, Heike (Hg.): NGOs als Legitimationsressource. Zivilgesellschaftliche Partizipationsformen im Globalisierungsprozess. Opladen: Leske + Budrich, S. 9-22.

Brunnengräber, Achim; Walk Heike (Hg.) (2007): Multi-Level-Governance. Klima-, Umwelt- und Sozialpolitik in einer interdependenten Welt. Baden-Baden: Nomos.

Cabello, Joanna (2009): The Politics of the Clean Development Mechanism: Hiding Capitalism Under the Green Rug. In: Böhm, Steffen; Dabhi, Siddhartha (Hg.): Upsetting the Offset: The Political Economy of Carbon Markets. London: MayFly .

Callinicos, Alex (2004): Ein Anti-Kapitalistisches Manifest. Hamburg: VSA-Verlag.

Campaign against Climate Change (2009): One Million Climate Jobs Now. Online verfügbar unter www.campaigncc.org/greenjobs, zuletzt geprüft am 15.03.2010.

Cass, Loren (2005): Norm Entrapment and Preference Change: The Evolution of the European Union Position on International Emissions Trading. In: Global Environmental Politics, Jg. 5, H. 2, S. 38-60.

Climate Action Network (CAN) (2002): CAN Global Governance Constitution. Online verfügbar unter http://www.climatenetwork.org/about-can/CANCHARTER.pdf, zuletzt geprüft am 06.05.2010.

Climate Action Network (CAN) (2009): Fair, Ambitious and Binding: Essentials for a successful climate deal. Online verfügbar unter http://www.climatenetwork.org/climate-change-basics/CAN_FAB_Essentials.pdf, zuletzt geprüft am 06.05.2010.

Climate Action Network (CAN) (2010): About CAN-International. Online verfügbar unter http://www.climatenetwork.org/about-can/index_html, zuletzt geprüft am 06.05.2010.

Climate Justice Action (CJA) (2009a): Reclaim Power in Copenhagen! A Call to Action. Online verfügbar unter http://www.climate-justice-action.org/news/2009/09/10/a-call-to-action/, zuletzt geprüft am 14.10.2009.

Climate Justice Action (CJA) (2009b): Call to action! You Can't Fix A Broken System. Online verfügbar unter http://www.climate-justice-action.org/mobilization/call-for-action/, zuletzt geprüft am 14.10.2009.

Climate Justice Action (CJA) (2009c): Call to Climate Action, Deutsche Übersetzung des „First Call to Action". Online verfügbar unter http://risingtide.org.uk/files/rt/German.doc, zuletzt geprüft am 14.10.2009.

Climate Justice Action (CJA) (2009d): About CJA. Online verfügbar unter http://www.climate-justice-action.org/about/about-cja/, zuletzt geprüft am 14.10.2009.

Climate Justice Action (CJA) (2009e): Organizations. The international Network. Online verfügbar unter http://www.climate-justice-action.org/about/organizations/, zuletzt geprüft am 06.05.2010.

Climate Justice Action (CJA) (2010): Invitation to a Post-Copenhagen/COP15 Gathering. Online verfügbar unter http://www.climate-justice-action.org/news/2010/02/01/invitation-to-a-post-copenhagencop15-gathering/, zuletzt aktualisiert am 01.02.2010, zuletzt geprüft am 06.05.2010.

Climate Justice Now! (CJN) (2007): What's Missing From the Climate Talks? Justice! Online verfügbar unter http://www.tni.org/detail_page.phtml?act_id=17706, zuletzt geprüft am 19.10.2009.

Climate Justice Now! (CJN) (2008a): Principles. Online verfügbar unter http://www.climate-justice-now.org/em-cjn/mission/, zuletzt geprüft am 06.05.2010.

Climate Justice Now! (CJN) (2008b): Radical new agenda needed to achieve climate justice, Poznan statement from the Climate Justice Now! Alliance. Online verfügbar unter http://www.viacampesina.org/main_en/index.php?option=com_content&task=view&id=656&Itemid=75, zuletzt geprüft am 15.10.2009.

Climate Justice Now! (CJN) (2009a): Climate summit closed to civil society, but remains open to big business. Online verfügbar unter http://www.climate-justice-now.org/climate-summit-closed-to-civil-society-but-remains-open-to-big-business/, zuletzt geprüft am 15.03.2010.

Climate Justice Now! (CJN) (2009b): Report of the CJN! Strategy Meeting. 4 & 5 October 2009, Bangkok, Thailand. Online verfügbar unter http://www.climate-justice-

now.org/report-of-the-cjn-strategy-meeting-4-5-october-2009-bangkok-thailand/, zuletzt geprüft am 06.05.2010.

Climate Justice Now! (CJN) (2010a): A short history of Climate Justice Now! Online
verfügbar unter http://www.climate-justice-now.org/about-cjn/history/, zuletzt aktualisiert am 17.04.2010, zuletzt geprüft am 06.05.2010.

Climate Justice Now! (CJN) (2010b): Statement of CJN! members in Cochabamba. Online verfügbar unter http://www.climate-justice-now.org/statement-of-cjn-members-
in-cochabamba/, zuletzt aktualisiert am 04.05.2010, zuletzt geprüft am 06.05.2010.

Dale, Gareth (2010): The campaign for one million 'climate jobs'. Paper. Manchester
Social Movements Conference: Alternative Futures and Popular Protest. 29.-31.3.
2010, Manchester.

Della Porta, Donatella; Diani, Mario (2006): Social movements. An introduction. 2. ed.
Malden, Mass.: Blackwell Pubishers.

Demirovic, Alex (2001): NGO, Staat und Zivilgesellschaft. Zur Transformation von
Hegemonie. In: Brand, Ulrich et al. (Hg.): Nichtregierungsorganisationen in der
Transformation des Staates. Münster: Westfälisches Dampfboot, S. 141-168.

Dietz, Kristina; Wissen, Markus (2009): Kapitalismus und „natürliche Grenzen". Eine
kritische Diskussion ökomarxistischer Zugänge zur ökologischen Krise. In: PRO-
KLA. Zeitschrift für kritische Sozialwissenschaft, Jg. 39, H. 156, S. 351-369.

Durban Group for Climate Justice (2004): The Durban Declaration on Carbon Trading.
Online verfügbar unter http://www.durbanclimatejustice.org/durban-declaration/eng
lish.html, zuletzt geprüft am 10.05.2010.

Foster, John Bellamy (2000): Marx's ecology. Materialism and nature. New York:
Monthly Review Press.

Gramsci, Antonio (1991): Gefängnishefte. Kritische Gesamtausgabe. 1. Aufl. Hamburg:
Argument-Verlag.

Green New Deal Group (GNDG) (2008): A Green New Deal: Joined-up policies to solve
the triple crunch of the credit crisis, climate change and high oil prices. Online verfügbar unter http://www.neweconomics.org/sites/neweconomics.org/files/A_Green_
New_Deal_1.pdf, zuletzt geprüft am 20.11.2009.

Hirschl, Bernd (2008): Erneuerbare Energien-Politik. Eine Multi-Level Policy-Analyse
mit Fokus auf den deutschen Strommarkt. 1. Aufl. Wiesbaden: VS Verlag für Sozialwissenschaften.

Kaufmann, Stephen; Müller, Tadzio (2009): Wider dem Wachstumswahn. Für Klimagerechtigkeit. In: Luxemburg. Gesellschaftsanalyse und linke Praxis, Jg. 1, H. 1, S.
149-153.

Klima!Bewegungsnetzwerk (2009): Willkommen. Online verfügbar unter http://klima.
blogsport.de/2009/04/13/erster-eintrag/, zuletzt aktualisiert am 13.04.2009, zuletzt
geprüft am 06.05.2010.

Klima!Bewegungsnetzwerk (2010): Das Scheitern als Chance begreifen. Wie weiter nach
Jokenhagen? Online verfügbar unter http://klima.blogsport.de/aktuelles/das-
scheitern-als-chance-begreifen-wie-weiter-nach-jokenhagen/, zuletzt geprüft am 13.
03.2010.

Klimaforum09 (2009): System change – not climate change. A People's Declaration from
Klimaforum09. Online verfügbar unter http://www.klimaforum09.org/IMG/pdf/A_

People_s_Declaration_from_Klimaforum09_-_ultimate_version.pdf, zuletzt geprüft am 13.03.2010.

Klimaforum09 (2010): Evaluation Report 09. Online verfügbar unter http://www.klima forum09.org/IMG/pdf/Evaluation_Report_Klimaforum09_print.pdf, zuletzt geprüft am 13.03.2010.

Kreutzfeld, M.; Michel, N. (2010): Streit um Post-Kopenhagen-Strategie. In: taz, 06. 02.2010. Online verfügbar unter http://www.taz.de/1/zukunft/umwelt/artikel/1/streit-in-der-umweltbewegung/, zuletzt geprüft am 09.04.2010.

Kyoto-Protokoll (1997): Das Protokoll von Kyoto zum Rahmenübereinkommen der Vereinten Nationen über Klimaänderungen. Deutsche Fassung. Online verfügbar unter http://unfccc.int/resource/docs/convkp/kpger.pdf, zuletzt geprüft am 17.03.2010.

Leggett, Jeremy (1993): Climate change and the insurance industry. In: European Environment, Jg. 3, H. 3, S. 3-8.

Lewis, Paul; Fouché, Gwladys (2009): Vestas factory closes despite campaign. In: The Guardian, 13.08.2009, S. 10.

Lohmann, Larry (2006): Carbon trading. A critical conversation on climate change, privatization and power. Uppsala: The Dag-Hammarskjöld-Foundation (Development Dialogue, No. 48, September 2006).

Lohmann, Larry (2008): Carbon Trading, Climate Justice and the Production of Ignorance: Ten examples. In: Development, Jg. 51, S. 359-365.

Lohmann, Larry (2009): When Markets are Poison: Learning about Climate Policy from the Financial Crisis. Corner House Briefing Paper No. 40, September 2009. Online verfügbar unter http://www.thecornerhouse.org.uk/pdf/briefing/40poisonmarkets. pdf, zuletzt geprüft am 15.03.2010.

Lucia, Vito De (2009): Hegemony and Climate Justice: A Critical Analysis. In: Böhm, Steffen; Dabhi, Siddhartha (Hg.): Upsetting the Offset: The Political Economy of Carbon Markets. London: MayFly, S. 230-243.

McCarthy, John D.; Zald, Mayer N. (1977): Resource Mobilization and Social Movements: A Partial Theory. In: The American Journal of Sociology, Jg. 82, H. 6, S. 1212-1241.

Mertens, Kerstin (2002): Alte und neue Players – eine Begriffsbestimmung. In: Frantz, Christiane; Zimmer, Annette (Hg.): Zivilgesellschaft international. Alte und neue NGOs. Opladen: Leske + Budrich, S. 25-49.

Müller, Tadzio (2009): The movement is dead, long live the movement! In: Turbulence, H. 4. Online verfügbar unter http://turbulence.org.uk/turbulence-4/the-movement-is-dead-long-live-the-movement/, zuletzt geprüft am 20.3.2010.

Müller, Tadzio (2010): Der Klimagipfel in Bolivien. Auftrieb für die globale Klimabewegung. In: RLS Standpunkte International, H. 05/2010.

Müller, Tadzio; Wolf, Frieder Otto (2009): Green New Deal: Dead end or pathway beyond capitalism? In: Turbulence, H. 5. Online verfügbar unter http://turbulence.org. uk/turbulence-5/green-new-deal/, zuletzt geprüft am 15.03.2009.

Neale, Jonathan (2010): Climate politics after Copenhagen. In: International Socialism. A quarterly journal of socialist theory, H. 126, im Erscheinen.

Newell, Peter; Paterson, Matthew (2010): Climate Capitalism. Global Warming and the Transformation of the Global Economy. Cambridge: Cambridge University Press.

O'Connor, James (1998): Natural causes. Essays in ecological marxism. New York: Guilford Press.

Parks, Bradley C.; Roberts, J. Timmons (2006): Globalization, Vulnerability to Climate Change, and Perceived Injustice. In: Society & Natural Resources: An International Journal, Jg. 19, H. 4, S. 337-355.

Passadakis, Alexis; Müller, Tadzio (2009): Kopenhagen: Der Gipfel des Scheiterns. In: Blätter für deutsche und internationale Politik, Jg. 54, H. 11, S. 26-28.

Passadakis, Alexis; Müller, Tadzio (2010): Die Saat für eine Klimagerechtigkeitsbewegung. In: Analyse & Kritik. Zeitung für linke Debatte und Praxis, H. 546.

Paterson, Matthew (1999): Global Finance and Environmental Politics: The Insurance Industry and Climate Change. In: IDS Bulletin, Jg. 30, H. 3, S. 25-30.

Paterson, Matthew (2001): Risky Business: Insurance Companies in Global Warming Politics. In: Global Environmental Politics, Jg. 1, H. 4, S. 18-42.

Paterson, Matthew (2007): Climate Governance and the Legitimation of a Finance-led Regime of Accumulation, paper for conference on 'Pathways to Legitimacy? The Future of Global and Regional Governance', Centre for the Study of Globalisation and Regionalisation, University of Warwick, September 2007. Online verfügbar unter http://www2.warwick.ac.uk/fac/soc/csgr/events/conferences/conference2007/papers/paterson.pdf, zuletzt geprüft am 17.03.2010.

Paterson, Matthew (2009): Resistance Makes Carbon Markets. In: Böhm, Steffen; Dabhi, Siddhartha (Hg.): Upsetting the Offset: The Political Economy of Carbon Markets. London: MayFly, S. 244-254.

Pinkse, Jonatan; Kolk, Ans (2009): International business and global climate change. London: Routledge.

Plows, Alexandra (2008): Towards an Analysis of the 'Success' of UK Green Protests. In: British Politics, Jg. 3, H. 1, S. 92-109.

Price, Stephan; Saunders, Clare (2009): One person's eu-topia, another's hell: Climate Camp as a heterotopia. In: Environmental Politics, Jg. 18, H. 1, S. 117-122.

Roth, Roland; Rucht, Dieter (2008a): Einleitung – Theorien und Konzepte sozialer Bewegung. In: Roth, Roland (Hg.): Die sozialen Bewegungen in Deutschland seit 1945: Ein Handbuch. Frankfurt am Main: Campus, S. 9-36.

Roth, Roland; Rucht, Dieter (2008b): Globalisierungskritische Netzwerke, Kampagnen und Bewegungen. In: Roth, Roland (Hg.): Die sozialen Bewegungen in Deutschland seit 1945: Ein Handbuch. Frankfurt am Main: Campus, S. 493-512.

Rucht, Dieter (1994): Modernisierung und neue soziale Bewegungen. Frankfurt am Main: Campus.

Rucht, Dieter (2007): Soziale Bewegungen und kollektive Aktionen. In: Joas, Hans (Hg.): Lehrbuch der Soziologie. 3., überarb. und erw. Aufl. Frankfurt am Main: Campus, S. 627-652.

Russel, Bertie (2010): The political success of the COP15 mobilisations is still to come. In: Shift Magazine, H. 8. Online verfügbar unter http://shiftmag.co.uk/?p=331, zuletzt geprüft am 07.03.2010.

Schlembach, Raphael; Lear, Ben; Bowman, Andrew (2010): Knowledge Claims in Climate Movement: the Camp for Climate Action. Paper. Manchester Social Movements Conference: Alternative Futures and Popular Protest. 29.-31.3.2010, Manchester.

Swyngedouw, Erik (2009): Climate Change as Post-Political and Post-Democratic Populism. Paper presented at DVPW conference, Kiel, Germany, 22-25 September 2009. Online verfügbar unter https://www.dvpw.de/fileadmin/docs/Kongress2009/Paper room/2009OEkonomie2-pSwyngedouw.doc, zuletzt geprüft am 15.03.2010.

Tarrow, Sidney (2005): The New Transnational Activism. New York: Cambridge University Press.

Treber, Manfred; Bals, Christoph; Milke, Klaus (2000): Klima, Politik und Wissenschaft – der internationale Klimaverhandlungsprozeß und der Beitrag der Wissenschaften. Online verfügbar unter http://www.germanwatch.org/rio/bpsb13.htm, zuletzt geprüft am 16.03.2010.

United Nations Environment Programme (UNEP) (2009): A Global Green New Deal, UNEP Final Report, February 2009. Online verfügbar unter http://www.unep. org/greeneconomy/docs/GGND_Final_Report.pdf,, zuletzt geprüft am 01.09.2009.

Walk, Heike; Brunnengräber, Achim (2000): Die Globalisierungswächter. NGOs und ihre transnationalen Netze im Konfliktfeld Klima. 1. Aufl. Münster: Westfälisches Dampfboot.

Webb, Tim (2010): RBS faces climate change protests. In: The Guardian, 22.04.2010. Online verfügbar unter http://www.guardian.co.uk/business/2010/apr/22/rbs-climate-camp-protest, zuletzt geprüft am 06.05.2010.

World People's Conference on Climate Change (2010): People's Agreement. April 22nd, Cochabamba, Bolivia. Online verfügbar unter http://pwccc.wordpress.com/2010/ 04/26/peoples-agreement/, zuletzt geprüft am 27.04.2010.

World Social Forum (WSF) (2009): Climate Justice Declaration of the WSF. Bélém, Brazil, 1 February 2009. Online verfügbar unter http://www.climate-justice-now. org/climate-justice-assembly-declaration/, zuletzt geprüft am 05.05.2010.

NGOs in der staatlichen Klimapolitik
Zwischen diskursiver Intervention und hegemonialer Verstrickung

Chris Methmann

Dass der Klimagipfel in Kopenhagen an der destruktiven Haltung der chinesischen Regierung gescheitert ist, davon sind weite Teile der westlichen Öffentlichkeit inzwischen überzeugt. Interessanterweise fußt diese Einschätzung unter anderem auf einem Zeitungsartikel, der im britischen *Guardian* erschienen ist und die letzten Verhandlungsstunden in dramatischen Worten schildert (Lynas 2009). Die Rede ist von einer „wütenden Merkel", dem „kämpfenden Obama" und einem chinesischen Delegierten, der immer nur „Nein" sagt. Ob diese Darstellung dem tatsächlichen Verhandlungsverlauf oder der historischen Verantwortung am Klimawandel gerecht wird, sei dahingestellt. Interessant für die Rolle sozialer Bewegungen und Nichtregierungsorganisationen (NGOs) in der Klimapolitik macht diesen Artikel besonders sein Urheber: Mark Lynas, Klimaaktivist, Publizist und Gründer einer Klima-Beratungsgesellschaft, saß als Mitglied der Regierungsdelegation der Malediven mit am Tisch, als die Staatschefs über die Zukunft der internationalen Klimapolitik verhandelten. Eine merkwürdige Rolle: Ein NGO-Vertreter in der Funktion eines staatlichen Delegierten beurteilt als Journalist Verhandlungsverlauf und -ergebnis. Diese Begebenheit verdeutlicht, in welchem Spannungsfeld sich NGOs in der internationalen Klimapolitik bewegen. Und sie lässt vermuten, dass das Verhältnis zwischen Staat und Zivilgesellschaft komplexer ist, als in den Internationalen Beziehungen häufig angenommen.

Gemeinhin werden NGOs in liberaler Tradition als ‚das Gegenüber' des Staates aufgefasst. Die vorherrschenden Theorien der Internationalen Beziehungen (IBs) bieten, grob zusammengefasst, zwei Erklärungsmuster für das Handeln solcher transnationaler Akteure. Nach dem rationalistischen und konstruktivistischen Institutionalismus sind Staaten die entscheidenden Akteure, auf deren Verhalten in internationalen Verhandlungen NGOs als transnational organisierte Interessengruppen Einfluss zu nehmen versuchen (Finnemore und Sikkink 1998; Keck und Sikkink 1998; Corell und Betsill 2001; Gulbrandsen und Andresen

2004). Die Global-Governance-Forschung[1] hingegen postuliert, dass nichtstaatliche Akteure zunehmend den Mangel an staatlicher Handlungsfähigkeit durch eigene Normsetzung zu kompensieren versuchen. Sie gelten nicht nur als Additiv, sondern als Substitut staatlicher Politik (Dingwerth und Pattberg 2006; Pattberg und Stripple 2008). Beide Ansätze behandeln staatliche und nichtstaatliche Akteure als Vertreter einer je eigenen Spezies; als getrennte Sphären, die höchstens in Public-Private-Partnerships kooperieren. Und oft wird NGOs und sozialen Bewegungen dabei auch noch die Rolle der der Vertreter des Allgemeinwohls zugewiesen (z.B. Dryzek 1999; Jakobeit et al. 2009).

Ziel dieses Beitrags ist es, diese Trennung zwischen staatlicher und nichtstaatlicher Sphäre in Frage zu stellen. Es wird argumentiert, dass NGOs oftmals eng in staatliche Politik verstrickt sind. Und weil sie zudem eine entscheidende Rolle in der (Re-)Produktion hegemonialer Diskurse spielen, sind sie weit davon entfernt, nur der gute Geist der Weltpolitik zu sein. Diese Behauptungen sind an sich zwar nichts Neues (vgl. z.B. Altvater et. al. 1997; Brand et al. 2001; Brunnengräber et al. 2001; Lipschutz 2005). Der besondere Beitrag dieses Textes liegt jedoch in dem Versuch, poststrukturalistische Theorieansätze für eine solche Perspektive nutzbar zu machen.[2] Ausgehend von Diskurstheorie (Laclau und Mouffe 1985; Laclau 1990) und dem Konzept der Gouvernementalität (Foucault 2006a, 2007) frage ich nach der diskursiven Funktion nichtstaatlicher Akteure in der internationalen Klimapolitik. NGOs und soziale Bewegungen sollen dabei sowohl als (Re-)Produzenten wie auch Effekte hegemonialer Diskurse verstanden werden.

Im ersten Abschnitt steht die Rolle von NGOs als *(Re-)Produzenten* diskursiver Hegemonie im Vordergrund. Dazu wird der neogramscianische Begriff der Hegemonie mit Hilfe der Diskurstheorie von Ernesto Laclau und Chantal Mouffe zu einer Theorie hegemonialer Diskurse weiterentwickelt. Diese bietet den Vorteil, die Funktionsweise, Anziehungskraft und Veränderbarkeit solcher Diskurse besser erklären zu können. Am Beispiel des dominanten Klimaschutz-Diskurses in der internationalen Politik wird gezeigt, dass nichtstaatliche Akteure eingebunden sind in die Herstellung und Aufrechterhaltung diskursiver Hegemonie, die fundamentale sozial-ökonomische Veränderungen verhindert. Der zweite Abschnitt erklärt die wachsende Bedeutung von NGOs und sozialen Bewegun-

---

[1] Wenn hier von Global Governance die Rede ist, handelt es sich um die empirisch-analytische Variante des Begriffs (s. Mürle 1998). Normative Vorstellung wie z.B. die der Commission on Global Governance (Commission on Global Governance 1995) bleiben hier außen vor.
[2] Auch damit wird jedoch nicht komplettes Neuland betreten, vgl. Howarth et al. 2000; Sending und Neumann 2006; Okereke et al. 2009. Hier geht es jedoch in erster Linie darum, poststrukturalistisches Gedankengut beispielhaft auf nichtstaatliche Akteure in der Klimapolitik anzuwenden. Für einen Überblick über die Spezifika eines poststrukturalistischen Forschungsprogramms s. Gottweis 2003.

gen umgekehrt als *Effekte* hegemonialen Wandels. Als Beispiel dienen hier private Anstrengungen zum Schutz der Wälder durch die Zertifizierung von Forstprodukten.[3] Sie zeigen, dass nichtstaatliche Akteure nicht wie von der Governance-Forschung behauptet funktionalistisch für mangelnde staatliche Regulierung in die Bresche springen, sondern im Rahmen einer Strategie des „Regierens aus der Distanz" aktiv eingebunden werden. Zusammen problematisieren beide Teile die gängige Betrachtungsweise nichtstaatlicher Akteure als ‚das Andere' des Staates. Sie beschränken sich jedoch darauf, ein konzeptionelles Instrumentarium zu entwickeln. Die empirischen Beispiele dienen lediglich der Illustration und sind zum Teil an anderer Stelle ausführlicher dargelegt (Methmann 2010, 2009b), beruhen aber vielfach auf Sekundärliteratur. Der Mehrwert dieses Vorgehens besteht darin, die Potentiale diskurstheoretischer Ansätze für die Analyse von NGOs in der Klimapolitik auszuloten.

Zwischen Verstrickung und Intervention

Liberal-institutionalistische Theorien der Internationalen Beziehungen verstehen NGOs als transnational organisierte Interessengruppen, die durch verschiedene Strategien Einfluss auf internationale Verhandlungen zu nehmen versuchen. Dabei nutzen sie sowohl ihre spezifische Expertise wie auch öffentlichen Druck (Corell und Betsill 2001; Gulbrandsen und Andresen 2004). Konstruktivistische Ansätze betonen ihre Funktion als „Norm-Entrepreneure" (Finnemore und Sikkink 1998; Keck und Sikkink 1998; Holzscheiter 2005). Sie bringen Themen und Politikvorschläge auf die internationale Agenda, setzen Maßstäbe für richtiges Verhalten und fordern dieses schließlich auch ein. Gemein ist beiden Forschungsperspektiven, dass Staat und transnationale Zivilgesellschaft als getrennte Sphären betrachtet werden: Der Staat behält seine Rolle als zentraler Akteur in der Weltpolitik bei. NGOs und soziale Bewegungen treten lediglich als beeinflussende Faktoren für die Erklärung internationaler Politikprozesse in Erscheinung.

Neogramscianische Ansätze hingegen betonen die Verwobenheit staatlicher und nichtstaatlicher Akteure bei der Absicherung sozialer Herrschaft. Diese zentrale Einsicht lässt sich anhand dreier Konzepte erläutern: historischer Block,

---

[3] Es mag zunächst überraschen, dass hier die private Forstzertifizierung als Beispiel gewählt wird. Gerechtfertigt erscheint dies jedoch vor dem Hintergrund, dass einerseits die Abholzung der Wälder etwa 20 Prozent der globalen Treibhausgasemissionen ausmacht (FAO 2005). Zum anderen ist Forstzertifizierung nur das am weitesten entwickelte Beispiel einer Form markt- und konsumentInnenbasierter Regelsetzung, die in der Klimapolitik wachsende Bedeutung erfährt. Ein weiteres prominentes Beispiel ist die britische Supermarktkette Tesco, die auf ihren Produkten inzwischen einen „Carbon Footprint" ausweist.

integraler Staat und Hegemonie.[4] Das Konzept des historischen Blocks postuliert, dass Staaten nicht wie in anderen Ansätzen der internationalen Beziehungen autonome und gegebene Einheiten verkörpern, sondern sozio-ökonomisch konstituiert sind. Soziale Kräfteverhältnisse wurzeln in gesellschaftlichen Produktionsverhältnissen und verdichten sich in den Apparaten des Staates. Ein historischer Block bezieht sich damit auf ein spezifisches Ensemble ökonomischer, sozialer und politischer Institutionen, durch die dominante soziale Kräfte ihre Herrschaft ausüben (Gramsci 1971: 181-82). Entscheidende Akteure sind demnach nicht mehr Staaten, sondern soziale Kräfte, die um Vorherrschaft streiten.[5] Der Staatsbegriff liberaler und realistischer IB-Theorien wird somit erweitert. Für Gramsci umfasst der Staat nicht nur die politischen Institutionen im engeren Sinne, sondern „the entire complex of practical and theoretical activities with which the ruling class not only justifies and maintains its dominance, but manages to win the active consent of those over whom it rules" (Gramsci 1971: 244). Damit bezieht Gramsci auch explizit die ‚vorstaatlichen' Institutionen der Zivilgesellschaft – die Medien, Kirchen, Bildungseinrichtungen und eben auch NGOs oder soziale Bewegungen – in seinen Begriff vom „integral state" (Gramsci 1971: 271) mit ein. Ein solches Staatskonzept impliziert schließlich ein Verständnis von Macht, das von den traditionellen Theorien der Internationalen Beziehungen abweicht und mit dem Begriff der Hegemonie umrissen wird. Anders als in den realistischen Theorien der IB meint dies aber nicht die schlichte Vorherrschaft eines besonders mächtigen Staates, sondern eher eine Form intellektuell-moralischer Deutungshoheit. Herrschaft in entwickelten kapitalistischen Gesellschaften beruht demnach nicht in erster Linie auf der Androhung von Gewalt oder Zwang (Armee, Polizei, Verwaltung), sondern vielmehr auf der Fähigkeit, die bestehenden sozialen Verhältnisse konsensual abzusichern. Entscheidend dafür ist ein hegemonialer Diskurs, „bringing about not only a unison of economic and political aims, but also *intellectual and moral unity*, posing all the questions around which the struggle rages not on a corporate but a ‚*universal*' plane" (Gramsci 1971: 182, Hervorheb. C.M.). Indem herrschende soziale Kräfte durch Aktivitäten in der Zivilgesellschaft ihre Partikularinteressen als Gemeinwohl definieren und die Forderungen subalterner Gruppen inkorporieren,

---

[4] Dieser Abschnitt nimmt Gramsci nur als Ausgangspunkt, um zu einem diskurstheoretischen Verständnis von NGOs zu gelangen. Daher bleibt die Darstellung des Neogramscianismus nur skizzenhaft. Für eine umfassendere Darstellung s. 1979; Cox 1983; Morton 2003 oder die exzellente Übersicht bei Habermann 2008: Kap. 2.

[5] Anders als noch bei Gramsci, für den die treibenden Kräfte dieser Auseinandersetzung immer nur die fundamentalen Klassen einer Produktionsweise (also z.B. Arbeit und Kapital) sein können, erweitert Cox (1987: 355-57) dies auf den Begriff der sozialen Kräfte, der alle sozialen Konflikte, z.B. auch Frauen- oder Umweltbewegung, umfasst. Diese Öffnung ist wesentlich für die Anwendbarkeit des Neogramscianismus auf die Heterogenität gesellschaftlicher Konfliktlagen.

gewinnen sie die Zustimmung subalterner Kräfte zum herrschenden historischen Block.

Zivilgesellschaft und integraler Staat sind auch in den internationalen Beziehungen der Ort, an dem diese diskursive Hegemonie (re-)produziert wird. Sie sind nicht nur Komplement oder Einflussfaktor auf staatliches Handeln. NGOs, soziale Bewegungen, aber auch inter- und transnationale Organisationen[6] sind nicht einfach ‚das Andere' des Staates, sondern eine vermachtete Struktur, die eng mit Staat und Herrschaft verwoben ist (Cox 1983). Sie stellen ein diskursives Herrschaftsverhältnis sowohl zwischen transnationalen sozialen Kräften (z.B. transnationale Konzerne und Umweltbewegung) als auch zwischen Staaten (Zentrum und Peripherie) her. Wenn es also darum geht, die Rolle von NGOs und sozialen Bewegungen in der internationalen Klimapolitik zu bestimmen, bedeutet das einerseits, „dass [auch; C.M.] kritische zivilgesellschaftliche Akteure sich in ihrem Handeln nicht einfach gesellschaftlichen Kräfteverhältnissen sowie der hegemonialen Ausrichtung des Staates und seiner Apparate entziehen können, selbst wenn sie konträre Positionen vertreten und entsprechende Ziele verfolgen" (Brand 2004: 1420). NGOs und soziale Bewegungen dürfen nun aber andererseits keineswegs nur als *Herrschaftsinstrumente* verstanden werden. Vielmehr ist die Funktion des integralen Staates umkämpft. Er stellt das *diskursive Konfliktterrain* dar, in dem gesellschaftliche Auseinandersetzungen um diskursive Hegemonie ausgetragen werden und wo kritische Akteure auf diskursive Veränderungen hinarbeiten können.

Der Neogramscianismus bietet somit eine fruchtbare Perspektive auf Herrschaftsverhältnisse in den internationalen Beziehungen und die Verstrickung nichtstaatlicher Akteure (z.B. Pijl 1984; Gill 1990, für einen guten Überblick s. Morton 2003). Auch ihre Rolle in der internationalen Klimapolitik ist aus diesem Blickwinkel gewinnbringend untersucht worden (Levy und Newell 2002; Levy und Egan 2003). Stephan (2010) zeigt beispielsweise eindrücklich, dass der Emissionshandel nicht allein durch zwischenstaatliche Verhandlungen in die internationale Klimapolitik Einzug gehalten hat. Vielmehr haben dominante gesellschaftliche Kräfte sowohl auf nationaler als auch internationaler Ebene an einer zivilgesellschaftlichen Koalition gearbeitet, so dass der Handel mit Verschmutzungsrechten zu *dem* Instrument vermeintlich effizienter Klimapolitik wurde. So hat die EU trotz anfänglicher Skepsis auch nach dem Rückzug der USA aus dem Kyoto-Protokoll den Emissionshandel weiterverfolgt, obwohl dazu keine Notwendigkeit mehr bestand. Entscheidend ist, dass auch eine ganze Reihe von Umweltschutzorganisationen wie z.B. Environmental Defense an der

---

[6] Mit „international" ist hier das klassische zwischenstaatliche Verhältnis einzelner Nationalstaaten gemeint. „Transnational" hingegen bezieht sich auf das grenzüberschreitende Handeln privater und halbstaatlicher Institutionen und Akteure.

Herstellung dieses Konsenses beteiligt waren. Der Wandel der EU-Position zum Emissionshandel lässt sich damit wesentlich auf diskursive Veränderungen im erweiterten Staat der suprastaatlichen EU wie auch der transnationalen Zivilgesellschaft zurückführen.

An diesem Beispiel lässt sich jedoch auch die problematische Tendenz in neogramscianischen Analysen festmachen, dass sie verstärkt auf die Aufrechterhaltung und Herstellung diskursiver Hegemonien durch die herrschenden Eliten fokussieren. Problematisch ist das in dreierlei Hinsicht: *Erstens* wird Hegemonie zwar als umkämpft und Zivilgesellschaft als Konfliktterrain konzipiert. Oft wird aber implizit vorausgesetzt, dass die herrschenden Ideen immer die Ideen der Herrschenden sind, weil diese von den zu Grunde liegenden sozialen Produktionsverhältnissen begünstigt werden. Obwohl der Neogramscianismus dem Politischen einen relativ autonomen ontologischen Status einräumt, bleibt er damit letztlich einem impliziten Ökonomismus verhaftet. Damit einhergehend liegt *zweitens* der Fokus oft auf der Frage, mit welchen materiell-institutionellen Strategien und Taktiken es den Herrschenden gelingt, ihre diskursive Hegemonie trotz gegenhegemonialer Herausforderungen zu behaupten. Hegemoniale Diskurse werden als Objekt politischer Auseinandersetzung im integralen Staat begriffen, ihre eigene Erklärungskraft bleibt aber oft unterbelichtet. *Drittens* werden gerade NGOs und soziale Bewegungen so letztlich zu Instrumenten herrschender Interessen degradiert; ihr Potential für emanzipative gesellschaftliche Veränderung wird unterschätzt.[7] Es bleiben somit drei Fragen unbeantwortet, die die Weiterentwicklung des Neogramscianismus zu einer Theorie hegemonialer Diskurse nötig machen: Wie gelingt es diskursiv, Partikularinteressen zu universalisieren und damit gesellschaftliche Widersprüche scheinbar zu befrieden? Warum setzen sich gewisse Diskurse durch? Und wo besteht für NGOs und soziale Bewegungen die Möglichkeit, trotz ihrer Verstrickung in hegemoniale Politik emanzipative Veränderungen zu erwirken?

Die Diskurstheorie nach Ernesto Laclau und Chantal Mouffe ermöglicht es, ausgehend vom Neogramscianismus eine solche Theorie hegemonialer Diskurse zu entwickeln. Als Schlussfolgerung aus ihrer Kritik am verbleibenden Ökono-

---

[7] Zu diesen und anderen Kritikpunkten am Neogramscianismus vgl. Scherrer 1998. Dort wird auch deutlich, dass diese relativ pauschale Kritik der Heterogenität der vielen Arbeiten aus neogramscianischer Perspektive nicht gerecht wird. In diesem Sinne ist die hier formulierte Perspektive vielleicht überspitzt, erlaubt aber, den Mehrwert einer diskurstheoretischen Perspektive zu verdeutlichen. Jenseits dessen und der Kritik aus orthodox marxistischer Perspektive, die gerade den *zu* autonomen ontologischen Status des Politischen bei Gramsci monieren, ist noch ein weiterer Strang der Auseinandersetzung mit dem Neogramscianismus zu nennen. Brand (2007) kritisiert, dass bei Gramsci der Zivilgesellschaft ein so wichtiger Status zugesprochen wird, dass die Funktion staatlicher Institutionen im engeren Sinne aus dem Blick gerät. Diese Perspektive erlaubt die Weiterentwicklung Gramscis in Richtung einer historisch-materialistischen Theorie des Staates (vgl. Brand 2010).

mismus Gramscis folgern Laclau und Mouffe die Grundannahme der Diskurstheorie, dass nämlich alle sozialen und politischen Prozesse als Diskurse aufgefasst werden müssen. Dies impliziert sowohl eine anti-essentialistische Ontologie wie auch Epistemologie (Torfing 2005: 13). Letzteres meint, dass zwar eine reale und tatsächliche Welt außerhalb unserer Wahrnehmung existiert, dass aber „the very possibility perception, thought and action depends on the structuration of a certain meaningful field which pre-exists any factual immediacy" (Laclau 1993: 431). Die Unterscheidung zwischen Diskurs und materieller Welt wird damit hinfällig, weil alle gesellschaftlichen Prozesse als diskursive Elemente verstanden werden können. Im Anschluss an Ferdinand de Saussures Linguistik (de Saussure 2001) gilt die Bedeutung eines Zeichens nicht als substantiell festgelegt, sondern entsteht erst in Beziehung zu allen anderen Zeichen eines sprachlichen Systems. Sprache ist ein rein relationales Differenzsystem, und Bedeutung existiert nur in einem diskursiven Kontext. Das heißt, obwohl es zum Beispiel die natürliche Tatsache eines klimatischen Systems gibt, kann diese nicht direkt und neutral dargestellt werden. Unser Wissen über den Klimawandel ist vielmehr immer eingebettet in diskursive Bedeutungsstrukturen. Was der Klimawandel *ist*, hängt davon ab, wie wir ihn gesellschaftlich repräsentieren. Die anti-essentialistische Ontologie postuliert andererseits, dass diese diskursiven Strukturen keineswegs stabil, geschlossen und fixiert sind. Gesellschaftliche Prozesse müssen verstanden werden als „playful determination of social meanings and identities within a relational system which is [only] provisionally anchored" (Torfing 2005: 13) Weil Bedeutung nicht substantiell definiert ist, auf der anderen Seite im Diskurs aber niemals die tatsächliche Reichhaltigkeit der Realität getreu abgebildet werden kann, ist sie ständig durch ein ‚Außen' bedroht. Demnach ist das, was als Klima verstanden wird, historisch variabel und umkämpft. Damit ist nicht nur gemeint, dass was früher der Zorn der Götter war, heute ein Gewitter ist, sondern dass der Klimawandel je nach diskursivem Kontext mal als fundamentale Bedrohung der Zivilisation, mal als ökonomisches Kostenproblem diskutiert wird und sich diese Wahrnehmung durch diskursive Ereignisse wie z.B. den Hurrikan Katrina verändern können. Wenn aber Diskurse solchermaßen kontingent sind, kann ein stabiles Bedeutungsgefüge nur temporär und durch einen Akt bewusster sozialer Konstruktion entstehen, der gewisse diskursive Elemente ausschließt (Laclau 1990: 21). Wie lässt sich mit diesen Grundlinien einer diskurstheoretischen Ontologie nun die Funktionsweise, Wirkmächtigkeit und Veränderbarkeit hegemonialer Diskurse erklären?

Erstens, was macht einen Diskurs zu einem hegemonialen Diskurs, der gesellschaftliche Widersprüche scheinbar aufhebt? Diskurstheoretisch gesprochen geht es darum, einen homogenen und geschlossenen Diskurs zu schaffen. Die antagonistischen Elemente müssen aus dem Diskurs ausgeschlossen werden.

Diese Funktion übernimmt ein diskursives Element, was Laclau und Mouffe als „leeren" oder „teilweise geleerten" Signifikanten bezeichnen.[8] Dieser fungiert als Knotenpunkt, um den herum ein Diskurs formiert wird (Laclau und Mouffe 1985: 112). Er geht mit allen diskursiven Elementen, die Teil des Diskurses sind, eine Äquivalenzbeziehung, mit allen Elementen, die außerhalb des Diskurses liegen, eine Kontraritätsbeziehung ein (vgl. zu den verschiedenen diskursiven Beziehungstypen Nonhoff 2006: 86-89). Als Beispiel für einen leeren Signifikanten lässt sich der Diskurs der „sozialen Marktwirtschaft" anführen. Nonhoff (2006) zeigt eindrücklich, wie sich dieser ja ursprünglich mit einer relativ präzisen Bedeutung belegte Begriff zum diffusen Repräsentanten eines hegemonialen Diskurses gewandelt hat, der die Grundorientierung des bundesrepublikanischen Modells gegenüber anderen wirtschaftspolitischen Vorstellungen verteidigt hat. Durch den Ausschluss bestimmter Elemente und den Einschluss anderer wird so ein Antagonismus konstruiert, der den Diskurs stabilisiert. Er erhält ein Außen, welches jedoch gleichzeitig zu seiner eigenen Bedrohung wird: „we are faced with a ‚constitutive outside'. It is an ‚outside' which blocks the identity of the ‚inside' and is nonetheless the prerequisite for its constitution at the same time." (Laclau 1990: 17) Solche hegemonialen Grenzziehungen sind so notwendig, wie sie prekär sind. Ausgehend vom Konzept des leeren Signifikanten gerät damit die Frage in den Vordergrund, welche diskursiven Strategien von Einschluss und Ausschluss eben jene Äquivalenz- und Kontraritätsbeziehungen legitimieren (Nonhoff 2006: 209ff.). Sie bilden die Grundlage der Funktionsweise hegemonialer Diskurse.

Überträgt man diese Überlegungen auf die internationale Klimapolitik, lässt sich argumentieren, dass der Begriff „Klimaschutz" als leerer Signifikant funktioniert.[9] Anders noch als vor einigen Jahren, als heftige Auseinandersetzungen um Existenz und Tragweite des Treibhauseffektes vorherrschten, gilt Klimaschutz auf der internationalen Bühne inzwischen als allseits geteiltes Ziel. Es fällt einer ganzen Reihe von inter- und transnationalen Organisationen und Akteuren auch nicht schwer, sich als Teil eines Klimaschutz-Diskurses zu präsentieren, ohne die eigene, bisweilen durchaus massiv klimaschädliche Politik grundsätzlich in Frage zu stellen. So stellt beispielsweise die Welthandelsorganisation (WTO) ihre Freihandelspolitik als Instrument der Klimapolitik, nicht aber etwa

---

[8] Laclau und Mouffe sind selbst nicht konsistent in ihrer Bezeichnung dieses Konzepts. Weil leere Signifikanten niemals komplett ihre Bedeutung verloren haben, ist der Ausdruck geleerter Signifikant wahrscheinlich treffender. Dennoch erhält hier der leere Signifikant den Vorzug, weil er sich als Begriff aufgrund seiner Griffigkeit durchgesetzt hat. Die diskurstheoretische Begründung für die Notwendigkeit der Leerung eines Signifikanten kann hier aus Platzgründen nicht nachvollzogen werden. Siehe dazu ausführlich Laclau 1996.
[9] Dieses Argument habe ich an anderer Stelle ausführlicher begründet, vgl. Methmann 2010. Die folgende Darstellung stellt nur einen Auszug aus diesen Überlegungen dar.

als Ursache von Klimazerstörung dar (WTO und UNEP 2009). Fundamentalere Veränderungen, wie z.b. die Integration ökologischer Regulierungen in das Welthandelsregime, werden aus dem Diskurs ausgeschlossen. Dass Klimaschutz als leerer Signifikant funktioniert, lässt sich mit Hilfe verschiedener diskursiver Strategien erklären, die der hegemoniale Klimadiskurs verkörpert. Zur Illustration seien hier nur einige Beispiele genannt. Erstens baut der Klimadiskurs auf das Motiv der *Globalität*, das den Klimawandel als globales Problem konstruiert. Demzufolge müssen alle relevanten Staaten und Stakeholder sich an seiner Lösung beteiligen (Adger et al. 2001). Unter Verweis auf diese Globalität und die Tatsache, dass ja längst nicht alle Staaten Mitglied der WTO seien, gelingt es der WTO mit einer defensiven diskursiven Strategie ökologische Regulierung aus dem hegemonialen Diskurs auszuschließen. Schließlich seien solche Regelungen der globalen Natur des Problems nicht angemessen (Lamy 2009). Zweitens baut der internationale Klimadiskurs fundamental auf den Topos der wissenschaftlichen Unsicherheit (Lutes 1998: 162). Zwar wird nicht mehr relevant angezweifelt, dass es einen Klimawandel gibt. Über Ausmaß, regionale Auswirkungen und die zu ergreifenden Maßnahmen gibt es jedoch erheblichen weiteren Forschungsbedarf. Deshalb wird den Arbeiten des Weltklimarats (IPCC) eine so zentrale Bedeutung zugewiesen. Auch dies dient der WTO als defensive diskursive Strategie zur Abwehr freihandelsbeschränkender Maßnahmen. Schließlich sei ja wissenschaftlich nicht zweifelsfrei erwiesen, dass Freihandel zu Klimazerstörung führe. Solche Schlussfolgerungen seien gegenwärtig voreilig (WTO und UNEP 2009: 141). Als offensive diskursive Strategie dient hingegen das Motiv der Flexibilität, das mit dem Clean Development Mechanism und dem Emissionshandel tief in den internationalen Klimadiskurs eingeschrieben ist. Die WTO beruft sich auf eben diese Flexibilität, um Freihandel in den Klimaschutz-Diskurs einzuschließen. Schließlich könne nur der ungehinderte Handel mit umweltfreundlichen Technologien optimale Flexibilität gewähren, weil nur so für alle eine breite Palette an Instrumenten zum Klimaschutz zur Verfügung stehe. Die Fortführung der Doha-Welthandelsrunde sei danach auch klimapolitisch geboten (Lamy 2009). Die interessante Schlussfolgerung dieser Perspektive ist dabei nicht, dass die WTO versucht, sich als klimapolitischer Akteur darzustellen, was auch jenseits einer hegemonietheoretischen Perspektive zu erwarten gewesen wäre (zu solcher Dynamik internationaler Organisationen vgl. Barnett und Finnemore 1999; Nielsen und Tierney 2003). Überraschend ist vielmehr, dass es die grundlegenden Strukturen des internationalen Klimaschutz-Diskurses – Globalität, Flexibilität und wissenschaftliche Unsicherheit – sind, die es der WTO erlauben, dies zu tun. So wirkt Klimaschutz als leerer Signifikant.

Die fundamentalen diskursiven Strategien dieses hegemonialen Klimaschutz-Diskurses werden auch von zivilgesellschaftlichen Akteuren genutzt und verstärkt. Ein Beispiel hierfür ist das Carbon Disclosure Project (CDP), welches sich zum Ziel gesetzt hat, die CO_2-Emissionen und Klimaschutz-Strategien der weltweit führenden börsennotierten Unternehmen offen zu legen und sie damit zu Investitionsentscheidungen zu machen. Das ganze Projekt ist rund um den Gedanken der wissenschaftlichen Unsicherheit konstituiert, denn eines der Hauptziele der Initiative ist „demonstrating how collaboration is key *to better understand climate change*" (CDP 2009b: 3, Hervorhebung C.M.). So basiert das CDP-Ranking allein auf der „range and depth of carbon disclosure" (CDP 2009b: ii), nicht aber auf den tatsächlichen Aktivitäten, die einzelne Unternehmen zum Klimaschutz unternehmen. So wird schon die Generierung von Information zum Akt des Klimaschutzes. Im Zusammenhang damit gewinnt wieder auch das Motiv der Flexibilität zentrale Bedeutung. Denn hinter all dem steckt die Vorstellung, dass allein ein solches „Benchmarking" die verschiedenen Akteure zum Handeln verleitet – ihnen aber die nötige Auswahl offen hält, welche Maßnahmen sie ergreifen wollen (CDP 2009a). Dass so Klimaschutz tatsächlich nur als leerer Signifikant gestützt wird, darauf deutet auch die Tatsache hin, dass im Jahr 2006 der deutsche Energiekonzern RWE zum „Best in Class" gekürt wurde, obwohl er der größte CO_2-Emittent in ganz Europa ist und seine Klimaschutzstrategie durchaus in der Kritik steht. Auch hier ist zunächst nicht verwunderlich, dass zivilgesellschaftliche Akteure wie das CDP sich für mehr „Klimaschutz" einsetzen. Die diskurstheoretische Betrachtung deckt allerdings auf, dass dabei genau die diskursiven Strukturen genutzt und unterstützt werden, die weitergehenden diskursiven und gesellschaftlichen Wandel, d.h. die Transformation des Energiesystems, die Regionalisierung von Produktionskreisläufen, die Veränderung von Mobilitätsstrukturen etc. ausschließen.

Zweitens, was macht die spezifische Anziehungskraft hegemonialer Diskurse aus? Damit ist die Rolle des politischen Subjektes in der Diskurstheorie angesprochen. Diese geht wie andere poststrukturalistische Theorien davon aus, dass Akteure weder essentialistisch gegeben, noch komplett strukturell determiniert sind (Torfing 2005: 17). Denn beides würde die Funktionsweise hegemonialer Diskurse, wie sie hier beschrieben wird, unmöglich machen. Ginge man auf der einen Seite beispielsweise wie die Rational-Choice-Theorie davon aus, dass Individuen vollständig präkonstituierte, in sich ruhende und selbstbewusste Akteure sind, wäre unklar warum sie sich überhaupt im Rahmen rationaler Kosten-Nutzen-Kalküle auf einen hegemonialen Diskurs einlassen sollten. Denn es ist ja offensichtlich, dass dieser ihre subalterne Position festschreibt. Betrachtete man hingegen Subjekte als komplett strukturell determinierte, quasi ‚willenlose' Darsteller ökonomischer Gesetzmäßigkeiten, wie es z.B. der orthodoxe Marxmismus tut, gerät Hegemonie zur Ideologie der Herrschenden im Sinne eines „falschen

Bewußtseins". Diskurse werden somit zum reinen Überbau ökonomischer Interessen (vgl. zu diesen Problemen Mouffe 1979 und Habermann 2008).

Stattdessen sieht die Diskurstheorie Subjekte und ihre Interessen als diskursiv konstituiert an. Im Anschluss an die Lacansche Psychoanalyse wird das Individuum als „empty place" konzipiert (Zizek 1990: 251). Analog zum Diskursbegriff wird auch das Subjekt als kontingent und instabil angesehen. Es ist mit einem fundamentalen Mangel versehen, es lässt sich in der Symbolischen Ordnung nicht vollständig repräsentieren. Auch Subjekte besitzen keine essentielle Identität, sondern erlangen diese nur durch partielle Identifikation mit den vom Diskurs bereitgestellten Subjektpositionen. Denn genauso, wie der Diskurs durch Ausschluss von Elementen einen fundamentalen Antagonismus und damit ein konstitutives Außen kreiert, bietet er dem Subjekt die Möglichkeit, diese inhärente Negativität zu externalisieren und damit auf einen äußere Bedrohung zu projizieren (Zizek 1990: 252-53). Das Subjekt kann sich somit nur in Abgrenzung zu einem diskursiven Außen konstituieren. Entscheidend ist an dieser Stelle, dass der Diskurs dem Subjekt eine „soziale Fantasie" (Zizek 1990: 254-55) bereitstellt, wie die vermeintliche Bedrohung durch das Außen aufgehoben und beseitigt werden kann. Verdeutlichen lässt sich dies am Beispiel rassistischer Diskurse: Genauso wie der leere Signifikant der ‚weißen Rasse' einen stabilen Diskurs konstituiert, aus dem bestimmte ‚nicht-weiße' Elemente ausgeschlossen und für die Bedrohung des ‚Weißseins' verantwortlich gemacht werden, ermöglicht der rassistische Diskurs dem Individuum, seinen eigenen Mangel mit einer ‚weißen' Identität aufzufüllen und gleichzeitig die Schuld für seinen Mangel den ‚nicht-Weißen' zuzuschieben. Sie sind es, die dem Arbeiter der ‚weißen Mittelschicht' die Jobs wegnehmen und ihn daran hindern, seine Identität als ‚weißer Arbeiter' auszuleben. Diese Kombination aus externalisierter Negativität und angebotener Positivität schafft die notwendige Bereitschaft, sich mit einem hegemonialen Diskurs zu identifizieren. Diese Leerstelle im Subjekt stellt die Öse dar, in die hegemoniale Diskurse gleichsam einhaken, um sie als politische Subjekte zu integrieren.

Das Konzept des Subjekts als leerer Ort hilft, die Anziehungskraft des hegemonialen Klimaschutz-Diskurses auch auf NGOs und ihre Unterstützer zu erklären. Denn auch dieser basiert auf einem solchen Bedrohungsszenario:

> „Die ökologische Zwickmühle mahlt mit Weltuntergangsängsten, die sich auf eine apokalyptische Rhetorik und auf eine Serie performativer Gesten stützt, die das Gefühl einer überwältigenden, irrsinnigen Gefahr vermittelt. Eine Gefahr, die unser Alltagsleben und unsere Routine völlig zu unterminieren droht, und die an den Fundamenten all unserer Selbstverständlichkeiten rüttelt" (Swyngedouw 2009: 25).

Die Natur, und mit ihr der Klimawandel, wird als bedrohliches „Äußeres" konstruiert. Von Beginn an zeichnet sich der Klimaschutz-Diskurs durch einen Katastrophismus aus (Weingart et al. 2000: 271ff), erinnert sei nur an die berühmte Spiegel-Titelseite, auf der der Kölner Dom unter Wasser steht. Hegemonietheoretisch gesprochen wird ein Antagonismus mit der sich verändernden Natur geschaffen; der Klimawandel wird das gefährliche Außen des hegemonialen Diskurses. Und genau dies erlaubt den Menschen, ihre instabile eigene Identität auf den Klimawandel zu externalisieren, der dadurch eine verstörend-faszinierende Anziehungskraft erhält. Ähnlich der religiösen Lehre von Verdammnis und Erlösung wird die ökologische Katastrophe zum „Opium fürs Volk" (Zizek 2008). Dabei wirkt die Gleichzeitigkeit von katastrophischem Diskurs und dem Klimaschutz als leerem Signifikanten, der grundsätzliche Änderungen ausschließt, nur scheinbar paradox. Seine Anziehungskraft wird noch dadurch verstärkt, dass auch angesichts existentieller Bedrohungen der Lösungsvorschlag relativ einfach und machbar erscheint (Swyngedouw 2009: 382). Technokratische Managementlösungen und ein paar neue Technologien reichen aus, um die große Menschheitskatastrophe abzuwenden. Die Kosten, sich mit dem Klimaschutz zu identifizieren, fallen so auch individuell gering aus – was die Subjektivierung weiter befördert. Das große „Wir" der gemeinsam bedrohten Menschheit sorgt dafür, dass der Blick auf sozioökomomische Ursachen und grundsätzlichere Veränderungen ausbleibt (Rothe 2010: 16).

Dieser Klimakatastrophen-Diskurs ist maßgeblich von der Umweltbewegung mitgeprägt worden. Sie hat sich das ökologische Bedrohungsszenario und den Antagonismus zwischen Mensch und Natur aktiv zu Nutze gemacht, um das Thema auf die politische Agenda zu heben und damit zum Gegenstand hegemonialer Auseinandersetzungen zu machen (Stavrakakis 2000). Noch heute argumentieren viele Umweltverbände mit der ‚Bedrohung' der Menschheit durch den Klimawandel. Instruktiv ist dabei insbesondere die gerade von zivilgesellschaftlicher Seite angezettelte Debatte um die ‚Klimaflüchtlinge'. Trotz vermutlich bester Klimaschutz-Intention wird durch eben jene Debatte unterschwellig Angst geschürt vor Millionen Klimaflüchtlingen, die angeblich bald vor unserer Tür stehen und für die europäische Sicherheit eine Gefahr darstellen können (Jakobeit und Methmann 2010; Oels 2009). Dabei lässt sich argumentieren, dass diese unterschwellige „Versicherheitlichung" des Klimawandels, die auch von vielen NGOs und anderen nichtstaatlichen Akteuren mit befördert wird, nicht in erster Linie zur Militarisierung des Themas führt, sondern den Klimawandel als „Risiko" konstruiert, wodurch die verwundbaren Opfer des Klimawandels zur Gefahr umgedeutet werden können (Oels 2010). Zusammen mit der apokalyptischen Vision von den „Klimakriegen" (Welzer 2008) wird somit nicht nur ein Antagonismus zwischen Mensch und Natur konstruiert, sondern auch zwischen verschiedenen Menschengruppen, die unterschiedlich vom Klimawandel betroffen sind. Diese Versuche, die Dringlichkeit des Klimathemas zu unterstreichen, unterfüttern die Vormachtstellung des Klimaschutz-Diskurses und verstärken seine Anziehungskraft. Gleichzeitig werden durch die Betonung des katastrophischen Klimawandels NGOs im Sinne eines kollektiven *Wir*, welches sich der gemeinsamen Bedrohung stellen muss, fest in den hegemonialen Klimaschutz-Diskurs eingebunden.

Wie erklärt sich vor diesem Hintergrund, *drittens*, diskursiver Wandel und welchen Handlungsspielraum besitzen NGOs und soziale Bewegungen in Richtung auf emanzipative Veränderungen? Zur Beantwortung dieser Frage müssen die beiden vorangegangenen Argumentationsstränge zusammengeführt werden. Auf der einen Seite wurde festgestellt, dass auch relativ geschlossene diskursive Strukturen latent fragil sind, dass ihr konstitutives Außen immer wieder in den Diskurs einzubrechen droht und sich als konkreter sozialen Antagonismus manifestieren. Eine solche Situation wird von Laclau und Mouffe als „dislocation" bezeichnet (Laclau 1990: 39). Sie entsteht, wenn störende Ereignisse nicht in den Begriffen des Diskurses selbst ausgedrückt werden können. Diskursive Strukturen lösen sich auf, und es entstehen eine Reihe frei flottierender Signifikanten (Torfing 2005: 16). Um die flottierenden Elemente in die bestehende diskursive Ordnung einzugliedern, sind daher Entscheidungen auf einem „terrain of undecidability" (Torfing 2005: 13) notwendig. Folglich führt eine *dislocation* zu einer hegemonialen Auseinandersetzung um die Re-Integration dieser freien Signifikanten. Auf der anderen Seite wurde argumentiert, dass das Subjekt in der Diskurstheorie so konzipiert ist, dass Subjektivierung niemals vollständig gelingt – die Identität des Individuums bleibt gebrochen. Gerade in einer Situation diskursiver *dislocation* bricht diese Fragilität auf. Subjekte sind dann nicht mehr nur bloße Träger diskursiver Strukturen. Denn wenn diskursive Strukturen Subjekte konstituieren, aber eben diese Strukturen erschüttert sind durch Ereignisse, die sie nicht verarbeiten können, ist vollständige Subjektivierung unmöglich. Und dies ermöglicht autonomes Handeln, das notwendig ist, um die diskursiven Risse zu nähen. Hier erhält das politische Subjekt Spielraum für unabhängiges Handeln. Das Subjekt ist somit in der Diskurstheorie „nothing but the distance between the undecidable structure and the decision." (Laclau 1990: 30). Die *dislocation* wird zur Voraussetzung und Quelle für Handlungsfähigkeit innerhalb eines hegemonialen Diskurses.

Wie sich dies in der internationalen Klimapolitik auswirken kann, lässt sich unter anderem am Beispiel der Auswirkungen der jüngsten Finanz- und Wirtschaftskrise auf den Klimadiskurs erläutern. So kam im Zuge dessen die Idee eines sog. Green New Deal auf, der das diskursive Feld der Klimapolitik verschoben hat. Angelehnt an den New Deal Roosevelts in Folge der Wirtschaftskrise der 1930er Jahre versammeln sich unter diesem Begriff eine Reihe von sozial-ökologischen Reformvorschlägen, die Antwort auf Wirtschafts- und Klimakrise zugleich darstellen wollen. So gelang es Akteuren wie der britischen Green New Deal Group (GNDG), ein alternatives wirtschaftspolitisches Konzept eines Green New Deal (GND) zu lancieren, durch den mit Hilfe massiver staatlicher Intervention ein sozial-ökologischer Strukturwandel angefacht werden soll. Zwar handelt es sich dabei nicht um ein gegenhegemoniales Projekt. Dennoch unterscheidet sich die Grundidee eines GND erheblich vom hegemonialen Klimaschutz-Diskurs, der den Großteil wirtschaftlicher und sozialer Strukturen unangetastet lässt, indem sie z.B. eine größer angelegte Transformation des Energiesystems ins Auge fasst (Methmann 2009a). Wie lässt sich diese Intervention erklären? Diskurstheoretisch lässt sich argumentieren, dass die mit dem Zusammenbruch von Lehmann Brothers beginnende globale Finanzkrise eine *dislocation* des hegemonialen wirtschaftspolitischen Diskurses darstellen. Begriffe wie „Markt", „Wachstum", „Wohlstand" oder „Stabilität", die vorher fest in den neoliberalen Konsens eingebettet waren, wurden erheblich gelockert und in ihrem bisherigen Bedeutungsgefüge erschüttert. Natürlich hat dies auch Auswirkungen auf den klimapolitischen Diskurs, in dem solche Begriffe eine ähnlich prominente Rolle besetzen. Und diese dislocation hat sozialen Kräften Handlungsspielraum eröffnet. Entscheidend ist dabei, dass die Finanzkrise diskursiv als eine Krise des ‚Exzesses' (de Goede 2009), als eine externe Bedrohung der ‚normalen' (Real-)Wirtschaft repräsentiert wurde. Diese Parallelität zwischen Klima- und Finanzkrise, die beide diskursiv als externe Menschheitsbedrohung konstruiert werden, machte es möglich, mit der *dislocation* der Finanzkrise auch in den klimapolitischen Diskurs zu intervenieren (Rothe 2009). Die GNDG z.B. verbindet beide Krisen wie folgt:

> „The global economy is facing a ‚triple crunch'. It is a combination of a credit-fuelled financial crisis, accelerating climate change and the looming peak in oil production. These three overlapping events threaten to develop into a perfect storm, the like of which has not been seen since the Great Depression" (GNDG 2010).

Durch die Metapher des „Sturms" werden die Krisen mit einer Naturgewalt gleichsetzt. Andere Akteure, wie bspw. die deutsche Partei „Bündnis 90/Die Grünen", gehen so weit, beide Krisen als gleichursprünglich zu konstruieren.

> „Dieser New Deal geht davon aus, dass die Ursache beider Krisen, der Wirtschafts-wie der Klimakrise, in Nicht-Nachhaltigkeit liegt, also in Ressourcenplünderung und -*vergeudung*, *überzogenem* Wachstumsdrang, *unmäßigen* Gewinnerwartungen und *mangelhafter Einbettung* der Wirtschaft in die Gesellschaft" (Loske 2009; Hervorheb. C.M.).

Auch hier dominiert wieder die Externalisierung dieser Ursachen, die als außerhalb ‚des Vernünftigen' definiert werden. Diese Verbindung beider Krisen auf Basis eines externen Bedrohungsszenarios ermöglicht es sozialen Kräften, mit dem Begriff des Green New Deal eine hegemoniepolitische Intervention in den Klimadiskurs zu unternehmen. Dass die Idee des Green New Deal dabei als Bedeutungsträger stark umkämpft ist – inzwischen reklamieren auch z.b. das Umweltprogramm der Vereinten Nationen oder US-Präsident Barack Obama den Begriff stark abgespeckt für sich, während einige soziale Bewegungen den Begriff als neues hegemoniales Projekt ablehnen – verwundert dabei nicht. Sie zeigen vielmehr, dass die Intervention in dem Sinne erfolgreich war, dass sie das hegemoniale Diskursfeld in Bewegung gebracht hat. Damit zeigt der GND, dass es für zivilgesellschaftliche Akteure sogar bisweilen möglich ist, sich gleichzeitig der Motive hegemonialer Diskurse zu bedienen (Klimawandel als externe Bedrohung) und dadurch trotzdem diskursiven Wandel zu erwirken.

NGOs als Effekt neoliberaler Gouvernementalität

Im vorangegangenen Abschnitt wurde gezeigt, wie NGOs aktiv an der (Re-)Produktion gesellschaftlicher Hegemonie mitwirken und zum Funktionieren hegemonialer Diskurse beitragen, gleichwohl aber Potential für emanzipative Veränderungen in sich tragen. In diesem Abschnitt steht die Funktion von NGOs als Effekte diskursiver Hegemonie im Vordergrund. Unter Rückgriff auf das Konzept der Gouvernementalität wird ihre wachsende Bedeutung auch im Rahmen der internationalen Politik als politische Strategie erklärt.

Aus Sicht der Governance-Forschung erklärt sich die wachsende Bedeutung nichtstaatlicher Akteure rein funktionalistisch. Sie wurzelt in objektiven Veränderungen der Weltpolitik durch die Globalisierung. Auf der einen Seite schaffe die fortschreitende globale Interdependenz eine ‚Nachfrage' nach Regulierung, die nicht allein von Staaten gedeckt werden könnte (vgl. z.B. Rosenau 1999: 293). Andererseits befähigten ihre gewachsenen organisatorischen Ressourcen nichtstaatliche Akteure zu einem verbesserten ‚Angebot' an Regulierungsleistungen (vgl. z.B. Pattberg 2005b: 597-606), so dass sie in der Lage sind, diese Regulierungsdefizite auch zu decken. Sie werden zunehmend zum Substitut staatlicher Politik. Dieser Ansatz verbleibt insofern auf einer apolitischen Ebene, als dass er die Ursachen für die neue Bedeutung nichtstaatlicher Akteure in den externen Bedingungen oder in den nichtstaatlichen Akteuren selbst sucht, nicht aber auf der Ebene politischer Strategien. So werden zwar trefflich die Governance-Leistungen von NGOs und sozialen Bewegungen abseits staatlicher Politik analysiert (vgl. z.B. Betsill und Bulkeley 2004; Rabe 2007; Pattberg und

Stripple 2008), nicht aber ihre Funktion in Bezug auf ein verändertes Politikverständnis thematisiert, das eben jene Veränderungen diskursiv bedingt.

Das Konzept der Gouvernementalität des französischen Philosophen Michel Foucault ermöglicht hingegen, das Aufkommen nichtstaatlicher Akteure gerade als politische Strategie des „Regierens aus der Distanz" zu begreifen. Foucaults Perspektive erscheint der Governance-Perspektive zunächst ähnlich. Auch ihm geht es um einen Bruch mit dem Staat als zentralem Angelpunkt politischer Analyse. Für ihn ist der Staat lediglich „der bewegliche Effekt eines Systems von mehreren Gouvernementalitäten" (Foucault 2006a: 115). Was aber ist mit dem Begriff der Gouvernementalität genau gemeint? Ausgangspunkt ist die Kritik am „juridisch-souveränen" Machtbegriff in der politischen Theorie, der zu zentralistisch und repressiv sei. Die spezifisch moderne Form der Machtausübung sei aber demgegenüber die des „Regierens" (*gouverner*). Foucault beruft sich dabei auf die Bedeutung des Wortes aus dem 16. Jahrhundert: Man regierte sowohl sich selbst, seine Familie, eine Schule oder eben auch einen Staat. Regieren umfasst demnach sowohl ganz generell das Leiten anderer Personen wie auch das eigene Verhalten. Foucault definiert Regieren allgemein als „Führungen zu lenken, also Einfluss auf die Wahrscheinlichkeit von Verhalten zu nehmen" (Foucault 2005: 286). Darunter fallen alle Praktiken und Institutionen, die das mögliche Handlungsfeld anderer strukturieren (Foucault 2005: 287). Regieren umfasst somit „any more or less calculated and rational activity, undertaken by a multiplicity of authorities and agencies [...], that seeks to shape conduct by working through our desires, aspirations, interests and beliefs [...]" (Dean 1999: 11). Aus Foucaultscher Perspektive wirkt Macht größtenteils nicht offensichtlich und direkt, sondern indirekt und subtil, und manifestiert sich in einer Vielzahl politischer und gesellschaftlicher Institutionen, die nicht direkt dem Staat zugeordnet werden können.

Wie die Kombination von *gouverner* und *mentalité* zur *Gouvernementalität* andeutet, ist Regieren immer in ein epistemisches Feld eingebettet. Macht und Wissen bilden einen immanenten Komplex (Foucault 1977: 96-97). Wissensformen konstituieren eine bestimmte Form der Machtausübung, und Macht wirkt durch bestimmte Wissensformen. Regieren basiert auf Theorien, Philosophien, Alltagsweisheiten, Weltanschauungen etc., die selbst wiederum soziale und kulturelle Konstruktionen sind und im Prozess des Regierens reproduziert werden (Dean 1999: 16). Gouvernementalität kann also auch als ein (hegemonialer) Diskurs aufgefasst werden, durch den eine spezifische Ökonomie der Machtbeziehungen, eine spezifische Form des Regierens, erst implementiert wird. Im Sinne eines anti-essentialistischen Diskursbegriffs kreist Regieren demnach nicht um ‚wirkliche' Probleme, sondern um „Problematisierungen" (Foucault 1997: 188). Die diskursive Hervorbringung eines Problems konstituiert immer auch eine bestimmte Form seiner Bearbeitung. Auch das Subjekt ist bei Foucault ein Effekt der Macht. Schließlich dreht sich Regieren immer um die Formung menschlicher Verhaltensweisen. Gouvernementalität legitimiert gewisse Handlungen, produziert Verhaltensnormen, schafft Subjektpositionen, die Individuen einnehmen können. Für politische Analysen heißt das, dass immer auch gefragt werden muss, durch welche Diskurse handelnde Subjekte konstituiert und legitimiert werden.

Vor diesem Hintergrund gewinnt schließlich die Unterscheidung zwischen staatlichen und nichtstaatlichen Akteuren eine neue Gestalt. In seiner „Geschichte der Gouvernementalität" (Foucault 2006a, b) weist Foucault nach, dass Regieren erst nach und nach von den Institutionen des Staates aufgesogen, adaptiert und nutzbar gemacht wurde – ein Prozess, den er als „Gouvernementalisierung des Staates" (Foucault 2006b: 163) bezeichnet. Nicht nur muss deswegen Machtausübung in erster Linie aus Gouvernementalitätsperspektive analysiert werden. Auch zeigt sich, dass die Trennung zwischen Staat und Zivilgesellschaft eine politische Strategie darstellt. Dies wird besonders deutlich bei der Analyse des politischen Liberalismus des 18. und 19. Jahrhunderts, auf den diese Trennung maßgeblich zurückgeht, sich dabei jedoch zugleich auf den juridisch-souveränen Machtbegriff verengt. Gemeinhin wird der Liberalismus verstanden als politische Philosophie, die dem Staat mit Rechten ausgestattete Bürger gegenüberstellt, in welche dieser nicht eingreifen darf. Zudem wäre es dem Staat mangels Übersicht und Können aber auch gar nicht möglich, das gesellschaftliche Leben mittels souveräner Macht allzu detailliert zu steuern. Daraus folgt eine Selbstbegrenzung des Souveräns, die eine Sphäre der freien Zirkulation schafft – die Gesellschaft. Ist durch die Einbeziehung subtiler und dezentraler Netzwerke der Machtausübung die Perspektive aber erst einmal über den juridisch-souveränen Machtbegriff hinaus geweitet, zeigt eine Analyse liberaler Gouvernementalität, dass der Liberalismus nicht so sehr die Gesellschaft von der Macht befreit, sondern mit ihr künstlich eine Sphäre geschaffen hat, auf die er mittels Gouvernementalität indirekt Einfluss nimmt:

„The inauguration of liberal societies in Europe accords a vital role to a key characteristic of modern government: action at a distance. [...] Liberal government identifies a domain outside ‚politics' and seeks to manage it without destroying its existence and its autonomy. This is made possible through the activities and proliferation of independent agents including philanthropists, doctors, hygienists, managers, planners, parents and social workers. [...] The domain of politics is thus simultaneously distinguished from other spheres of rule, and inextricably bound into them. Political forces have sought to utilise, instrumentalise and mobilize techniques and agents other than those of ‚the State' in order to govern ‚at a distance'," (Rose und Miller 1992: 180-81).

Gouvernementalität spielt also mit der Trennlinie zwischen Staat und Gesellschaft. Damit ist die Autonomie nichtstaatlicher Akteure als dezidiert politische Strategie zu verstehen. Funktionalistische Erklärungen erscheinen nur als eine spezifische Konstruktion der Wirklichkeit, die die Rolle nichtstaatlicher Akteure diskursiv legitimieren. Die gewachsene Bedeutung von NGOs in der internationalen Politik stellt nicht unbedingt einen Machttransfer von öffentlichen zu privaten Akteuren dar, sondern ist Ausdruck einer sich wandelnden gouvernementalen Rationalität, durch die die Zivilgesellschaft vom Objekt zum Subjekt des Regierens gemacht wird (Sending und Neumann 2006: 652). Eine solche Perspektive deckt auf, dass in vielen Fällen, die als Erfolgsbeispiele zivilgesellschaftlichen Engagements gelten, z.b. die Kampagne zur Ächtung von Landminen, NGOs von staatlicher Seite aktiv unterstützt wurden, diese Rolle einzunehmen (ebd.). Dies gilt auch für viele der in der europäischen Politik (Smismans 2003) oder eben in der Klimapolitik (Okereke et al. 2009) aktiven NGOs. Insofern erscheint eine Gouvernementalitätsperspektive auf nichtstaatliche Akteure vielversprechend.

Dean (1999) schlägt für die Gouvernementalitätsanalyse nach Foucault ein dreigeteiltes Analyseraster vor. Zum Verständnis der *gouvernementalen Rationalität* werden die Diskurse des Regierens untersucht: Wie wird das Problem zum Problem? Welche Ursachen werden konstruiert? Welche Lösungsstrategien propagiert? Wie wird Regieren legitimiert? Unter dem Stichwort der *Subjektivitäten* wird gefragt, welche Form politischer Akteure hervorgebracht wird, welche Verhaltensnormen vorherrschen, wie gewisse Akteurstypen legitimiert werden. Die Analyse der *politischen Technologien* untersucht, wie tatsächlich versucht wird, diese diskursive Problemdarstellung materiell in politische Programme und Praktiken zu übersetzen. Welche Strategien, Taktiken und Maßnahmen werden angewandt? Wie wirkt sich dies tatsächlich aus? Im Folgenden soll unter Rückgriff auf diese drei Kategorien am Beispiel der privaten Forstzertifizierung illustriert werden, welchen theoretischen Mehrwert eine Gouvernementalitätsperspektive für die Betrachtung von NGOs gegenüber einem Governance-Ansatz bietet.[10]

Im Einklang mit den zentralen Annahmen der Governance-Forschung wird die wachsende Bedeutung nichtstaatlicher Akteure im Bereich des Schutzes der Wälder mit einer Lücke staatlicher Regulierung erklärt. Obwohl eine Reihe unverbindlicher Prinzipien, Normen, Regeln und Prozeduren vorhanden sind, lässt sich kaum von einem effektiven internationalen Regime für den Schutz der Wälder sprechen (Gulbrandsen 2004: 78). Seit den frühen neunziger Jahren sind dem gegenüber eine Reihe privater Forstzertifizierungsprogramme entstanden, die ein

---

[10] Für eine ausführliche Analyse der Forstpolitik unter Gouvernementalitätsperspektive vgl. Methmann 2009b.

System nachhaltigen Forstmanagements auf nichtstaatlicher Basis entwickelt haben. Nachdem vorangegangene Anläufe für eine verbindliche internationale Waldschutzkonvention gescheitert waren, gründeten betroffene Stakeholder (Umwelt- und Menschenrechtsgruppen, Händler und Produzenten) im Jahr 1993 den Forest Stewardship Council (FSC). Sie definierten inzwischen weithin anerkannte Prinzipien nachhaltiger Forstbewirtschaftung, die durch ein Zertifizierungssystem durchgesetzt werden. Wer FSC-zertifiziertes Holz produzieren oder handeln will, muss sich diesen Prinzipien unterwerfen und unabhängige Kontrollen zulassen. Der Erfolg und die relativ hohen Standards des FSC haben die Forstindustrie zur Schaffung eigener Zertifizierungssysteme veranlasst, z.b. der Sustainable Forestry Initiative (SFI), der Canadian Standards Association (CSA) und des Program for the Endorsement of Forest Certification Schemes (PEFC). Diese setzen z.T. erheblich niedrigere Standards. Oft bedeutet dies, dass Produzenten keine absoluten, sondern nur selbst gesetzte Ziele erreichen und im Hinblick darauf evaluiert werden (Gulbrandsen 2004: 87). Das PEFC ist heute mit einem Marktanteil von etwa zwei Dritteln das größte Zertifizierungsprogramm. Insgesamt beläuft sich die Menge zertifizierte Wälder auf etwa 320 Millionen Hektar oder 8,2% der weltweiten Forstflächen (UNECE und FAO 2008: 109-10). Zertifiziertes Holz und Papier kann inzwischen in den meisten Bau- und Supermärkten gekauft werden. Daher handelt es sich aus Sicht der Governance-Forschung bei den privaten Forstzertifizierungsprogrammen um ein paradigmatisches Substitut staatlicher Regulierung. Augenscheinlich fand ein Machttransfer von staatlichen zu nichtstaatlichen Akteuren statt, die eigenständig politische Steuerungsfunktionen übernommen haben (Dingwerth 2008: 54; Gulbrandsen 2004: 95; Pattberg 2006: 579).

Die oben angestellten theoretischen Überlegungen aus Foucaultscher Perspektive legen dagegen nahe, diese These zu hinterfragen. Es stellt sich zunächst die Frage, worin genau eigentlich die Governance-Leistung besagter Forstzertifizierungsprogramme liegt. Der Großteil der Governance-Literatur konzentriert sich auf den Aspekt der privaten Regelsetzung: Forstzertifizierung sei deswegen so erfolgreich, weil sich relevante Stakeholder gemeinsam auf Standards geeinigt haben (Pattberg 2005a: 359, 363; Pattberg 2005b; Chan und Pattberg 2008; Dingwerth 2008). Dem steht jedoch entgegen, dass es bis jetzt offenbar nicht an Standards gefehlt hat (z.B. den Forest Principles der Rio-Deklaration von 1992), sondern dass diese bis jetzt weitgehend wirkungslos geblieben sind. Irgendetwas jenseits der privaten Regelsetzung muss also z.B. die FSC-Standards gegenüber anderen in besonderer Weise legitimieren, so dass sie auf den Märkten für Waldprodukte wirksam werden. Der Begriff der *gouvernementalen Rationalität* hilft hier weiter. Er betont, dass spezifische Regierungsformen immer durch Diskurse konstituiert und legitimiert werden. Allgemein lässt sich in der internationalen

Umweltpolitik in den vergangenen Jahrzehnten ein Wandel hin zu einem Diskurs der „ökologischen Modernisierung" (Hajer 1995; Lutes 1998; Oels 2005; Bäckstrand und Lövbrand 2006) oder des „liberal environmentalism" (Bernstein 2000) konstatieren – also hin zu einer fortgeschritten liberalen Gouvernementalität der Umwelt. Er bevorzugt Marktlösungen und weiche Steuerungsansätze vor staatlicher Regulierung und propagiert den Einsatz privater Akteure bei der Lösung globaler Umweltprobleme. Alle Forstzertifizierungssysteme berufen sich explizit auf die Bedeutung der freien Marktkräfte und legitimieren sich durch die Bezugnahme auf eben jenen Diskurs der ökologischen Modernisierung (FSC 2009; PEFC 2009). Es ist genau diese gouvernementale Rationalität, die private Forstzertifizierung als plausible und naheliegende Lösung für den Schutz der Wälder hervorbringt. Erst dieser diskursive Wandel erklärt ihre gewachsene Bedeutung.

Ausgehend von dieser Erkenntnis interessiert sich eine Analytik des Regierens für die Art und Weise, wie gewisse Subjektformen politisch bevorzugt werden. Auch im Fall der Forstzertifizierung ist die Rolle privater Akteure keineswegs eine natürliche Entwicklung, sondern das Ergebnis einer politischen Strategie. Auf der einen Seite bevorzugt die rechtliche Verfassung der Weltwirtschaft private Regulierungsansätze (Bartley 2007a). Als zum Beispiel das österreichische Parlament im Jahr 1992 einen Importstopp für nicht nachhaltiges Tropenholz beschloss, konnten sich holzexportierende Staaten auf die Regeln des GATT berufen und mit einem Streitfall drohen. Weil das GATT *private* Regulierung hingegen nicht verbietet, entschied sich die österreichische Regierung daraufhin, die Pläne für einen Importstopp fallen zu lassen und förderte mit dem dafür vorgesehen Budget die Gründung des sich im Entstehen befindenden FSC (Bartley 2003: 447-48). Diese 1,2 Millionen US-$ stellten eine entscheidende Anschubfinanzierung für das Projekt dar (Bartley 2007a: 321). Zweitens werden viele private Zertifizierungssysteme erheblich gefördert von privaten Stiftungen. Zu Beginn wurde der FSC finanziell unterstützt vom Sustainable Forestry Funders Network, einem Zusammenschluss von philanthropischen Stiftungen wie der McArthur Foundation, der Ford Foundation, Rockefeller Brothers und dem Pew Charitable Trust. Diese wollten Forstzertifizierung bewusst zu einem „organizational field" ausbauen, was soziale Bewegungen in neue Akteursnetzwerke, eine neue Logik des Regierens und neue Erfolgskriterien einband (Bartley 2007a: 231). Forstzertifizierung „emerged as a hybrid and multivalent form of governance [...], a policy instrument for a neoliberal era" (Bartley 2007b: 325). Beides zeigt, dass die Aktivierung privater Akteure nicht einfach einer funktionalistischen Logik folgt, sondern von einer Reihe politischer Kräfte bewusst betrieben worden ist. Aus dieser Sicht relativiert sich auch die Behauptung, es handle sich um eine Machtverschiebung von öffentlichen zu privaten

Akteuren. Vielmehr handelt es sich um einen Fall des 'Regierens aus der Distanz', der diskursiv legitimiert wird.

Schließlich gibt das Konzept der politischen Technologien Aufschluss darüber, wie die Konstituierung privater Akteure durch die neoliberale Gouvernementalität das Regieren selbst verändert. Die zentrale politische Technologie der neoliberalen Gouvernementalität ist die des Wettbewerbs. Insbesondere halten so genannte. „technologies of performance" (Dean 1999: 169) Einzug in das politische Feld und entfesseln Wettbewerb zwischen einzelnen Subjekten. Durch Auditing, Monitoring und Evaluation werden individuelle Leistungen miteinander vergleichbar gemacht und qua Vergleich Druck entfaltet, diese zu steigern und sich kontinuierlich zu verbessern (Rose und Miller 1992). Die Technologien finden sich auch in den Forstzertifizierungssystemen. Erstens müssen Holzproduzenten und -verkäufer sich kontinuierlicher Überwachung und Kontrolle unterziehen. Im PEFC wird beides sogar zum Hauptkriterium der Zertifizierung. Absolute Standards treten in den Hintergrund. Entscheidend ist, ob sich Unternehmen im Hinblick auf die Erreichung selbstgesetzter Ziele überwachen lassen. *Technologies of performance* werden zum Selbstzweck; Wettbewerb zum entscheidenden Beurteilungskriterium. Ob das PEFC, das immerhin Marktführer ist, so tatsächlich zu signifikant nachhaltiger Forstwirtschaft führt, ist durchaus umstritten. Zweitens dient Wettbewerb nicht nur als Regulierungsinstrument, sondern wird zum Ordnungsprinzip der nichtstaatlichen Regulierung selbst. Denn inzwischen findet auch zwischen den einzelnen Zertifizierungssystemen ein erheblicher Wettbewerb um Marktanteile statt. Der FSC begann als relativ ambitioniertes Zertifizierungssystem, steht aber – nachdem er von den deutlich weicheren industriegeführten Systemen überholt wurde – unter Druck, profitabler zu werden und Marktanteile zurückzuerobern (Pattberg 2005a: 368). Beispielsweise hat der FSC sukzessive die eigenen Prinzipien hinsichtlich industrieller Plantagen gesenkt, die einen wachsenden Markt darstellen, ökologisch jedoch umstritten sind. Weiterhin hat der FSC mit dem „FSC Mixed Sources" ein neues Label eingeführt, welches einen Anteil zertifizierten Holzes in Höhe von nur 10 Prozent vorsieht. Der Rest darf aus „kontrollierten" Wäldern stammen, deren Kontrolle allerdings den Produzenten selbst obliegt (Lang 2008). Bei diesen „Mixed Sources" handelt es sich um die am schnellsten wachsenden Segmente des FSC. Tatsächlich handelt es sich bei diesem Wettbewerb also um einen Wettbewerb um die niedrigsten Standards. Die Gouvernmentalitätsperspektive zeigt somit, dass nicht einfach nur neue Akteure dem Feld der Klimapolitik zugefügt werden. Vielmehr geht damit eine fundamentale Transformation des Politikfeldes einher, die die Logik des Regierens in Richtung fortgeschritten liberaler Wettbewerbstechnologien verschiebt.

Fazit

Ziel dieses Beitrags war es, die Lesart von NGOs als Additive und Substitute staatlicher Politik durch eine poststrukturalistische Theorieperspektive herauszufordern. Es wurde ein begriffliches Instrumentarium vorgestellt, um NGOs und soziale Bewegungen als (Re-)Produzenten und Effekte hegemonialer Diskurse zu verstehen. Die Illustration dieser Perspektive am Beispiel des hegemonialen Klimaschutzdiskurses hat gezeigt, dass die Scheidelinie längst nicht mehr zwischen einer staatlichen Klimapolitik einerseits, die oft als unzureichend erachtet wird, und den zivilgesellschaftlichen Akteuren andererseits verläuft, die auf stärkeren Klimaschutz drängen; dass also die NGOs immer als die Vertreter des Allgemeinwohls zu verstehen sind. Vielmehr hat sich gezeigt, dass inzwischen eine ganze Reihe von Akteuren gleichermaßen als ‚Klimaschützer‘ auftreten und dabei implizit zur Funktionsweise und Anziehungskraft eines Klimaschutzdiskurses beitragen, der die wesentlichen sozioökonomischen Ursachen des Klimawandels unangetastet lässt. Dies gilt eben auch für viele NGOs, die die diskursiven Strukturen klimapolitischer Hegemonie reproduzieren. Auch das Beispiel der Rolle privater Akteure beim Schutz der Wälder aus Perspektive der Gouvernementalität offenbart ein ambivalentes Bild der transnationalen Zivilgesellschaft. Es zeigt sich, dass nichtstaatliche Akteure nicht einfach so die Lücke staatlicher Regulierung zu decken versucht haben. Vielmehr kann ihr Aufkommen nur vor dem Hintergrund einer hegemonialen neoliberalen Gouvernementalität verstanden werden, die private gegenüber staatlicher Regulierung legitimiert. Es handelt sich um eine Strategie des ‚Regierens aus der Distanz‘. In der Folge erhält zudem Wettbewerb als Technologie des Regierens Einzug in das politische Feld. Dies stellt die Wirksamkeit und den Erfolg privater Forstzertifizierung als Teilaspekt auch eines nachhaltigen Klimaschutzregimes erheblich in Frage. Beide Perspektiven zusammen – (Re-)Produktion und Effekt hegemonialer Diskurse –verdeutlichen, dass der Begriff ‚nichtstaatliche Akteure‘ eigentlich irreführend ist. Staatliche und nichtstaatliche Akteure sind keine getrennten Sphären, sondern eng miteinander verwoben im Feld diskursiver Hegemonie.

Das Feld international agierender NGOs ist trotz dieser Verstrickung das Konfliktterrain, von dem gesellschaftliche Veränderungen ausgehen können. Dass und wie diskursiver Wandel möglich ist, wurde am Beispiel der Diskussion um einen sog. Green New Deal dargestellt. Doch auch im Falle der Forstzertifizierung zeigt sich ein gewisser, wenn auch geringer Handlungsspielraum. Schließlich wurde durch die Zertifizierung überhaupt eine Form von Regulierung geschaffen, und mit dem FSC gibt es immerhin einigermaßen ambitionierte Standards. Für die Zukunft von NGOs und Klimabewegung wird entscheidend sein, wie die sich aus dem anhaltenden Scheitern internationaler Gipfel ergebende *dislocation* genutzt wird, um alternative Ansätze auf die Agenda zu bringen. Ein wichtiger Ansatz könnte in diesem Zusammenhang sein, angesichts des Stillstands globaler Politik die Globalität des Klimadiskurses in Frage zu stellen. So könnte lokaler und nationaler Handlungsspielraum zurückgewonnen werden, so dass Klimapolitik nicht länger wie das Kaninchen vor der Schlange internationaler Gipfel sitzt, sondern von engagierten gesellschaftlichen Akteuren selbst in die Hand genommen wird.

Literatur

Adger, Neil; Benjaminsen, Tor A.; Brown, Katrina; Svarstad, Hanne (2001): Advancing a political ecology of global environmental discourses. In: Development and Change, Jg. 32, H. 4, S. 681-715.

Altvater, Elmar; Brunnengräber, Achim; Haacke, Markus; Walk, Heike (Hg.) (1997): Vernetzt und Verstrickt. Nichtregierungsorganisationen als gesellschaftliche Produktivkraft. Münster: Westfälisches Dampfboot.

Bäckstrand, Karin; Lövbrand, Eva (2006): Planting Trees to Mitigate Climate Change. Contested Discourses of Ecological Modernization, Green Governmentality and Civic Environmentalism. In: Global Environmental Politics, Jg. 6, H.1, S. 50-75.

Barnett, Michael N.; Finnemore, Martha C. (1999): The Politics, Power, and Pathologies of International Organizations. In: International Organization, Jg. 53, H. 4, S. 699-732.

Bartley, Tim (2003): Certifying Forests and Factories. States, Social Movements, and the Rise of Private Regulation in the Apparel and Forest Products Fields. In: Politics & Society, Jg. 31, H. 3, S. 433.

Bartley, Tim (2007a): How Foundations Shape Social Movements. The Construction of an Organizational Field and the Rise of Forest Certification. In: Social Problems, Jg. 54, H. 3, S. 229-255.

Bartley, Tim (2007b): Institutional Emergence in an Era of Globalization. The Rise of Transnational Private Regulation of Labor and Environmental Conditions. In: American Journal of Sociology, Jg. 113, H. 2, S. 297-351.

Bernstein, Steven (2000): Ideas, Social Structure and the Compromise of Liberal Environmentalism. In: European Journal of International Relations, Jg. 6, H. 4, S. 464.

Betsill, Michele M.; Bulkeley, Harriet (2004): Transnational Networks and Global Environmental Governance: The Cities for Climate Protection. In: International Studies Quarterly, Jg. 38, H. 2, S. 471-493.

Brand, Ulrich (2004): Internationale Zivilgesellschaft. In: Haug, Wolfgang F. (Hg.): Historisch-Kritisches Wörterbuch des Marxismus, Band 6/II. Hamburg: Das Argument, S. 1413-1423.

Brand, Ulrich (2007): Die Internationalisierung des Staates als Rekonstitution von Hegemonie. In: Buckel, Sonja (Hg.); Fischer-Lescano, Andreas (Hg.): Hegemonie gepanzert mit Zwang. Zivilgesellschaft und Politik im Staatsverständnis Antonio Gramscis. Baden-Baden: Nomos, S. 161-180.

Brand, Ulrich (Hg.) (2010): Globale Umweltpolitik und Internationalisierung des Staates. Biodiversitätspolitik aus strategisch-relationaler Perspektive. Münster: Westfälisches Dampfboot.

Brand, Ulrich; Demirovic, Alex; Görg, Christoph; Hirsch, Joachim (Hg.) (2001): Nichtregierungsorganisationen in der Transformation des Staates. Münster: Westfälisches Dampfboot.

Brunnengräber, Achim; Klein, Ansgar; Walk, Heike (Hg.) (2001): Legitimationsressource NGOs. Zivilgesellschaftliche Partizipationsformen im Globalisierungsprozess. Opladen: Leske+Budrich Verlag.

Carbon Disclosure Project (2009a): About CDP. Online verfügbar unter http://www. cdproject.net/aboutus.asp, zuletzt geprüft am 22.08.2009.

Carbon Disclosure Project (2009b): CDP Report 2008. Global 500. London: Carbon Disclosure Project.

Chan, Sander; Pattberg, Philipp (2008): Private Rule-Making and the Politics of Accountability. Analyzing Global Forest Politics. In: Global Environmental Politics, Jg. 8, H. 3, S. 103-121.

Commission on Global Governance (1995): Our Global Neighbourhood. The Report of the Commission on Global Governance. Oxford: Oxford University Press.

Corell, Elisabeth; Betsill, Michele M. (2001): A Comparative Look at NGOs in International Environmental Negotiations: Desertification and Climate Change. In: Global Environmental Politics, Jg. 1, H. 4, S. 86-107.

Cox, Robert (1983): Gramsci, Hegemony and International Relations. An Essay in Method. In: Millenium, Jg. 12, H. 2, S. 162-175.

Cox, Robert (1987): Production, power and world order. Social forces in the making of history. New York: Columbia University Press.

de Goede, Marieke (2009): Finance and the Excess. The Politics of Visibility in the Credit Crisis. In: Zeitschrift für Internationale Beziehungen, Jg. 16, H. 2, S. 299-310.

de Saussure, Ferdinand. (2001): Grundfragen der Sprachwissenschaft. Berlin, u.a.: de Gruyter.

Dean, Mitchell (1999): Governmentality. Power and Rule in Modern Society. London: Thousand Oaks. New Delhi: SAGE.

Dingwerth, Klaus (2008): North-South Parity in Global Governance: The Affirmative Procedures of the Forest Stewardship Council. In: Global Governance, Jg. 14, H. 1, S. 53-71.

Dingwerth, Klaus; Pattberg, Philipp (2006): Global Governance as Perspective on World Politics. In: Global Governance, Jg. 12 H. 2, S. 185-203.

Dryzek, John S. (1999): Transnational Democracy. In: The Journal of Political Philosophy, Jg. 7, H. 1, S. 30-51.

Food and Agriculture Organization of the United Nations (2005): Incentives to Curb Deforestation Needed to Counter Climate Change. Online verfügbar unter http://www. fao.org/newsroom/en/news/2005/1000176/, zuletzt geprüft am 04.02.2008.

Finnemore, Martha C.; Sikkink, Kathryn (1998): Norms and international relations theory. In: International Organization, Jg. 52, H. 4, S. 887-917.

Foucault, Michel (1977): Der Wille zum Wissen. Frankfurt am Main: Suhrkamp.

Foucault, Michel (1997): Ethics. New York: New Press.

Foucault, Michel (2005): Subjekt und Macht. In: Defert, Daniel (Hg.); Ewald, Francois (Hg.): Dits et Ecrits. Schriften. Band IV: 1980-88. Frankfurt am Main: Suhrkamp, S. 269-294.

Foucault, Michel (2006a): Die Geburt der Biopolitik. In: Geschichte der Gouvernementalität. Band II. Frankfurt am Main: Suhrkamp.

Foucault, Michel (2006b): Sicherheit, Territorium, Bevölkerung. In: Geschichte der Gouvernementalität. Band I. Frankfurt am Main: Suhrkamp.

Foucault, Michel (2007): Security, Territory, Population. Lectures at the Collège de France 1977-78. New York: Picador.

Forest Stewardship Council (2009): Our vision and mission. Online verfügbar unter http://www.fsc.org/vision_mission.html, zuletzt geprüft am 12.02.2009.

Gill, Stephen (1990): American Hegemony and the Trilateral Commission. Cambridge: Cambridge University Press.

Green New Deal Group (2010): The Green New Deal Group. Online verfügbar unter http://www.greennewdealgroup.org/, zuletzt geprüft am 22.03.2010.

Gottweis, Herbert (2003): Theoretical Strategies of Poststructuralist Policy Analysis. In: Hajer, Maarten A. (Hg.); Wagenaar, Hendrik (Hg.): Deliberative Policy Analysis. Cambridge: Cambridge University Press, S. 247-65.

Gramsci, Antonio (1971): Selections from the prison notebooks of Antonio Gramsci. London: Lawrence & Wishart.

Gulbrandsen, Lars H. (2004): Overlapping Public and Private Governance. Can Forest Certification Fill the Gaps in the Global Forest Regime? In: Global Environmental Politics, Jg. 4, H. 2, S. 75-99.

Gulbrandsen, Lars H.; Andresen. Steinar (2004): NGO Influence in the Implementation of the Kyoto Protocol. Compliance, Flexibility Mechanisms and Sinks. In: Global Environmental Politics, Jg. 4, H. 4, S. 5475.

Habermann, F. (2008): Der homo oeconomicus und das Andere. Hegemonie, Identität und Emanzipation. Nomos: Baden-Baden.

Hajer, Maarten A. (1995): The Politics of Environmental Discourse: Ecological Modernization and the Policy Process. USA: Oxford University Press.

Holzscheiter, Anna (2005): Discourse as Capability: Non-State Actors' Capital in Global Governance. In: Millennium, Jg. 33, H. 3, S. 723-746.

Howarth, David; Norval, Aletta J.; Stavrakakis, Yannis (Hg.) (2000): Discourse Theory and Political Analysis: Identities, Hegemonies and Social Change. Manchester: Manchester University Press.

Jakobeit, Cord; Kappel, Robert; Mückenberger, Ulrich (2010): Zivilisierung der Weltordnung. Vom Nutzen transnationaler Normbildungs-Netzwerke. In: Leviathan, Jg. 38 (im Erscheinen).

Jakobeit, Cord; Methmann, Chris (2010): 'Climate Refugees' as a Dawning Catastrophe? A Critique of the Dominant Quest for Numbers. In: Scheffran, Janpeter; Link, Michael; Schilling, Jürgen (Hg.): Climate Change, Human Security and Violent Conflict: Challenges for Societal Stability (im Erscheinen). Berlin, Heidelberg: Springer.

Keck, Margaret E.; Sikkink, Kathryn (1998): Activists beyond borders: advocacy networks in international politics. Ithaka: Cornell University Press.

Laclau, Ernesto (1990): New reflections on the revolution of our time. London: Verso.

Laclau, Ernesto (1996): Why do empty signifiers matter to politics. In: Laclau, Ernesto (Hg.): Emancipation(s), S. 36-46.

Laclau, Ernesto (1993): Discourse. In: Goodin, Robert E. (Hg.); Pettit, Philip (Hg.): A Companion to Contemporary Political Philosophy. Oxford: Blackwell, S. 431-37.

Laclau, Ernesto; Mouffre, Chantal (1985): Hegemony and Socialist Strategy. London: Verso.

Lamy, Pascal (2009): Global Problems do not respond to Unilateral Fixes. Online verfügbar unter http://en.cop15.dk/blogs/view+blog?blogid=1595, zuletzt geprüft am 22. 08.2009.

Lang, Chris (2008): Plantations, poverty and power. Online verfügbar unter http://chris lang.org/2009/02/06/plantations-poverty-and-power/, zuletzt geprüft am 22.02.2009.

Levy, David; Egan, Daniel (2003): A Neo-Gramscian Approach to Corporate Political Strategy: Conflict and Accommodation in the Climate Change Negotiations. In: Journal of Management Studies, Jg. 40, H. 4, S. 803-29.

Levy, David; Newell, Peter (2002): Business Strategy and International Environmental Governance. Toward a Neo-Gramscian Synthesis. In: Global Environmental Politics, Jg. 2, H. 4, S. 84-101.

Lipschutz, Ronnie D. (2005): Power, Politics and Global Civil Society. In: Millennium, Jg. 33, H. 3, S. 747-769.

Loske, Reinhard (2009): Lieber grüner „New Deal" als Geldverbrennung. Online verfügbar unter http://www.zeit.de/online/2008/52/krise-als-chance-loske-2?page=all, zuletzt geprüft am 22.03.2010.

Lutes, Mark W. (1998): Global Climatic Change. In: Keil, Roger (Hg.); Bell, David V.J. (Hg.); Fawcett, Leesa (Hg.): Political Ecology. Global and Local. London, New York: Routledge, S. 157-175.

Lynas, Mark (2009): How Do I Know China Wrecked the Copenhagen Deal? I Was in the Room. In: The Guardian, 22.12.2009, S. 8.

Methmann, Chris (2009a): Ein Green New Deal als Hebel für gesellschaftliche Veränderung. In: Sauer, Thomas; Ötsch, Silke; Wahl, Peter (Hg.): Das Casino schließen! Analysen und Alternativen zum Finanzmarktkapitalismus. Hamburg: VSA, S. 128-35.

Methmann, Chris (2009b): Not to see the wood for the trees: governance and governmentality in private forest regulation. Papier vorgestellt auf der 4th International Conference in Interpretive Policy Analysis. Kassel University, 25.-27.06.09.

Methmann, Chris (2010): 'Climate protection' as empty signifier: A discourse theoretical perspective on climate mainstreaming in world politics. In: Millennium, Jg. 39, H. 2 (im Erscheinen).

Morton, Adam. D. (2003): Social Forces in the Struggle over Hegemony. Neo-Gramscian Perspectives in International Political Economy. In: Rethinking Marxism, Jg. 15, H. 2, S. 153-179.

Mouffe, Chantal (1979): Hegemony and Ideology in Gramsci. In: Mouffre, Chantal (Hg.): Gramsci and Marxist Theory. London, Boston: Routledge, S. 168-204.

Mürle, Holger (1998): Global Governance. Literaturbericht und Forschungsfragen. Duisburg: INEF.

Nielsen, Daniel L.; Tierney, Michael J. (2003): Delegation to International Organizations: Agency Theory and World Bank Environmental Reform. In: International Organization, Jg. 57, H. 1, S. 241-276.

Nonhoff, Martin (2006): Politischer Diskurs und Hegemonie. Das Projekt „Soziale Marktwirtschaft". Bielefeld: Transcript.

Oels, Angela (2005): Rendering Climate Change Governable. From Biopower to Advanced Liberal Government. In: Journal of Environmental Policy and Planning, Jg. 7, H. 3, S. 185-207.

Oels, Angela (2009): Saving „climate refugees" as bare lives? Papier vorgestellt auf der 24th congress of the German Political Science Association. Kiel, 21.-25.09.2009.

Oels, Angela (2010): Preparing for a +4 degree world: A Foucaultian reading of the „securitization" of climate change. Papier vorgestellt auf der the 51st Annual Convention of the International Studies Association (ISA). New Orleans, 17.-20.02.2010.

Okereke, Chukwumerije; Bulkeley, Harriet; Schroeder, Heike (2009): Conceptualizing Climate Governance Beyond the International Regime. In: Global Environmental Politics, Jg. 9, H. 1, S. 58-78.

Pattberg, Philipp (2005a): The Forest Stewardship Council: Risk and Potential of Private Forest Governance. In: The Journal of Environment & Development, Jg. 14, H. 3, S. 356-374.

Pattberg, Philipp (2005b): The Institutionalization of Private Governance: How Business and Nonprofit Organizations Agree on Transnational Rules. In: Governance, Jg. 18, H. 4, S. 589-610.

Pattberg, Philipp; Stripple, Johannes (2008): Beyond the Public and Private Divide: Remapping Transnational Climate Governance in the 21st Century. In: International Environmental Agreements, Jg. 8, H. 4, S. 367-388.

Pattberg, Philipp (2006): Private Governance and the South. Lessons from Global Forest Politics. In: Third World Quarterly, Jg. 27, H. 4, S. 579-593.

Programme for the Endorsement of Forest Certification (2009): Vision, mission and goals. Online verfügbar unter http://www.pefc.org/internet/html/about_pefc/4_1137_1346.htm, zuletzt geprüft am 12.02.2009.

Pijl, Kees v. d. (1984): The Making of an Atlantic Ruling Class. London: Verso.

Rabe, Barry G. (2007): Beyond Kyoto: Climate Change Policy in Multilevel Governance Systems. In: Governance, Jg. 20, H. 3, S. 423-444.

Rose, Nicholas; Miller, Peter (1992): Political Power beyond the State. Problematics of Government. In: British Journal of Sociology, Jg. 43, H. 2, S. 173-205.

Rosenau, James N. (1999): Toward an Ontology for Global Governance. In: Hewson, Martin; Sinclair, Timothy J. (Hg.): Approaches to Global Governance Theory. Albany: State University of New York Press, S. 287-302.

Rothe, Delf (2009): Two Birds With One Stone: Linking Climate Change and Financial Crisis Discourses through the Concept of a Green New Deal. Papier vorgestellt auf der 4th International Conference in Interpretative Policy Analysis (IPA). Kassel, 25.-27.06.2009.

Rothe, Delf (2010): Managing climate risks or risking a managerial climate: State, security and governance in a post-Kyoto regime. Papier vorgestellt auf der International Studies Association 51st Annual Convention. New Orleans, 17.-20.02.2010.

Scherrer, Christoph (1998): Neo-Gramscianische Interpretationen internationaler Beziehungen. Eine Kritik. In: Hirschfeld, Uwe (Hg.): Gramsci-Perspektiven. Hamburg:
Das Argument, 160-74.

Sending, Ole J.; Neumann, Iver B. (2006): Governance to Governmentality: Analyzing
NGOs, States, and Power. In: International Studies Quarterly, Jg. 50, S. 651-72.

Smismans, Stijn (2003): European Civil Society: shaped by discourses and institutional
interests. In: European Law Journal, Jg. 9, H. 4, S. 473-495.

Stavrakakis, Yannis (2000): On the Emergence of Green Ideology: the Dislocation Factor
in Green Politics. In: Howarth, David R.; Norval, Aletta J.; Stavrakakis, Yannis
(Hg.): Discourse Theory and Political Analysis: Identities, Hegemonies and Social
Change. Manchester: Manchester University Press, S. 100-118.

Stephan, Benjamin (2010): The Power in Carbon. A Neo-Gramscian Explanation for the
EU's Changing Stance on Emissions Trading. Papier vorgestellt auf der International
Studies Association 51st Annual Convention. New Orleans, 16.-20.02.2010.

Swyngedouw, Eric (2009): Immer Ärger mit der Natur: „Ökologie als neues Opium fürs
Volk". In: PROKLA, Jg. 39, H. 3, S. 371-389.

Torfing, Jacob (2005): Discourse theory: Achievements, arguments, and challenges. In:
Howarth, David R.; Torfing, Jacob (Hg.): Discourse Theory in European Politics:
Identity, Policy and Governance. London: Palgrave Macmillan, S. 1-32.

United Nations Economic Commission for Europe; Food and Agriculture Organization of
the United Nations (2008): Forest Products Annual Market Review. New York,
Genf: United Nations.

Weingart, Peter; Engels, Anita; Pansegrau, Petra (2000): Risks of communication: discourses on climate change in science, politics, and the mass media. In: Public Understanding of Science, Jg. 9, H. 3, S. 261-283.

Welzer, Harald (2008): Klimakriege. Wofür im 21. Jahrhundert getötet wird. Frankfurt
am Main: S. Fischer.

Word Trading Organization; United Nations Environment Programme (2009): Trade and
Climate Change. Genf: WTO.

Zizek, Slavoj (1990): Beyond Discourse Analysis. In: Laclau, Ernesto (Hg.): New Reflections on the Revolution of Our Time. London: Verso, S. 249-260.

Zizek, Slavoj (2008): Censorship Today: Violence, or Ecology as a New Opium for the
Masses. Online verfügbar unter http://fordiletante.wordpress.com/2008/05/07/
censorship-today-violence-or-ecology-as-a-new-opium-for-the-masses/, zuletzt geprüft am 22.03.2010.

Zwischen Geschlechterblindheit und *Gender Justice*
,Gender und Klimawandel' in der inter- und transnationalen Politik

Liane Schalatek

Die transnationale Zivilgesellschaft engagierte sich in ihrer organisierten Form, den NGOs (Non-Governmental-Organisations), über Jahre hinweg aktiv, kritisch und lösungsorientiert an der Gestaltung der internationalen Klimapolitik. Das Scheitern der COP15 (*Conference of the Parties)* in Kopenhagen sowie der enttäuschende Kompromiss der politischen Absichtserklärung, die ohne politischen Biss blieb, stellt aber möglicherweise einen Wendepunkt im zukünftigen Engagement der NGOs in der Klimapolitik dar. Zu mehreren Zehntausenden in Kopenhagen versammelt, hatten die AktivistInnen innerhalb und außerhalb des Konferenzzentrums zu Beginn der Verhandlungen noch erwartet, dass der schiere Druck der mobilisierten Zivilgesellschaft, ihr moralisches Gewicht durch ihren Vertretungsanspruch etwa für die Ärmsten, die Natur oder das globale Gemeinwohl, die Staats- und Regierungschefs der Welt noch zu einem umfassenden globalen Klimaabkommen zwingen könnte. Allerdings hat die restriktive und willkürliche Zugangsregelung zu den Konferenzräumen für NGOs durch das Klimasekretariat der UN und das Gastgeberland Dänemark klar gemacht, dass zivilgesellschaftliche Beteiligung letzlich mehr als bunte, wenn auch disponible Staffage denn als legitimierende Größe und wertbringende demokratisierende Instanz gesehen wird. Die politischen Vertreter der Staatengemeinschaft blieben während des harten Klimapokers, der geprägt war durch ein Geflecht konkurrierender nationalstaatlicher Eigeninteressen und internationaler Machtspiele, weitgehend unter sich. Nicht wenige NGOs hinterfragen vor diesem Hintergrund selbstkritisch die bisherige Fokussierung ihrer klimapolitischen Advocacy-Konzepte und überlegen nach Kopenhagen, ihre klimapolitisch relevanten Aktivitäten verstärkt auf andere Politikebenen und in andere internationale Regime wie die G8, die G20, die Internationalen Finanzinstitutionen (IFIs) oder weitere UN-Agenturen zu verlagern.

Für Gender- und Frauengruppen stellt die COP15 aber möglicherweise eine weitaus positivere Zäsur dar, die sogar zu einer stärkeren Fokussierung dieser Gruppe auf den UNFCCC-Prozess führen könnte. Sie hatten nach eigener Einschätzung so viele RepräsentantInnen wie bislang noch auf keine andere COP entsandt[1] und entscheidende Fortschritte bei der Verfolgung einer wichtigen Strategie ihrer internationalen Klimaarbeit erreicht, nämlich Textreferenzen zu Frauen und Gender in die Verhandlungstexte einzubringen. Darüberhinaus erhielten sie erstmals einen, wenn auch zunächst nur vorläufigen Status als eigene Interessengruppe (*constituency*) in den UN-Klimaverhandlungen (WEDO 2010). Dies sind erste wichtige Früchte einer vorausgegangenen und umfassenden Professionalisierung und Konsolidierung der in der internationalen Klimapolitik in den letzten Jahren aktiven Frauen- und Gendergruppen.

Die Zusammenhänge zwischen Gender und Umwelt sind schon seit dem Rio-Gipfel für Umwelt- und Entwicklung 1992 auf der internationalen Agenda und haben Eingang in verschiedene internationale Umsetzungsmechanismen gefunden. Dagegen waren die UN-Klimaverhandlungen aber lange Zeit immun. Auch in der internationalen Zivilgesellschaft fristete das Thema „Gender und Klimawandel" ein Mauerblümchendasein. Erst in den letzten Jahren hat das Thema dank der verstärkten Partizipation von Entwicklungs-, *social justice*, Menschenrechts- und kirchlichen Gruppen an internationalen Klimaverhandlungen deutlich an Aufmerksamkeit gewonnen, die weit über eine Fachöffentlichkeit hinaus nun auch in eine breite Öffentlichkeit hineinreicht.

Wo noch vor wenigen Jahren die Überwindung disziplinärer Grenzen für eine Bearbeitung von Gender- und Klimathemen fast unmöglich schien und Klima und Gender von vielen Fachleuten und Technokraten als vollständig voneinander getrennte Bezugssysteme wahrgenommen wurden (Weber 2005), ist das Thema mittlerweile auf höchster politischer Ebene (UN Generalsekretär Ban Ki-Moon oder diverse Staatsoberhäupter seien stellvertretend genannt) angekommen. Allerdings fehlt es nach wie vor an verbindlichen politischen Weisungen in einer eher technokratisch geprägten internationalen Klimapolitk. Auch in den Klimawissenschaften steht es noch aus, das Thema „Gender und Klimawandel" disziplinweit und -übergreifend auch als Teil einer Mainstream-Debatte und nicht nur als ein „Exotenthema" in genderpolitischen Arbeitsgruppen einzelner Fachdisziplinen (z.B. der Politikwissenschaft) aufzugreifen. Weil noch immer nur wenige wissenschaftliche Erhebungen zum Klimawandel mit Genderbezug existieren, behandeln auch die einflussreichen Berichte des Zwischenstaatlichen Ausschusses für Klimaveränderungen (*Intergovernmental Panel on Climate Change*, IPCC), des wohl renommiertesten internationalen Klimawissenschafts-

---

[1] Genaue Zahlen derjenigen Einzelpersonen und Gruppen, die sich als AdvokatInnen für Genderfragen im UNFCCC-Kontext verstehen, sind nicht zu bekommen, da das UNFCCC-Sekretariat NGO-TeilnehmerInnen derzeit noch nicht (soll aber nach Aussage des Sekretariats in Zukunft geschehen) nach ihrer Zugehörigkeit zu Interessengruppen auflistet (*constituencies*) (http://unfccc.int/resource/docs/2009/cop15/eng/misc01p03.pdf).

konsortiums, die Genderdimension nur rudimentär.[2] Denn das IPCC gibt selbst keine neuen Datenerhebungen in Auftrag, sondern stützt sich in seiner Analyse nur auf existierende. Das ist bedeutsam, weil das IPCC, vor allem der vierte IPCC Bewertungsbericht im Jahr 2007, die weltweiten langfristigen Klimaveränderungen von Wetterzyklen unzweifelhaft menschlichen Aktivitäten zuschrieb und eindringlich die drastischen Folgen für Ökosysteme je nach Gender, Alter, Gesundheit, sozialem Status und Klassenzugehörigkeit unterschiedlich betroffener Menschen analysierte (IPCC 2007a). Das IPCC hat also mehr als jedes andere Einzelgremium zu einer weltweiten Akzeptanz der Brisanz des Klimawandels beigetragen. Hier besteht zweifelsohne Nachholbedarf, um die Lücke relevanter Genderdaten zu Klimathemen rasch zu füllen. Denn gerade in einem primär ökonomisch-technologisch und marktwirtschaftlich verstandenen Verhandlungsumfeld gilt nach wie vor der auch aus der Entwicklungspolitik bekannte Grundsatz: „What is not counted, does not count" (Badiee 2009).

Der nachfolgende Beitrag, der aus empirischer Perspektive der aktiven Prozessbeobachtung und -partizipation geschrieben wurde, zeigt zunächst die formalpolitische Rahmensetzung und Geschichte der Berücksichtigung von Gender- und Frauenperspektiven in der internationalen Klimapolitik auf. Er analysiert dann, inwieweit das Konzept der Geschlechtergerechtigkeit in der im internationalen Klimaverhandlungskontext aktiven transnationalen Zivilgesellschaft aufgegriffen und umgesetzt wird. Besonderes Augenmerk wird dabei auf zwei noch junge transnationale Netzwerke zu „Gender und Klimawandel", auf ihren Diskurs- und Handlungskontext sowie auf ihre Strategien und Forderungen gelegt. Dabei handelt es sich um *GenderCC – Women for Climate Justice* sowie die *Global Gender and Climate Alliance* (GGCA). Letzlich wird darüber spekuliert, inwieweit die Arbeit dieser beiden Netzwerke und anderer zivilgesellschaftlicher GenderadvokatInnen mit ihrer Themensetzung zu einer genderbewussten Zivilisierung des Klimaregimes beitragen kann.

Genderperspektiven in den internationalen Umwelt- und Klimaverhandlungen

Genderdefinitionen

Der englische Begriff *gender*, für den es im Deutschen kein direktes Äquivalent gibt, bezeichnet die gesellschaftlich, kulturell und sozial geprägten Werte und

---

[2] Die Bewertungsberichte des IPCC gehen nur an wenigen ausgesuchten Stellen auf die Genderdimension des Klimawandels ein, so zum Beispiel in der Diskussion um Verletzlichkeit und Anpassungskapazität sowie in der Erörterung von Gesundheitsfolgen (IPPC 2007b: 727f und 786).

Normen, die die Geschlechterrollen von Männern und Frauen definieren. Diese Geschlechterrollen werden als erlernte soziokulturelle Konstruktion und damit – anders als das biologische Geschlecht (*sex*) – als veränderbar verstanden[3]. Die Genderforschung beschäftigt sich daher mit den Beziehungen und Verhältnissen der Geschlechter zueinander sowie den wissenschaftlichen Definitionen, Konzepten und Methoden, die von diesen Beziehungen geprägt sind. Aus feministischer Sicht steht dabei die Abgrenzung von einer in den meisten modernen Staaten als „normal" gesetzten, partriarchalischen Geschlechterordnung[4] mit ihren in der Gesellschaft vorherrschenden Macht- und Verteilungsstrukturen im Vordergrund, die es zu ändern gilt. Systemänderung, die Überwindung einer Rangabstufung und der Geschlechtertrennung sowie des daraus resultierenden Wirtschafts- und Sozialgefüges sind damit immanente Bestandteile eines feministischen Genderansatzes und Voraussetzung für eine angestrebte Gleichstellung der Geschlechter.

Als annähernd global akzeptiertes normatives Ziel wurde Gleichstellung der Geschlechter seit der Gründung der Vereinten Nationen 1945 in allgemeinen und spezifischen Deklarationen und völkerrechtlich bindenden Konventionen auf internationaler Ebene wiederholt kodifiziert und hat sich damit *de jure* beachtlich ausgeweitet.[5] Bei der 4. Weltfrauenkonferenz in Peking im Jahr 1995 erfuhr das Thema durch den Umsetzungsmechanismus des *gender mainstreaming* einen wesentlichen Impuls und politische Salonfähigkeit (Thorn 2005). Wörtlich in etwa mit „Integration der Geschlechter" zu übersetzen, zielt der Begriff auf die Gleichstellung der Geschlechter auf allen gesellschaftlichen Ebenen. Er bezeichnet eine Strategie, unterschiedliche Ausgangslagen und möglicherweise unterschiedliche Wirkungen von Maßnahmen auf Männer und Frauen systematisch zu

---

[3] Die begriffliche Trennung zwischen dem biologischen Geschlecht (*sex*) und dem sozialen (*gender*) wird von AutorInnen wie Judith Butler abgelehnt, die auch die Wahrnehmung des biologischen Geschlechts als soziokulturelle Interpretation sieht (Butler 1991).

[4] Geschlechterordnung bezeichnet eine Dimension sozial-gesellschaftlicher Ordnung, in der sich eine Zuordnung einzelner Personen über Rollenzuweisungen (Geschlechtsrolle) und Geschlechtskonstruktion (Gender) vollzieht. Ordnung bedeutet in diesem Sinne ein hierarchisches System, bzw. eine Rangordnung.

[5] Wichtige zentrale internationale Instrumente einer *de jure*-Gleichstellung von Männern und Frauen sind die Charta der Vereinten Nationen (1945), die Allgemeine Erklärung der Menschenrechte (Präambel, Artikel 1 und 2, von 1948), das Übereinkommen von New York über die politischen Rechte der Frau (1952), zwei Internationale Pakte von 1966, einmal über die bürgerlichen und politischen Rechte (IpbürgR – Zivilpakt) und über die wirtschaftlichen, sozialen und kulturellen Rechte (IpwirtR – Sozialpakt), sowie die *Convention on the Elimination of all forms of discrimination against Women* (CEDAW), 1981 in Kraft getreten. Seit 1946 besteht auch die Frauenrechtskommission (*Commission on the Status of Women, CSW*) als Fachkommission des Wirtschafts- und Sozialrats (ECOSOC) der UN. Sie wirkt bei der Kodifizierung universeller Rechtsstandards zur Gleichberechtigung mit und setzt Impulse zur Umsetzung der Rechtsgleichheit der Geschlechter, beispielsweise durch die Durchführung von Weltfrauenkonferenzen (Thorn 2005).

berücksichtigen, indem die Spitze einer Verwaltung, einer Organisation, eines Unternehmens und alle Beschäftigten beauftragt werden, die unterschiedlichen Interessen und Lebenssituationen von Frauen und Männern in der Struktur, in der Gestaltung von Prozessen und Arbeitsabläufen, in den Ergebnissen und Produkten, in der Kommunikation und Öffentlichkeitsarbeit und in der Steuerung dieser Prozesse von vornherein zu berücksichtigen, um das Ziel der Gleichstellung von Frauen und Männern effektiv verwirklichen zu können. Dabei geht der Ansatz über reine Frauenpolitik hinaus und bezieht Männer wie Frauen gleichermaßen in die Konzeptgestaltung mit ein, ohne eine gezielte Frauen- (oder auch Männer-)Förderpolitik auszuschließen. Seit 1997 hat sich auch die UN das Ziel gesetzt, in all ihren Aktivitäten und Politiken (von der Planung bis zur Implementierung) *gender mainstreaming* umzusetzen. Andere internationale Organisationen, wie z.B. die Weltbank, haben es der UN gleichgetan. In der Europäischen Union ist *gender mainstreaming* seit dem Amsterdamer Vertrag das offizielle Ziel der EU-Gleichstellungspolitik. Doch die formelle Umsetzung des Gleichstellungsziels via *gender mainstreaming* lässt nach mehr als einem Jahrzehnt weltweit zu wünschen übrig, gerade auch bei der UN und anderen internationalen Organisationen. Für die Weltbank hat ein interner Evaluierungsbericht sogar Rückschritte festgestellt (BWP 2010). Zählebige Verhaltens- und Implementierungsstarren auf vielen soziopolitischen Ebenen verfestigen diese Umsetzungslücke. Im Laufe der letzten Dekade erzielte, gesellschaftliche Fortschritte sind auch durch religiöse Fundamentalismen und falschverstandenen Kulturrelativismus gefährdet[6] oder werden trotz nationalstaatlicher rechtlicher Verpflichtungen folgenlos ignoriert (Wichterich 2010).

Aus der Sicht kritischer Feministen und Menschenrechtler greift das *gender mainstreaming* allerdings ohnehin in dem Maße ins Leere, wie es sich als Erfüllungsgehilfe einer marktförmigen Handhabung von Geschlechterfragen und Lebensvorstellungen präsentiert (Thürmer-Rohr 2006). Wenn es also existierende Machtstrukturen akzeptiert und internalisiert, sie jedoch nicht mehr hinterfragt. Sie kritisieren die dem gegenwärtigen Genderdiskurs in der internationalen Politik inhärente betriebwirtschaftliche Logik und Rechtfertigungsstrategie, die etwa eine Gleichstellung der Geschlechter im Sinne von Effizienzsteigerung und besserer Nutzung der Humanressourcen fordert und „gender equality as smart economics" preist (World Bank 2006). Ein solches Verständnis von *gender*

---

[6] Nach der Verabschiedung der Pekinger Aktionsplattform mit detaillierten Gleichstellungsprogrammen in zwölf Bereichen durch die 4. Weltfrauenkonferenz sah vor allem die CSW auch Gegenbewegungen. Eine von feministischen und Frauengruppen als „unheilige Allianz" beschriebene Gruppe von wenigen religiös-regierten und konservativen Staaten (Vatikan, arabische Staaten, USA unter George W. Bush) versuchte, Frauenrechte, z.B. das Recht auf körperliche Selbstbestimmung (Geburtenkontrolle, Abtreibung), national wie international einzuschränken.

mainstreaming kann letzlich nicht zu einer gleichberechtigten, gerechten und geschlechterdemokratischen[7] Teilhabe von Männern und Frauen in Politik, Wirtschaft und Gesellschaft führen. Denn dazu sind Veränderungen der bestehenden Machtverhältnisse notwendig; beim Zugangs- und Kontrollrecht von Männern und Frauen über Ressourcen sowie bei den Entscheidungs- und Gestaltungsmöglichkeiten der Geschlechter im öffentlichen und privaten Raum (Heinrich-Böll-Stiftung 2002). Es ist daher problematisch, wenn sich Frauen- und GenderadvokatInnen zur Verstärkung ihrer Argumente in der Klimapolitik ohne kritischen Rückbezug zu existierenden Macht- und Ressourcenverteilungsstrukturen des Effizienzarguments bedienen, also quasi den *business case* für eine Genderberücksichtigung als wichtige Strategie sehen.

Das Ziel jedweder genderpolitischen Strategie, inklusive eines *gender mainstreaming* oder Frauenförderungsansatzes, darf nicht auf „Geschlechtergleichheit" (*gender equality* oder *gender equity)* im Sinne formal-juristischer Gleichberechtigung (obwohl die rechtliche Komponente nicht fehlen darf) begrenzt sein. Mehr noch als „Geschlechtergleichwertigkeit"[8] muss die Erreichung von „Geschlechtergerechtigkeit" (*gender justice)* oder „Geschlechterdemokratie" (*gender democracy)* in der öffentlichen wie privaten Sphäre anvisiert werden.[9] Sowohl mit dem Begriff der Geschlechtergerechtigkeit als auch mit dem der Geschlechterdemokratie ist die Änderung der Macht- und Verteilungsstrukturen des bestehenden Systems (inklusive seiner Wirtschafts-, Sozial- und Rechtsordnung) verbunden.

Um die Zusammenhänge zwischen Gender und Klimawandel zu verstehen, darf daher nicht in der Betrachtung der differenzierten Auswirkungen des Klimawandels auf Männer und Frauen und einer Anerkennung dieser geschlechts-

---

[7] Das Konzept der Geschlechterdemokratie wurde von der Berliner Soziologin Halina Bendkowski entwickelt und geprägt. Es ist gesellschaftspolitische Vision und Ordnungsprinzip gleichermaßen und deklariert die Herstellung demokratischer Verhältnisse zwischen Männern und Frauen zum politischen Ziel. Demokratie wird dabei in einem erweiterten Sinne verstanden: Gleiche Rechte und Chancen für Verschiedene müssen anerkannt werden, unabhängig von Geschlechtszuschreibungen. Das soll durch die Verbesserung politischer Partizipationsmöglichkeiten und die gesellschaftliche Ressourcenverteilung zwischen Männern und Frauen geschehen.

[8] Geschlechtergleichwertigkeit erkennt unterschiedliche Interessen, Bedürfnisse und Präferenzen von Männern und Frauen an, erlaubt aber als Folge deren unterschiedliche Behandlung als notwendige Strategie

[9] Leider werden in der Debatte um Gender und Klimawandel diese Begriffe und ihre Bedeutungen oft nicht ausreichend reflektiert, im spezifischen Kontext definiert und daher zum Teil austauschbar gebraucht. Seitens der Frauen- und Gendergruppen, die in den UN-Klimaverhandlungen aktiv sind, wird der Begriff der Geschlechtergerechtigkeit bevorzugt. Obwohl dieser vielschichtig und nicht eindeutig definiert ist, setzt er eine normative Messlatte einer gerechten Geschlechterordnung, die Machthaber im öffentlichen wie privaten Bereich zur Rechenschaft und systemischen Änderung verpflichten kann.

spezifischen Unterschiede, auch bei der Entstehung des Klimawandels, verharrt werden. Vielmehr muss eine Analyse von Gender und Klima die ungleiche Verteilung von Beteiligungschancen und Entscheidungsmacht über Ressourcenverteilung und -verbrauch im Rahmen bestehender Herrschaftsverhältnisse und intra- wie intergesellschaftlicher Arbeitsteilungen berücksichtigen – vor allem auch wenn es um Lösungsansätze und -umsetzungen geht (Weber 2005: 10), wobei auch der systemische Wandel berücksichtigt werden muss.

In der feministischen Forschung haben sich mehrere Forschungsstränge mit diesen Forderungen schon seit Jahrzehnten beschäftigt. Am radikalsten wurden sie in der ökofeministischen Debatte formuliert, so zum Beispiel von Gender- und Umweltaktivistinnen wie Vandana Shiva oder Maria Mies (Mies/Shiva 1993), die einen Zusammenhang zwischen der Unterdrückung von Frauen in der patriarchalischen Ordnung und der Ausbeutung von Natur sowie die Unterdrückung von Minderheiten und die ungerechten Nord-Süd-Verhältnisse postulieren. Oft als simplizierend kritisiert, wirken diese Überlegungen – mit unterschiedlichen regionalen Gewichtungen[10] – auch noch im heutigen Diskurs um eine Gendersensibilisierung der internationalen Klimapolitk nach, besonders in den sozialen Bewegungen, die jenseits der offiziellen Klimaverhandlungen den Klimawandel und die Bewahrung des Planeten thematisieren (siehe auch den Beitrag von Jonas Rest in diesem Band). Verwandte Strömungen des Ökofeminismus sind der *feminist environmentalism*, welcher die ungleichen Beteiligungs- und Machtstrukturen bei der Nutzung natürlicher Ressourcen auf die unterschiedlichen Arbeitsrollen und Verantwortlichkeiten der Geschlechter zurückführt, sowie die *feminist political economy,* die feministische Volkswirtschaftslehre. Letztere zielt, in den Worten von Alice Hovorka, einer Vertreterin, darauf ab „analyzing gendered experiences of and responses to environmental and political-economic change that brings with it changing livelihoods, landscapes, property regimes, and social relations" (Havorka, 2006). Die Relevanz dieser Ansätze für eine gendersensibilisierte Debatte zum Klimawandel ist offenkundig.

Die Genderdimensionen des Klimawandels

In der Tat sind die Genderdimensionen des Klimawandels, wenn oft auch erst in Ansätzen dokumentiert, vielschichtig und gravierend (WEDO/UNFPA 2009; UNDP 2009; Lambrou/Pianna 2006). Besondere Dokumentationslücken bestehen nach wie vor beim Thema Emissionsvermeidung und -reduzierung (Mitiga-

---

[10] Die feministische Arbeit und Tradition in Lateinamerika ist nur in einem stark ökofeministischen Kontext zu verstehen.

tion).[11] Klimawandel trifft Frauen und Männer in ungleicher Weise. „Er verknüpft sich mit sozio-ökonomischen und politischen Asymmetrien, greift tief in
geschlechtergeordnete Lebenszusammenhänge ein und beschädigt sie" (von
Braunmühl 2009: 1). Die Machtverhältnisse, die Frauen ökonomisch und recht-
lich benachteiligen (Stichwort: „Feminisierung der Armut") und ihnen politische
Mitspracherechte verweigern, machen Frauen weltweit verwundbarer für die
negativen Folgen des Klimawandels: instabile Nahrungsmittelproduktion angesichts wechselnder und extremer, von mehr Trockenheit und Überschwemmung
gekennzeichneter Wettergeschehen, häufiger werdende Naturkatastrophen, Ausbreitung von Seuchen, durch Klimawandel erzwungene Migration, knapper werdende, natürliche Ressourcen oder intensivierte Ressourcenkonflikte. Beispielsweise sind Frauen in den ärmsten Entwicklungsländern nach wie vor die wichtigsten Nahrungsmittelproduzenten. Sie sind zuständig für die Ernährung ihrer
Familien, ohne in der Regel jedoch offizielle Eigentumsrechte über das Land und
damit Zugang zu Krediten oder landwirtschaftlichen Beratungsdiensten zu haben. Eben jene sind es aber, die gerade in Zeiten von Klimavariabilität in einer
Subsistenzwirtschaft den Unterschied zwischen Hunger und Auskommen ausmachen. Wo aufgrund schwacher Governance in Entwicklungsländern Sozial-
systeme nicht funktionieren, beispielsweise im Gesundheitsbereich, übernehmen
Frauen traditionell die Rolle als (unbezahlte) Sozialdienstleister, die auch bei
einer durch den Klimawandel bedingten Ausbreitung von Krankheiten wie Mala-
ria in bislang nicht betroffene Regionen die Pflege kranker Familienmitglieder
übernehmen müssen. Bei Naturkatastrophen wie Überschwemmungen kommen
Frauen bis zu vier Mal häufiger um als Männer (WEDO 2007). Gendertypisie-
rungen wie Kleidungsvorschriften, die Verantwortung für die Versorgung von
Kindern oder traditionelle Voreingenommenheiten, die es Frauen verbieten,
unbegleitet das Haus zu verlassen oder schwimmen zu lernen, können für Frauen
in Katastrophensituationen zu tödlichen Fallen werden. Gleichwohl sind Frauen
traditionell häufig nicht in die Erstellung von Katastrophenschutzplänen auf
lokaler Ebene, z.B. im Ältestenrat, einbezogen.

Frauen sind unverhältnismäßig häufig Opfer des Klimawandels, aber eben
nicht nur. GenderadvokatInnen in den Klimaverhandlungen bemühen sich, Frau-
en auch als *agents of change*, als proaktive Akteure in der Anpassung und Emissionsreduktion zu zeigen (WEDO 2007). Die weitgehend strukturell bedingte

---

[11] Nur wenige Klimastudien beschäftigen sich überhaupt mit den genderdifferenzierten Beiträgen, die
Männer und Frauen zur Emissionvermeidung leisten können (Lambrou/Pianna 2006). Unterschiede
in der Nutzung und im Bedarf von Energie, Transportmitteln und Technologie sowie im Konsumverhalten – viele durch die jeweiligen Geschlechterrollen bestimmt – sind bislang in den Klimaverhandlungen unberücksichtigt geblieben und bleiben daher auch in der Diskussion um effektive Mitigati-
onsstrategien und deren Finanzierung irrelevant (Schalatek 2009).

Vulnerabilität von Frauen, auf die sich der politische Diskurs um Gender und Klima zumeist (noch) beschränkt, ignoriert und verschleiert genderspezifisches, in einer genderunsensiblen Klimapolitik ungenutztes Wissen und Handlungspotential, wie beispielsweise die Kenntnis von wetterfesten einheimischen Pflanzensorten oder lokalen Bodenbeschaffenheiten oder traditionellen Erfahrungen mit einer schonenden Nutzung der Ressource Wald (Schalatek 2010). Die hartnäckige Geschlechterblindheit der Klimaverhandlungen ist eine direkte Folge einer eingeschränkten wissenschaftlich-technischen Wahrnehmung des Klimaproblems und der Schwerpunktsetzung auf klimatologische, geophysische oder global-räumliche Veränderungen. In einer primär naturwissenschaftlichen Perspektive haben sozioökonomische Folgen und Ansätze auf lokaler und individueller Ebene, auf der sich geschlechtsspezifische Disparitäten aber am stärksten zeigen, kaum Raum (Rodenberg 2009).

Die Lösungen und Ansätze zum Umgang mit dem Klimawandel, die Frauen aus ihren Lebenserfahrungen des direkten Umgangs mit natürlichen Ressourcen einbringen, sind häufig kostengünstige Kleinprojekte, die vor allem lokalen Gemeinden direkt zugute kommen. Sie passen deshalb oft nicht in einen naturwissenschaftlich dominierten klimapolitischen Ansatz, der teure Technologielösungen massiver Größenordnung[12] favorisiert. Diese Voreingenommenheit der Planer und politischen Entscheidungsträger gilt es mit Hinweis auf existierende *best practises*, also Vorzeigebeispiele für genderbewusste Anpassungs- und Mitigationsprogramme, offenzulegen. Diese alternativen Ansätze sind zum Teil schockierend in ihrer Einfachheit und Wirksamkeit. Sie integrieren Wissen über natürlich vorkommende Pflanzenvarietäten zur Anpassung an das wechselnde Klima, über die in einer dörflichen Gemeinschaft wirksamsten Kommunikations- oder Kooperationsmechanismen (z.B. für den Katastrophenschutz) oder über die Verminderung von Emissionen und Abholzung durch Nutzung einfacher erneuerbarer Energien auf Haushaltsebene (Biomasse oder Solarkocher anstelle von Holzöfen). Diese Möglichkeiten müssen in der Formulierung von Anpassungsprogrammen und -instrumenten – einschließlich ihrer Finanzierung – und im Design von Implementierungsprojekten auf internationaler, nationaler sowie lokaler Ebene berücksichtigt und integriert werden. Gleichzeitig sind die Anpassungsleistungen (*coping strategies)*, die Frauen im Rahmen ihrer traditionellen Aufgaben als primäre Nahrungsversorgerinnen und Gesundheitshüterinnen ihrer Familien ohnehin bereits erbringen, zu beachten. Weil Frauen und ihre Familien gerade im ländlichen Raum in den ärmsten Entwicklungsländern für ihren Lebensunterhalt primär auf natürliche Ressourcen angewiesen sind, haben sie auch

---

[12] Zum Beispiel die sehr teure Technologie des *carbon capture and storage* (CCS), die unterirdische Lagerung von CO2-Emissionen beim Bau großer neuer Kohlekraftwerke.

in deren Schutz und nachhaltigem Gebrauch Erfahrungen, die für die Emissionsvermeidung relevant sind. Dies lässt sich am Beispiel der Nutzung und Bewahrung von Wäldern und Ackerflächen als CO2-Senken zeigen (UNDP 2009).[13]

Allerdings muss vermieden werden, Frauen eine besondere Verantwortung
für den Erhalt der natürlichen Umwelt und letztlich zur Bekämpfung und Ein-
dämmung des Klimawandels zuzuschreiben. Denn neue Umsetzungsinitiativen
könnten nicht nur zu einer Erhöhung des Arbeitspensums von Frauen führen,
sondern auch zu einer Zementierung von Genderstereotypen und damit zu einer
Verstärkung existierender Ungleichheiten (WEN 2010). AutorInnen wie Christa
Wichterich haben schon kurz nach dem Erdgipfel in Rio 1992 vor solch einer
„Feminisierung der Umweltverantwortung" (Wichterich 1992) gewarnt. Tatsächlich spiegelt diese vermeintlich feminine Verantwortung nicht geschlechtstypi-
sche Verhaltensweisen sondern genderdifferenzierte Ressourcennutzungs- und -
zugangsmöglichkeiten wider (Weber 2005: 8), die im Rahmen der Umwelt- und
Klimapolitik angemessen thematisiert werden müssen.

**Die Geschichte der *Gender Advocacy* in den internationalen
Klimaverhandlungen**

Von einer politischen verbindlichen Adressierung dieser Macht-, Partizipations-
und Ressourcenaspekte der Genderdimension des Klimawandels, wie angesichts
der Vielschichtigkeit der Herausforderung nötig, ist die internationale Klimapolitik allerdings noch weit entfernt. Ein Blick auf die Klimakonvention der Vereinten Nationen und ihre Geschichte zeigt eine „hartnäckige Geschlechtsblindheit
des Klimaregimes" (Rodenberg 2009: 5). Zwar ist die UNFCCC nicht das einzige internationale Rechtsinstrument oder die alleinige internationale Institution,
welche sich dem Kampf gegen den Klimawandel und seine Auswirkungen ver-
schreibt, aber unzweifelhaft das derzeit (noch)[14] wichtigste global akzeptierte
Klimaregime. Im Jahr 1994 als Folge des Erdgipfels in Rio mit dem naturwis-
senschaftlich-technisch eng definierten Ziel in Kraft getreten, Treibhausgaskon-

---

[13] Das von der Friedensnobelpreisträgerin Wangari Maathai bereits vor mehr als 30 Jahren in Kenia
gegründete Green Belt Movement ist wohl das bekannteste Beispiel für Mitigationsleistungen, die
Frauen auf lokaler Ebene durch Wiederaufforstungsprojekte schon seit Jahrzehnten, meist unbezahlt,
erbringen. URL: www.greenbeltmovement.org.
[14] Mit dem Versäumnis der COP 15 in Kopenhagen, zu einer verbindlichen Nachfolgevereinbarung
für das Kyoto-Protokoll und eine neue Klimaordnung nach 2012 zu kommen, sowie der Übernahme
der Initiativmacht im internationalen Klimaregime durch eine „G-Konstellation", eine Gruppe von
selbstselektierten, öffentliche Rechenschaft verweigernden und systemisch wichtigen Ländern, die
stattdessen den Kopenhagener Akkord durchsetzten, ist die Vorrangstellung des UNFCCC-Prozesses
und dessen Zukunft als primäres Klimaverhandlungsforum in Zweifel geraten.

zentrationen in der Atmosphäre zu begrenzen, setzte die UN mit dem Kyoto Protokoll von 1997 verbindliche Obergrenzen für die klimaschädlichen Emissionen der wichtigsten Verschmutzerländer fest. Die Berücksichtigung sozialgesellschaftlicher Dimensionen des Klimawandels, wie sie heute primär in der Diskussion um Anpassungsnotwendigkeiten und -hilfen ihren Ausdruck finden, war also in der UNFCCC ursprünglich nicht angelegt. Weder die Rahmenkonvention noch das Kyoto-Protokoll oder assoziierte Reduktionsmechanismen[15] adressieren die Gender-Implikationen des Klimawandels, die Geschlechterverhältnisse oder den möglichen differenzierten Beitrag von Frauen und Männern zur Bewältigung der globalen Klimakrise – trotz einer stetigen Erweiterung und Konkretisierung des UNFCCC-Mandats im Verlauf des nun 15jährigen Prozesses (Schalatek 2010).

Im Gegensatz dazu hebt die Agenda 21 in Kapitel 24 die Anerkennung des kritischen Beitrags von Frauen zu Umweltmanagement und nachhaltiger Entwicklung hervor, gibt Frauen den Status und die Mitspracherechte einer *major group*, also einer wichtigen Interessengruppe für den Nachhaltigkeitsprozess und betont die Relevanz von Geschlechtergleichheit in Bereichen wie Landzugang, Eigentumsrechten und Entscheidungsgewalt über natürliche Ressourcen (UN DESA 1992). Zehn Jahre später hat der Weltgipfel für Nachhaltige Entwicklung (WSSD) in Johannesburg das *gender mainstreaming* von Ressourcenmanagementsystemen gefordert (UN 2002). Die Millenniumsentwicklungsziele (*millennium development goals,* MDGs), die bis 2015 erreicht werden sollen, erkennen mit einem auf Geschlechtergleichheit fokussierten dritten Ziel explizit die Zentralität der Gleichstellung von Männern und Frauen für die wichtigsten globalen Herausforderungen unserer Zeit, Armutsbekämpfung und Nachhaltigkeit, an.[16] Auch die anderen beiden Rio-Konventionen zu Biodiversität (*UN Convention on Biological Diversity, CBD*) sowie Desertifikation (*UN Convention to Combat Desertification, UNCCD*) – beide gleichermaßen klimarelevant – adressieren die spezifische Rolle von Frauen. In der Präambel der CBD finden sie Erwähnung und im Falle der UNCCD wird die Berücksichtigung existierender Gendernormen und Machtverhältnisse für die Erfüllung des Mandats durch einen *gender mainstreaming*-Ansatz (WEDO 2008; Lambrou 2005) gefordert. Dass es dabei nach eineinhalb Jahrzehnten nicht geblieben ist und das Verständnis der Rolle von Geschlechterverhältnissen und Frauen für beide Konventionen seit 1992 erweitert und konkretisiert wurde, ist vor allem der Beharrlichkeit und harten Detailarbeit weniger feministischer Netzwerke und Frauenorganisationen (z.B.

---

[15] Als wichtigste seien der Clean Development Mechanism (CDM) sowie Joint Implementation (JI) genannt.

[16] Für eine detaillierte Darstellung dieses MDG-Ziels siehe http://www.un.org/millenniumgoals/gender.shtml.

Diverse Women for Diversity, WEDO, Indigenous Women's Biodiversity Council) sowie international agierenden Umwelt-NGOs wie *IUCN* zu verdanken. So hat die CBD inzwischen einen umfassenden Genderaktionsplan (CBD 2008), beide Konventionen haben Genderbeauftragte, publizieren Informationsschriften und bieten MitarbeiterInnen Fortbildungen zu den Genderimplikationen ihrer Arbeit an.

Die reine Existenz eines *Gender (Mainstreaming)*-Mandats, die Einsetzung von Genderbeauftragten oder ein von der Staatengemeinschaft verbindlich beschlossener Aktionsplan ist noch keine Garantie für die erfolgreiche Implementierung. Bestes Beispiel ist die Pekinger Aktionsplattform, die in den 15 Jahren seit der vierten Weltfrauenkonferenz 1995 nur in Teilen umgesetzt werden konnte. Beachtliche Lücken bleiben (UN ECOSOC, 2009). Diese Maßnahmen sind aber wichtige und unerlässliche erste Schritte, international Verbindlichkeit, Transparenz und Rechenschaftspflicht (*accountability*) sowie auf der Ebene der Unterzeichnerstaaten die für die Umsetzung nötige nationalstaatliche Maschinerie mit interministeriellen Arbeitsgruppen, Bevollmächtigten, Haushaltsetatlinien, nationalen Datenerhebungen, der Einbeziehung von SpezialistInnen und nationaler Politikformulierung [17] inklusive Evaluierungs- und Überwachungsinstrumentarien zu schaffen. Sie sind für die Umsetzung klimarelevanter Strategien auf nationaler Ebene nötig. Erst dann gelingt es NGOs und der weiteren Zivilgesellschaft mit Fokus auf Gender und Klimawandel, ihre Anliegen erfolgreich international, national und lokal einzubringen. Auch auf der multilateralen Ebene werden Ressourcen, Expertise und politisches Kapital für die Berücksichtigung von Genderdimensionen in internationalen Verträgen, Konventionen oder Organisationen in der Regel nur zur Verfügung gestellt, wenn Frauen als speziell zu berücksichtigende Bevölkerungsgruppe oder wichtige *stakeholder* z.B. in einer Präambel oder Entscheidung der Parteien explizit genannt werden.

In der internationanlen Klimapolitik waren Frauen-, feministische und Gendergruppen seit der ersten COP in Berlin im Jahr 1995 engagiert[18], wenngleich das erste Jahrzehnt nur in geringer Zahl – laut ProzessbeobachterInnen im Schnitt mit nur rund zwei Dutzend Repräsentantinnen und weniger als einem Prozent der akkreditierten NGOs –, unkoordiniert und mit mehrjährigen Unterbrechungen (Hemmati/Röhr 2009). Die geringe Quantität von GenderadvokatInnen und -NGOs im UNFCCC-Kontext, sowie ihre bis vor wenigen Jahren fehlende transnationale Koordinierung sollen allerdings keineswegs von der Qualität ihrer Beiträge in den letzten 15 Jahren ablenken und erste wichtige Errungen-

---

[17] Im Gefolge der vierten Weltfrauenkonferenz 1995 und ihrem Mandat zum Gender Mainstreaming entstanden in den meisten Unterzeichnerstaaten sogenannte nationale „Gendermaschinerien".
[18] Die Website des feministischen Netzwerks GenderCC dokumentiert die Aktivitäten von GenderaktivistInnen in der UNFCCC in allen COPs. http://www.gendercc.net/policy/conferences.html.

schaften schmälern. So gelang es 2001 in der Resolution der COP7 die bislang einzige offizielle Referenz zu Frauen zu verankern, nämlich einen Auftrag an das UNFCCC Sekretariat, mehr Frauen für Gremien der UNFCCC und des Kyoto-Protokolls zu berufen (UNFCCC, 2002). Delia Villagrasa, selbst Repräsentantin wichtiger Klimagruppen im Umwelt- und Privatsektor, und andere Klimaaktivistinnen glauben außerdem, dass selbst zahlenmäßig wenige Frauen eine positive Rolle gespielt haben, weil sie als typisch weiblich geltende genderspezifische Stärken (hinsichtlich interpersoneller Kommunikation und eines längeren Planungshorizonts) wirkungsvoll in die Verhandlungen eingebracht haben (Villagrasa, 2002; Hemmati/Röhr, 2009). Ob solche stereotypisierten Genderunterschiede tatsächlich positiv zu den Klimaverhandlungen beitragen konnten und können, kann und muss natürlich kritisch hinterfragt werden. Dies entbindet die Sozialwissenschaften allerdings nicht von einer Verpflichtung, solche Aussagen und Möglichkeiten wissenschaftlich zu überprüfen und damit auch zu einer Verringerung der signifikanten Daten- und Wissenlücke zu Gender und Klimafragen beizutragen. Denn über die Möglichkeit, dass mit stärkerer Beteiligung von Frauen aufgrund perzipierter Genderdisparitäten beim Konsum, in der Risikobereitschaft, beim Interesse am Gemeinwohl und bei der Langzeitfokussierung bessere internationale Politik gemacht werden könnte, ist gerade in den letzten Jahren auch im Zusammenhang mit der globalen Finanzkrise und der Unterrepräsentation von Frauen in Führungspositionen des internationalen Finanzsektors erneut diskutiert worden.[19]

In der internationalen Klimapolitik wurden Frauen im UNFCCC-Rahmen bis vor kurzen nicht als eigene NGO-Beobachtergruppe (*constituency)* anerkannt, was fokussierte Texteingaben zu Gender- und Frauenbezügen des Klimawandels sowie die Schaffung von Öffentlichkeit für das Thema erschwerte. In den existierenden sechs *constituencies*[20] dagegen waren Frauen grundsätzlich unterrepräsentiert, gerade auch in Führungspositionen (Villagrasa 2002). Signifikant war dabei auch die fehlende Unterstützung für Genderaspekte der Klimaverhandlungen durch die wichtigen großen *mainstream* Klima- und Umwelt-NGOs (wie z.B. *Conservation International, WWF, The Nature Conservancy*), die das zivilgesellschaftliche Engagement im Klimaregime transnational dominierten, intern und in ihrer Interessensvertretung aber ebenfalls geschlechterblind

---

[19] Siehe als Beispiel für diese eher auf den Meinungsseiten von Zeitungen und in Blogs denn in akademischen Zirkeln geführte Debatte beispielsweise die Beiträge unter http://www.20-first.com/834-0-men-women-and-the-financial-crisis.html, http://www.womens-forum.com/media/pdf/Women_as_a_Driving_Force_in_the_Global_Financial_Reform.pdf oder http://opinionator.blogs.nytimes.com/2010/04/01/does-wall-street-need-an-estrogen-injection/.

[20] Als eigenständige UNFCCC *constituencies* gelten VertreterInnen des Privatsektors, städtische und local-regionale Regierungen, Indigene, Akademiker und Gewerkschaften.

oder bestenfalls genderunsensibilisiert agierten. In ihrer Interaktion mit dem UNFCCC-Sekretariat und den COPs fokussierten sie sich auf die Erarbeitung technisch-naturwissenschaftlicher Detailexpertise, nicht auf soziokulturelle und strukturelle Hinterfragungen des Klimawandels. Daran hat sich bis heute wenig geändert: Nach wie vor zeigen nur wenige der Umwelt- und Klimagruppen organisationsinterne Wahrnehmungsstärke (*organizational awareness*) für die Notwendigkeit eines NGO- oder Netzwerk-relevanten *gender mainstreaming* von Inhalten und Lösungsvorschlägen, Organisationsstrukturen, Partizipation und Interessenvertretung. Geschlechtergleichheit ist für die mehr technisch-wissenschaftlich auf Emissionsbegrenzungen fokussierten, rund 500 Klima- und Umweltgruppen, wie sie sich zum Beispiel im transnationalen *Climate Action Network* (CAN) als wichtigstes transnationales NGO-Netzwerk in den Klimaverhandlungen engagieren, daher auch heute noch keine prägende Grundlage ihrer Arbeit.[21]

Auch andere im UN-Klimaprozess engagierte Interessengruppen zeigen bis heute ein nur geringes Genderbewusstsein hinsichtlich ihres Selbstverständnisses und Mandats in den Klimaverhandlungen. Zu diesem aus einer Genderperspektive ernüchternden Schluss kommt zumindest eine neuere Erhebung und Analyse der europäischen Frauenorganisation *Women's Environment Network* (WEN) von der COP 15 in Kopenhagen, die die Literatur und politischen Verlautbarungen der wichtigsten *stakeholder* in den Klimaverhandlungen auf Anzeichen von *gender mainstreaming* analysiert hatte (WEN 2010). Das verschärft die Wahrnehmungslücke, denn wie kann die in den internationalen Klimaverhandlungen aktive Zivilgesellschaft überzeugend und mit moralischem Nachdruck Geschlechtergleichheit als normativen Bestandteil des Klimaregimes und dessen Umsetzung durch Strategien wie *gender mainstreaming* fordern, wenn diese Gruppen selbst genderblind agieren und Klimafragen ohne selbstkritische Hinterfragung weiterhin als genderneutral akzeptieren?

Gender Equality und Gender Justice in der transnationalen Zivilgesellschaft

Dennoch sind seit 2007 in den internationalen Klimaverhandlungen Fortschritte in Sachen Gendersensibilisierung der internationalen Klimaverhandlungen, wenn auch nicht des Klimaregimes selbst, zu verzeichnen, die primär auf die Bildung neuer NGO-Allianzen sowie die Entstehung neuer transnationaler Netzwerke zurückzuführen sind. Vorrangig wird von den im UN-Prozess aktiven zivilge-

---

[21] Die gegenwärtige CAN Webseite zeigt nur wenige Texte mit Bezug auf Gender oder Frauen, allesamt Berichte über Aktivitäten und Aktionen anderer, nicht CAN zugehöriger Gruppen. URL: www.climatenetwork.org.

sellschaftlichen Gender-, Frauen-, Entwicklungs- und Umweltgruppen die zwei-
gleisige Strategie verfolgt, in das Arbeitsprogramm der COPs Textreferenzen zu
Genderdimensionen einzuspeisen und ebenfalls die spezifische Berücksichtigung
und Förderung von Frauen zu fordern und in rechtlich-bindenden Verhandlungs-
texten zu verankern. Dieses Bemühen hat gerade im Hinblick auf ein mögliches
neues post-Kyoto Klimaregime mit Gültigkeit ab 2012 politische Dringlichkeit
gewonnen. Dies und die Lobbyarbeit am Sekretariat der Konvention sowie die
Schaffung internationaler Öffentlichkeit und Popularisierung des Themas „Gender und Klimawandel" – gerade auch im Rahmen der COPs durch hochrangig
besetzte Veranstaltungen, Straßen- und Flugblattaktionen oder künstlerische
Beiträge – sind die wichtigsten Elemente der Advocacy-Strategie dieser Gruppen. Sie nutzen diese aber mit unterschiedlichen Gewichtungen und Präferenzen,
die je nach Netzwerk oder NGO eher einen ‚top-down' oder ‚bottom-up' Advo-
cacy-Ansatz mit respektivem eigenen Legitimitationsverständnis reflektiert.
Nach langjährigem Sträuben hat das UNFCCC-Sekretariat im Jahr 2008 eine
Genderkoordinatorin sowie thematische Genderbeauftragte benannt, die spezifische UNFCCC-Programmbereiche ‚gendersensibilisieren' sollen. Bei der 14.
Konferenz der Parteien (COP 14) im polnischen Posen im Dezember 2008 hat
das Sekretariat außerdem erstmals die UNFCCC-Mitgliedsstaaten aufgefordert,
als Antwort auf den Klimawandel gender-inklusive Maßnahmen zu formulieren
(UNFPA 2009: 6). Ein Jahr später bei der COP 15 in Kopenhagen erzielten in
den Klimaverhandlungen aktive Gender- und Frauengruppen, die sich seit Bali
als Gender-Gruppe (*caucus*) verstärkt koordinieren, die vorläufige Anerkennung
durch das UNFCCC-Sekretariat als *women and gender constituency*[22], also als
anerkannte Interessenvertretungsgruppe mit formalem Recht zur aktiven Pro-
zessbeteiligung und Intervention (WEDO 2010). In Kopenhagen konnten auch
weitere grundlegende und vorwärtsweisende Erfolge verzeichnet werden: In den
Entscheidungsvorlagen für die COP hielten sich bis zum Ende acht starke Textreferenzen zu Gender und Frauen, die die Grundlage für Weiterverhandlungen
für ein Post-Kyoto-Klimaabkommen in der COP 17 in Cancun bilden.[23] Frauen

---

[22] Die *women and gender constituency* besteht derzeit aus den Frauen- und Gendergruppen, die als
offizielle Beobachter bei der UNFCCC registriert sind, inklusive GenderCC, LIFE e.V., ENERGIA
(ein transnationales Netzwerk zu Gender und Energiethemen), WECF, Population Action International (PAI) und WEDO.

[23] In Kopenhagen wurde von den Delegierten letztlich keine Entscheidung über die Verhandlungsvor-
lagen gefällt; stattdessen wurde der von einer kleinen Gruppe von Ländern erarbeitete Kopenhagener
Akkord nur „zur Kenntnis" genommen. Die in Kopenhagen erarbeiteten Entscheidungsvorlagen
erwähnen neben der besonderen Betroffenheit (*vulnerability*) von Frauen durch die Folgen des Klimawandels auch die Notwendigkeit einer Geschlechterperspektive und einer gleichwertigen Beteiligung von Männern und Frauen bei Entscheidungen und Aktionen zum Umgang mit den Ursachen
und Folgen des Klimawandels.

stellten erstmals rund 30 Prozent aller Länderdelegierten und Delegationsleitungen bei der COP (vorherige Beteiligungsraten lagen zwischen 15 und 25 Prozent; WEN 2010), darunter auch eine Reihe von NGO-Vertreterinnen mit Delegiertenstatus.[24] Weibliche Delegierte traten mehr als in den vorherigen COPs in Führungsrollen als Vorsitzende von Kontakt- und Arbeitsgruppen aktiv im Verhandlungsprozess in Erscheinung; auf dem Weg nach Cancun in der wichtigen Arbeitsgruppe zu „Langfristigem Kooperativen Handeln" (AWG-LCA).[25] Und seit Jahresmitte 2010 ist mit der Berufung der Diplomatin Christiana Figueres aus Costa Rica zur Geschäftsführerin des UN-Klimasekretariats auch das höchste Amt des UN-Klimaprozesses mit einer Frau besetzt.

Die zivilgesellschaftliche und genderpolitische Einmischung hat im Vorfeld und nach der COP13 in Bali gewaltig an Dynamik gewonnen. Während in der ersten Dekade der Klimaverhandlungen eine kleine, aber beharrliche Gruppe von GenderaktivistInnen[26] innerhalb der am Klimaprozess beteiligten breiteren Zivilgesellschaft isoliert blieb und ihre Aktivitäten und Advocacy eher unkoordiniert und sporadisch durchgeführt hatte, wurden diese Defizite jetzt erkannt und strategisch zu überwinden versucht. Den vielleicht wichtigsten Beitrag daran hatte die Etablierung zweier neuer transnationaler Netzwerke zu Gender und Klima, nämlich *GenderCC – Women for Climate Justice*[27] und der *Global Gender and Climate Alliance* (GGCA) in Bali. Sie unterscheiden sich zwar in ihrer Legitimation und Unterstützung, in ihrer Strategie und ihren Aktivititäten sowie in ihrer ideologischen wie genderpolitischen Ausrichtung, bekräftigen durch ihre kombinierte Präsenz aber, dass genderspezifische Disparitäten und Frauen als Interessengruppe in den Klimaverhandlungen nicht länger folgenlos ignoriert werden können.

Anders als GenderCC, das sich selbst mehr als basisorientierte und -legitimierte soziale Bewegung von Frauen, GenderaktivistInnen und ExpertInnen mit kontinuierlicher Rückbindung an die Prioritäten und Interessen von Frauen in

---

[24] Laut einer WEN-Analyse, waren NGOs und internationale Organisationen in Kopenhagen die Gruppe der UNFCCC *stakeholders*, in denen Frauen den höchsten Anteil an Delegationsleitungen (37%) innehatten, wohingegen nur 22% der Regierungsdelegationen von Frauen geleitet wurden. Prozentuales Schlusslicht ist der Kreis wissenschaftlicher Berater, von denen nur 18% Frauen waren (WEN 2010).

[25] Die AWG-LCA wird seit Anfang 2010 von der Klimaverhandlerin Margaret Mukahanana-Sangarwe aus Simbabwe geleitet, der in der Gestaltung und Präsentation des Verhandlungstextes für Delegierte sowie bei der Berücksichtigung wie Aufnahme von Vorschlägen und Interventionen im Arbeitstext eine Schlüsselrolle zukommt.

[26] Die Website des feministischen Netzwerks GenderCC dokumentiert die Aktivitäten von GenderaktivistInnen in der UNFCCC in allen Conferences of the Parties (COP). URL: http://www.gendercc. net/policy/conferences.html.

[27] Im Falle von GenderCC wurde damit ein Netzwerk formalisiert, das bereits mehrere Jahre zuvor bei der COP 9 informell begonnen hatte. Informationen zu GenderCC unter www.gendercc.net.

lokalen Kontexten versteht, die es gezielt in internationale und nationale Klima-
entscheidungsprozesse einzubringen gilt, ist GGCA kein rein zivilgesellschaftliches Netzwerk. GGCA ist vielmehr eine eher ungewöhnliche Interessenallianz
von derzeit 13 UN-Fachagenturen[28] und 25 zivilgesellschaftlichen genderbewussten Entwicklungsgruppen, sowie Gender- und Frauen-NGOs und -netz-
werke, die hochrangige Kontakte zu Delegierten und Umweltministerinnen,
primär aus Subsahara-Afrika und Skandinavien, aufweisen können. Bei den
letzten beiden COPs in Posen und Kopenhagen kamen viele der Texteingaben
mit Gender- und Frauenbezügen von UNFCCC-Delegierten dieser Ländergrup-
pen, vor allem aus Subsahara-Afrika. Als international respektierte „Gender-
Pioniere"[29] haben Länder wie Norwegen und Finnland durch ihre finanzielle Unterstützung zur Gründung und Handlungsfähigkeit der GGCA in den Anfangs-
jahren direkt beigetragen. Diese ungewöhnliche nordisch-afrikanische Länder-
achse ist auch im Rahmen bilateraler Entwicklungshilfe zunehmend zu Gender
und Klima aktiv, wobei Frauen- und Gendergruppen wie WEDO dann als Berater für die Integration von Genderaspekten in nationalen Entwicklungsstrategien
oder Nationalen Adaptationsaktionsplänen (NAPAs) involviert werden.

Zeitgleich mit der Etablierung beider Gender- und Klimanetzwerke wurde
mit der Verabschiedung des *Bali Action Plan* (BAP) bei der COP 13 die Integration der sozialökonomischen Auswirkungen des Klimawandels über Adaptions-
strategien politisch verpflichtend geleistet[30]. Dies ist teils Folge, teils Legitimierung einer verstärkten Beteiligung von klassischen Entwicklungs-NGOs und
kirchlichen Gruppen im Klimaverhandlungsprozess in den letzten Jahren. Vielfach selbst praxisnahe Implementierer von gendersensitiven Entwicklungshilfe-
projekten in den vom Klimawandel am schlimmsten betroffenen Ländern (wie
Oxfam International, Save the Children oder *Brot für die Welt*), hat ihre Beteiligung den zivilgesellschaftlichen Druck in Sachen Gender auf die UNFCCC und
Mitgliederregierungen eindeutig verstärkt (Schalatek 2010). Der Zugang dieser
Gruppen zu Gender und Klima erfolgt primär aus einer Entwicklungspersektive,
in der Armuts- und Partizipationsansätze auch Geschlechterdisparitäten thematisieren, wenngleich nicht zielgebend auf selbige der Fokus gelegt wird. *Gender*

---

[28] Dabei sind die UN-Agenturen primär über ihre jeweiligen Genderbüros vertreten und helfen durch
ihr Engagement in der GGCA, genderspezifische Klimabelange in ihren eigenen Organisationen zu
„mainstreamen". Informationen zur GGCA unter www.gender-climate.org.
[29] Die Nordischen Länder (allen voran Island, Norwegen und Finnland) liegen nicht nur im eigenen
Land in der Erreichung von Geschlechtergleichheit im internationalen Vergleich auf den ersten
Plätzen (Hausmann u.a. 2009). Sie sind in internationalen Organisationen und Konventionen auch
häufig treibende Kraft und Hauptfinanziers von Gender- und Frauenprogrammen wie z.B. im Fall
von UNIFEM oder dem Genderaktionsplan der Weltbank.
[30] Dies geschah nach Jahren einer exklusiven wissenschaftlich-technischen Fokussierung auf Emissi-
onsverringerung in den UNFCCC-Verhandlungen.

mainstreaming wird als Mittel zur Erreichung der formalen Gleichberechtigung der Geschlechter verstanden, wobei letztere als effektivitätsfördernd im Sinne von Armutsverringerung und Entwicklung geschätzt wird und als Ausdruck sozialer Grund- und Daseinsrechte zu verteidigen ist. Klimapolitik – vor allem *climate resilience,* Anpassung an und Abfederung von Klimaeinwirkungen für die am meisten Gefährdeten (wobei *vulnerability* über Armut, nicht über Gender definiert wird) – wird in diesem Verständnis zusätzlich auf allen Handlungsebenen in eine Entwicklungspolitik integriert, für die die Notwendigkeit von Geschlechtergleichheit in der Regel außer Zweifel steht. Damit wird quasi der Ansatz eines *„double mainstreaming"* verfolgt (Schalatek 2009; Rodenberg 2009).

Schließlich hat auch die normative Forderung nach Klimagerechtigkeit *(climate justice* oder *climate equity),* inklusive dem Eingeständnis einer Klimaschuld des Nordens als Teil einer massiven ökologischen Verschuldung *(ecological debt)* der Industriestaaten gegenüber den Entwicklungsländern, zu einem höheren Profil von Geschlechterfragen in der internationalen Klimapolitik beigetragen. *Climate justice* ist das normative Kernstück der Klimakampagnen von globalisierungskritischen und Umwelt-NGOs und *social justice*-Gruppierungen aus Entwicklungs- und Industrieländern, die seit mehr als einer Dekade für globale wirtschaftliche und soziale Gerechtigkeit eintreten und von denen sich eine Teilgruppe in Bali im transnationalen Netzwerk von NGOs und sozialen Bewegungen als *Climate Justice Now!* (CJN!) zusammengeschlossen hat. Im Unterschied zu den meisten UNFCCC-Parteien, bei denen die Entwicklungsländer ebenfalls einen internationalen Lastenausgleich und Finanztransferleistungen der Industrieländer nach dem Verursacherprinzip für globale Mitigations- und Adaptionsbemühungen fordern, intragesellschaftliche Klimagerechtigkeit aber überwiegend ignorieren, formuliert das gegenwärtig rund 200 Mitgliedsorganisationen zählende CJN! eine geschlechtergerechte soziale Klimagerechtigkeit als integralen Bestandteil ihres Selbstverständnisses und Auftrags. Zwar betreiben nicht alle CJN!-Mitgliedsorganisationen mit gleichem Elan Genderadvocacy, dennoch gilt für diese Gruppen, zu denen auch GenderCC gehört, die Akzeptanz des ziel- und normgebenden Grundsatzes: „No climate justice without gender justice." (Terry 2009) Wie im Begriff der *gender justice* ist auch im Verständnis von *climate justice* die Forderung nach einer globalen systemischen Änderung weg von den strukturellen Grundlagen des Klimawandels wie Konsumverhalten und Wachstumshörigkeit definitionsgebend. CJN! sah und sieht sich auch als ein notwendiges zivilgesellschaftliches Korrektiv in den Klimaverhandlungen zu den mehr technisch-wissenschaftlich auf Emissionsbegrenzungen fokussierten ‚mainstream' Klima- und Umweltgruppen, die im *Climate Action Network* (CAN) einflussreich operieren.

Mit der Forderung nach *climate justice* sympathisieren auch viele indigene und gewerkschaftliche Gruppen, beides wichtige *constituencies* im UNFCCC-Rahmen. Sie gehören ebenfalls zu den zivilgesellschaftlichen Kräften, die den Diskurs zu Klimawandel über Emissionsvermeidungstechnologien und die wirtschaftlichen Instrumente zu ihrer Umsetzung hinaus auf soziale Implikationen, speziell *livelihood*-Rechte erweitern wollen. Sie werden deshalb auch von GenderCC als wichtige zukünftige Partner in den internationalen Klimaverhandlungen gesehen, mit denen es Kooperationen und thematische Allianzen auszuloten gilt, um Aspekte der Geschlechtergerechtigkeit im Kontext des Klimawandels auch in deren Arbeit verstärkt einzubringen (Hemmati/Röhr 2009).

Beim genauen Blick auf die beiden global agierenen Gender- und Klima-Netzwerke, GenderCC und GGCA, zeigt sich, dass trotz eines *Advocacy*-Bemühens um Textreferenzen zu Geschlechterverhältnissen und der Schaffung von Öffentlichkeit ihr jeweiliger konzeptioneller Zugang zu Gender stark differiert. Das beinflusst auch die jeweiligen Kapazitätsbildungsmaßnahmen wie *training-of-trainers*-Workshops oder Informationsveranstaltungen für Delegierte, vor allem aus Entwicklungsländern, die beide Netzwerke als wichtiges Arbeitsprogramm verfolgen. Der offenen Fokussierung auf Geschlechtergerechtigkeit von GenderCC steht bei GGCA ein mehr pragmatisch-administrativ verstandener *gender mainstreaming*-Ansatz mit dem Ziel rechtlich-formalisierter Geschlechtergleichheit im UNFCCC-Rahmen gegenüber. Eine Differenzierung zeigt sich damit auch in der Wahl der öffentlichkeitssuchenden Aktionsformen beider Netzwerke. GenderCC setzt in ihren Aktivitäten gerade auch auf Workshops und Aktionen, inklusive Demonstrationen, außerhalb des formalen Verhandlungsrahmens in zivilgesellschaftlichen Alternativforen und in der Straßenpräsenz, die die Basisverbundenheit unterstreichen und thematisieren, obgleich direkte Lobbyarbeit bei den Delegierten verfolgt wird. Ganz im Verständnis seines ‚*top-down*'-Ansatzes präferiert GGCA mit hochrangiger Politikprominenz besetze Veranstaltungen innerhalb der COP-Konferenzzentren in Ergänzung zu beharrlicher Textarbeit hinter den Kulissen. Bei GGCA ist eine „Außenaktion" eher eine Vernissage zum Thema Gender und Klimawandel als eine provokant-witzige Demonstration oder die solidarische Partizipation in Massenkundgebungen kritischer KlimaaktivistInnen.

Diese ideologisch-konzeptionellen Differenzen, die durch das Ringen um Einfluss und thematischen Führungsanspruch innerhalb des UNFCCC-Rahmens verstärkt werden, behindern nach Meinung von BeobachterInnen (Schalatek 2010) – übrigens wie bei den ‚*mainstream*'-Netzwerken CAN und CJN! selbst – eine besser koordinierte Zusammenarbeit oder gar verabredete Arbeitsteilung zwischen beiden Netzwerken und damit die optimale politische Nutzung von *Advocacy*-Synergien, die dem Genderthema in den internationalen Klimaverhandlungen einen weiteren Schub geben könnten. GenderCC sieht ihre Arbeit als *bottom-up approach* lokaler Gruppen aus dem Süden und als feministische Kritik an den dem Klimawandel zugrundliegenden globalen Macht-, Konsum- und Wirtschaftsverhältnissen zu Lasten der Entwicklungsländer und der Frauen ganz in der Tradition ökofeministischer Strömungen. In einem solchen Verständnis müssen Klimafinanzierungsinstrumente, die sich unkritisch liberalen Marktmechanismen verschreiben, zum Beispiel das CDM oder REDD[31], als Lösungswege zur Bewältigung der Klimakrise erst einmal aus Grundsatz abgelehnt werden, selbst wenn Frauen in Einzelfällen durch die Integration von Genderindikatoren oder eine verpflichtende Genderanalyse bei Projektanträgen von diesen Mechanismen durchaus profitieren könnten (GenderCC 2008).[32] Dagegen konzentriert sich das GGCA auf eine inkrementelle Verankerung eines mehr technisch-strukturell interpretierten *gender mainstreaming*-Ansatzes in bestehenden Instrumenten und Mechanismen, inklusive marktwirtschaftlich basierten Mechanismen. „Engendering REDD" ist für ein Netzwerk wie GenderCC aus normativen Gründen nicht erstrebenswert. Bei GGCA ist es hingegen eine Möglichkeit zur Förderung der Gendersensibilisierung des internationalen Klimaregimes und der Implementationsmechanismen. Zielt ist es, die Waldschutz-Politiken der UN gendersensitiv zu machen und möglichen monetären Nutzen aus diesen Programmen für Frauen in Entwicklungsländern zu zeihen (GGCA u.a. 2009).

Das Thema „Gender und Klima" außerhalb der internationalen Klimaverhandlungen

Zur Schaffung einer Öffentlichkeit zum Thema „Gender und Klimawandel" sind die internationalen Klimaverhandlungen, gleichwohl (noch) zentral, längst nicht mehr alleiniger Austragungsort. Frauen- und Gendergruppen tragen Gendersensibilisierung zu Klimathemen auch in andere Verhandlungskontexte, in spezialisierte UN-Bereiche, zunehmend auch in allgemeine wirtschafts- und entwicklungspolitische Zusammenhänge, in transnationale zivilgesellschaftliche Netzwerke und in soziale Bewegungen. Beispielhaft sei die Arbeit der *Feminist Task*

---

[31] REDD steht für *Reducing Emissions from Deforestation and Degradation*, also die Reduzierung von Emissionen aus Abholzung und der Schädigung von Wäldern.

[32] Das bedeutet nicht, dass GenderCC keine expliziten Textvorschläge im Klimaverhandlungskontext unterbreiten kann, wie Gender in spezifische Marktmechanismen integriert werden sollte. Ulrike Röhr und Minu Hemmati von GenderCC verweisen auf die Notwendigkeit solcher Kompromisse in der aktuellen Arbeit, allerdings im Rahmen der fortgesetzten Artikulation einer grundsätzlichen Systemkritik (Hemmati/Röhr, 2009: 162).

Force (FTF) des *Global Call for Action against Poverty* (GCAP) erwähnt, einem transnationalen zivilgesellschaftlichen Zusammenschluss mit Basisbeteiligung und -nähe, der die internationale Kampagne zur Erreichung der Millenniumsentwicklungsziele kritisch begleitet. *Gender justice* als normative Grundlage wörtlich nehmend, hat das FTF im November 2009 auf drei Kontinenten sieben Frauentribunale zu Gender- und Klimagerechtigkeit organisiert, in denen betroffene Frauen aus lokalen Kontexten die politischen Entscheidungsträger der Welt der Genderblindheit und Inaktivität in Klimafragen anklagen.[33] Die Forderung nach gender-inklusiver Klimagerechtigkeit ist auch Thema vieler Bewegungen und Basisgruppen, die sich seit Jahren im Prozess des Weltsozialforums und regionaler Sozialforen engagieren und von denen viele auch im April 2010 im bolivianischen Cochabamba[34] zu einer *World People's Conference on Climate Change and the Rights of Mother Earth*[35] zusammenfanden, auf der die Verantwortung einer patriarchalen Gesellschaft für den Klimawandel sehr im Einklang mit einem ökofeministischen Verständnis akzeptiert wurde.

Andere eher thematisch strukturierte transnationale Gendernetzwerke wie zum Beispiel Women Organizing for Change in Agriculture & Natural Resource Management (WOCAN) oder Gender and Disasters Network, Gender and Water Alliance oder Energia International Network on Gender and Sustainable Energy arbeiten verstärkt im Kontext der Welternährungsorganisation (FAO) oder der Rio-Konventionen zu Biodiversität und Desertifikation, sowie in internationalen Waldforen und im Rahmen des Rio-Folgeprozesses in der Nachhaltigkeitskommision (CSD) oder der Frauenrechtskommision (CSW) der Vereinten Nationen, um die wichtigsten zu nennen. Schließlich ist der Klima-Blickwinkel für viele Frauen- und feministische Gruppen und Gender-NGOs, die seit langem in der Arbeit für Geschlechtergleichheit in anderen Sachthemen (Reproduktionsrechte, Gesundheitsfragen, Erziehung, Katastrophenschutz, Internationale Finanzinstitutionen) aktiv waren, eine neue Zugangsmöglichkeit für die Legitimierung und Relevanzschaffung ihrer Arbeit und zu im Klimaschutz aktiven, öffentlichen wie

---

[33] Leider gibt es keine zusammenfassende Dokumentation der Frauentribunale zu Gender- und Klimagerechtigkeit. Eine erste Aktivität in Belize (Brasilien) wird hier beschrieben: http://www.white band.org/blog/archive/2009/12/02/womens-tribunal-on-gender-and-climate-justice-in-belem-brazil. Eindrücke aller Tribunale sind auch als mehrminütiges Video dokumentiert: http://www.youtube .com/ watch?v=hVYqCjlWQBw.

[34] Cochabamba war auch Ort des so genannten „Wasserkriegs" von 2000 unter Führung indigener Basisgruppen, die gegen die Privatisierung der Wasserversorgung (wie von Weltbank und IWF in Kolumbien gefordert) protestierten. Feministische Gruppen und die Genderdynamik der Wasserfrage spielten auch in diesem Zusammenhang eine wesentliche Rolle.

[35] Informationen zum Gipfel unter http://pwccc.wordpress.com/. Eine Bewertung aus genderpolitischer Sicht gibt Ana Agostino von der Feminist Task Force der GCAP auf http://www.icae2.org/ files/349c.pdf sowie Ana Filippini von GenderCC auf http://www.gendercc.net/fileadmin/inhalte/ Dokumente/news/english_cochabamba.pdf.

privaten philantropischen Geldgebern. Die Klimalinse ist für diese Gruppen wichtig, um die generell für explizite Gender-, feministische und Frauenthemen eher knappen Fördermittel[36] zu ergänzen.

Geschlechtergerechtigkeit im Klimakontext – ein Beitrag zur Zivilisierung und Transformation?

Trotz wichtiger Fortschritte aktiver zivilgesellschaftlicher Gruppen und transnationaler Netzwerke, die zum Thema „Gender und Klimawandel" arbeiten, bleiben ihre politischen Einflussmöglichkeiten (wenngleich wachsend) derzeit zu gering, um eine Zivilisierung des Klimaregimes oder die wirtschaftliche, energiesystemische oder soziale Transformation im Sinne von globaler *gender justice* zu erreichen. Auch wenn die totale Geschlechterblindheit der Klimaverhandlungen wohl unumkehrbar überwunden scheint, so ist der Weg von keimender rechtlich-politischer Gendereinsicht für den Klimakontext bis zu deren konsequenter operativ-programmtischer Implementierung auf allen klimapolitischen Handlungsebenen noch sehr weit. Mühselige technische Detailarbeit einer wachsenden Zahl von GenderexpertInnen ist notwendig, wenngleich deren Erfolg nicht garantiert ist. AdvokatInnen zu Gender und Klima tun deshalb gut daran, sich wie ihre Mainstream-KlimakollegInnen nicht allein auf das Klimaregime zu konzentrieren, sondern eine Vielzahl von politischen Interventionsmöglichkeiten auch außerhalb des UNFCCC-Rahmens wie beschrieben zusätzlich konsequent weiterzuverfolgen. Dabei darf auch die Lobby- und *gender mainstreaming*-Arbeit innerhalb der in Klima- und Entwicklungsfragen engagierten transnationalen Zivilgesellschaft nicht vernachlässigt werden. Auch da gibt es noch viel zu tun. Dennoch birgt das internationale Klimaregime genderpolitischen Verbesserungsspielraum, der jedoch nur in dem Rahmen genutzt werden kann, wie die UNFCCC als zentrales Entscheidungsorgan internationaler Klimapolitik – wie in Kopenhagen ersichtlich – nicht weiter unterminiert wird. Denn tragischerweise ist den GenderaktivistInnen die öffentliche und politische Wahrnehmung ihrer langjährigen Beteiligung wie die Anerkennung als wichtige *stakeholder* im internationalen Klimaregime erst zu einem Zeitpunkt geglückt, da die Wirksamkeit des UNFCCC-Prozesses für die Klimaverhandlungen schlechthin und die Gestal-

---

[36] Die *Association for Women's Rights in Development* (AWID) hat seit 2004 in mehreren Studien und Umfragen unter Frauen-, feministischen und Gendergruppen die strukturelle globale Unterfinanzierung von zivilgesellschaftlichen feministischen, Frauen- und Genderadvocacy-Gruppen kritisch thematisiert. Zu jüngeren Trends siehe http://www.awid.org/eng/Issues-and-Analysis/Library/Where-is-the-Money-for-Women-s-Rights-Select-2009-Research-Highlights-and-Trends.

tungs- und Einflussmöglichkeiten der Zivilgesellschaft in diesem Rahmen – auch von den NGOs selbst – zunehmend in Frage gestellt werden.

In den internationalen politischen Entscheidungs- und Dialogstrukturen, die sich für das Voranbringen globaler Klimavereinbarungen als möglicher UNFCCC-Ersatz generieren, z.b. in den Clubs der weltweit wirtschaftspolitisch und politikstrategisch wichtigten Länder wie der G8 oder der G20, dem von den USA initiierten *Major Emitters Forum* (MEF) oder der von Brasilien, Südafrika, China und Indien gebildeten BASIC-Gruppe systemisch wichtiger Schwellen-länder, kommt Geschlechtergleichheit als Bestandteil politischer Absichtserklä-rungen und Verlautbarungen nicht vor. Von der politischen Anerkennung und Beachtung eines Konzepts systemischer Veränderung politischer Machtverhält-nisse und Ressourcenzugänge auf globaler wie Haushaltebene, wie es im Ver-ständnis von Geschlechtergerechtigkeit und Geschlechterdemokratie enthalten ist, sei ganz zu schweigen. Eine solche die Genderverhältnisse integrierende Transformation auf multiplen politischen Aktionsebenen (global, national, lokal, Haushalt) ist aber die Voraussetzung, um die gleichzeitige Sozial-, Wirtschafts- und Energiewende durchzusetzen, die Klimawandel zur Überlebenssicherung unseres Planeten letztlich fordert. In der Abwesenheit der politischen Akzeptanz solch einer notwendigen Transformation bleibt NGOs – allerdings „gendersensi-bilisierter" und aktivistischer als bislang – nur das Sich-Weiter-Einmischen.[37]

Literatur

Badiee, Shaida (2009): What Is Not Counted Does Not Count. The Importance of Sex-Disaggregated Statistics for Effective Programs. In: Gender Equality as Smart Eco-nomics Newsletter, April 2009, H. 4. Online verfügbar unter http://siteresources. worldbank.org/INTGENDER/Resources/GenderdataSpring09.pdf, zuletzt geprüft am 14.09.2010.

Bretton Woods Project (BWP) (2010): World Bank moving backwards on gender? Up-date 69, 12 February 2010. London. Online verfügbar unter http://www.bretton woodsproject.org/art-565923, zuletzt geprüft am 14.09.2010.

Brunnengräber, Achim; Klein, Ansgar; Walk, Heike (Hg.) (2005): NGOs im Prozess der Globalisierung. Mächtige Zwerge – umstrittene Riesen. Wiesbaden: VS Verlag für Sozialwissenschaften.

Butler, Judith (1991): Das Unbehagen der Geschlechter. Frankfurt am Main: Suhrkamp.

GenderCC -Women for Climate Justice (GenderCC) (2008): GenderCC Contribution to REDD. Online verfügbar unter http://www.gendercc.net/fileadmin/inhalte/Doku

---

[37] Ein Zitat von Heinrich Böll aus „Einmischung erwünscht" lautet: „Einmischung ist die einzige Möglichkeit, realistisch zu bleiben", was als Leitgedanke auch für die Arbeit der Heinrich-Böll-Stiftung gilt. URL: http://www.boell.de/stiftung/heinrichboell/heinrich-boell-1405.html.

mente/UNFCCC_conferences/COP14/Gendercc_submission_REDD.pdf, zuletzt geprüft am 14.09.2010.

Global Gender and Climate Alliance (GGCA)/WOCAN/IUCN (2009): Engendering REDD Workshop, San José. Online verfügbar unter http://www.unredd.net/index. php?option=com_docman&task=cat_view&gid=397&Itemid=53, zuletzt geprüft am 14.09.2010.

Hausmann, Ricardo; Tyson, Laura; Zahidi, Saadia (2009): Global Gender Gap Report 2009. World Economic Forum, Geneva. Online verfügbar unter http://www. weforum.org/pdf/gendergap/report2009.pdf, zuletzt geprüft am 14.09.2010.

Heinrich-Böll-Stiftung (Hg.) (2002): Die Gemeinschaftsaufgabe Geschlechterdemokratie in der Heinrich-Böll-Stiftung. Berlin. Online verfügbar unter http://www.boell.de/ alt/downloads/gd/SelbstdarstellungGA-GDBroschuere.pdf, zuletzt geprüft am 14.09. 2010.

Hemmati, Minu; Röhr, Ulrike (2009): Engendering the climate-change negotiations: experiences, challenges, and steps forward. In: Gender & Development, Jg. 17, H. 1, S. 19 -32.

Hovorka, Alice (2006): The No.1 Ladies' Poultry Farm: A Feminist Political Ecology of Urban Agriculture in Botswana. In: Gender, Place and Culture, Jg. 13, H. 3, S. 207-225.

IPCC (Intergovernmental Panel on Climate Change) (2007a): Summary for Policy Makers. In: Solomon, S.; u.a. (Hg.): Climate Change 2007: The Physical Science Basis. Contributions of Working Group I to the Fourth Assessment Report of the International Panel on Climate Change. Cambridge und New York. Online verfügbar unter http://www.ipcc.ch/pdf/assessment-report/ar4/wg1/ar4-wg1-spm.pdf, zuletzt geprüft am 14.09.2010.

IPCC (2007b): Climate Change 2007: Impacts, Adaptation and Vulnerability. Contribution of Working Group II to the Fourth Assessment Report of the Intergovernmental Panel on Climate Change. Cambridge: Cambridge University Press. Online verfügbar unter http://www.ipcc.ch/pdf/assessment-report/ar4/wg2/ar4-wg2-chapter19.pdf, zuletzt geprüft am 14.09.2010.

IUCN/UNDP/GGCA (Hg.) (2009): Training Manual on Gender and Climate Change. San Jose. Online verfügbar unter http://www.generoyambiente.org/archivos-de-usuario/ File/ecosistemas_especificos.pdf, zuletzt geprüft am 14.09.2010.

Lambrou, Yianna (2005): Gender Perspectives on the Conventions: Biodiversity, Climate Change and Desertification. Gender and Population Division: Rom: United Nations Food and Agriculture Organization (FAO). Online verfügbar unter http://www. fao.org/sd/dim_pe1/pe1_050301a1_en.htm, zuletzt geprüft am 14.09.2010.

Lambrou, Yianna; Pianna, Grazia (2006): Gender: The Missing Component of the Response to Climate Change. Rom: FAO. Online verfügbar unter http://www.fao.org/ sd/dim_pe1/docs/pe1_051001d1_en.pdf, zuletzt geprüft am 14.09.2010.

Mies, Maria; Shiva, Vandana (1993): Ecofeminism. Fernwood Publications: Halifax, Nova Scotia, Canada.

Rodenberg, Birte (2009): Climate Change Adaptation from a Gender Perspective. A cross-cutting analysis of development policy instruments, Discussion Paper 24/2009. Bonn.

Schade, Jeanette (2002): Zivilgesellschaft – eine vielschichtige Debatte. Institut für Entwicklung und Frieden der Gerhard-Mercator-Universität Duisburg (INEF), H. 59/2002. Duisburg.

Schalatek, Liane (2009): Gender and Climate Finance: Double Mainstreaming for Sustainable Development. Heinrich Böll Stiftung: Washington, DC.

Schalatek, Liane (2010): Geschlechtergleichheit – (k)ein Mandat für internationale Klimaverhandlungen? In: Feministische Perspektiven auf Nachhaltigkeit. FEMINA POLITICA, Jg. 19, H.1, S. 56-67.

Terry, Geraldine (2009): No climate justice without gender justice: an overview of the issues. In: Gender and Development, Jg. 17, H. 1, S. 5-18.

Thorn, Christiane (2005): Gender justice auf dem Prüfstand: Lebensbedingungen, Entwicklungschancen und Machtgleichstellung im internationalen Vergleich. In: Zentrum für transdisziplinäre Geschlechterstudien/ Humboldt-Universität zu Berlin (Hg.): Geschlecht und Armut in internationaler Perspektive. Berlin. S. 31-58.

Thürmer-Rohr, Christina (2006): Globale Frauenbewegung(en) – Perspektiven des Feminismus im 21. Jahrhundert. Feministisches Institut der Heinrich Böll Stiftung. 20. Green Ladies Lunch, 17. Juni 2006. Online verfügbar unter http://www.glowboell.de/media/de/txt_rubrik_2/LL_Fem_Perspektiven_Vortrag_ThurmerRohr.pdf, zuletzt geprüft am 14.09.2010.

UN (United Nations) (2000): Resolution Adopted by the General Assembly. 55/2 United Nations Millennium Declaration. New York.Online verfügbar unter http://www.un.org/millennium/declaration/ares552e.pdf, zuletzt geprüft am 14.09.2010.

UN (2002): Report of the World Summit on Sustainable Development. A/CONF.199/20. Johannesburg. Online verfügbar unter http://www.un.org/jsummit/html/documents/summit_docs/131302_wssd_report_reissued.pdf, zuletzt geprüft am 14.09.2010.

CBD (Convention on Biological Diversity) (2008): The Gender Plan of Action under the Convention on Biological Diversity. Note of the Executive Secretary. UNEP/CBD/COP/9/INF/12/Rev.1, 23 May 2008. Bonn. Online verfügbar unter http://www.cbd.int/doc/meetings/cop/cop-09/information/cop-09-inf-12-rev1-en.pdf, zuletzt geprüft am 14.09.2010.

UN DESA (United Nations Department of Economic and Social Affairs) (1992): Chapter 24: Global Action for Women Towards Sustainable and Equitable Development. In: UN DESA (Hg.): Agenda 21. New York. Online verfügbar unter http://www.un.org/esa/dsd/agenda21/res_agenda21_24.shtml, zuletzt geprüft am 14.09.2010.

UN ECOSOC (United Nations Economic and Social Council) (2010): Report of the Secretary-General on the review of the implementation of the Beijing Declaration and Platform for Action and the outcome of the twenty-third special session and its contribution to shaping a gender perspective in the realization of the Millennium Development Goals. E/CN.6/2010/2. New York. Online verfügbar unter http://daccess-dds-ny.un.org/doc/UNDOC/GEN/N09/637/20/PDF/N0963720.pdf?OpenElement; zuletzt geprüft am 21.10.2010

UNDP (United Nations Development Programme) (2009): Resource Guide on Gender and Climate Change. New York. Online verfügbar unter http://www.un.org/womenwatch/downloads/Resource_Guide_English_FINAL.pdf, zuletzt geprüft am 14.09. 2010.

UNFCCC (United Nations Framework Convention on Climate Change) (2002): Report of the Conference of the Parties on its Seventh Session, held at Marrakesh from 29 October to 10 November 2001. Addendum. Part Two: Action Taken by the Conference of the Parties, Volume IV. Decision FCCC/CP/2001/13/Add.4. Online verfügbar unter http://unfccc.int/resource/docs/cop7/13a04.pdf, zuletzt geprüft am 14.09.2010.

UNFPA (United Nations Population Fund) (2009): Facing a Changing World: Women, Population and Climate. State of World Population 2009.New York. Online verfügbar unter http://www.unfpa.org/swp/2009/en/ Gesamtbericht als PDF-Datei unter http://www.unfpa.org/swp/2009/en/pdf/EN_SOWP09.pdf; zuletzt geprüft am 21.09.2010.

van Meurs, Wim (2007): Zivilgesellschaft – für, gegen oder ohne den Staat. Hochschulwoche: Zivilgesellschaft. Tutzing, Südosteuropa-Gesellschaft. Online verfügbar unter http://www.ru.nl/publish/pages/574591/zivilgesellschaft.pdf, zuletzt geprüft am 14.09.2010.

Villagrasa, Delia (2002): Kyoto Protocol negotiations: reflections on the role of women. In: Gender and Development, Jg. 10, H. 2, S. 40-44(5).

von Braunmühl, Claudia (2009): Ein gutes Klima für und mit gleichberechtigter Bürgerschaft? Vortrag beim 24. wissenschaftlichen Kongress der Deutschen Vereinigung für Politische Wissenschaft an der Christian-Albrechts-Universität zu Kiel vom 21. bis 25. September 2009. Online verfügbar unter http://www.c-v-braunmuehl.de/DVPWVortrag.pdf, zuletzt geprüft am 14.09.2010.

Walk, Heike (2006): (Ohn-)Mächtige Helden? Die Gestaltungskraft von NGOs in der internationalen Politik. In: OnlineAkademie der Friedrich-Ebert-Stiftung. Online verfügbar unter http://library.fes.de/pdf-files/akademie/online/50346.pdf, zuletzt geprüft am 14.09.2010.

Weber, Melanie (2005): Gender, Klimawandel und Klimapolitik. Über Fallstricke bei einer integrativen Betrachtung. Diskussionspapier 01/05 des Projektes „Global Governance und Klimawandel". Berlin. Online verfügbar unter http://www.sozial-oekologische-forschung.org/intern/upload/literatur/Weber05_Gender-Klimapolitik.pdf, zuletzt geprüft am 14.09.2010.

WEDO (Women's Environment and Development Organization) (2007): Changing the Climate: Why Women's Perspectives Matter. New York.

WEDO (2008): Case Study: Gender, Climate Change and Human Security: Lessons from Bangladesh, Ghana and Senegal. New York. Online verfügbar unter http://www.wedo.org/wp-content/uploads/hsn-study-final-may-20-2008.pdf, zuletzt geprüft am 14.09.2010.

WEDO/ UNFPA (2009): Climate Change Connections: A Resource Kit on Gender, Population and Climate Change. New York. Online verfügbar unter http://www.unfpa.org/public/publications/pid/4028, zuletzt geprüft am 14.09.2010.

WEDO (2010): Gender and Climate Change at Copenhagen COP-15: WEDO's Perspective on a History Making Year. New York. Online verfügbar unter http://www.wedo.org/wp-content/uploads/COP15-Gender-Perspective_WEDO_Feb2010.pdf; zuletzt geprüft am 21.09.2010. Auch: http://www.gendercc.net/fileadmin/inhalte/Dokumente/Press/WEDO_COP15_Gender_Perspective_Feb2010.pdf

WEN (Women's Environmental Network) (2010): Gender and the Climate Change Agenda. The impacts of climate change on women and public policy. Online verfügbar unter http://www.wen.org.uk/wp-content/uploads/Gender-and-the-climate-change-agenda-21.pdf, zuletzt geprüft am 14.09.2010.

Wichterich, Christa (1992): Die Erde bemuttern. Frauen und Ökologie nach dem Erdgipfel in Rio. Köln: Heinrich-Böll-Stiftung

Wichterich, Christa (2010): Peking+15. Frauenrechte und Geschlechtergleichheit 15 Jahre nach der 4. Weltfrauenkonferenz in Peking. Ein Überblick über Bilanzen und Debatten bei der 54. Sitzung der Frauenrechtskommission. Online verfügbar unter http://www.womnet.eu/files/pdf/Internationales/Peking%20Aktionsplattform/Peking 15/PEKING15_wichterich_report.pdf, zuletzt geprüft am 14.09.2010.

World Bank (2006): Gender Equality as Smart Economics. A World Bank Group Gender Action Plan (Fiscal years 2007-2010). Washington, DC. Online verfügbar unter http://siteresources.worldbank.org/INTGENDER/Resources/GAPNov2.pdf, zuletzt geprüft am 14.09.2010.

World Bank (2009): World Development Report 2010. Development and Climate Change.Washington, DC. Online verfügbar unter http://siteresources.worldbank.org/ INTWDR2010/Resources/5287678-1226014527953/WDR10-Full-Text.pdf, zuletzt geprüft am 14.09.2010.

Entlegene Orte in der Mitte der Gesellschaft
Zur Geschichte der britischen Klimacamps

Fabian Frenzel

Die britischen Klimacamps symbolisieren eine neue Welle zivilgesellschaftlichen Engagements und politischen Aktivismus in der westlichen Welt. Seit dem ersten Protestcamp 2006 in Yorkshire haben bis zur Klimakonferenz 2009 in Kopenhagen etwa 19 Klimacamps stattgefunden (Climate Camp NZ 2009). Damit könnten, wenn diese Dynamik nicht nachlässt, weit reichende Veränderungen in der Organisationsform der Klimabewegung einhergehen. In diesem Beitrag werde ich die Entwicklung der Klimacamps in Großbritannien nachzeichnen und im Kontext der jüngeren Geschichte britischer sozialer Bewegungen analysieren. Die Protestcamps hatten sich vor allem im Kontext der Friedensbewegung der frühen 1980er und dann im Hinblick auf umwelt- und maßgeblich verkehrspolitische Konfliktfelder in der 1990ern entwickelt. Während die politischen Anliegen der Protestbeteiligten zeitweise von breiten gesellschaftlichen Gruppen getragen wurden, steht die Protestform des Camps für eine spezifisch kulturell und gegen-kulturell inspirierte Mobilisationsform.

Unter Bezugnahme auf die Geschichte des „Campings" als Protestform werde ich dann die Entwicklung der britischen Klimacamps als eine Professionalisierung des Protestscampings interpretieren. Ich konzentriere mich dabei auf drei gesonderte Aspekte der Arbeit des Camps, die alle im Zusammenhang des Verhältnisses des Camps zu seiner Umgebung stehen: die Medienpolitik des Camps, das Verhältnis zu seinen unmittelbaren und politischen Nachbarn sowie die Entwicklung des Camps als Freizeit- und Konsumraum. Die Professionalisierung in diesen drei Bereichen ist das Ergebnis intensiver Aushandlungsprozesse, in denen Protestbeteiligte versucht haben, die Potentiale des Campings als Organisationsform sozialer Bewegung zu optimieren. Sie zielt aber auch gegen die politische Marginalisierung, die Cresswell (Cresswell 1994; 1996) und Hetherington (Hetherington 1998) in Bezug auf die 1980er Protestcamps beschrieben haben.

Zum Abschluss werde ich einige der Probleme beschreiben, die die erfolgreiche Professionalisierung in der Praxis mit sich gebracht hat. Dabei geht es insbesondere um zunehmende Kritik von Protestbeteiligten an den Klimacamps. Dem Klimacamp wird u.a. vorgeworfen, die ursprünglich radikalen politischen

Forderungen aufgegeben zu haben und reformistische Ansätze zur Klimapolitik zu artikulieren. In diesem Beitrag will ich argumentieren, dass die Konflikte, die durch diese Kritik ausgelöst werden, Ausdruck der Aushandlungsprozesse sind, die die Protestform des Camps erst konstituieren. In der Professionalisierung zeigt sich damit ein besserer Umgang mit diesen Konflikten.

Protestcamping

Protestcamping lässt sich über die physische und kulturelle Geographie von Orten erklären; Geographen haben daher auch erheblich zum Verständnis der ersten Welle britischer Protestcamps beigetragen. Protestcamps sind einerseits funktional. Sie erlauben Proteste in abgelegenen Orten. Atomwaffen werden in entlegenen Orten stationiert, Umgehungsstraßen werden in entlegenen Orten gebaut. Gipfeltreffen von Regierungschefs haben unmittelbar nach den Protesten in Seattle 1999 und Genua 2001 nicht mehr in westlichen Hauptstädten stattgefunden, sondern in entlegenen Orten, um Ausschreitungen zu verhindern. Entlegene Orte bieten jedoch nicht die Infrastruktur, die es erlaubt, große Zahlen von Protestierenden über längere Protestzeiträume zu versorgen. Protestcamps sind eine pragmatische Antwort auf diese Situation, allerdings nicht nur für Protestierende. Auch Behörden und die Polizei haben in mehreren Fällen die Existenz von Protestcamps ermöglicht, denn diese erlauben eine bessere Kontrolle der Protestierenden (dazu unten mehr).

Darüber hinaus ist die Geographie der Camps auch als politisch-kulturelle Metapher zu fassen. Dabei geht es nicht nur um die unmittelbaren Protestziele, zum Beispiel militärische Einrichtungen wie im Falle des Greenham Common Protestcamps in den frühen 1980er Jahren. Vielmehr wird der Raum des Camps selber zum Konfliktort. Greenham Common war über lange Zeit ein reines Frauencamp. Die protestierenden Frauen kodierten den Protest gegen die in Greenham stationierten amerikanischen Mittelstreckenraketen „feministisch". Die Nuklearwaffen waren demnach unter anderem das Resultat einer patriarchalischen Ordnung des Status Quo, dem die Frauen im Camp die Alternative einer feminisierten Welt entgegenzustellen versuchten. Die Herausforderung, die die Frauen gegenüber der Gesellschaft artikulierten, war sehr viel radikaler als lediglich eine Ablehnung der Stationierung von Nuklearraketen in Großbritannien zu fordern. Sie stellten darüber hinaus den Status Quo in Frage und zielten auf einen politischen Systemwandel. In den Augen der konservativen britischen Presse wurde diese Ausrichtung zu einem Angriffspunkt. Die Frauen von Greenham Common wurden als unhygienisch und unzivilisiert dargestellt; ein Versuch, die politische Kritik der Frauen zu delegitimieren (Cresswell 1994; Cresswell 1996; Couldry, 1999)

Bei genauer Betrachtung der Camping-Geschichte wird aber auch deutlich, dass die Marginalisierung oft nicht allein durch Repression von außen zu erklären ist, sondern als selbst gewählte Positionierung verstanden werden kann. Camping hat auch darin bestanden, umfassende Kritik an der Gesellschaft räumlich zu fassen und in entlegenen Orten jenseits der Städte und damit der Zivilisation anzusiedeln. Die steht in Deutschland und Amerika insbesondere im Zusammenhang mit der Kritik urbanen Lebens und in der Tradition der romantischen Moderne-Skepsis (Smith 2006). Protestcamping ist also alles andere als notwendig progressiv oder politisch links angesiedelt, wie sich in der Geschichte des Campings immer wieder gezeigt hat. In Großbritannien wurde das moderne Camping durch General Baden Powell als autoritäre und britisch nationalistische Erziehungsmethode entwickelt. Powell war pikanterweise zuvor als Offizier am Krieg der Briten gegen die Buren in Südafrika beteiligt, in denen die burische Zivilbevölkerung in Camps interniert wurde (Kneights 2004). Powells Ziele waren weit entfernt von einem Umsturz des Status Quo des britischen Empires. Doch er zielte auf eine radikale Erneuerung in proto-faschistischer Rhetorik:

> „Remember, whether rich or poor, from castle or from slum, you are all Britons in the first place, and you've got to keep Britain up against outside enemies, you have to stand shoulder to shoulder" (quoted in Rojek, 1993: 40).

Die deutsche Wandervogel-Tradition ist ihrerseits trotz gewisser anti-nationalistischer Ausrichtung in den Anfängen im 20. Jahrhundert problemlos in der Hitler Jugendbewegung aufgegangen (Giesecke 1981). Eine Camping-Tradition der Linken hat sich, zumal in Großbritannien, früh von den militaristischen und proto-faschistischen Anfängen emanzipiert und beginnt in den 1920er Jahren mit der sozialistischen Woodkraft Folk-Bewegung, die in Deutschland als „Falken" bekannt ist (Kneights 2004). Deren Schlagwort „for social change" spiegelt sich heute in einer Vielzahl von Protestcamps wider.

Konsum und Lebensstil

Seit den 30er Jahren und zunehmend nach dem zweiten Weltkrieg hat sich Camping jedoch thematisch diversifiziert und touristisch entpolitisiert (Hailey, 2009). Camping wird ein modischer Urlaubsspaß, während politisch und pädagogisch orientierte Camps weiter existieren. Insbesondere in der Gegenkultur der 1960er und 1970er Jahre wird Camping dann über die klassischen Organisationsformen hinaus repolitisiert. Der unmittelbare Ausdruck ist die Entwicklung von Festivalkulturen. Die FestivalteilnehmerInnen campen dabei in der Umgebung von Musikfestivals. Repolitisierung des Campings fand dann statt, wenn solchen Festivals politische Sprengkraft zugesagt wurde, in Anlehnung an die Theorien zum Beispiel der Situationisten und anderen gegen-kulturellen Denkern. In der Philosophie der Situationisten werden das Spektakel und damit kulturelle Formen zum Angriffspunkt für Kritik und Alternativen zum Kapitalismus. Das „echte" Festival wird einem sich zunehmend „spektakelhaft" verstandenen Kapitalismus entgegengestellt (Debord 1994).

Diese Politisierung der Kultur in der Gegenkultur ist vielfach kritisiert worden. Wie zum Beispiel Frank (1997) ausgewiesen hat, haben Marketingstrategen sich seit den 1960er Jahren bei der Kultur- und Konsumkritik der gegenkulturellen Bewegungen bedient, um die Konsumkultur zu erneuern. Weiterhin lässt sich auch eine Transformation von klar gegen-kulturell besetzten und kritisch orientierten Lebensstilen in subkulturelle Konsummuster beobachten, in denen ein politischer Geltungsanspruch letztlich verschwindet. In Großbritanniens Festivalkultur haben die 1970er und frühen 1980er Jahre diese Entwicklung beschrieben. Festivals konstituierten sich durch einen geteilten Code an gegenkulturellen Werten ebenso sehr wie durch geteilte Ablehnung des politischen Status Quo. Heute sind viele der damals entstandenen Festivals fester Bestandteil der britischen Alltagskultur und haben ihren gegen-kulturellen und damit auch politisch kontroversen Anspruch verloren. Solche Entwicklungen sind den Apologeten der Gegenkultur politisch zum Vorwurf gemacht worden (Heath & Potter, 2004). Andere Autoren haben dagegen den ursprünglich durch die Situationisten erklärten Anspruch eines politischen Spektakels aufrechterhalten und verteidigt (Grindon 2007; Duncombe 2007).

Zweifellos haben die gegenkulturellen Festivals der 1970er Jahre auf die Entwicklung der ersten Protestcamps in Großbritannien wie zum Beispiel Greenham Common eingewirkt, insbesondere in ästhetischer Hinsicht. Wie Cresswell (1996) und Hetherington (1998; 2000) eingehend beschrieben haben, sind in diesen Jahren Gegenkultur und politischer Protest Hand in Hand gegangen. Die sich entwickelnden subkulturellen Lebensformen stießen dabei auf heftigen Widerstand in der britischen Gesellschaft, spätestens als sich mit der Machtübernahme der britischen Konservativen unter Margaret Thatcher das politische Klima verschärfte. Sowohl die feministischen Protestler in Greenham Common als auch die New Age Traveller kamen in das Visier der Staatsmacht und erfuhren massive Repression (Worthington 2004). 1985 kam es zu einer großen Auseinandersetzung um ein kostenloses („free') Festival zur Sommersonnenwende in Stonehenge. Ein Polizeieinsatz verhinderte das Festival und es kam zu Massenverhaftungen. Diese so genannte ‚Battle of the Beanfield' nimmt für britische

Neue Soziale Bewegungen einen ähnlichen Stellenwert ein wie für die britischen Gewerkschaften der Miner Strike (Worthington 2004). Angesichts geteilter Repressionserfahrungen schien für viele Beteiligten eine Unterscheidung zwischen der subkulturellen Bewegung der New Age Traveller und der eher politisch orientierten Friedensbewegung kaum Sinn zu machen.

Cresswell (1996) und Hetherington (1998) stellen in ihren Arbeiten die politische Marginalisierung der Protestkulturen in den Vordergrund. Die geographisch sub-kulturelle Selbstverortung der Protestcamper außerhalb des Status Quo und dessen oft problematische politische Konsequenzen bleiben dagegen wenig diskutiert. Festzuhalten bleibt, dass eine spezifisch politische Ausrichtung von Camps in Großbritannien in den frühen 1980er Jahren im Kontext der Neuen Sozialen Bewegungen entsteht.

Institutionskritik

Von einer politikwissenschaftlichen Perspektive aus interessieren die Camps, weil sie eine gewisse Institutionalisierung von sozialen Bewegungen darstellen. Neben vielen anderen Charakteristika ist insbesondere den Neuen Sozialen Bewegungen die Skepsis gegenüber klassischer institutioneller Protestformen zueigen (Calhoun, 1992; Böhm et al., 2010).

Nun sind gewisse kollektive Organisationsformen allerdings unerlässlich, um die Konstituierung als politische Bewegung zu ermöglichen. Camps spielen in diesem Kontext eine wichtige Rolle, weil sie einem Kompromiss als situativer oder eventhafter Organisation gleichkommen. Damit quadrieren sie aus der Sicht von institutionskritischen AktivistInnen den Kreis. Sie erlauben regelmäßige Treffen und erzeugen ein Gefühl organisatorischer Existenz und Identität. Auch die Diskussion politischer Inhalte und Forderungen wird ermöglicht, ohne Mitgliederausweise auszustellen oder Vorstände zu wählen. Jenseits von Camps sind solche „freien Assoziationen" nur auf lokaler Ebene bekannt. Camps ermöglichen dagegen auch translokale Formationen.

Interessant ist der historische Ursprung des Camps im Militär. Der moderne politische Begriff der „Kampagne" leitet sich aus der militärischen Nutzung des Camps ab (Booth 1999). Wenn die Politik als Einhegung und Zivilisierung gewaltförmiger Konflikte verstanden werden kann, dann ist die Mobilisierung von sozialen Bewegungen in Camps im Umkehrschluss durchaus als eine Entzivilisierung der Politik zu verstehen. Was hier wie in anderen Organisations- und Protestformen sozialer Bewegungen versucht wird, ist eine Politik jenseits der institutionalisierten Spielregeln. Natürlich handelt es sich hierbei nicht um eine Militarisierung politischer Konflikte, zumal es den meisten Beteiligten, insbesondere in den frühen Camps der Friedensbewegung, gerade um eine Kritik an der militärischen Ausrichtung der internationalen Politik ging. Insofern sind die Camps eher als eine Kritik der gegebenen institutionellen Formen zu verstehen, in dem Sinne wie Deleuze und Guttari (1987) die Dualität von ‚Staatsapparat' und ‚nomadischer Kriegsmaschine' herausgearbeitet haben. Das Militär wird hier als der Versuch des Staates verstanden, die dynamische Macht der nomadischen Kriegsmaschine einzuhegen und zu instrumentalisieren. Für Protestcamps gilt dies indes nur bedingt, insofern die instrumentelle auf taktischen Erfolg in der Auseinandersetzung mit dem Protestziel fokussierte Funktion durch andere Funktionen, zum Beispiel das Austesten alternativer Lebens- und Organisationsformen (dazu unten mehr), ergänzt wird.

Nichts desto trotz bleibt es bemerkenswert, dass Camps wie Greenham Common offen gegen das „wir-gegen-sie" einer paternalistischen militarisierten Kultur protestierten, indem sie mit dem Camp selbst eine klare Grenze zwischen drinnen und draußen zogen. Im Falle des „Pollock Free State", ein Protest Camp in Glasgow in den Neunziger Jahren, wurde die Abgrenzung zum politischen Status Quo sogar durch die symbolische (und ironische) Neugründung eines Staates manifestiert. Hier wird der politische Konflikt quasi auf eine internationale Ebene gehoben (Seel 1997; Routledge 1997). Die Protestler stehen nicht mehr als Interessengruppe innerhalb des Systems sondern daneben, außerhalb. Wiederum drängt sich die Analogie zum Militärischen auf, denn im internationalen System sind Konflikte in der Tat nur begrenzt institutionell eingehegt. Den Protest-Campern geht es in der Regel nicht darum, dass ein neuer Staat gegründet werden soll. Doch die Kritik und der Protest verorten sich außerhalb der Spielregeln der institutionalisierten Innenpolitik.

Durch diese Verortung ergeben sich einige Probleme. Denn mit der Verletzung der Spielregeln des Status Quo stellen die Camper wie andere soziale Bewegungen auch durchaus die Autorität des Staates, die Geltung seines Rechtes, und nicht zuletzt sein Gewaltmonopol in Frage. Insofern ist es nicht erstaunlich, dass einer der zentralen Problemdiskurse aller sozialen Bewegungen die so genannte Gewaltfrage ist. Tatsächlich sind soziale Bewegungen aus der Sicht des Staates latent gewalttätig oder militant. Protest Camps sind in dieser Hinsicht besonders interessant, denn hier ist auch zu erkennen, wie sich die Spannung im Verhältnis zwischen Innen und Außen in unterschiedliche Richtungen entwickeln kann. Die Trennung zum Status Quo kann verstärkt oder geschwächt werden, mit unterschiedlichen Auswirkungen auf die politische Ausrichtung der Camps. Ein Blick in die empirische Realität der Protestcamps erweist sich hier als überaus aufschlussreich. Ich werde nun insbesondere auf den Umgang der Klimacamps mit den Medien, den Nachbarn sowie der breiteren Öffentlichkeit eingehen.

Mobilität, Neue Medien und Kommunikationsformen

Die Organisationsform des politischen Camps ist auch Ausdruck der Entwicklung neuer Mobilitäten und Kommunikationsformen. Die Erfahrung aus der Konstituierung mobiler Lifestyle-Gruppen wie der New Age Travellers durch das regelmäßige Treffen an unterschiedlichen Orten hat sich durch die Entwicklung neuer Kommunikationsformen und Mobilitäten in den letzten 20 Jahren noch einmal verstärkt und in den Entwicklungen der Protestcamps niedergeschlagen. Außerdem sind die Protestcamps der 1990er Jahre im Kontext neuer Medien zu sehen und spiegeln die generelle Entwicklung sozialer Organisation zu höherer Mobilität (Sheller 2003; Sheller & Urry 2006) wider. Es bietet sich daher an, die Camps als „moorings", Anlegestellen in einer mobilen Welt, zu verstehen (Hannam et al. 2006). Die Vernetzung der AktivistInnen findet dabei sowohl online als auch offline statt, wobei die Online-Vernetzung die Vernetzung in der realen Welt, d.h. in den Camps, keineswegs ersetzt, sondern diese im Gegenteil eher noch zu verstärken scheint. In gewisser Hinsicht weist die erhöhte Mobilität, die die sozialen Bewegungen „beweglicher" macht, auch ihre eigenen Widersprüche auf. Nicht zuletzt im Hinblick auf den Zusammenhang der Klimaproblematik eröffnet die Mobilität sozialer Bewegungen eine Ressourcenfrage. Bei dem jüngsten „Weltklimagipfel der sozialen Bewegungen" in Bolivien im April 2010 werden die meisten internationalen TeilnehmerInnen wohl kaum mit dem Zug angereist sein (Cochabamba 2010). Während solche Widersprüche im Kontext der britischen Klimacamps nicht unmittelbar relevant sind, erscheint die Verschränkung von erhöhter Mobilität und Kommunikation eine wichtige Erklärung und Ermöglichungsform der Professionalisierung der Klimacamps.

Zwischenfazit: Camping als politische Organisations- und Protestform kann in mehrerer Hinsicht beleuchtet werden. Zum einen wird darin Geographie zum Symbol von Kritik. Hier baut modernes Protestcamping auf der anti-modernen Kritik auf, die die ursprüngliche Camping-Bewegung mobilisiert hat. Politisch ist diese moderne Kritik immer sowohl rechts als auch links angesiedelt gewesen. Zweitens steht Protestcamping in der Tradition der Gegenkultur und damit einhergehenden versuchten Politisierung von Kultur. Die Fallstricke dieser Tradition liegen in der Entpolitisierung kultureller Dissidenz in einem nach Differenz gierenden Konsumkapitalismus. Alternative, kritische Lebensformen von gestern werden zum neuen Mainstream oder stabilisieren sich als marginale Subkulturen und Lebensstile, die keinen politischen Anspruch mehr haben. Drittens kann man politisches Campen aus Sicht der Institutionskritik der Neuen Sozialen Bewegungen verstehen. Hier ist insbesondere von Bedeutung, dass in den Camps die zivile, normale Aushandlung gesellschaftlicher Konflikte in Frage gestellt wird. Hier treten soziale Bewegungen sozusagen aus dem legalen und institutionellen Raum des gegebenen Status Quo heraus oder geben vor es zu tun. Viertens spiegelt sich in der wachsenden Bedeutung der Protestcamps auch die gewachsene Rolle von neuen Medien und Mobilität wider. Damit eröffnen sich neue Mobilisierungsformen für soziale Bewegungen. Camps scheinen ein effektiverer Weg zu sein, die basis-demokratische Konstituierung von Protestbewegungen zu ermöglichen.

Die britischen Klimacamps – Einführung und Überblick

Die Geschichte der britischen Klimacamps beginnt nicht mit dem ersten Klimaprotestcamp 2006 in Yorkshire, sondern mit der Mobilisierung zum G8-Gipfel 2005 in Schottland. Das dortige Protestcamp *Horizone* oder *Ecovillage* brachte in der Vorbereitungsphase seit dem Herbst 2004 eine Koalition von Protestgruppen unter dem Netzwerk *Dissent G8* zusammen. Eine der maßgeblichen Vorbereitungen bestand in der Planung eines Protestcamps für die erwarteten internationalen und nicht lokalen Protestler in der Nähe der Tagungsstätte Gleneagles. Das Camp brachte die Stärken und auch die Schwächen dieser Mobilisierungsform deutlich zum Ausdruck. Probleme entstanden zum Beispiel in der Aushandlung des geeigneten Campingplatzes mit den Autoritäten, die einen Campingplatz durchsetzen konnten, der strategisch der Polizei nutzte. Abgetrennt auf drei Seiten durch einen Fluss, konnte der Zugang und Ausgang aus dem Camp durch die Polizei mit wenig Aufwand kontrolliert werden (Trocchi et al. 2005). Probleme gab es auch mit der gegenkulturellen Ausrichtung sowie der politischen Positionierung des Camps. Ebenso offenbarte sich aber für viele Beteiligte auch ein enormes Potential, Camps als politische Mobilisierungsform zu nutzen, wenn die Probleme überwunden werden könnten.

In der Folge des Gleneagles Camps begann eine lose Koalition von AktivistInnen an der Organisation eines Klimacamps zu arbeiten. Die Vorbereitungen sprachen die bekannten Probleme auf unterschiedliche Art an. Anstatt mit den Behörden über Campingplätze zu verhandeln, wurde diesmal von den britischen Besetzerrechten Gebrauch gemacht. Das ausgewählte Terrain wurde schlicht und einfach besetzt.

Tabelle: Geschichte der größten[1] britischen Klimacamps
(und des Vorläufer Camps)

Jahr	Ort	TeilnehmerInnen (Medien-Schätzungen)	Focus
2005	Stirling	5000	G8 Protest Camp Horizone/Ecovillage
2006	East Yorkshire-Drax	800	Kohlekraft
2007	London Heathrow	1200	Flugverkehr
2008	Kent-Kingsnorth	1500	‚Saubere' Kohlekraft
2009 (April)	London City	5000	European Climate Exchange/G20
2009 (August)	London	1500	Verschiedene
2010	*Edinborough*	*(geplant)*	*Finanzinstitutionen*

Das Camp hatte weiterhin einen klar sichtbaren, gegen-kulturellen Charakter, aber erste Versuche wurden gemacht, die so genannte ‚Ghettoisierung' der AktivistInnen zu überwinden. Die thematische Ausrichtung auf Klimapolitik war möglicherweise Grund für eine breitere politische Resonanz des Camps. Gleichzeitig wurde durch den Aufruf zur Stilllegung des größten britischen Kohlekraftwerks Drax in West Yorkshire ein radikaler Anspruch aufrechterhalten. Das Camp als Organisationsform wurde weiter entwickelt; besonders der Umgang mit den Medien, den Campnachbarn sowie die innere Organisation des Camps. In den folgenden Abschnitten werde ich diesen Entwicklungen über einen Zeitraum von drei Jahren zwischen dem ersten Camp im Sommer 2006 bis zum Camp 2009 in London nachgehen. Es soll verdeutlicht werden, dass es zu einer Professionalisierung des Campings kam.

Die Professionalisierung

(1) Medien

Neben der Polizei sind vor allem die Medien als ein Teil des Status Quo zu verstehen, dem daran liegt, die innere Welt der Protest Camps genau zu durchleuchten. In den radikalen britischen Protestbewegungen herrschte seit den beschriebenen Versuchen der Marginalisierung in den 1980er und 1990er Jahren eine breite Kritik gegenüber den Medien (Cresswell 1996). Gleichzeitig standen Protestcamper wie alle Protestierenden immer vor der Herausforderung, ihre politi-

---

[1] Regionale Klimacamps fanden 2009 auch in Schottland und Wales statt.

schen und gesellschaftlichen Forderungen vermitteln zu müssen (Routledge 1997). Entwicklungen wie die Entstehung von alternativen Medien, zum Beispiel mit Webpublikationen wie Indymedia, spiegeln nicht nur die Skepsis vieler AktivistInnen gegenüber den so genannten Mainstream-Medien wider, sondern auch das Kommunikationsbedürfnis der Protestbewegungen (Pickard 2006; Pickerill 2007). Doch alternative Medien haben trotz ihrer massiven Verbreitung in Zeiten des Internets nichts daran geändert, dass Protestbewegungen mit den Massen- und Mainstream-Medien umgehen müssen und wollen.

In Zusammenhang mit dem Protestcamp 2005 in Gleneagles zeigten sich die Probleme, die daraus resultierten. Eine Mediengruppe hatte vor dem Beginn der Proteste gegen die G8 verschiedene Kontakte zu Massenmedien aufgebaut und entwickelt. Mit der Entstehung des Camps in Gleneagles wurde das Camp selbst für die Medien zur No-go-Zone erklärt. Medienvertreter wurden stattdessen vor dem Camp empfangen und konnten dort potentiellen Interview-Partnern vermittelt werden (CounterSpin Collective 2005). Die Grenze zum Camp wurde so klar von den Campern reguliert. Einmal kam es im Camp zu erheblichen Konflikten, als eine Gruppe von Journalisten das Camp betrat, weil sie von einer spezifischen Gruppe von AktivistInnen dazu eingeladen wurde. Die Medienvertreter wurden im Camp durch andere AktivistInnen gestoppt und mussten das Gelände verlassen (CounterSpin Collective, 2005).

Darüber hinaus herrschte ein generelles Fotoverbot auf dem Camp und immer, wenn jemand versuchte, Fotos vom Camp zu machen, musste er damit rechnen, von anderen Campern zur Unterlassung aufgefordert zu werden. In der Folge gab es sehr wenige Bilder des *Horizone* Camps. Obwohl das Camp vor allem auf Grund seiner sozialen und ökologischen Nachhaltigkeit in vielen internen Rückblicken als Beispiel einer anderen, besseren politischen Ordnung dargestellt wurde (Trocchi et al. 2005), fehlten die Bilder, die das belegen konnten. Es blieb unklar, wie die alternative „bessere" Welt von außen wahrgenommen werden sollte, wenn niemand in der Lage war, das Camp zu vermitteln. Die Mediengruppe (CounterSpin Collective 2005) reflektierte nach dem Camp über ihre eigene Rolle. Im Ergebnis sei die Öffentlichkeitspolitik des Camps gescheitert. Sie kritisieren die AktivistInnen, die Probleme mit Massenmedien haben:

„(...) to what extend can a disdain for mainstream media be another way of remaining firmly locked in the inside-outside dichotomy of counter-culture/sub-culture vs. the mainstream, not wanting to engage with anything that is considered ‚mainstream' because of being beholden to an existence as ‚anti', as ‚indy', as ‚alternative', as ‚pure', thereby reproducing precisely the kinds of static identity positions which capitalism thrives on as it continuously commodifies identities?" (CounterSpin Collective 2005: 328).

Was sich hier ablesen lässt, ist eine Kritik des im ersten Abschnitt diskutierten gegen-kulturellen Kontextes, in dem sich manche AktivistInnen verorten. Die MedienaktivistInnen bemängeln die politische Naivität einer solchen Abgrenzung gegen die so genannten Mainstream-Medien und fordern ein Umdenken. Solche Kritik ging in die Entwicklung der britischen Klimacamps ein, indem die Medienpolitik der Camps über die Jahre maßgeblich professionalisiert wurde. Die MedienaktivistInnen des *Horizone* Camps brachten ihre Erfahrungen in den Diskussionsprozess um einen neuen Umgang mit den Massenmedien mit ein.

Voraussetzung für die Medienarbeit der Klimacamps war allerdings immer das zuvor erweckte Medieninteresse. Dies gelang den Organisatoren insbesondere durch radikale Ankündigungen und Tabubrüche oder, wie Cresswell (1991: 165) formuliert, in einem „heretic reading of space". Beim ersten Klimacamp in Yorkshire wurde so lange vor der Aktion öffentlich angekündigt, ein Ziel des Camps sei die Stilllegung des größten britischen Kohlekraftwerks Drax, das allein 6% der britischen Elektrizität produziert und einer der größten CO_2-Emittenten Europas ist. Die Medien, insbesondere die protestkritischen Medien, riefen sensationalistisch den Notstand aus und prophezeiten den Zusammenbruch der britischen Stromversorgung (Press 2006). Mit dem geweckten Interesse gingen die AktivistInnen dann sehr sorgsam um. Das Camp war zwar für Journalisten unzugänglich, doch gleichzeitig wurde eine pro-aktive Medienarbeit gemacht. Jeden Tag fanden begleitete Führungen für Pressevertreter statt. Gleichzeitig wurden den CampteilnehmerInnen klare Regeln über den Umgang mit der Presse kommuniziert. Im Camp-Handbuch hieß es beispielsweise:

> „The media team is prepared to talk to the media. But journalists could talk to anyone. (…) Think first! Think about what you are saying, how it might be interpreted, how it reflects on the camp, and whether it has legal/security implications" (Only Planet 2006: 9) .

Einzelne Journalisten wurden darüber hinaus eingeladen, komplett am Camp teilzunehmen. Diese einzelnen Journalisten gehörten der links-liberalen Presse an. Man kann hier durchaus von „embedded journalists" sprechen, in Anlehnung an die Taktik der US Armee zur Kontrolle der Medien. Pro-aktives Medienmanagement und Öffentlichkeitsarbeit hatten einen sehr hohen Stellenwert und erfüllten ihre Funktion, indem sympathische Berichte durch diese wohlmeinenden Journalisten zu einem positiveren Bild des Klimacamps in der Öffentlichkeit beitrugen, als das zum Beispiel beim G8-Protestcamp der Fall gewesen war. Die Professionalisierung der Presse- und Öffentlichkeitsarbeit hat sich in den folgenden Jahren des Klimacampings fortgesetzt. Bis heute sind weiterhin alle Camps weit gehend für die allgemeinen Medien tabu geblieben, doch die Nähe und

Zusammenarbeit mit bestimmten JournalistInnen bzw. Medien hat sich erhöht (Lewis 2009).

Darüber hinaus sind allerdings auch einige Aktionen der Klimacamper zunehmend im Kontext der Medienarbeit zu sehen, eine Tatsache, die auch zu interner Kritik geführt hat. Beim Klimacamp am Flughafen Heathrow in Sommer 2007 war das Rezept der Aufmerksamkeitserregung das gleiche wie bereits in Yorkshire. Im Vorfeld des Camps kündigten die Protestierenden an, gegen Heathrows geplante Erweiterung zu demonstrieren. Vor dem Hintergrund einiger Rollbahnbesetzungen an Regionalflughäfen im Vorfeld des Protestcamps (Notts IMC 2006) reichte die Ankündigung von Aktionen in Heathrow, um in der britischen Presse eine Welle von sensationalistischen Spekulationen über mögliche Rollbahnbesetzungen am größten europäischen Flughafen auszulösen (Newell & Cole 2007). Das Interesse war geweckt, auch wenn die CamporganisatorInnen immer wieder betonten, den normalen Passagierverkehr nicht stören zu wollen (BBC, 2007).

In der Pressearbeit vor Ort wurde die Professionalisierung einen weiteren Schritt vorangetrieben. Ein besonderer Augenblick bestand in einem Pressefoto, das allein für die Medienvertreter fabriziert wurde. Solche „media stunts" sind Gang und Gäbe in vielen NGOs, aber im Kontext der AktivistInnen des Klimacamps werden sie oft kritisch gesehen, denn sie stellen keine direkte Aktion dar, die tatsächlich die Behinderung des Protestzieles versucht und sind damit lediglich symbolisch. Diese Entwicklungen haben Diskussionen um die Klimacamps ausgelöst, auf die ich weiter unten noch eingehen werde.

Zwischenfazit: Am Beginn der Camps in den 1980er Jahren stand die Stigmatisierung durch die Medien, worauf die AktivistInnen mit eigener Ablehnung reagierten. In der Entwicklung der Klimacamps wurden die Massenmedien jedoch auf immer gezieltere Art und Weise genutzt und auch gesteuert. Die oppositionellen Medien wurden provoziert, um Aufmerksamkeit für das Camp zu schaffen, während die eher sympathischen Medien weitgehend in das Camp einbezogen wurden. Für die Massenmedien gab es fabrizierte Fotos und Erfolgsgeschichten. Damit ist die offene Kritik an Massenmedien und ihre Ablehnung von einem professionellen Medienmanagement in den Camps abgelöst worden.

(2) Nachbarn

Die Professionalisierung der Pressearbeit ist nur eine Dimension der Professionalisierung. Eine weitere besteht in der Zusammenarbeit mit den unmittelbaren und mittelbaren, das heißt den geographischen und politischen, Nachbarn des Protestcamps. Hier sticht insbesondere das Klimacamp 2007 in Heathrow heraus, bei dem die geographischen Nachbarn des Camps aktiv einbezogen wurden. Dies galt insbesondere für die Bewohner des Dorfes Sipson, dessen Existenz durch Planungen einer dritten Landebahn bedroht war. Die Sympathie und Solidarität der durch Heathrow betroffenen Anwohner mag selbstverständlich erscheinen. Dennoch war die Kommunikationsleistung des Camps hier beeindruckend, denn die Anwohner entschlossen sich teilweise, im Camp zu übernachten. In Schottland beim G8-Gipfel aber auch in Yorkshire beim ersten Klimacamp hatte es kaum Kontakte mit der lokalen Bevölkerung gegeben. In den 1980er Jahren noch hatte das Greenham Commons Peace Camp bei den in der Nachbarschaft ansässigen BürgerInnen die Gründung einer Protestbewegung namens RAGE (Residents against Greenham Encampments) ausgelöst (Cresswell 1996).

Darüber hinaus gelang den Klimacamps auch immer besser die Einbeziehung des politischen Umfelds. Die Camporganisatoren vermochten, das politisch weitere Umfeld der von ihnen vertretenen radikalen Systemkritik in die Proteste mit einzubeziehen. Neben einer Reihe von moderaten linken Gruppen und Parteien sowie umweltpolitischen NGOs sind dabei auch zunehmend Vertreter des links-liberalen Mainstreams in die Klimacampbewegung integriert worden. Im schottischen Protestcamp zum G8-Gipfel war genau das Gegenteil passiert. Während moderate Gruppen und NGOs dort im Rahmen der *Make Poverty History*-Kampagne quasi im Boot mit der britischen Regierung saßen, wurden die radikalen Stimmen im Protestcamp isoliert. Das Camp wurde durch das anti-kapitalistische *Dissent*-Netzwerk betrieben, dem es nicht gelang, sein politisches Umfeld im Hinblick auf das primäre Ziel, die Delegitimisierung der G8 als undemokratische Institution, zu integrieren. Dies ist von vielen Beobachtern als strategisches Problem wahrgenommen worden und hat sich auch in den Planungen für die Proteste beim G8-Gipfel 2007 in Heiligendamm niedergeschlagen (Turbulence 2007). Ebenso spielten diese Überlegungen eine Rolle in der strategischen Planung der Klimacamps.

Bereits in der Wahl der Klimaproblematik als Angriffspunkt hat das Klimacamp einen anderen strategischen Ansatz versucht. Kapitalismus- und Systemkritik sind zwar zentral geblieben, doch gleichzeitig wurde auch eine gewisse Öffnung zu größerer Pluralität betrieben. Ähnlich wie in dem Slogan der globalisierungskritischen Bewegung „One No, Many Yeses" (Kingsnorth, 2003) trat radikaler Klimaschutz und damit eine radikale Ablehnung klimagefährdender Projekte in den Vordergrund, während eine größere Vielfalt von Alternativen und Lösungen im Camp zum Ausdruck kam.

Dies spiegelte sich in der Veränderung im Charakter der Camps wider, der sich bereits im ersten Klimacamp abzeichnete und dann in Heathrow und später in Kent sehr deutlich wurde. Das Camp war nicht mehr, wie noch beim G8-Gipfel in Schottland, vornehmlich als Aktionscamp konzipiert, stattdessen wurde das Camp stärker auch als Diskussions- und Informationsraum genutzt. Weiterhin erklärten Organisatoren das Camp zu einem für eine Protestbewegung konstitutiven Raum. Explizit erfüllten die Camps vier Funktionen: 1) die Ermöglichung von Aktionen, 2) nachhaltiges, radikal demokratisches Leben in Praxis, 3) Bildung der TeilnehmerInnen, 4) die Schaffung einer Klimabewegung (Only Planet 2006; Only Planet 2007).

Protestcamps waren in der Geschichte nie allein auf Aktionen fokussiert gewesen. Wie oben beschrieben, war der konstitutive Charakter der Camps als „Gegenwelt" zum Status Quo immer ein bedeutender Aspekt. Doch in den Klimacamps ist dieser Aspekt bewusst kommuniziert worden, und zwar – wie ich argumentieren würde – in Reflexion von Entwicklungen wie der Sozialforumsbewegung (Santos, 2006). Das Camp selbst wurde als „offener Raum" konstituiert (Keraghel & Sen 2004). Man verortete sich außerhalb der institutionellen Politik und in radikaler Kritik des Status Quo, aber gleichzeitig herrschte innerhalb des Camps größte Offenheit gegenüber divergierenden Positionen. Dem lag argumentativ eine radikal demokratische strategische Auslegung zu Grunde:

> „So it's up to us, the public acting together, to push solutions that fight against climate change and for social justice, to develop attractive solutions, to adopt different measurements of value, to turn things around. The good news is that most of the changes needed are social, psychological and political. They aren't about technology. They are questions to be answered by the public, not the expert" (Only Planet, 2007: 2).

Oft wurden dabei auch Meinungen vorgebracht, die im Kontext der KlimaaktivistInnen eher ungewöhnlich erscheinen. Für „saubere" Kohle, d.h. eine weitere Nutzung von Kohlekraft durch Einfangen des CO_2, argumentierte beim Klimacamp 2008 in der Nähe des Kraftwerkes Kingsnorth in Kent zum Beispiel der prominente britische Gewerkschaftler Arthur Scargill, der in den 1980er Jahren die britischen Kohleminenarbeiter im Arbeitskampf mit der britischen Regierung angeführt hatte. Auch vertraten verschiedene TeilnehmerInnen staatliche Interventionen, zum Beispiel durch höhere Steuern auf Konsumartikel oder sogar Verbote (Monbiot 2007). Solche Positionen bewegen sich klar außerhalb des politischen Rahmens der KlimacamporganisatorInnen, die den Staat als Teil des Problems ansehen. Der Klimawandel wird hier im Kontext einer kapitalismuskritischen Systemkritik verstanden. Die Öffnung des politischen Raums jenseits dieser Position sollte ermöglichen, breitere gesellschaftliche Gruppen für das Engagement in Klimacamps zu gewinnen und die politische Isolation der Camps zu vermeiden. Doch umgekehrt können durch eine solche Öffnung auch andere Analysen an Schlagkraft gewinnen. Dieses ‚Risiko' des ‚offenen Raumes' und politischer Pluralität wird in dcr Kritik, die die Klimacamps erfahren haben, aufgegriffen. Pluralität gab es über den Diskussionsraum hinaus auch bei Taktiken und Aktionsformen. So gab es bei allen Camps Demonstrationen, die bewusst unkonfrontativ abgehalten wurden, während gleichzeitig unterschiedliche autonome und kollektive ‚direkte Aktionen' stattfanden.

Hierin zeigt sich eine Veränderung der politischen Ausrichtung der Camps im Gegensatz zum Status Quo. Die Öffnung des Camps war Ausdruck dafür, dass sich die Camps massiv von gegen-kulturell kodierten Formen abwandten. Die Camps wurden zunehmend als offene, politische Räume verstanden. Diese Öffnung hatte nicht nur Auswirkungen auf die ideologische Ausrichtung der Camps. Gleichzeitig offenbarte sich trotz der Abkehr von gegen-kulturellen Formen, dass die Protestcamps weiterhin als kulturelle Räume fungierten, nun aber weitaus stärker an den herkömmlichen Freizeitvorstellungen orientiert. Verschiedene Beobachter zogen so Vergleiche zwischen den Klimacamps, Campingurlauben oder Musikfestivals (Hari 2007). Die britische Öffentlichkeit hatte das 2005 Protestcamp in Gleneagles noch als ein rabiates Aktivistencamp angesehen, doch im Hinblick auf die Klimacamps setzte sich zunehmend eine positive Wahrnehmung durch, Camps wurden als sympathischer Wochenendspaß angesehen. Die Camporganisatoren hatten ihrerseits dazu beigetragen, dass sich ein solcher Eindruck durchsetzen konnte.

Das Camp als touristischer Raum

Besonders augenfällig in der Professionalisierung der Camps ist ihre Entwicklung als touristischer Raum. Die Analogisierung von politischem Aktivismus und Tourismus erscheint insbesondere im Hinblick auf Protestcamps naheliegend. Eine solche Identifikation ist allerdings gleichzeitig höchst umstritten. Als Touristen wurden Protestcamper in der Geschichte oft von den politischen Gegnern bezeichnet oder auch von Kritikern aus den eigenen Reihen, die die Ernsthaftigkeit eines bestimmten Protestes in Frage zu stellen versuchten, indem sie diese als touristisch bezeichneten (Frenzel 2009). Wie auch in anderen Protestcamps lässt sich in den Klimacamps zunächst deutlich eine Ironisierung des touristischen Elements feststellen. Als Beispiel sei die Informations-Broschüre angeführt, die in den Camps 2006 und 2007 an CampteilnehmerInnen verteilt wurde. Unter dem Titel „Only Planet" (siehe Abbildung 2,3), einer Ironisierung des Fremdenführers Lonely Planet, wurden die Grundregeln des Camps, seine Funktionsweise sowie Organisationsfragen erklärt wie in einem echten Fremdenführer.

In der ironischen Annäherung wird das ambivalente Verhältnis von Protest zu postmodernen Konsumformen behandelt. Wie ich bereits oben ausführte, stehen Protestcamps seit den 1970er Jahren in der Tradition von Musikfestivals und sind damit nicht nur ästhetisch verwandt, sondern auch in Hinblick auf ihren Charakter als Orte des Konsums. Eine Konsumorientierung wird allerdings politisch durch Protestcamper oft abgelehnt, weil hier Tendenzen einer Entpolitisierung befürchtet werden. Eine der maßgeblichen Strategien gegen eine solche Entpolitisierung von Konsum besteht im Fokus auf einer gleichberechtigten Teilhabe aller TeilnehmerInnen an den Protestcamps. Eine Aufteilung der Beteiligten in ProduzentInnen und KonsumentInnen soll vermieden werden, nicht zuletzt, um eine Hierarchisierung zu verhindern. Dieser soll durch horizontale Organisationsformen entgegengewirkt werden. Darin folgen die Protestcamps den Einsichten der Situationisten (Debord 1994) und späterer Theoretiker (Duncombe 2007; Grindon 2007) der Logik des Spektakels.

Die Ironie der ‚Only Planet' Guides wird notwendig, weil zwischen dem horizontalen Organisationsideal des Camps als „ethical spectacle" (Duncombe 2007) und der bereits beschriebenen gesellschaftlichen Öffnung ein Konflikt entsteht. Sollen neue TeilnehmerInnen gewonnen werden und das Camp über den Kreis der üblichen ProtestteilnehmerInnen hinaus attraktiv werden, so muss das Camp und die Teilnahme leichter zu konsumieren sein. Der Widerspruch zur horizontalen Organisation, der daraus erwächst, dass neue TeilnehmerInnen formale Regeln in gedruckter Form der Fremdenführer präsentiert bekommen und diese somit nicht mehr diskursiv mit aushandeln können, soll mit Hilfe von Ironie relativiert werden. In der Entwicklung der britischen Klimacamps lässt sich eine Normalisierung, das heißt eine Entironisierung des touristischen, konsumistischen Charakters der Camps ablesen. Ironiefreie Werbematerialien zeigen dies ebenso deutlich wie ein Diskurs von TeilnehmerInnen, die sich zunehmend offen als TouristInnen oder KonsumentInnen bezeichnen. Als Beispiel mag ein Flyer zum Protestcamp 2008 in Kingsnorth dienen, in dem Abenteuertourismus sowie Camping und Outdoor-Romantik anklingen.

Eine Werbezeitschrift für das gleiche Camp, das in einer Auflage von 20.000 Exemplaren beim größten britischen Musikfestival in Glastonbury verteilt wurde, bediente sich ähnlicher Bilder und einer ähnlichen Sprache. Zeitungsberichte vom Klimacamp deuten ebenfalls in die Richtung einer offenen Anerkennung des touristischen Charakters des Camps (Weaver 2007; Weinberg 2007; Berry 2007). Unweigerlich wird damit allerdings die Trennung zwischen ProduzentInnen und KonsumentInnen im Camp exponierter, und die Protestcamps entwickeln sich zu Konsumräumen. Was dieser Entwicklung dabei zunächst, bis zum Camp in London im Frühjahr 2010, noch im Wege gestanden hatte, war die harte Repression, die die Camps durch die Polizei erfuhren.

Die Polizei, und möglicherweise die britische Politik, hat die hier beschriebene Professionalisierung und damit den Wandel der Camps zunächst nicht wahrnehmen wollen. In Strategien, die eher mit den Mechanismen der 1980er Jahre zu vergleichen waren, hat die Polizei über Jahre verschiedene Instrumente eingesetzt, um die Klimaprotestcamps zu behindern oder zu verhindern. Dazu gehörten unter anderem die massive Einsetzung von Anti-Terror-Gesetzen sowie Videoüberwachung und gezielte Einschüchterungsversuche gegen von der Polizei als Organisatoren identifizierte Protestler. Diese Praktiken sind insbesondere nach dem Klimacamp 2008 in Kingsnorth in die öffentliche Kritik geraten. Dort hatte die Polizei nachts laute Musik gespielt, um die TeilnehmerInnen des Camps am Schlaf zu hindern. Ein Mitglied des britischen Parlaments, das am Camp beteiligt war, hatte dem britischen Parlament einen Bericht vorgelegt, der eine Untersuchung durch die Polizeikontrollkommission auslöste (BBC 2009). Darüber hinaus gelang es einem Journalisten der Tageszeitung *Guardian*, Videomaterial der Polizei zu erhalten. Dieses Material zeigte, wie Polizisten von Videoüberwachungseinheiten gezielt Aktivisten und auch Journalisten observieren (Lewis 2009). Als dann beim Klimacamp im April 2009 in London während des G20-Gipfels ein Beistehender bei einem Polizeieinsatz getötet wurde, brach in der britischen Öffentlichkeit eine breite Debatte über Polizeibrutalität aus, in der selbst konservative Zeitungen in die Kritik an der Polizei einstimmten. Die Klimacamps haben durch ihre Professionalisierung und die Einbeziehung immer breiterer gesellschaftlicher Gruppen einen großen Teil dazu beigetragen, die zunehmende Repression von sozialen Bewegungen in Großbritannien zu problematisieren. Dies hat die Klimacamps ihrerseits wiederum weiter legitimiert.

Von entlegenen Orten zur Mitte der Gesellschaft?

Als der damalige Umweltminister Ed Miliband 2009 selbst eine breite soziale Bewegung für den Klimaschutz forderte, erinnerte das durchaus an die Einbindungsversuche der Regierung Blair im Zuge der *Make Poverty History*-Kampagne 2005 (Miliband 2009). Und auch wenn solche Einbindungsversuche von den KlimaaktivistInnen lauthals zurückgewiesen werden, ist doch Kritik laut geworden an der zunehmenden Ausrichtung des Klimacamps an politisch moderaten Forderungen. Es wurde auch eine zu starke Orientierung an den existierenden politischen Strukturen kritisiert. Als im Sommer 2009 die Polizei bei einem weiteren Klimacamp in London infolge der massiven Kritik, die ich oben beschrieben hatte, sehr zurückhaltend agierte, schien das Camp plötzlich nicht mehr an einem entlegenen Ort zu stehen, sondern in der Mitte der Gesellschaft.

Im Januar 2010 veröffentlichte eine Gruppe von Klimacampern einen Reader, der die Kritik an dieser Entwicklung, die bis zum Protestcamp in Heathrow 2007 zurückreichte, zusammenfasste (Shift Magazine & Dysophia, 2010), und zwar in Bezug auf alle oben genannten Punkte der Professionalisierung. Kritik wird zum Beispiel geäußert am Umgang mit den Massenmedien durch das Medienteam:

> „Camp spokespeople have been put forward when they have simply been individuals putting their own opinions. It has become very media friendly, but ends up misrepresenting constituent parts. If you are putting a lot of work into a project that is saying things you flat out disagree with then it sticks in the throat" (Shift Magazine & Dysophia, 2010: 13).

In Hinblick auf die Außenwirkung beschreibt ein Autor (unter dem Pseudonym A G.R.O.A.T) die zunehmende Entwicklung hin zu einem Spektakel, wenn er/sie schreibt:

> „The Camp has become more of a spectacle rather than an event living up to its aim of being a radical space..." (Shift Magazine & Dysophia, 2010: 14).

In einer direkten Kritik an symbolischen Aktionen wie dem oben beschriebenen Pressefoto fügte er/sie hinzu:

> „Action was more than to be symbolic (...) It was to be direct and effective, not a series of media stunts. While many of the actions that came out of the camp were this, the camp itself has struggled to be more than a symbolic spectacle, with media predominating." (Shift Magazine & Dysophia, 2010: 14 f).

Andere Kritik äußerte sich an der zunehmenden Aufmerksamkeit, die im Camp prominente Journalisten und UmweltaktivistInnen genossen. Weiterhin wurde kritisiert, dass sich die Camps von ihren Ursprüngen in der radikalen anarchistischen Bewegung gelöst hätten:

> „While we recognise the importance of creating a welcoming and non-sectarian space, we feel that the camp risks losing contact with its anti-capitalist, antiauthoritarian roots and appearing as a gathering that lends its support to top-down, state-centred responses to the crisis that climate change and energy depletion pose for capitalism." (Shift Magazine & Dysophia 2010: 6).

Ob dies allerdings auch schon bedeutet, dass damit die radikaleren Forderungen nach Systemwandel vergessen würden, ist zu bezweifeln. In Verteidigung des Klimacamps hat ein Veteran des britischen Straßenprotestcamps in Newbury in den 1990er Jahren auf den Erfolg verwiesen, den das Camp hatte: systemkritischen Stimmen eine große Öffentlichkeit zu geben:

„All radical movements we venerate had their woolly end. This doesn't mean we should ignore it, but it does mean that their presence isn't indicative of an all-encompassing woolliness. Check your suffragette, civil rights or anti-nuclear history, they all had it. The Climate Camp remains overtly radical. The first thing you see coming up the hill or going past on the 380 bus is the entrance banner saying Capitalism IS Crisis" (Merrick 2009).

Schlussfolgerungen: Ein Balanceakt

Einige Kritiker argumentieren, dass sich die Klimacamps institutionalisiert haben und damit vor dem Problem stehen, ihrem radikalen Anspruch auf Systemwandel zumindest in der Praxis nicht mehr gerecht werden zu können. Damit würde der ursprüngliche Reiz der Protestform des Campings unterlaufen, gerade dort Identität und Organisation zu bieten, wo Institutionen abgelehnt werden. Ich habe argumentiert, dass sich eine Professionalisierung des Protestcampings feststellen lässt. Diese Professionalisierung scheint jedoch für sich selbst genommen keine Institutionalisierung oder notwendige Integration in die Logik des Status Quo zu bedeuten.

Tatsächlich lässt sich in der hier beschriebenen Entwicklung ablesen, dass die Professionalisierung der Protestform eher bedeutet, dass der notwendige Balanceakt zwischen den radikalen Forderungen des Camps einerseits und einer offenen Herausforderung des Status Quo immer besser bewältigt wird. In der Medienarbeit zeigte sich, dass eine Kombination aus radikalen Forderungen mit einer pro-aktiven Öffentlichkeitsarbeit viele Sympathien bringen kann. Einbindungsversuche der unmittelbaren und politischen Nachbarn sind zentral, um die Legitimität des Camps zu erhöhen und den politischen Forderungen Nachdruck zu verleihen. Gleichzeitig bedeuten solche Versuche immer die Gefahr, dass sich die radikalen Positionen aufweichen oder verändern. Dass das Protestcamping auch ein Freizeitraum ist, in dem kultureller Konsum in den Vordergrund treten kann, ändert sich nicht durch die Öffnung zu breiteren gesellschaftlichen Gruppen. Gerade hier wird deutlich, dass die Extreme von gegen-kultureller Isolation und offener „Touristifizierung" letztlich zu dem gleichen, ungewollten Effekt der Depolitisierung führen können. Letztlich, so lässt sich argumentieren, sind Protestcamps eine durch neue Mobilitäts- und Kommunikationsformen begünstigte Protestform, die aller Voraussicht nach in ihrer Bedeutung wachsen wird. In diesem Kontext bedeutet Professionalisierung das gewachsene Verständnis von AktivistInnen von der Notwenigkeit, das Camp im Spannungsfeld zwischen „entlegenen Orten" und der „Mitte der Gesellschaft" zu balancieren.

Die Verhandlungen und Aushandlungsprozesse, die sich beobachten lassen, setzen einen 30- jährigen Lernprozess fort, in dem sich Camping in Großbritannien als Protestform entwickelt hat. Inwieweit sich die Camps mittel- und lang-fristig einer möglichen Einbettung und Institutionalisierung entziehen können, ist unklar. Es erscheint allerdings, dass die Klimacamps politisch eine wichtige Rolle gespielt haben und spielen werden, nicht nur im Hinblick auf die Klima-problematik. Sie haben unter anderem die Wahrnehmung geschärft, dass kapita-lismus- und systemkritische Positionen durchaus nicht marginal sind, sondern angesichts von ökonomischer und ökologischer Krise in der gesellschaftlichen Mitte Anklang finden können.

Literatur

BBC (2009): Camp protesters 'sleep-deprived'. Online verfügbar unter http://news.bbc. co.uk/1/hi/england/7940128.stm, zuletzt geprüft am 09.06.2010.

BBC (2007): Climate activists target Heathrow. Online verfügbar unter http://news. bbc.co.uk/1/hi/england/london/6918019.stm, zuletzt geprüft am 08.06.2010.

Berry, Sian (2007): New Statesman – Sian goes to Climate Camp. Online verfügbar unter http://www.newstatesman.com/blogs/sian-berry/2007/08/climate-change-camp-decided, zuletzt geprüft am 28.01.2009.

Böhm, Steffen; Dinerstein, Ana C.; Spicer, André (2010): (Im)possibilities of Autonomy: Social Movements in and beyond Capital, the State and Development. In: Social Movement Studies: Journal of Social, Cultural and Political Protest, Jg. 9, H. 1, S. 17.

Booth, Marc (1999): Campe-Toi! On the Origins and Definitions of Camp. In: Cleto, Fabio (Hg.): Camp: queer aesthetics and the performing subject: a reader. Triangula-tions. Michigan: University of Michigan Press, S. 66-79.

Calhoun, Craig (1992): Habermas and the public sphere. Massachusetts: MIT Press.

Climate Camp NZ (2009): What is Climate Camp? Climate Camp Aotearoa. Online ver-fügbar unter http://www.climatecamp.org.nz/about, zuletzt geprüft am 21.05.2010.

Cochabamba (2010): World People's Conference on Climate Change and the Rights of Mother Earth. Online verfügbar unter http://pwccc.wordpress.com/, zuletzt geprüft am 21.05.2010.

Couldry, Nick (1999): Disrupting the media frame at Greenham Common: a new chapter in the history of mediations? In: Media, Culture & Society, Jg. 21, H. 3, S. 337-358.

CounterSpin Collective (2005): Media, movement(s) and public image(s): CounterSpin-ning in Scotland. In: Harvie, David; Milburn, Keir; Trott, Ben; Watts, David (Hg.): Shut them down! : the G8, Gleneagles 2005 and the movement of movements. West Yorkshire, Brooklyn, NY, Dissent: Autonomedia, S. 321-332.

Cresswell, Tim (1996): In place out of place: geography, ideology, and transgression. Minneapolis: University of Minnesota Press.

Cresswell, Tim (1994): Putting Women in Their Place: The Carnival at Greenham Com-mon. In: Antipode, Jg. 26, H. 1, S. 35.

Debord, Guy (1994): The society of the spectacle. New York: Zone Books.

Deleuze, Gilles; Guattari, Felix (1987): A thousand plateaus: capitalism and schizophrenia. Minneapolis: University of Minnesota Press.

Duncombe, Stephen (2007): Dream: re-imagining progressive politics in an age of fantasy. New York: New Press.

Frank, Thomas (1997): The conquest of cool: business culture, counterculture, and the rise of hip consumerism. Chicago: University of Chicago Press.

Frenzel, Fabian (2009): Politics in Motion. The Mobilities of Political Tourists. PhD Thesis. Leeds: Leeds Metropolitan University.

Giesecke, Heinrich (1981): Vom Wandervogel bis zur Hitlerjugend : Jugendarbeit zwischen Politik und Pädagogik. München: Juventa Verlag.

Grindon, Gavin (2007): The Breath of the Possible. In: Shukaitis, Stevphen; Graeber, David; Biddle, Erika (Hg.): Constituent imagination: militant investigations/collective theorization. Oakland: AK Press, S. 94-110.

Hailey, Charlie. (2009): Camps: a guide to 21st-century space. Massachusetts: MIT Press.

Hannam, Kevin; Sheller, Mimi; Urry, John (2006): Editorial: Mobilities, Immobilities and Moorings. In: Mobilities, Jg. 1, H.1, S. 1-22.

Hari, Johann (2007): Inside Heathrow's protest camp: A battle to save the world. The Independent. Online verfügbar unter http://www.independent.co.uk/news/uk/home-news/inside-heathrows-protest-camp-a-battle-to-save-the-world-462080.html, zuletzt geprüft am 28.01.2009.

Heath, Joseph; Potter, Andrew (2004): Nation of rebels: why counterculture became consumer culture. New York: HarperBusiness.

Hetherington, Kevin (1998): Expressions of identity: space, performance, politics. Thousand Oaks: Sage Publications.

Hetherington, Kevin. (2000): New age travellers: vanloads of uproarious humanity. London, New York: Continuum International Publishing Group Ltd.

Keraghel, Chloe; Sen, Jai (2004): Explorations in open space. The World Social Forum and cultures of politics. In: International Social Science Journal, Jg. 56, H. 182, S. 483-493.

Kingsnorth, Paul (2003): One No, Many Yeses: A Journey to the Heart of the Global Resistance Movement. London: Free Press.

Kneights, Ben (2004): Baden-Powell, Robert Stephenson Smyth. In: Kimmel, Michael S.; Aronson, Amy (Hg.): Men and masculinities: a social, cultural, and historical encyclopedia. Santa Barbara: ABC-CLIO, S. 48-50.

Lewis (2009): UK Indymedia. The Camp for Climate Action and the media. Part 1. Online verfügbar unter http://www.indymedia.org.uk/en/2009/04/428061.html, zuletzt geprüft am 10.06.2010.

Lewis, Paul (2009): Video: Under surveillance: police target protesters and journalists. The Guardian. Online verfügbar unter http://www.guardian.co.uk/uk/video/2009/mar/06/police-surveillance-climate-camp-journalists, zuletzt geprüft am 09.06.2010.

Merrick (2009): bristling badger: climate camp vs newbury. Online verfügbar unter http://bristlingbadger.blogspot.com/2009/08/climate-camp-vs-newbury.html, zuletzt geprüft am 09.06.2010.

Miliband, Ed (2009): Miliband calls for populist push in battle against climate change. The Observer. Online verfügbar unter http://www.guardian.co.uk/environment/

2009/apr/26/copenhagen-climate-change-ed-miliband, zuletzt geprüft am 09.06. 2010.

Monbiot, George (2007): Beneath the Pall of Misery, a New Movement Is Born. Online verfügbar unter http://www.monbiot.com/archives/2007/08/21/beneath-the-pall-of-misery-a-new-movement-is-born/, zuletzt geprüft am 28.01.2009.

Newell, Claire; Cole, Sophie (2007): Heathrow protest plan to block runway. Times Online. Online verfügbar unter http://business.timesonline.co.uk/tol/business/industry_sectors/transport/article2284309.ece, zuletzt geprüft am 08.06.2010.

Notts IMC (2006): UK Indymedia. Protesters occupy runway at East Midlands Airport. Online verfürgbar unter http://www.indymedia.org.uk/en/2006/09/351521.html, zuletzt geprüft am 08.06.2010.

Only Planet (2006): Only Planet – Guide to the Camp for Climate Action 2006.

Only Planet (2007): Only Planet – Guide to the Camp for Climate Action 2007.

Pickard, Victor (2006): Assessing the Radical Democracy of Indymedia: Discursive, Technical, and Institutional Constructions. In: Critical Studies in Media Communication, Jg. 23, H. 1, S. 19-38.

Pickerill, Jenny (2007): Autonomy online: Indymedia and practices of alter-globalisation. In: Environment & planning A., Jg. 39, H. 11, S. 2668-2684.

Press (2006): Eco-warriors lay siege to Drax and pledge to shut it down (From York Press) Online verfügbar unter http://www.yorkpress.co.uk/news/896251.print/, zuletzt geprüft am 08.06.2010.

Rojek, Chris (1993): Ways of escape: modern transformations in leisure and travel. Basingstoke: Macmillan.

Routledge, Paul (1997): The imagineering of resistance: Pollock Free State and the practice of postmodern politics. In: Transactions of the Institute of British Geographers, Jg. 22, H. 3, S. 359-376.

Santos, Boaventura de Sousa (2006): The rise of the global left: the World Social Forum and beyond. London, New York: Zed Books.

Seel, Ben (1997): Strategies of Resistance at the Pollok Free State Road Protest Camp. In: Environmental Politics, Jg. 6, H. 4, S. 108-139.

Sheller, Mimi (2003): Mechanisms of mobility and liquidity. Online verfügbar unter http://www.lancs.ac.uk/fass/sociology/papers/sheller-mechanisms-of-mobility-and-liquidity.pdf, zuletzt geprüft am 27.01.2009.

Sheller, Mimi; Urry, John (2006): The new mobilities paradigm. In: Environment & planning A., Jg. 38, H. 2, S. 207-226.

Shift Magazine & Dysophia (2010): Climate Camp Reader. Dysophia – the many worlds of green anarchism. Online verfügbar unter http://dysophia.wordpress.com/2010/01/08/climate-camp-reader/, zuletzt geprüft am 09.06.2010.

Smith, Martin (2006): „The Ego Ideal of the Good Camper" and the Nature of Summer Camp. In: Environmental history, Jg. 11, H. 1, S. 70-101.

Trocchi, Alex; Redwolf, Giles; Alamire, Petrus (2005): Reinventing Dissent! An Unabridged Story of Resistance. In: Harvie, David; Milburn, Keir; Trott, Ben; Watts, David (Hg.): Shut them down! : the G8, Gleneagles 2005 and the movement of movements. West Yorkshire, Brooklyn, NY, Dissent: Autonomedia, S. 61-100.

Turbulence (2007): Move into the light? : turbulence. Online verfügbar unter http://turbulence.org.uk/turbulence-3/move-into-the-light/, zuletzt geprüft am 08.06.2010.

Weaver, Mark (2007): Camp for Climate Action. The Guardian. Online verfügbar unter http://www.guardian.co.uk/news/blog/2007/aug/13/campforclimat, zuletzt geprüft am 28.01.2009.

Weinberg, Samatha (2007): Climate camp: next year we'll go for longer. The Spectator. Online verfügbar unter http://www.spectator.co.uk/the-magazine/features/104556/climate-camp-next-year-well-go-for-longer.thtml, zuletzt geprüft am 28.01.2009.

Worthington, Andy (2004): Stonehenge: celebration and subversion. Loughborough: Alternative Albion.

Der Köder muss dem Fisch schmecken und nicht dem Angler
Vom Umgang sozialer Bewegungen mit den Medien

Mareike Korte

Eine kleine Auswahl von Überschriften der Artikel, die Spiegel Online über „Protestaktivitäten" während der Klimaverhandlungen 2009 in Kopenhagen veröffentlicht hat, ist vielsagend: „Proteste beim Klimagipfel. Demonstranten scheitern mit Sturm auf Tagungszentrum". „Proteste beim Klimagipfel. Frost, Frust und Festnahmen". „Klimademo in Kopenhagen. Kuschelnde Clowns, tanzende Pandas, wütende Supermodels". „Proteste gegen Uno-Konferenz. Gipfelgegner randalieren in Kopenhagen". All diesen Überschriften ist eines gemeinsam, sie beziehen sich vor allem auf die Form der Proteste rund um den Klimagipfel, nicht aber auf ihre Inhalte. Medienberichterstattung über Aktivitäten sozialer Bewegungen, insbesondere über Protestaktivitäten konzentriert sich oft auf die äußeren Komponenten und Aktionsformen und weniger auf die Themen, um die es den Protestierenden geht. Trotzdem sind soziale Bewegungen, wollen sie eine breitere Wirkung erzielen, auf die Berichterstattung der Medien angewiesen, sie sehen sich somit deren Funktionsweisen ausgesetzt und müssen mit ihnen umgehen.

In der Medienberichterstattung über emanzipatorische und soziale Protestbewegungen[1] spielt deren Gesellschaftskritik selten eine Rolle. Die Bewegungen werden beschränkt oder beschränken sich selbst auf Ziele, die mit dem aktuellen politischen System und dem darin geführten Diskurs kompatibel sind. „Das Fehlen realer Machtmittel und die argumentative Handlungslogik bringen Bewegungen in die Abhängigkeit von den Medien. [...] Bewegungen stehen in einem zwiespältigen Verhältnis zu den Medien, weil sie auf die Medienöffentlichkeit angewiesen sind. Wollen sie Aufmerksamkeit erlangen, müssen sie sich dem Verlangen der Medien nach ‚einfachen' Botschaften oder ‚phantasievollen' Bildern anpassen" (Brunnengräber 2005: 353). Deshalb verfolgen soziale Bewe-

---

[1] Unter emanzipatorischen und sozialen Bewegungen verstehe ich hier Bewegungen, deren Ziele und Mittel zur Zielerreichung darauf ausgelegt sind, Herrschaftsstrukturen in der Gesellschaft abzubauen und die Handlungsfähigkeit der Subjekte zu erhöhen. Sie streben verbunden mit konkreten politischen Zielen auch gesamtgesellschaftlichen Wandel an. Im Folgenden wird, wenn von sozialen Bewegungen gesprochen wird, deren emanzipatorisches Potenzial mitberücksichtigt.

gungen, die im Bereich der Umweltpolitik aktiv sind, meist konkrete politische Ziele. Doch Teile der Umweltbewegung gehen in ihren Ansprüchen auch darüber hinaus. Sie verknüpfen mit den Umweltproblemen grundlegende Kritik an bestehenden Gesellschaftsformationen und –organisationen, weil sie in diesen Gesellschaftsformationen teilweise Ursachen für die Umweltprobleme sehen.

Sind schon die konkreteren politischen Ziele schwer an die Medien zu vermitteln, so gilt dies in noch stärkerem Maße für weitergehende Ziele im Sinne eines gesellschaftlichen Wandels. Die Funktion von Medien in der Gesellschaft ist folgerichtig einer der Kritikpunkte, die viele soziale Bewegungen an gesellschaftlichen Funktionsweisen formulieren und „häufig wird [...] in sozialen Bewegungen darüber Klage geführt, die Massenmedien schenkten ihren Anliegen und Aktionen keine oder zu wenig Beachtung, verzerrten die Sachverhalte oder konzentrierten sich in ihrer Berichterstattung auf Nebenschauplätze" (Rucht 2003: 7). Wie also können Umweltbewegungen, denen es auch um eine Veränderung gesellschaftlicher Strukturen geht, mit den Medien und deren Rolle in der Gesellschaft umgehen? Welchen Funktionsweisen stehen sie gegenüber, welchen Widersprüchen sind sie ausgesetzt, welche Inhalte können sie überhaupt vermitteln und welche Handlungsoptionen haben sie?

Der Bewegungsforscher Dieter Rucht trifft bezüglich der (gesellschaftlichen) Zielsetzungen sozialer Bewegungen eine Unterscheidung zwischen Gesellschaft als Projekt und Projekten in der Gesellschaft. Gesellschaft als Projekt bezeichnet die Vorstellung der Veränderbarkeit und das Ziel der Veränderung von Gesellschaft, während Projekte in der Gesellschaft auf Veränderungen innerhalb der – nicht zu verändernden – Gesellschaft abzielen. Für heutige Bewegungen konstatiert er: „Die Bewegungen selbst sind von großen Utopien, vom großen Projekt der Gesellschaft abgekommen" (Rucht 1999: 22). Die Klimabewegung, so man von einer solchen eigenen Bewegung sprechen kann (siehe den Beitrag von Jonas Rest in diesem Band), ist in diesem Punkt ebenso wie viele andere soziale Bewegungen gespalten. Ihre AkteurInnen kommen, ausgehend von der Forderung nach einem wirksamen Klimaschutz, zu unterschiedlichen Schlussfolgerungen über die notwendigen Schritte zur Veränderung der Gesellschaft.

In einer detaillierten Untersuchung des Medienumgangs der umweltpolitischen Kampagnen *X-tausendmalquer* und *Gendreck-weg!*[2], die mit ihren konkre-

---

[2] Die Kampagne *X-tausendmalquer* ist Teil der Anti-Atom-Bewegung und organisiert „gewaltfreie" Sitzblockaden gegen Castortransporte ins Zwischenlager für hochradioaktive Abfälle in Gorleben. Die Kampagne *Gendreck-weg!* engagiert sich gegen den Einsatz genveränderten Saatguts in der Landwirtschaft und organisiert „freiwillige Feldbefreiungen", also die öffentliche und angekündigte Zerstörung von gentechnisch veränderten landwirtschaftlichen Nutzpflanzen. Beide Kampagnen betrachten ihre Aktionsform als gewaltfrei und verbinden mit dem Begriff der Gewaltfreiheit auch emanzipatorische Zielsetzungen.

teren Zielsetzungen auch gesellschaftliche Zielvorstellungen – in diesem Fall Gewaltfreiheit als Gesellschaftsutopie – verbinden, wurden einige interessante Aspekte des Verhältnisses von sozialen Bewegungen und Medien herausgearbeitet. Diese sind unter anderem Fragen der Anpassung an die Medien oder der Verweigerung gegenüber bestimmten Medienfunktionsweisen, der Selbstbeschränkung und den Möglichkeiten der Vermittlung von Inhalten wie etwa der Gewaltfreiheit als Gesellschaftsutopie. Denn ein geflügeltes Wort der Werbebranche sagt zwar der Köder müsse dem Fisch schmecken und nicht dem Angler, doch es stellt sich im Fall sozialer Bewegungen die Frage, wie weit die Anpassung an die Bedürfnisse des Fisches Medienaufmerksamkeit gehen soll und welche Handlungsoptionen sich für die Angelnden bieten. Soziale Bewegungen sind, sobald sie mit den Medien interagieren, in hegemoniale Diskurse eingebunden und müssen mit deren Funktionsweisen umgehen (siehe auch den Beitrag von Chris Methmann in diesem Band).

Soziale Bewegungen, Öffentlichkeit und Medien

Die Forschung zu den Effekten und Wirkungen sozialer Bewegungen und insbesondere der Umweltbewegung macht den eindeutigen Zusammenhang zwischen Öffentlichkeit, Medien und der Umweltbewegung, aber auch den Einfluss unterschiedlicher Protestformen deutlich. So stellt Jochen Roose in einem Bericht über die Ergebnisse des Forschungsprojekts „Effekte von Umweltprotesten in der Bundesrepublik Deutschland" heraus, dass Umweltprotest seine Ziele nicht direkt, sondern nur über die Mobilisierung öffentlicher Aufmerksamkeit und die Beeinflussung der Bevölkerungsmeinung erreichen kann (Roose 2006: 39). Dabei stehen soziale Bewegungen aber vor dem Problem, dass „die etablierten Repräsentanten und Advokaten (vor allem Regierung und die herrschenden Parteien) in der medienvermittelten Arena der Öffentlichkeit überrepräsentiert sind – dies zu Lasten der ‚nicht-etablierten Herausforderer'" (Neidhardt 1994: 16). Als zentrale Ziele und Effekte von Umweltprotest identifiziert Roose „das Umweltbewusstsein der Bevölkerung, die Reaktion der Politik und das Handeln der Bevölkerung in einschlägigen Bereichen" zu verändern (Roose 2006: 38). Auch die Beeinflussung politischer Entscheidungen durch Protestaktivitäten weist er nach und zeigt auf, dass hier „Demonstrationen [...] mit vielen Teilnehmern und Unterschriftensammlungen tendenziell einflussreicher [sind, M.K.] als radikalere Protestformen" (Roose 2006: 44). Zwischen einer Verhaltensänderung in der Bevölkerung und Umweltprotesten ließe sich kaum ein direkter Zusammenhang nachweisen, auch wenn mittelfristige Auswirkungen von Umweltprotesten durchaus denkbar wären (Roose 2006: 44ff).

In seinem Aufsatz „The quadruple 'A'. Media strategies of protest movements since the 1960s" sowie weiteren Forschungsarbeiten untersucht Dieter
Rucht explizit die Umgangsweisen sozialer Bewegungen mit Medien. Medien
und soziale Bewegungen haben ein asymmetrisches Verhältnis zueinander, denn
„most movements need the media, but the media seldom need the movements"
(Rucht 2004: 35). Zudem sind Medien in der Regel allein auf die Aufmerksamkeit der RezipientInnen angewiesen, während soziale Bewegungen in den meisten Fällen zudem auch Unterstützung suchen und überzeugen wollen (Rucht
2004: 33). Somit liegt ein unterschiedlicher Anspruch an die Berichterstattung
vor. Da Medienberichterstattung auf das Interesse des Publikums abzielt, sind
bestimmte Mechanismen der Berichterstattung zentral.

Die Nachrichtenwerttheorie verweist darauf, dass in den Medien bevorzugt
über Ereignisse berichtet wird, die über einen hohen Nachrichtenwert verfügen.
Nachrichtenfaktoren beeinflussen den Nachrichtenwert, je mehr dieser Faktoren
ein Ereignis auf sich vereinigt, desto höher ist sein Nachrichtenwert (Kliment
1994: 126f). Nachrichtenfaktoren sind: die Dauer von Ereignissen, ihre geographische oder politische Nähe, die Relevanz für die Betroffenen, die politisch-
ökonomische Bedeutung der Ereignisregion, der Status der Beteiligten, Überraschung, die Intensität des Geschehens, Konflikt, Schaden oder Kriminalität und
die Personalisierung der Ereignisse. Diese Nachrichtenfaktoren bedeuten aber
nicht nur, dass ein Ereignis sie beinhalten muss, damit darüber berichtet wird,
sondern auch, dass bevorzugt über diese Aspekte des Ereignisses berichtet wird
und es somit in der Medienberichterstattung oft auf seine Nachrichtenfaktoren
reduziert wird und die Inhalte jenseits dieser Nachrichtenfaktoren ausgeblendet
bleiben. Es wird also deutlich, dass soziale Bewegungen zur Erreichung ihrer
Ziele einerseits fast immer auf breitenwirksame Medien angewiesen sind und die
Berichterstattung über soziale Bewegungen von gewissen Funktionsweisen der
Medien bestimmt wird. Andererseits unterliegt das Verhältnis sozialer Bewegungen zu Medien auch gesamtgesellschaftlichen Funktionsweisen, insbesondere
bestimmten Macht- und Wissensstrukturen.

Praxiserfahrungen sozialer Bewegungen im Umgang mit Medien

Soziale Bewegungen, die emanzipatorische Ziele verfolgen und eine zumindest
teilweise Veränderung der Gesellschaft anstreben, haben deshalb meist ein ambivalentes Verhältnis zu Medien, denn diese folgen, wie beschrieben, bestimmten Funktionsweisen und sind in gesellschaftliche Machtverhältnisse eingebunden, die von diesen Bewegungen kritisiert werden. Andererseits brauchen die
Bewegungen die Medien um ihre Inhalte, Ziele und Kritiken zu vermitteln und

zu verbreiten. Gerade die Einbindung der Medien (Alternativmedien bleiben hier ausgeblendet) in diskursive Hegemonien und Beschränkungen macht es den sozialen Bewegungen oft schwer, Inhalte zu vermitteln, die etablierten Logiken widersprechen. Eine Untersuchung der beiden Kampagnen *X-tausendmalquer* und *Gendreck-weg!* im Hinblick auf deren Umgang mit Medien in den Jahren 2006 und 2007[3] zeigt diesbezüglich einige interessante Aspekte auf, die im Folgenden genauer dargestellt werden. Insgesamt machte die Untersuchung deutlich, dass verschiedene Mechanismen der Medien bewusst umgangen werden und sich an andere bewusst angepasst wird; daraus resultieren verschiedene Handlungsoptionen und -beschränkungen für den Umgang mit Medien.

Die untersuchten Kampagnen X-*tausendmal quer* und *Gendreck-weg!* befassen sich einmal mit einem relativ alten bzw. einmal einem relativ neuen Thema der Umweltbewegung. Mit X-*tausendmal quer* wurde eine Kampagne aus der Anti-Atom-Bewegung betrachtet, mit *Gendreck-weg!* eine Kampagne, die thematisch relativ jung ist. Die „gentechnikkritische" Bewegung ist eng mit globalisierungskritischen Themen verknüpft, wie zum Beispiel Fragen globaler Ernährungssicherheit und der Rolle transnationaler Konzerne (Rucht/Yang/Zimmermann 2008: 38).[4] Die von den Kampagnen behandelten Probleme weisen trotz ihrer unterschiedlichen Problematiken einige Gemeinsamkeiten auf. Beide Kampagnen opponieren gegen eine Technologie, deren Risiken schwer abzuschätzen sind, und beide thematisieren die damit verbundenen wirtschaftlichen Auswirkungen, insbesondere die dahinter stehenden Interessen einzelner Konzerne (Energieversorgungsunternehmen bzw. große Saatgutfirmen) sowie größere gesellschaftliche Probleme mit teilweise globaler Perspektive (atomare Rüstungsfragen und Entsorgungsprobleme bzw. Welternährungsfragen). Zudem bezeichnen beide ihre Aktionsform als gewaltfreie Aktionen. *X-tausendmal quer* organisiert „gewaltfreie Sitzblockaden", um den Transport von Castor-Behältern mit hochradioaktiven Materialien zu behindern, während *Gendreck-weg!* „freiwillige Feldbefreiungen", die als gewaltfreie Aktionen verstanden werden, durchführt, bei denen Felder mit gentechnisch veränderten Pflanzen zerstört werden.

X-tausendmal quer ist eine 1996 aus der Anti-Atom-Bewegung entstandene Kampagne, die im Rahmen der Proteste gegen die sogenannten Castor-Transporte ins Zwischenlager Gorleben gewaltfreie Sitzblockaden organisiert. Seit

---

[3] Die Untersuchung umfasste die Analyse der Pressearbeit der Kampagnen, der Medienreaktion darauf, der Öffentlichkeitsarbeit gegenüber möglichen AktivistInnen sowie Interviews mit PressesprecherInnen der Kampagnen. Allerdings wurden nur Printmedien berücksichtigt, die Möglichkeiten und Spezifika von Internet-Medien wurden nicht einbezogen und wären sicherlich eine weitergehende Untersuchung wert.

[4] Ob im Bereich der Kritik an der Gentechnik bereits von einer eigenen Bewegung gesprochen werden kann oder es sich um ein Protestfeld im Rahmen der Umwelt- und globalisierungskritischen Bewegungen handelt, ist fraglich.

1995 finden Atommülltransporte aus der französischen Wiederaufbereitungsanlage La Hague in das Zwischenlager Gorleben im niedersächsischen Landkreis Lüchow-Dannenberg statt. Die Proteste gegen die Transporte von Castor-Behältern ins Zwischenlager Gorleben haben zwei Ziele: zunächst richten sie sich konkret gegen die Planungen, Gorleben zum Endlagerstandort zu machen, und ausßerdem generell gegen die Nutzung von Atomenergie und die damit verbundene Produktion von stark radioaktivem Abfall.

„*Gendreck-weg!* Freiwillige Feldbefreiung" ist eine Initiative, die im Jahr 2005 von einer kleinen Gruppe von BäuerInnen und ImkerInnen mit dem Ziel gegründet wurde in Europa ein Anbauverbot für gentechnisch veränderte Organismen zu erreichen und weltweit eine faire, bäuerliche und vielfältige Landwirtschaft zu ermöglichen. Seitdem organisiert sie einmal jährlich eine sogenannte „freiwillige Feldbefreiung", bei der nach vorheriger öffentlicher Ankündigung Felder, die mit gentechnisch veränderten Nutzpflanzen bepflanzt sind, zerstört werden. Dabei soll durch die vorherige Ankündigung und den provokativen Charakter der Aktionen eine öffentliche Diskussion angeregt und darüber Einfluss auf politische Entscheidungen genommen werden.

Beide Kampagnen sind einem Teil der sozialen Bewegungen zuzurechnen, der die Utopie einer gewaltfreien Gesellschaft formulieren. Diese Utopie ist allerdings nicht zentrales Thema der Aktionen, sondern steht im Hintergrund und beeinflusst das Selbstverständnis der AkteurInnen. Die Teile der sozialen Bewegungen, die sich der gewaltfreien Bewegung zuordnen, verstehen unter Gewaltfreiheit ein umfassendes Konzept gesellschaftlicher Vorstellungen und Utopien. Gewaltfreiheit wird in Anlehnung an die Auffassungen Mohandas K. Gandhis und die Überlegungen des Friedensforschers Johan Galtung umfassender verstanden. Gewaltfreiheit wird so zu einem taktischen Instrument als auch zu einer gesellschaftlichen Utopie. Strukturelle Gewalt ist neben personaler oder direkter Gewalt Bestandteil eines umfasseneren Gewaltbegriffs, strukturelle Gewalt „ist in das System eingebaut und äußert sich in ungleichen Machtverhältnissen und folglich in ungleichen Lebenschancen" (Galtung 1975: 12). Eine gewaltfreie Gesellschaft ist also eine Gesellschaft, in der auch strukturelle Gewalt und somit soziale Ungleichheit abwesend ist. „Als gewaltfrei gelten nicht einfach alle diejenigen Handlungen, in denen äußerlich keine verletzende Gewalt angewendet wird, sondern nur diejenigen Aktivitäten, die sich an einer Gesellschaftsordnung orientieren, die nicht durch die Androhung gewaltsamer Sanktionen aufrecht erhalten wird." (Ebert 1980: 35) *Gewaltfreie Aktion* ist dabei das Mittel zur Erreichung einer gewaltfreien Gesellschaft bzw. – je nach Auffassung – zum Erreichen der gewaltfreien Revolution, sie schließt den zivilen Ungehorsam als Instrument ein.

Um Unterschiede und Gemeinsamkeiten zwischen der Kommunikation der Kampagnen mit Medien und mit Teilnehmenden ihrer Aktionen feststellen zu können, wurden sowohl Selbstdarstellungen als auch Pressemitteilungen und Pressereaktionen in Bezug auf jeweils eine Aktion der Kampagnen im Jahr 2006 bzw. 2007 in einem Dreischritt darauf hin untersucht, wie die Vermittlung von Inhalten stattfindet und wie die Inhalte in den Printmedien wiedergegeben werden[5]. Zusätzlich wurde mit jeweils einer PressesprecherIn der beiden Kampagnen ein leitfadengestütztes ExpertInneninterview geführt, um mehr über die Hintergründe, Intentionen und Strategien im Umgang mit Medien zu erfahren. Für *X-tausendmal quer* wurde der Umgang mit Medien und deren Reaktion auf die Sitzblockade zum Castortransport im November 2006 betrachtet, für *Gendreck-weg!* eine freiwillige Feldbefreiung im Oderbruch im Sommer 2007.

Die Analyse des Medienumgangs von *X-tausendmal quer* machte deutlich, dass besonders im Feld der gesellschaftsbezogenen Ziele und Kritik gegenüber den Medien nur geringe Anteile derselben vermittelt wurden. Während Gesellschaftskritik und gesellschaftsbezogene Ziele in den Selbstdarstellungen noch allgemein formuliert waren, wurden sie in den Pressemitteilungen ausschließlich in Bezug zu aktuellen, politischen Ereignissen mit Nachrichtenwert gesetzt. Unterschiede zwischen Selbstdarstellungen und Medienresonanz sind besonders in der Darstellung von Gewaltfreiheit und zivilem Ungehorsam zu finden. Teilweise wird ziviler Ungehorsam als ein Ziel der Kampagne, den es als positive politische Kultur zu fördern gilt, dargestellt, teilweise wird er defensiv gerechtfertigt als legitimes Mittel, das in Anbetracht der bedrohlichen Situation anzuwenden sei und lediglich eine begrenzte Regelverletzung darstelle. Gewaltfreiheit wird einerseits als ferneres Ziel und Lebenskonzept genannt und als weitergehendes Konzept vorgestellt, andererseits aber auch oft als unerläutertes Adjektiv zur Beschreibung der Aktion verwendet. Besonders interessant ist die Verwendung des Begriffs in seinen verschiedenen Bedeutungen. Die Vermittlung von gesellschaftskritischen Inhalten an die Presse scheint ohnehin schwierig zu sein, das relativ komplexe Konzept einer gewaltfreien Gesellschaft umso mehr. So wird der Versuch der Vermittlung zumindest im hier untersuchten Instrument der Pressemitteilung auch gar nicht erst unternommen, sondern in den Pressemitteilungen der Begriff „gewaltfrei" als strategisches Mittel zur Darstellung der

---

[5] Für beide Kampagnen wird die Berichterstattung folgender fünf überregionaler Zeitungen mit unterschiedlicher politischer Ausrichtung verwendet: *Frankfurter Allgemeine Zeitung* (FAZ), *Frankfurter Rundschau* (FR), die *Süddeutsche Zeitung* (SZ), die *tageszeitung* (taz) und *Die Welt.* Als regionale Zeitungen werden für die Analyse von *Gendreck-weg!* die Zeitungen *Märkische Allgemeine Zeitung* (MAZ) und *Märkische Oderzeitung* (MOZ) ausgewertet und für *X-tausendmal quer* die *Elbe-Jeetzel-Zeitung* (EJZ). Dabei werden nur die Artikel berücksichtigt, die sich direkt auf die Kampagnen beziehen. Artikel, die das Thema allgemein behandeln bzw. Protestaktionen anderer Gruppen zum Thema haben, werden nicht berücksichtigt.

eigenen Berechtigung und zur Darstellung der Unverhältnismäßigkeit des Polizeieinsatzes genutzt.

Die gewaltfreie Sitzblockade ist keine Aufsehen erregende Aktionsform mehr, sondern muss immer wieder mit aktuellen Inhalten aufgefüllt werden, die Aktionsform an sich hat keinen Nachrichtenwert. Das Adjektiv *gewaltfrei* scheint für die Medienberichterstattung auf überregionaler Ebene nicht relevant zu sein, die Lokalzeitung, welche näher mit den bewegungsinternen Diskussionen um gewaltfreie oder nicht gewaltfreie Aktionen vertraut ist, verwendet den Begriff vermutlich aus diesem Grund oder um möglicherweise die AnwohnerInnen im Vorfeld der Aktion zu beruhigen. Deutlich wird aber auch die Selbstbeschränkung der AkteurInnen in Bezug auf ihre Ziele und Gesellschaftskritik. Gegenüber den Medien werden bestimmte Inhalte, so zum Beispiel die Forderung des sofortigen Atomausstiegs, der gegenüber der Presse mit anderen Begriffen umschrieben wird, oder die Gewaltfreiheit als gesellschaftliches Ziel, gar nicht mehr formuliert, da, zumindest im Fall des sofortigen Atomausstiegs, davon ausgegangen wird, dass sich diese Forderung außerhalb des Sagbaren des hegemonialen Diskurses befindet. Diese Trennung zwischen medial vermittelbaren Inhalten und solchen, die innerhalb der Aktion vermittelt werden, wurde auch im Interview mit einem Pressesprecher der Kampagne thematisiert. Die geschlechterdifferenzierte Sprache, die in den Selbstdarstellungen verwendet wird, ist in den Pressemitteilungen kaum noch zu finden. Wiederum findet ein Verzicht auf emanzipatorische Ansprüche gegenüber der Presse statt.

Die Mobilisierung von AktivistInnen soll kaum über die etablierten Medien stattfinden, die Medien dienen nach Auffassung der Kampagne eher dem Aufbau von öffentlichem Druck bzw. der Vermittlung von Druck, zur Mobilisierung werden Aufrufe und bewegungsinterne Medien als geeigneter betrachtet. Deutlich wird auch, dass Berichterstattung über die Aktion selten mit einer Berichterstattung über die Inhalte verknüpft ist. Über inhaltliche Kritik und Forderungen der Kampagne wird eher in Zusammenhang mit politischen Ereignissen berichtet, falls der Kampagne in dem Zusammenhang eine Sprecherposition zugesprochen wird. Obwohl die Reaktionen auf eine drastische Gefahrenprognose der Polizei und die Rechtfertigungen ihr gegenüber nur in den Pressemitteilungen und nicht in den Selbstdarstellungen genannt werden (hier scheint die Gewaltfreiheit selbstverständlich und muss nicht verteidigt werden), wird in den Medien nur einmal in der Lokalzeitung darüber berichtet, vermutlich fehlt auch dieser Auseinandersetzung der Neuheitswert. Insgesamt war auffällig, dass die *taz*, im Gegensatz zu den anderen Zeitungen über bestimmte Inhalte berichtet, die sonst keine Erwähnung finden, so nennt sie als einzige Zeitung das Ziel des sofortigen Atomausstiegs und berichtet über die Haltung von *X-tausendmal quer* zur Teilnahme Bütikofers[6] an der Blockade. Bemerkenswert ist zudem die nicht intendierte Verknüpfung der Clownsarmee[7] mit dem Motto „Stop Castor with a smile" in den Medien, die deutlich macht, dass bestimmte Inhalte verbunden mit einem Neuheitswert immer noch vermittelbar sind, wenn auch nur in stark symbolisch codierter Form.

Folgende Medienstrategien konnten für *X-tausendmal quer* festgehalten werden.

- Mediale Aufmerksamkeit wird insgesamt als Mittel zu Zielerreichung betrachtet, deshalb wird auch bewusst auf bestimmte Funktionsweisen von Medien eingegangen.
- Personalisierung der Selbstdarstellung, also die Konzentration auf einzelne Personen (PressesprecherInnen), die gegenüber den Medien auftreten und die Kampagne repräsentieren, d.h. die Verknüpfung der Inhalte mit Personen, ist eine bewusst und erfolgreich angewendete Strategie.
- Der Funktionsweise von Medien wird auch mit der Bereitstellung von Dienstleistungen für die JournalistInnen (SMS-Infoverteiler, Möglichkeit einzelne Aktionen zu begleiten, namentlich bekannte Ansprechpartner und Interviewpartner) entgegen gekommen, um eigene Inhalte besser vermitteln zu können.
- Zur Vermittlung der eigenen Inhalte wird Bezug auf aktuelle politische Ereignisse mit Nachrichtenwert genommen.
- Gewaltfreiheit wird gegenüber der Presse strategisch als symbolisches Mittel zur Konfliktaustragung genutzt.
- Es wird darauf geachtet, bei der Aktion medienkompatible Bilder zu erzielen, ohne dabei Aktionen zu inszenieren, die ohne die Medien nicht stattfinden würden.

---

[6] Nachdem in den vorangegangenen Jahren (ab 2001) die Grünen als Regierungspartei nicht an den Protesten teilgenommen hatten, sondern Bundesumweltminister Jürgen Trittin (Grüne) dazu aufrief, nicht zu demonstrieren, hatte der Parteivorsitzende Reinhard Bütikofer nach dem Regierungswechsel angekündigt beim Castor-Transport im November 2006 gemeinsam mit einer Gruppe der Grünen Jugend an der Blockade von *X-tausendmal quer* teilzunehmen.

[7] AktivistInnen der „Clownsarmee" oder „Clandestine Insurgent Rebel Clown Army" (CIRCA) bedienen sich der subversiven Aktionsform des „Clowning". Ihre Verkleidung ist meist eine Mischung aus militärischer Kleidung und Clown-Gegenständen, sie karikieren die Rolle und das Auftreten der Polizei bei politischen Veranstaltungen. Spätestens seit ihrem vermehrten Auftreten bei den G8-Protesten in Gleneagels 2005 sind Clownsarmeen eine immer bekannter und beliebter werdende Gruppierung. Im Jahr 2006 traten erstmals auch während der Proteste gegen den Castor-Transport Clowns in Erscheinung.

- Ziele, die gegenüber den Medien nicht vermittelbar erscheinen, werden ihnen gegenüber oft nicht erwähnt, sondern auf anderen Wegen und an einen anderen AdressatInnenkreis vermittelt.
- Gerichtsverfahren werden als weiterer Ort der öffentlichen Konfliktaustragung genutzt.
- Da davon ausgegangen wird, dass über Gewaltfreiheit als Gesellschaftsutopie nicht berichtet werden wird, wurde mit dem Slogan „Stop Castor with a smile" eine andere Umschreibung für Teile dieser Utopie gefunden.
- Gesellschaftskritik wird gegenüber der Presse dann geäußert, wenn sie mit konkreten politischen Ereignissen verknüpft werden kann.

Insgesamt zeigen die Ergebnisse, dass sich die gesellschaftsbezogenen Ziele und Kritiken der Kampagne kaum an die Medien vermitteln lassen, dies aber auch nur sehr eingeschränkt versucht wird. Themenbezogene Ziele und Kritik werden vor allem dann vermittelbar, wenn sie mit aktuellen politischen Ereignissen verknüpft werden. Da das Mittel der Sitzblockade bereits bekannt ist, fehlt ihm der Neuheitswert, seine Legitimation wird aber auch nicht in Frage gestellt. *X-tausendmal quer* wendet also verschiedene Strategien im Umgang mit Medien an, die teilweise eine Anpassung an Medienfunktionsweisen bedeuten und mit Kompromissen verknüpft sind.

Die Untersuchung der Kampagne *Gendreck-weg!* zeigte wiederum deutlich, dass gesellschaftsbezogene Ziele und Kritikpunkte, die in den Selbstdarstellungen vorhanden sind und teilweise auch noch in den Pressemitteilungen genannt werden, lediglich in der *taz*, nicht aber in den anderen Zeitungen Erwähnung finden. In der *taz* sind sie nur in einem Artikel mit der Überschrift „Was wollen die Gentech-Gegner" zu finden, der vier AktivistInnen porträtiert. Gewaltfreiheit wird als gesellschaftliches Ziel nur in den Selbstdarstellungen genannt, gegenüber der Presse wird der Begriff kaum verwendet, auch die Beschreibung der „Feldbefreiung" kommt meist ohne das Adjektiv „gewaltfrei" aus. In der Presse wird die „Feldbefreiung" dann auch oft als „militant" (FAZ) oder „Gewalt" beschrieben (MOZ), ob dies geschieht, weil auf den Hinweis der Gewaltfreiheit der Aktion von Seiten der Initiative verzichtet wird, muss an dieser Stelle offen bleiben. Festzuhalten ist der Verzicht auf das Wort und damit eine Selbstbeschränkung der eigenen Darstellung. Gleiches gilt für die geschlechterdifferenzierte Sprache, die zwar in den Selbstdarstellungen genutzt wird, in den Äußerungen gegenüber der Presse aber nicht mehr verwendet wird.

Gendreck-weg! bzw. die Aktionsform der „Feldbefreiung" regt besonders auf regionaler Ebene und in der regionalen Presse Diskussionen an und zwingt zur Positionierung zum Thema Gentechnik. Diese Form der Regelüberschreitung hat einen hohen Nachrichtenwert. Der durch die „Feldbefreiung" vorgenommene

Eingriff in Privateigentum von identifizierbaren Einzelpersonen (im Unterschied zum Eigentum größerer Firmen) führt aber auch zu einer Solidarisierung gegen die Aktion. Das Ziel, eine gesellschaftliche Diskussion anzuregen, wird aber erfüllt.

Der überwiegend negativen Bewertung der Aktionsform in den Medien steht eine stark rechtfertigende Argumentation der Kampagne gegenüber, die einerseits mit der klassischen Argumentation zur Berechtigung zivilen Ungehorsams, dem rechtfertigenden Notstand argumentiert, andererseits aber auch die besondere Betroffenheit der in der Landwirtschaft tätigen AktivistInnen betont. Damit wird implizit anderen Personen eine geringere Berechtigung zu der Aktion zugesprochen. Dieser Versuch der Darstellung nachvollziehbarer Betroffenheit der AkteurInnen beeinflusst die Berichterstattung aber nicht unbedingt positiv, sondern wird weitgehend ignoriert. Medien sollen aus Sicht von *Gendreckweg!*, wie die Analyse des Materials und des Interviews zeigen, nicht vorrangig dem Ziel dienen, mögliche AktivistInnen zu mobilisieren, sondern die öffentliche Diskussion anregen und politische Entscheidungen beeinflussen. Juristische Auseinandersetzungen werden als ein weiterer Raum betrachtet, in dem die öffentliche Aushandlung des Themas stattfinden kann und soll. Beim Thema Gentechnik in der Landwirtschaft und speziell bei den Aktionen von *Gendreck-weg!* fällt auf, dass die *taz* im Gegensatz zu den anderen Zeitungen eine sehr intensive Berichterstattung betreibt und wesentlich mehr über Hintergründe und Ziele der Aktion berichtet.

Insgesamt ließen sich für *Gendreck-weg!* folgende Medienstrategien herausarbeiten:

- Personalisierung der Selbstdarstellung gegenüber den Medien und Verknüpfung der Inhalte mit Personen ist eine bewusst angewendete Strategie.
- Da es ein erklärtes Ziel ist, die öffentliche Diskussion anzuregen, wird bewusst auf Medienmechanismen eingegangen, um dies zu erreichen.
- Es wird Wert darauf gelegt, bunte medienkompatible Bilder zu erzeugen.
- Bei der Beschreibung der Aktionsform gegenüber den Medien wird weitgehend auf den Zusatz Gewaltfreiheit verzichtet.
- Gerichtsverfahren sollen gezielt und bewusst als Ort zur Vermittlung der eigenen Argumente und Ziele genutzt werden, auch hier wird Wert auf die medienkompatible Inszenierung gelegt.
- Es wird versucht, mit der Bezeichnung des angebauten Maises als illegal die eigene Position und Berechtigung zu vermitteln.
- Mit Hilfe einer Strafanzeigenkampagne soll die öffentliche Aufmerksamkeit auf die Verursacher des Problems gelenkt werden, um insgesamt Aufmerksamkeit für das Thema zu erlangen.

- Mit Hilfe der Aktionsform der „Feldbefreiung" und der damit verbundenen öffentlich begangenen Zerstörung von Privateigentum wird große mediale Aufmerksamkeit erregt.
- Durch die Darstellung der AktivistInnen als sympathische BürgerInnen wird versucht, die Berechtigung ihres Handelns herauszustellen.

Ein Vergleich der Kampagnen

Die vergleichende Betrachtung der beiden Kampagnen und ihres Umgangs mit Medien macht im Bereich der Strategien, der Medienreaktionen und der grundsätzlichen Haltungen den Medien gegenüber sowohl Unterschiede als auch Gemeinsamkeiten deutlich. Besonders hervorstechend sind die Unterschiede beim Nachrichtenwert der Aktionsform und des Protestinhalts. Während die Aktionsform der „Feldbefreiung" über einen hohen Nachrichtenwert verfügte und das Thema Gentechnik aktuell breite öffentliche Aufmerksamkeit erfährt, gewinnt das Thema Atomausstieg zwar je nach politischem Geschehen zwischenzeitlich punktuell an Aktualität, grundsätzlich aber fehlte ihm der Neuheitswert und auch die Protestform der Sitzblockade ist aus diesem Grund nicht besonders medienwirksam.[8] Verstärkte Medienwirksamkeit könnte m.E. höchstens über eine außergewöhnlich hohe TeilnehmerInnenzahl oder gewaltförmige oder überraschende Ereignisse (wie sie bei den Castor-Transporten Ende 2010 auch zu beobachten waren) erreicht werden. *X-tausendmal quer* steht vor der Schwierigkeit, dass ihre Forderungen alt und bekannt sind, die von *Gendreck-weg!* vertretenen Forderungen, gehen hingegen hinter der Spektakularität der Aktionsform in der Berichterstattung teilweise verloren.

Unterschiede treten zudem bei der Rechtfertigung der Aktionsform hervor. Während die Sitzblockaden als geradezu selbstverständlich angekündigt und wahrgenommen werden, wird die „Feldbefreiung" von der Kampagne selbst in auffallender Häufigkeit stark mit rechtfertigendem Notstand legitimiert und dies scheint angesichts der Medienreaktionen auch notwendig zu sein. Während *Gendreck-weg!* wie bereits beschrieben seine Form des zivilen Ungehorsams intensiv rechtfertigt, stellt *X-tausendmal quer* zivilen Ungehorsam an sich als anzustrebendes Ziel und zu förderndes Mittel in der politischen Auseinanderset-

---

[8] Die aktuelle erhöhte Aufmerksamkeit für das Thema Atomenergie aufgrund der politischen Entscheidungen über eine Aufkündigung des sogenannten Atomkonsens und die Verlängerungen von Laufzeiten für Atomkraftwerke, ist auf politische Gegebenheiten und nicht auf Aktivitäten der Anti-Atom-Bewegung zurückzuführen, wenngleich auch diese aktuell erhöhte Aufmerksamkeit erfährt und durch ihr verstärktes Auftreten und die Beteiligung von bekannten Persönlichkeiten an den Protestaktivitäten zunehmend an Nachrichtenwert gewinnt.

zung dar. Dies spiegelt aber auch unterschiedliche Haltungen der OrganisatorInnen der Aktionen wieder.

Den Begriff Gewaltfreiheit betreffend werden weitere Differenzen beobachtet, *X-tausendmal quer* verwendet den Begriff gegenüber wesentlich offensiver, was einerseits am homogeneren Selbstverständnis der Kampagne liegt, andererseits aber auch von der Aussicht, ihn vermitteln zu können, abhängig sein kann. Beide Kampagnen verwenden den Begriff gegenüber den Medien aber ohne Erläuterung eines umfassenderen Konzepts der Gewaltfreiheit. Zudem lassen sich folgende Gemeinsamkeiten feststellen: Beide Kampagnen arbeiten mit starker Personalisierung, die in den Medien auch so rezipiert wird. Beide verknüpfen beim Punkt der Konzernkritik themenbezogene Kritik mit Gesellschaftskritik und vertreten in diesem Punkt ihre Gesellschaftskritik auch gegenüber den Medien. Insgesamt ist für beide Kampagnen der Inhalt ihrer Proteste schwer vermittelbar, da die Medien meist nur über die Protestaktion, nicht aber über deren Hintergrund berichten. Aktuelle politische Ereignisse, zu denen Stellung bezogen werden kann, erleichtern die Vermittlung von themenbezogenen Zielen, weitergehende gesellschaftsbezogene Ziele werden kaum berücksichtigt. Die AkteurInnen selbst unterscheiden in ihren Publikationen dementsprechend zwischen für Medien produzierten Verlautbarungen, hier wird Gesellschaftskritik kaum erwähnt, und Veröffentlichungen für AktivistInnen, die deutlich gesellschaftskritischer argumentieren.

Die Untersuchung hat insgesamt gezeigt, dass wenn mediale Aufmerksamkeit als Mittel zur Zielerreichung der Gesellschaftsveränderung betrachtet wird, bewusst mit bestimmten Funktionsweisen von Medien umgegangen wird, wobei auch Kompromisse bezüglich der eigenen Ansprüche eingegangen werden. Im Einzelnen fielen besonders folgende Umgangsformen auf:

- Personalisierung der Selbstdarstellung gegenüber den Medien und Verknüpfung der Inhalte mit Personen zum Beispiel durch das Festlegen auf bestimmte PressesprecherInnen ist eine bewusst und erfolgreich angewendete Strategie. Sie bedeutet aber auch, dass in Bezug auf eigene Ansprüche gewaltfreier Bewegungen, nichthierarchisch zu arbeiten, Kompromisse eingegangen werden, die der Reflexion bedürfen.
- Der Funktionsweise von Medien kann auch mit der Bereitstellung von Dienstleistungen für die JournalistInnen, die deren Arbeitsstil entsprechen (SMS-Infoverteiler, Möglichkeit einzelne Aktionen zu begleiten, namentlich bekannte Ansprechpartner und Interviewpartner), entgegen gekommen werden, um eigene Inhalte besser vermitteln zu können.
- Zur Vermittlung der eigenen Inhalte wird erfolgreich Bezug auf aktuelle politische Ereignisse mit Nachrichtenwert genommen, indem zum Beispiel

zu solchen Ereignissen Pressemitteilungen veröffentlicht oder Aktionen mit direktem Bezug auf diese Ereignisse organisiert werden.

- Gewaltfreiheit wird gegenüber der Presse strategisch als symbolisches Mittel zur Konfliktaustragung genutzt.
- Es wird darauf geachtet, bei der Aktion medienkompatible Bilder zu erzielen, ohne dabei Aktionen zu inszenieren, die ohne die Medien nicht stattfänden.
- Gerichtsverfahren werden als weiterer Ort der öffentlichen Konfliktaustragung genutzt.
- Gesellschaftskritik wird gegenüber der Presse fast nur geäußert, wenn sie mit konkreten politischen Ereignissen verknüpft werden kann.
- Für Inhalte, die sich außerhalb des hegemonialen Diskurses befinden, werden die Medien nicht als AdressatInnen betrachtet, diese Inhalte werden eher indirekt oder im direkten Kontakt mit AktionsteilnehmerInnen vermittelt.

Es zeigte sich, dass sich die Kampagnen immer in einem Spannungsfeld zwischen dem eigenen gesellschaftspolitischen Anspruch bzw. Funktionsweisen der Medien und des hegemonialen Diskurses befinden. Sechs zentrale Aspekte des Handelns in diesem Spannungsfeld sind besonders hervorzuheben.

Selbstbeschränkung

Es zeigte sich, dass es gegenüber den Medien eine Selbstbeschränkung der AkteurInnen gibt. Bestimmte Ziele und Kritiken werden zwar gegenüber den AktivistInnen, also der eigenen Diskursgemeinschaft, formuliert, gegenüber den Medien aber nicht erwähnt. Es wird davon ausgegangen, dass darüber nicht berichtet wird, da es im hegemonialen Diskurs, zu dem auch die Massenmedien beitragen, nicht sagbar ist. Dazu gehören z.B. sofortiger Atomausstieg[9], Gewaltfreiheit als Gesellschaftsutopie und die Verwendung einer geschlechterdifferenzierten Sprache. Diese Ziele oder Ideen befinden sich nicht im hegemonial hergestellten Konsens. Dies kann als „Selbsttechnologie" (Foucault) gedeutet werden, da die Beschränkungen der Berichterstattung der Medien bereits vorweggenommen und durch Selbstbeschränkung internalisiert werden. Der Raum des Sagbaren ist hier deutlich eingeschränkt.

---

[9] Anstelle des Begriffs „sofortiger Atomausstieg" werden Formulierungen wie „echter Atomausstieg" oder „ein Atomausstieg, der seinen Namen auch verdient" verwendet.

Anpassung

Für die untersuchten Kampagnen und ihre Zielsetzungen spielen Medien eine wichtige Rolle. Aus diesem Grund passen sie sich, um von den Medien berücksichtigt zu werden, an bestimmte Funktionsweisen der Medien an. Die Beschränkung auf wenige Personen, die gegenüber den Medien sprechen – auch als Personalisierung bezeichnet –, ist eine dieser Anpassungen an Medienfunktionsweisen. Dies ist ein Kompromiss, der zu Lasten der emanzipatorischen Ansprüche der Nicht-Hierarchisierung und Aktivierung der Kampagnen geht. Er hat zur Folge, dass die Darstellung in den Medien oft den emanzipatorischen und nicht-hierarchischen Charakter der Kampagne nicht wiedergibt und teilweise sogar Personen ausmacht, die die Proteste „anführen". Dies hat auch Rückwirkungen auf die Strukturen innerhalb der Bewegungen, da die starke Wahrnehmung einzelner Personen in den Medien diesen auch innerhalb der Bewegung eine besondere Rolle verschafft. Hier bedarf es, wie Ulrich Brand in seinen Überlegungen zur Gegen-Hegemonie formulierte, der „permanenten Reflexion der (Kräfte-) Verhältnisse und eigenen Strategie" (Brand 2006: 43) um Mechanismen einer passiven Revolution im Sinne Gramscis zu verhindern.

Vermittlung nicht-hegemonialer Inhalte

Trotz dieser Einschränkungen gelingt es an einzelnen Stellen, nicht-hegemoniale Ziele an die Medien zu vermitteln. So gelang es mit dem Slogan „Stop Castor with a smile" ein gewaltfreies Grundverständnis im weiteren Sinn zu transportieren, ohne den Begriff Gewaltfreiheit zu nutzen. Gegen-Hegemonie, verstanden als dem Alltag immanente Praktiken der Aktivierung, entsteht nach Intention der interviewten PressesprecherInnen auch eher in den Aktionen, mit denen die Menschen politisiert und handlungsfähig gemacht werden sollen, also außerhalb der medialen Realität. Die Politisierung von Menschen durch die Aktionen und das Fördern des zivilen Ungehorsams als Mittel der politischen Auseinandersetzungen, wie es von *X-tausendmal quer* beabsichtigt und praktiziert wird, ist eine „Erhöhung der politischen Handlungsfähigkeit und der Autonomie der Subjekte" (Adolphs/Karakayali 2007: 137), wie sie für die Schaffung von Gegen-Hegemonie und einer autonomen Gouvernementalität notwendig ist.

Konzernkritik, sofern sie sich auf die gesellschaftliche Funktion der Konzerne und auf ihren Einfluss auf politische Entscheidungen bezieht, kann als gesellschaftskritische Äußerung betrachtet werden. Diese Form der Konzernkritik findet sich in den Äußerungen von *Gendreck-weg!*, die eine Monopolstellung des Konzerns Monsanto und die Schaffung von Abhängigkeitsverhältnissen fürchten. In der Berichterstattung der Medien findet sich Kritik an Konzernen aber nur in Form von Kritik an ihrem konkreten Handeln wieder. Hier wird die geäußerte Kritik umgedeutet und in den Raum des hegemonial Sagbaren überführt.

Nachrichtenwert

Der Nachrichtenwert bestimmter Ereignisse beeinflusst auch das Verhältnis der untersuchten Bewegungen zu den Medien. Die Personalisierung der Ereignisse als ein entscheidender Nachrichtenfaktor, der sich auf den Nachrichtenwert auswirkt, wurde bereits erwähnt. Weitere Faktoren, die für die untersuchte Berichterstattung eine Rolle gespielt haben, waren Kriminalität bzw. Gesetzesübertretungen. In der Berichterstattung über die Teilnahme des Grünen-Parteivorsitzenden Reinhard Bütikofers an der Blockade spielte der Faktor Status der Beteiligten eine Rolle. Die Konflikthaftigkeit der Ereignisse war deutlich ausschlaggebend für den Nachrichtenwert und, wie an der deutlich intensiveren Berichterstattung der lokalen Medien zu erkennen war, ist die geographische Nähe ein weiterer entscheidend den Nachrichtenwert beeinflussender Faktor. Der Einfluss des Faktors der Überraschung bzw. des Neuheitswerts eines Ereignisses ließ sich besonders gut bei der Aktionsform der Kampagne *Gendreck-weg!* feststellen, wobei wahrscheinlich der Faktor Konflikt eine ähnlich große Rolle für die Beeinflussung des Nachrichtenwerts gespielt hat und auch die Reduzierung der Berichterstattung auf den Nachrichtenfaktor zu Lasten inhaltlicher Argumente erkennbar wurde. *X-tausendmal quer*, deren Themen und Aktionsformen der Neuheitswert weitgehend fehlt, muss Überraschung über andere Mittel erreichen. An einer Stelle wird von *X-tausendmal quer* auch reflektiert, dass „diese Gesetzmäßigkeiten [des Neuheitswertes, M.K.] scheinbar nicht für alle [gelten]. So wird in vielen Zeitungen auch noch der 23. Ruf aus den Reihen der CDU oder der Stromkonzerne nach Laufzeitverlängerungen für die AKWs abgedruckt. Das ist zwar weder neu noch außergewöhnlich, findet aber trotzdem Beachtung" (*X-tausendmal quer* 2006). Hier scheint der Nachrichtenfaktor Neuheit weniger wichtig zu sein als die Position der Sprechenden.

Obwohl der Kampagne *X-tausendmal quer* der Neuheitswert weitgehend fehlt, scheint sie andererseits in bestimmten Zusammenhängen eine SprecherInnenposition erlangt zu haben, die es ihr ermöglicht, auch in Zusammenhängen außerhalb der Aktionen Erwähnung zu finden, da sie bzw. ihr Pressesprecher einen relativ hohen Bekanntheitsgrad erreicht hat. Dies ist bei *Gendreck-weg!* noch nicht der Fall, hier ist eher die Bemühung zu beobachten, als Akteur mit inhaltlicher Kompetenz wahrgenommen zu werden und somit einen ExpertIn-nenstatus im Diskurs zu erreichen.

Eliten-Dissens

Das Auftreten eines Eliten-Dissens beeinflusst auch die Berichterstattung über die Protestthemen und Proteste. Die aktuelle politische Debatte über Gentechnik in der Landwirtschaft wird auch innerhalb der Eliten kontrovers geführt, dies erhöht vermutlich die Einflusschancen auf politische Entscheidungen. Die hier untersuchte Medienberichterstattung zeigte allerdings wenig thematische Diffe-renzierung und eröffnete jenseits einer bipolaren Spaltung zwischen Gegnern und Befürwortern kaum weitere argumentative Möglichkeiten.

Der Versuch von *Gendreck-weg!*, die Deutung des auf den Feldern ange-bauten Genmaises als illegal durchzusetzen, kann als Auseinandersetzung um den Frame für den Sachverhalt gedeutet werden. Dies gilt auch für die offensive Deutung der Teilnahme Bütikofers an den Protesten durch *X-tausendmal quer*, die zumindest in Bezug auf die Darstellung in der *taz* erfolgreich war. Hier wur-de der Nachrichtenwert, den die Teilnahme seiner Person an den Protesten hatte, für die Vermittlung der eigenen gesellschaftskritischen Inhalte genutzt und ein Framing im Sinne der Kampagne erfolgreich durchgesetzt. Ein Eliten-Dissens kann also Möglichkeiten einer neuen Deutung und eventuell sogar einer Verän-derung des hegemonialen Diskurses eröffnen.

Gewaltfreiheit als Gesellschaftsutopie

Gewaltfreiheit als gesellschaftlicher Anspruch einerseits und als Medienstrategie der untersuchten Kampagnen andererseits spielt eine besondere Rolle für das Verhältnis der Bewegungen zu den Medien. Erstens kann mit der Betitelung der Aktion als gewaltfrei die gewaltbetonte Medienberichterstattung umgangen wer-den, zweitens gelingt dies aber nur, wenn die Bezeichnung gewaltfrei von den JournalistInnen als zutreffend gedeutet wird. Im Fall der „Feldbefreiungen" scheint dies nicht so zu sein, hier findet teilweise ein Reframing statt, wenn die Aktion als „militant" gedeutet wird. Ein weiter gefasstes Verständnis von Gewalt-freiheit wird eher über andere Begriffe und Formeln wie „Stop Castor with a smile" oder die „Clownsarmee" erreicht. Da der Begriff Gewaltfreiheit und seine in der Bewegung verbreitete Bedeutung im hegemonialen Diskurs nicht sagbar scheinen, werden also andere Codierungen des Inhalts teilweise erfolgreich ver-wendet.

Am Begriff der Gewaltfreiheit wurde aber auch deutlich, dass die beiden untersuchten Kampagnen im Sinne von Ruchts Unterscheidung zwischen Projekten in der Gesellschaft und Gesellschaft als Projekt ambivalent handeln. M. E. trifft die Diagnose, dass die Bewegungen selbst von den großen Utopien und vom großen Projekt der Gesellschaft abgekommen seien, zwar auf einen großen Teil der sozialen Bewegungen der Gegenwart zu, bei im Spektrum der „gewaltfreien Bewegung" tätigen Kampagnen und Teilen der globalisierungskritischen Bewegung ebenso wie in Teilen der Klimabewegung ist aber durchaus noch ein Verständnis der Gesellschaft als Projekt vorhanden, auch wenn meist innergesellschaftliche Ziele im Mittelpunkt der Aktivitäten stehen und deutlich wird, dass die Ziele, die die Gesellschaft als Projekt auffassen medial nur schwer vermittelbar sind.

Gesellschaftskritische Inhalte der untersuchten Kampagnen konnten insgesamt nur schwer an die Medien vermittelt werden, bei themenbezogenen Inhalten gelingt dies besser. Inhalte werden oft nicht im direkten Zusammenhang mit der Aktion berichtet, sondern in Hintergrundberichten oder Interviews dargestellt. Die AkteurInnen passen sich zum Zweck der Inhaltsvermittlung teilweise bewusst und reflektiert den Funktionsweisen der Medien und des hegemonialen Diskurses an und gehen dabei Kompromisse ein – diese Kompromissbereitschaft hat aber auch Grenzen.

Fazit: Die emanzipatorische Umweltbewegung und ihre Optionen im Umgang mit Medien

„Der Köder muss dem Fisch schmecken und nicht dem Angler" – aber was, wenn der Fisch dem Angler nicht schmeckt? Versteht man die Medien und damit verbunden die öffentliche Aufmerksamkeit als Fisch und soziale Umweltbewegungen als AnglerInnen, so stehen die Angelnden vor dem Problem, dass sie es mit einem Fisch zu tun haben, der ihnen nicht schmeckt, an dessen Funktionsweise und Rolle in der Gesellschaft sie viel zu kritisieren haben. Trotzdem sind breitenwirksame Alternativen kaum vorhanden, und so brauchen soziale Bewegungen die Medien, um ihre Ziele zu erreichen. Aber vielleicht kann es ihnen ja gelingen, den Fisch Medienaufmerksamkeit, bildlich gesprochen, so zu würzen, dass er ihnen besser schmeckt.

Die Funktionsweisen der Medien und der hegemoniale Diskurs, der sich in den Medien manifestiert, beeinflussten insgesamt das Handeln der AkteurInnen. „Regieren heißt [...] das Feld eventuellen Handelns der anderen zu strukturieren" (Foucault 1987: 255). So findet im Umgang mit Medien meist eine Einbindung in hegemoniale Strukturen statt und es besteht die Gefahr diese auch zu internalisieren, jedoch können sich an einzelnen Stellen Möglichkeiten für die Schaffung einer Gegen-Hegemonie auftun, die einerseits in der Praxis des Widerstands und andererseits in der Unterwanderung des hegemonialen Diskurses liegen.

Im Spannungsfeld zwischen Anpassung und Alternative findet also im Umgang mit den Medien eine Anpassung an bestimmte Medienfunktionsweisen und somit ein Einlassen auf etablierte Machtstrukturen statt, um politische Veränderung zu bewirken. Die Umweltbewegungen befinden sich nach Brand im Dilemma jeder kritisch-emanzipativen Bewegung, das darin besteht, „dass sie entgegen ihrem Anspruch durchaus integriert werden und letztendlich modernisierend wirken können. Dagegen gibt es keinen Ausweg, außer dem der permanenten Reflexion der (Kräfte-) Verhältnisse und eigenen Strategie" (Brand 2006: 43).

Auch die gesellschaftskritischen Teile der Klimabewegung befinden sich in diesem Spannungsfeld. So kommt es darauf an, einerseits, wo es notwendig erscheint, Kompromisse einzugehen und diese bewusst zu reflektieren und andererseits Möglichkeiten zu finden, die hegemonial nicht sagbaren Aspekte entweder so zu vermitteln, dass sie sagbar erscheinen oder in alternativen Strukturen einen anderen Raum des Sagbaren zu schaffen. Dies gilt in besonderer Weise auch für die kapitalismuskritischen Teile der Klimabewegung, die marktwirtschaftliche Lösungen in Frage stellen und ein Umdenken auf einer Ebene fordern, die im hegemonialen Diskurs nicht mit der Klimafrage in Verbindung gebracht wird. Die Personalisierung der Berichterstattung über Bewegungen und deren Aktionen und die daraus resultierenden Konflikte zeigten sich in der Pressearbeit des *Climate Justice Action Networks* und der Berichterstattung über dessen Aktionen (o.A. 2010: 10f). Hier werden die Notwendigkeit eines bewussten Umgangs mit diesem Medienmechanismus und die Gefahr der Internalisierung einer hierarchisierten Deutung der ProtestakteurInnen durch die Medien deutlich.

Vor dem Hintergrund der Erfahrungen der hier betrachteten Kampagnen ergeben sich einige weitere Denkanstöße für die emanzipatorischen Teile der Klimabewegung. Es bedarf kreativer Ideen und Vermittlungswege um im hegemonialen Diskurs Widerstandspunkte zu bilden und kritische Inhalte sagbar zu machen. Der Raum des Sagbaren im Feld der Klimalösungen scheint durch das „Scheitern" des Gipfels in Kopenhagen wieder offener geworden zu sein für Lösungen des Problems außerhalb der bislang hegemonialen Logik. Hier gilt es die diskursive Offenheit zu nutzen und andere Deutungen zu vermitteln. Zudem stellt sich die Frage, die in der Klimagerechtigkeitsbewegung diskutiert wird, ob die Anpassung der eigenen Aktivitäten und Diskussionsbeiträge an den offiziellen Verhandlungsrahmen der Vereinten Nationen dir richtige Strategie ist. Dafür spricht, dass das Thema Klimawandel zu den Zeitpunkten und an den Orten der offiziellen Verhandlungen eine große Medienaufmerksamkeit genießt, die unter anderen Umständen wahrscheinlich nicht erreicht werden würde. Dagegen spricht, dass im Prozess der offiziellen Verhandlungen die staatliche und markt-wirtschaftliche Deutungshoheit sehr ausgeprägt ist und nur schwer durchbrochen werden kann. Zudem gilt es, die bereits zitierte Erkenntnis der Bewegungsfor-schung zu berücksichtigen, dass „nicht die einmaligen Großereignisse [...] die politische Aufmerksamkeit von Bevölkerung und Bundestag fokussieren [können] sondern die Protestwellen, die an vielen Orten mobilisieren" (Roose 2006: 47).

Literatur

o.A. (2010): Kopenhagen. Ein Wintermärchen? In: Avanti – Projekt undogmatische Linke (Hg.): Klima in Bewegung. Auswertungsreader zu den Klimaprotesten in Kopenha-gen 2009, S. 9-11, Online verfügbar unter http://www.avanti-projekt.de/sites/default/files/cop_auswertung.pdf, zuletzt geprüft am 15.10.2010.

Adolphs, Stefan; Karakayali, Serhat (2007): Die Aktivierung der Subalternen – Gegenhe-gemonie und passive Revolution. In: Buckel, Sonja; Fischer-Lescano, Andreas (Hg.): Hegemonie gepanzert mit Zwang. Zivilgesellschaft und Politik im Staatsver-ständnis Antonio Gramscis. Baden-Baden, S.121-140.

Brand, Ulrich (2006): Gegen-Hegemonie als strategische Perspektive. Ambivalenzen und Strategien der aktuellen Globalen Sozialen Bewegungen. In: Marchart, Oliver; Weinzierl, Rupert (Hg.): Stand der Bewegung? Protest, Globalisierung, Demokratie – eine Bestandsaufnahme. Münster, S. 35-44.

Brunnengräber, Achim (2005): Gipfelstürmer und Straßenkämpfer. NGOs und globale Protestbewegungen in der Weltpolitik. In: Brunnengräber, Achim et al. (Hg.): NGOs im Prozess der Globalisierung. Mächtige Zwerge – umstrittene Riesen. Bonn (Schriftenreihe der Bundeszentrale für politische Bildung, 400), S. 328–365.

Ebert, Theodor (1980): Gewaltfreier Aufstand. Alternative zum Bürgerkrieg, Waldkirch.

Foucault, Michel (1987): Das Subjekt und die Macht. In: Dreyfus, Hubert L.; Rabinow, Paul (Hg.): Michel Foucault: Jenseits von Strukturalismus und Hermeneutik. Frank-furt am Main, S. 243-261.

Galtung, Johan (1975): Strukturelle Gewalt. Beiträge zur Friedens- und Konfliktfor-schung. Reinbek.

Kliment, Tibor (1994): Kernkraftprotest und Medienreaktionen. Deutungsmuster einer Widerstandsbewegung und öffentliche Rezeption. Wiesbaden.

Neidhardt, Friedhelm (1994): Einleitung. Öffentlichkeit, öffentliche Meinung, soziale Bewegungen. In: ders. (Hg.): Öffentlichkeit, öffentliche Meinung, soziale Bewe-gungen. Opladen, S. 7-41.

Roose, Jochen (2006): 30 Jahre Umweltprotest: Wirkungsvoll verpufft? In: Forschungs-journal Neue Soziale Bewegungen, Jg. 19, H. 1/2006, S. 38-49.

Rucht, Dieter (1999): Gesellschaft als Projekt – Projekte in der Gesellschaft. Zur Rolle sozialer Bewegungen. In: Klein, Ansgar; Legrand, Hans-Josef; Leif, Thomas (Hg.): Neue soziale Bewegungen. Impulse, Bilanzen und Perspektiven. Opladen, S. 15-27.

Rucht, Dieter (2003): Medienstrategien sozialer Bewegungen. In: Forschungsjournal Neue Soziale Bewegungen, Jg.16, H. 1/2003, S. 7-13.

Rucht, Dieter (2004): The Quadruple 'A'. Media strategies of protest movements since the 1960s. In: Loader, Brian; Nixon, Paul; Rucht, Dieter; van de Donk, Wim (Hg.): Cyberprotest: New Media, Citizens and Social Movements. London, S. 29-56.

Rucht, Dieter; Yang, Mundo; Zimmermann, Ann (2008): Politische Diskurse im Internet und in Zeitungen. Das Beispiel Genfood. Wiesbaden.

X-tausendmal quer (V.i.S.d.P.: Jochen Stay) (2006): rundbrief X-tausendmal quer, 27, Herbst 2006. Hamburg.

Klimabewegungen in Russland
Chancen und Probleme ihrer transnationalen Vernetzung

Monika E. Neuner

Der Klimawandel ist ein globales Phänomen mit lokal unterschiedlichen Auswirkungen. Für soziale Bewegungen, die ein auf Klimaschutz ausgerichtetes Handeln in Gesellschaft und Politik bewirken wollen, besteht die Hauptaufgabe im Aufzeigen von Zusammenhängen zwischen den global und lokal stattfindenden Prozessen des Klimawandels. Diese Perspektive der *Glokalisierung* (in Anlehnung an das gleichnamige Konzept von Roland Robertson[1]) ist insbesondere in Ländern, in denen das Bewusstsein für den Klimawandel noch nicht so ausgeprägt ist wie in Westeuropa[2], nicht weit verbreitet. Vor allem in den Ländern Osteuropas und der ehemaligen Sowjetunion wie zum Beispiel Russland wird der Zusammenhang zwischen menschlichem Verhalten, das den Menschen vor Ort und der lokalen Umwelt schadet, sowie einem Verhalten, das schädlich für das globale Klima ist, selten hergestellt. Dieser Prozess der lokalen Verankerung von Themen wie dem Klimaschutz kann – so die Argumentation dieses Beitrags – durch eine transnationale Vernetzung von aktivistischen Gruppen gefördert werden. Am Beispiel Russlands werden im Folgenden die Chancen und Probleme der transnationalen Vernetzung von Klimabewegungen untersucht.

Soziale Bewegungen befinden sich in Russland zum großen Teil noch in der Entstehungsphase. Gruppen, die für eine Veränderung der sozialen und politischen Verhältnisse eintreten, befassen sich in der Regel mit sehr konkreten Problemen vor Ort. Darüber hinaus werden die Entwicklung der sozialen Bewegungen in Russland und ihre transnationale Vernetzung durch die von staatlicher Seite eingeschränkten Protestmöglichkeiten sowie durch das allgemein niedrige

---

[1] Siehe das Konzept der Glokalisierung von Roland Robertson, das sich mit dem Zusammenspiel von globalen und lokalen Prozessen beschäftigt: vgl. Robertson 1998 und Kößler 2005.
[2] Mit dem Begriff *Westeuropa* sind in diesem Zusammenhang die Gesellschaften der EU-15-Länder, das heißt die Europäische Union vor der Osterweiterung im Jahr 2004, gemeint, und *Osteuropa* beginnt östlich davon. Im Grunde ist dies die Ost-West-Zuordnung von vor 1989, ausgerichtet an den politischen Systemen. Die Abgrenzungen zwischen Ost- und Westeuropa sind gesellschaftlicher Art, es gibt keine ‚neutrale' Zuordnung.

zivilgesellschaftliche Partizipationsniveau gehemmt.[3] Der russische Staat er-
schwert die Arbeitsbedingungen von NGOs und soziale Bewegungen sowie das
politische Engagement von einzelnen Menschen in hohem Maße – besonders
durch Repression und die Androhung von Repression. Beispielhaft dafür stehen
die in der Praxis oft nicht gegebene Demonstrationsfreiheit, Polizeigewalt, Justizwillkür, die willkürlich angewandte Extremismusgesetzgebung sowie sehr
restriktive Gesetze für NGOs und gemeinnützige Vereinigungen.[4]

Welche Arten von Klimabewegungen gibt es in Russland und vor welchem
politischen und gesellschaftlichen Hintergrund agieren sie? Angesichts der enor-
men Erdöl- und Erdgasvorkommen und von schlecht isolierten Wohnblöcken
ohne individuelle Heizregelung stellt sich die Frage: „Russland und Klimaschutz
– wie passt das zusammen?" Das Bewusstsein für die Bedeutung von Klimaschutz ist in der russischen Politik und Gesellschaft sowie auch in den sozialen
Bewegungen tatsächlich noch relativ gering.

Dieser Beitrag basiert im Wesentlichen auf empirischen Forschungen, die
ich zum Thema „Globalisierungskritische Bewegungen in Russland und ihre
transnationale Vernetzung" getätigt habe.[5] Ich stütze mich dabei hauptsächlich
auf Interviews mit russischen AktivistInnen, die sich für das Thema Klimaschutz
interessieren sowie auf Interviews mit ExpertInnen und AktivistInnen aus anderen sozialen Bewegungen. Die Erkenntnisse gelten im Wesentlichen nicht nur für
soziale Bewegungen aus dem Klima- und Ökologiespektrum, sondern auch für
Bewegungen und Initiativen mit einer anderen thematischen Ausrichtung. Der
Fokus dieses Beitrags liegt auf den Chancen und Problemen der transnationalen
Vernetzung von aktivistischen Gruppen aus Russland, die Teil von Klimabewegungen werden könnten und weniger auf der Vernetzung von russischen NGOs,
die meist nur aus professionell arbeitenden ExpertInnen bestehen.[6]

---

[3] Vgl. Neuner 2009, 21ff. Trotz der hohen Unzufriedenheit liegt in Russland das Protestpotential seit
1993 im Durchschnitt bei 25 Prozent. Siehe dazu von Beyme 1999 und Levada-Zentrum 2009.
[4] Vgl. Neuner 2009, 23f. Für Informationen zur NGO-Gesetzgebung siehe auch Nußberger und
Schmidt 2007 und zu den Extremismusgesetzen siehe Schroeder 2007. In Siegert 2010a und Siegert
2010c wird über die Einschränkung des Rechts auf Demonstrationsfreiheit und Polizeigewalt und
Justizwillkür in diesem Zusammenhang berichtet.
[5] Siehe Neuner 2009.
[6] Eine soziale Bewegung besteht aus einer Vielzahl von (Bewegungs-)Akteuren: Miteinander vernetzte Personen, Gruppen und Organisationen wirken – ohne Festlegung eindeutiger Rollen und
gestützt auf mehr oder weniger kollektive Identitätsgefühle – mit gemeinsamen Aktionen auf einen
grundlegenden sozialen Wandel bzw. dessen Verhinderung hin. NGOs hingegen sind institutionali-
sierte und häufig professionalisierte Akteure, die als Zusammenschlüsse von Menschen mit gemeinsamen politischen Zielen unabhängig von staatlichen Stellen ihre Interessen gegenüber Staaten oder
internationalen Organisationen vertreten. Für eine ausführliche Definition von (neuen) sozialen
Bewegungen (NSB) und Nichtregierungsorganisationen (NGOs) siehe Brunnengräber/ Klein/ Walk
2005, 429. Zum Begriff soziale Bewegungen vgl. auch Rucht/ Neidhardt 2007.

Der Klimawandel in der russischen Politik und Gesellschaft

Bis zum Ende der Präsidentschaft Putins[7] im Jahr 2008 wurde der Klimawandel von der russischen Politik kaum thematisiert bzw. als unproblematisch dargestellt. Russland ermöglichte im Jahr 2004 zwar mit seiner Ratifizierung das In-krafttreten des Kyoto-Protokolls[8], dieses war für Russland aber nicht mit Verpflichtungen und vor allem nicht mit eigenen klimapolitischen Anstrengungen verbunden. Für die russische Politik stellte die Ratifizierung eher ein Mittel zur Erzielung ökonomischer und politischer Profite dar.[9]

Erst seit den Klimaverhandlungen von Kopenhagen im Jahr 2009 hat sich der klimapolitische Diskurs der russischen Regierung im In- und Ausland grundlegend verändert. Das Thema Klimaschutz erhalte seitdem in der russischen Öffentlichkeit mehr Aufmerksamkeit und die russische Ökologiebewegung habe sich im Land selbst stärker vernetzt, so Igor' Çestin, der Leiter des russischen WWF-Büros.[10]

Die russische, staatliche Delegation verhielt sich in Kopenhagen konstruktiv, wenn auch eher passiv. Russland erklärte sich zum ersten Mal bereit, Geld für Anpassungsmaßnahmen in weniger entwickelten Ländern bereit zu stellen. Zeitgleich unterschrieb der russische Präsident zum ersten Mal eine so genannte rationale Klimadoktrin, in der zwar die Notwendigkeit für eine Reduktion der Treibhausgasemissionen festgestellt, aber keine verbindlichen Zahlen genannt werden.[11] Bisher existiert Klimapolitik in Russland allerdings nur als Doktrin, Klimaschutzmaßnahmen stellen Nebenprodukte der Energiepolitik dar. Bis zum Herbst 2010 sollen Maßnahmen zur Umsetzung der Klimadoktrin verabschiedet werden. Ob sich im Vergleich zum Jahr 2007, als der Klimaberater Putins und stellvertretende Vorsitzende des IPCCs Jurij Izrael äußerte, dass die „Panik über die globale Erwärmung total ungerechtfertigt"[12] sei, nur der Diskurs oder auch

---

[7] Russische Eigennamen und Begriffe werden im Folgenden gemäß der wissenschaftlichen Transliteration des Kyrillischen wiedergegeben, da nur so die Namen eindeutig ins Kyrillische zurück übertragen werden können.

[8] Es trat darauf hin am 16.02.2005 in Kraft.

[9] Siehe Korppoo 2008.

[10] Vgl. DRA 2010a.

[11] Die russische Regierung nennt je nach Anlass und Zeitpunkt sowohl das Ziel 20-25 Prozent Emissionsreduktion im Jahr 2020 gegenüber dem Jahr 1990, als auch nur eine Reduktion von 10-15 Prozent für den selben Zeitraum. Beide Ziele erfordern von Russland keine besonderen Anstrengungen, da aufgrund des drastischen Einbruchs des Energieverbrauchs und der industriellen Produktion Russlands durch den Zusammenbruch der Sowjetunion die Emissionen im Jahr 2007 nur 66 Prozent des Standes von 1990 erreicht haben; siehe Charap 2010.

[12] Zitiert nach Münchmeyer 2008, 221.

das Handeln der russischen Regierung geändert hat, wird sich erst in Zukunft zeigen.[13]

Als Beginn einer konstruktiven Auseinandersetzung mit dem Problem des Klimawandels kann schon die Prognose des russischen hydrometeorologischen Diensts aus dem Jahr 2005 gewertet werden. Aus dieser geht hervor, dass Russland in den kommenden Jahrzehnten stark vom Klimawandel betroffen sein wird.[14] Temperaturanstieg und steigende Niederschläge werden alles in allem eher negative Auswirkungen auf die landwirtschaftliche Produktion, das Auftreten von Krankheiten sowie auf das Bauwesen und die Infrastruktur, insbesondere die Erdöl- und Erdgaspipelines, haben. Infrastruktur und Wohngebäude sind in einigen Regionen Russlands vor allem durch eine Aufweichung der sogenannten Permafrostböden, gefährdet. Die Schmelze solcher stabiler Dauerfrostböden kann in einzelnen Regionen die Wasserversorgung gefährden und dort, wo radioaktiver Abfall gelagert wird, katastrophale Auswirkungen haben. Die Folgen des Klimawandels, die positive Auswirkungen auf die Landwirtschaft in einzelnen Regionen haben könnten, werden nur dann nutzbar sein, wenn die landwirtschaftliche Produktion angepasst wird.[15] Schon heute sind in Russland insbesondere ärmere Bevölkerungsschichten sowie indigene Völker in bestimmten Regionen, von den negativen Auswirkungen des Klimawandels betroffen. Dennoch wird die wissenschaftliche Diskussion in Russland noch stark von akademischen „KlimaskeptikerInnen" geprägt, die vor einer neuen Eiszeit warnen und anthropogene Einflüsse auf das Klima anzweifeln.[16]

Von Seiten russischer Umwelt-NGOs und AktivistInnen wird immer wieder beklagt, dass es in der Öffentlichkeit zu wenig Wissen über den Klimawandel gebe. Dies belegen Umfrageergebnisse, in denen 55 Prozent der RussInnen angeben, wenig über den Klimawandel gehört oder gelesen zu haben und nur 45 Prozent glauben, dass der Klimawandel derzeit schon stattfindet. Immerhin sind etwa 60 Prozent der Meinung, dass die globale Erwärmung eher durch die Menschheit verursacht ist und eine reale Bedrohung darstellt. Auch wenn es um die Frage der Bekämpfung der globalen Erwärmung mit russischen Staatsgeldern geht, sind die Meinungen der Befragten geteilt. Die Hälfte ist dagegen, dass russische Staatsgelder überhaupt zur Bekämpfung der globalen Erwärmung verwendet werden, weil sie entweder meint, dass es sowieso nicht möglich ist, diese zu verhindern, oder weil sie glaubt, dass Staatsgelder besser im Rahmen sozialer Programme eingesetzt werden sollten, um die Lebensqualität in der Bevölkerung

---

[13] Vgl. Kokorin 2010 sowie Davydova 2010.
[14] Vgl. Götz 2009, 3. Siehe auch Federal Service for Hydrometeorology and Environmental Monitoring (Roshydromet) 2005.
[15] Vgl. Götz 2009. Siehe auch Stadelbauer 2010, Charap 2010 sowie WWF Russia/ Oxfam 2008 .
[16] Vgl. Götz 2009, 3 sowie Samolodtschikow 2007.

zu verbessern. Die andere Hälfte ist zwar dafür, dass Mittel aus dem Staatshaushalt für den Kampf gegen den globalen Klimawandel bereit gestellt werden, der Großteil allerdings nur in einem begrenzten Umfang. Nur 17 Prozent wollen, dass so viel Geld, wie nötig ist, dafür ausgegeben wird.[17] Hier wird deutlich, dass die russische Regierung bisher noch keinem öffentlichen Druck ausgesetzt ist, sich für Klimaschutz zu engagieren. Der Hype um den Klimawandel hat Russland noch nicht erreicht. Das liegt auch daran, dass die russischen Medien bisher keine aufklärerische Funktion übernehmen. Um dem gegenzusteuern bieten NGOs wie der WWF Seminare für JournalistInnen zu Themen wie Klimawandel, Energieeffizienz und Öko-Journalismus an.[18]

Klima-NGOs und Klimabewegungen in Russland

In Russland wird das Thema Klimawandel bisher hauptsächlich von Umweltgruppen bearbeitet, die als professionelle NGOs und nicht als soziale Bewegungen aktiv sind. Die russische Umweltszene besteht heutzutage zu einem sehr großen Teil aus NGOs mit genau umrissenen Zielen und klar definierten Beteiligten. Die Hälfte dieser NGOs sind Mitglieder in gesamtrussischen Umweltorganisationen wie der Russischen Sozialökologischen Union. Nach Einschätzung des Soziologen Dmitrij Vorob'ev hat sich der Charakter der Umweltbewegung in Russland in den letzten Jahren grundlegend verändert:

> „[G]roße Teile der Bewegung existieren in einer informellen Symbiose mit staatlichen Stellen und der Wirtschaft und übernehmen z.T. staatliche Funktionen, z.B. die Überwachung von Naturschutzgebieten und das Erstellen von Umweltgutachten."[19]

Große, russische Umwelt-NGOs, die im Bereich Klimaschutz aktiv sind, nehmen in der Regel über ihre Kontakte zu inter- oder transnationalen NGO-Netzwerken an internationalen Klimaverhandlungen teil. Dies ist zum Beispiel aus der Teilnehmerliste zu den 14. COP-Verhandlungen im Jahr 2008 in Poznan ersichtlich. Der WWF Russland war dort über das transnationale Climate Action Network

---

[17] Vgl. BBC World Service Poll 2007, 16 und WCIOM 2007. Siehe auch World Bank 2009: Auch die neueren Umfrageergebnisse aus dem World Development Report 2010 zeigen, dass die russische öffentliche Meinung im internationalen Vergleich, was ihr (Handlungs-)Bewusstsein bezüglich des Klimawandels betrifft, eher eine Schlusslichtposition einnimmt. Ein Teil dieser Umfrageergebnisse ist auch in den Russlandanalysen Nr. 201 vom 21.05.2010 zum Thema Klimawandel und Klimapolitik veröffentlicht: http://www.laender-analysen.de/russland/pdf/Russlandanalysen201.pdf (Zugriff: 14.06.2010).

[18] Vgl. Deutsch-Russischer Austausch 2010a und 2010b.

[19] Vgl. Vorobyev 2005, 10. Siehe dazu auch Heyden/ Weinmann 2009, S. 205f.

(CAN)[20] mit einem Vertreter präsent und auch die größte russische Dachorganisationen von Umwelt-NGOs, die Russische Sozialökologische Union, die ebenfalls Mitglied im CAN ist, nahm über das Netzwerk von Friends of the Earth (FoE) teil.[21] Neben einigen weiteren in Poznan vertretenen russischen NGOs fallen die zahlreichen VertreterInnen – teilweise ebenfalls NGO-ExpertInnen – des so genannten Russian Youth Climate Movement auf der FoE-TeilnehmerInnenliste bei den Klimaverhandlungen auf. Die Mitglieder des Russian Youth Climate Movement treten in Russland nicht unter diesem Namen auf. Es handelt sich wohl nur um einen Zusammenschluss von AktivistInnen für die Teilnahme an den Klimaverhandlungen – im Rahmen des so genannten European sowie International Youth Climate Movement.[22] Bisher gibt es allerdings keine Untersuchungen dazu, ob russische Umwelt-NGOs und Klima-AktivistInnen auch substantiell an der Ausgestaltung transnationaler Klimanetzwerke beteiligt sind.

Im Unterschied zu Umwelt-NGOs in Westeuropa haben russische Umwelt-NGOs gerade erst mit dem Versuch begonnen, durch einen konstruktiv-kritischen Dialog Einfluss auf das Verhalten ihrer Regierung bei internationalen Klimaverhandlungen zu nehmen.[23] Seit der Klimakonferenz in Poznan im Dezember 2008 geben einige russische NGO-AktivistInnen auf Initiative der russischen NGO Ekozaščita (zu Deutsch: Ökoverteidigung, offizielle englische Übersetzung: ecodefense) während internationaler Klimaverhandlungen ein täglich erscheinendes – hauptsächlich russischsprachiges – Bulletin mit dem Titel „Men'še Dvuch Gradusov" (zu Deutsch: „weniger als zwei Grad") heraus, in dem sie insbesondere das Verhalten der russischen Regierungsdelegation kritisch begleiten. Als bisheriges Resultat dieses Bulletins, das von der Heinrich-Böll-Stiftung finanziert wird, finden nun regelmäßig Konsultationen zwischen der

---

[20] Das Climate Action Network (CAN) ist ein transnationales NGO-Netzwerk, in dem sich rund 450 umweltpolitische NGOs aus der ganzen Welt zusammengeschlossen haben. Vor allem im Rahmen der Klimaverhandlungen der Vereinten Nationen setzt sich CAN dafür ein, dass Regierungen durch gemeinsame Maßnahmen die weltweite Klimaerwärmung begrenzen. Siehe die Website http://www. climatenetwork.org/.

[21] Siehe die CAN-Website des Mittel- und Osteuropanetzwerks: http://climnetcee.org/members. html#rus und die Website der Russischen Sozial-Ökologischen Union sowie die Website ihres so genannten Klimasekretariats http://rusecounion.ru (beide Zugriff: 08.04.2010).

[22] Für die Teilnehmerliste der 14. COP-Verhandlungen siehe UNFCCC 2008, S. 20 und 33. Auch zum European Youth Climate Movement gibt es online nur wenige Informationen, siehe: http:// www.actnow09.eu/?page_id=22 und http://sites.google.com/site/europeanyouthclimatemovement/ (beide Zugriff: 12.04.2010). Das International Youth Climate Network unterhält folgende Website: www.youthclimate.org (Zugriff: 12.04.2010).

[23] Bezüglich des Kyoto-Protokolls waren russische Umwelt-NGOs weniger während der Verhandlungen aktiv. Nach der Ausarbeitung des Kyoto-Protokolls warben sie bei Ihrer Regierung und der Öffentlichkeit vehement für eine Ratifizierung. Ein gewisser Dialog und eine Kooperation zwischen russischen Umwelt-NGOs und dem Staat in Bezug auf andere Themen findet allerdings schon länger statt, z.B. was den Schutz von Nationalparks betrifft. Vgl. Vorobyev 2005.

offiziellen russischen Regierungsdelegation und NGOs statt.[24] Beim Ausbau ihrer eigenen Klimaexpertise werden russische NGOs finanziell und ideell z.b. von Organisationen wie Greenpeace, Oxfam, dem Deutsch-Russischen Austausch oder der Heinrich-Böll-Stiftung unterstützt.[25]

Neben den NGOs können dem Umwelt-Bereich im weiteren Sinne auch die vielen lokalen Protestgruppen und Bürgerinitiativen, die sich meist als Gegenreaktion auf städtebauliche Projekte und Infrastrukturmaßnahmen herausbilden, zugerechnet werden.[26] Aufgrund ihres lokal beschränkten Fokus haben diese bisher allerdings selten das Potential, sich mit abstrakten Themen wie dem Klimawandel zu beschäftigen.

Anders als in Westeuropa haben linke Gruppen und Bewegungen in Russland noch nicht entwickelt, dass das Thema Klimawandel und -schutz Fragen der sozialen Gerechtigkeit berührt und deswegen auch „ihr" Thema ist.[27] Ähnliches gilt in Russland umgekehrt auch für ökologische Gruppen und NGOs, die den Zusammenhang zwischen Klimaschutz und sozialer Gerechtigkeit nicht bzw. nur selten herstellen. Sie vergeben so Potential, ihre Anliegen in die Gesellschaft zu transportieren und neue MitstreiterInnen zu mobilisieren. Denn insbesondere aufgrund der hohen und wachsenden sozialen Ungleichheit ist soziale Gerechtigkeit eigentlich ein wichtiges Thema für die russische Gesellschaft.[28]

Die Erkenntnisse aus den von mir geführten Interviews mit VertreterInnen globalisierungskritischer Bewegungen in Russland weisen darauf hin, dass es bisher im Bewegungsbereich – im Umfeld von Umwelt-, Antiatom- und Menschenrechts- sowie anarchistischen Gruppen – nur einzelne AktivistInnen gibt, die ein explizites Interesse für Klimafragen entwickelt haben.[29] Zwar treten einige lokale Bürgerinitiativen implizit auch für Klimaschutz ein, wenn sie gegen die Abholzung von Waldgebieten mobilisieren, doch stellen sie bisher dabei die Verbindung zum Klimaschutz als lokale und globale Aufgabe nicht bewusst her. Warum dies eine der großen Hürden für die transnationale Vernetzung von west-

---

[24] Vgl. Siegert 2009. Siehe die Website: http://below2c.wordpress.com/
[25] Siehe auch Deutsch-Russischer Austausch 2010b.
[26] Vgl. Vorobyev 2005, 10. Seit dem Jahr 2005 wird ein allgemeiner Anstieg von Anwohnerinitiativen und Protestgruppen verzeichnet; siehe dazu Heyden/Weinmann 2009, insbesondere S. 179ff.
[27] Vgl. Interview am 25.3.2009 Groza, Min. 34 und 38.
[28] Das ökonomische Ungleichheitsniveau liegt seit den Wirtschaftsreformen von 1992 bis 1994 in Russland auf lateinamerikanischem Niveau, siehe Genov 2003 und Riegler 2005. Eine Studie der russischen Akademie der Wissenschaften in Zusammenarbeit mit der Friedrich-Ebert-Stiftung kommt zu dem Ergebnis, dass 43 Prozent der russischen Bevölkerung zu den wirtschaftlich Schwachen gehören, vgl. Krumm 2008. Siehe zur wachsenden sozialen Ungleichheit auch Heyden/ Weinmann 2009, 123-133. Laura A. Henry zeigt die mangelnde Aufnahme von sozialer Gerechtigkeit in Diskurse russischer umweltpolitischer Organisationen am Beispiel des Themas nachhaltige Entwicklung; vgl. Henry 2009.
[29] Vgl. Neuner 2009.

europäischen Klimabewegungen mit russischen AktivistInnen darstellt, wird im Laufe dieses Beitrags ausführlich diskutiert. Zuvor soll aber noch auf den aktuellen Forschungsstand zur transnationalen Vernetzung von sozialen Bewegungen eingegangen werden. Welche Schwierigkeiten und Chancen für die transnationale Vernetzung haben bisherige Studien aufgezeigt? Darauf aufbauend werden im Anschluss dann die spezifischen Chancen und Probleme der transnationalen Vernetzung von russischen AktivstInnen aus dem Klimabereich diskutiert.

Transnationale Vernetzung von sozialen Bewegungen

Transnationale Netzwerke bieten Kommunikation, Solidarität, Informationsaustausch und gegenseitige Unterstützung. Ihre Hauptfunktion besteht darin, den Dialog zwischen den in ihnen vereinten, vielfältigen Gruppen zu strukturieren und Informationen zu produzieren, auszutauschen sowie strategisch zu nutzen. Das bedeutet zum Beispiel auch, Ereignisse zu analysieren und Gegenerzählungen zum herrschenden Diskurs zu entwickeln.[30]

Paul Routledge und Andrew Cumbers gehen davon aus, dass Gruppen und soziale Bewegungen, die auf der lokalen und nationalen Ebene marginalisiert sind, größere Allianzen, d.h. Aktions- und Unterstützungsnetzwerke schmieden, um ihre Anliegen dennoch voranbringen zu können. Auf diese Weise versuchen sie soziale Kämpfe, die an einen bestimmten lokalen oder nationalen Raum gebunden sind, in einem breiteren globalen Netzwerk zu verbinden.[31] Gegen diesen Befund spricht allerdings die Erkenntnis von Joe Bandy und Jackie Smith, dass Repression auf nationaler oder regionaler Ebene nur selten stimulierend wirke, sondern in den meisten Fällen die Beteiligung an transnationalen Netzwerken behindere. Transnationale Bündnisse seien nur dann erfolgreich, wenn sie sich auf gut entwickelte nationale und lokale Bewegungen stützen könnten, die über genügend Kapazitäten zur Mobilisierung und zur regelmäßigen Kommunikation verfügten. Ob diese Kapazitäten auf lokaler Ebene vorhanden sind, darauf hat auch das Handeln der nationalen oder regionalen Regierungen Einfluss.[32]

Auch kulturelle Verschiedenheit, räumliche Distanz, wirtschaftliche Barrieren und zu unterschiedliche, politische Kontexte stellen bedeutende Hemmnisse für die transnationale Vernetzung lokaler Gruppen dar. Ebenso erschweren materielle und diskursive Machtverhältnisse in Netzwerken aufgrund von unter-

---

[30] Vgl. Juris 2004; Juris 2005 sowie Bandy und Smith 2005.
[31] Vgl. Routledge und Cumbers 2009, 15ff.
[32] Vgl. Bandy und Smith 2005 sowie Massey 1999 und Glassmann 2001.

schiedlichem Zugang zu finanziellen und zeitlichen Ressourcen die Vernetzung.[33]

Identitätsunterschiede, zum Beispiel aufgrund der abweichenden geographischen und damit meist auch politischen Lage, sind häufig Quellen für Spannun-
gen in transnationalen Bündnissen und erschweren das Herstellen einer geteilten
Identität. Nicht nur das: Trotz des homogenisierenden Einflusses der Globalisierung führen unterschiedliche lokale oder nationale Kontexte häufig auch zu unterschiedlichen *strategischen* Präferenzen. Diese erschweren die Einigung auf
transnationale Ziele und Strategien. Allgemein kann festgestellt werden, dass
Vernetzung schwieriger herzustellen und aufrecht zu erhalten ist, wenn sich die
Kämpfe auf der lokalen oder nationalen Ebene zu wenig auf den globalen Kontext beziehen.[34]

Die unterschiedlichen lokalen Machtverhältnisse, mit denen soziale Bewegungen in ihren Heimatländern konfrontiert sind, haben oft auch Folgen für die
Machtverteilung innerhalb der transnationalen Netzwerke. Ressourcenunter-
schiede führen häufig dazu, dass die ressourcenreicheren Gruppen die konkrete
Gestaltung der Netzwerke wesentlich stärker bestimmen. Diese Ungleichheiten,
unterschiedlichen Interessen und Bedürfnisse – klassischerweise zwischen Bewegungen aus dem globalen Süden und solchen aus dem globalen Norden –
sowie die Auswirkungen dieser Ungleichheiten sind bisher noch wenig erforscht.
Angesichts dessen, dass der Umgang mit diesen Differenzen einen starken Einfluss darauf hat, ob transnationale Bündnisse funktionieren, wäre dies von großem Interesse.[35] Ausnahmen stellen nur erste Forschungen zur Interaktion von
west- und osteuropäischen globalisierungskritischen AktivistInnen bei den Vor-
bereitungsversammlungen der Europäischen Sozialforen dar. Diese untersuchen
den Einfluss von Ressourcenunterschieden auf die Machtverteilung innerhalb
dieses transnationalen Netzwerks.[36]

Chancen und Probleme der transnationalen Vernetzung

In der russischen Gesellschaft erfahren soziale und auch ökologische Themen
eine große Resonanz. Allerdings nur dann, wenn sie sich nicht auf abstrakte
Probleme, sondern auf für die BürgerInnen konkret erfahrbare und meist akute
Missstände beziehen, wie z.B. die Zerstörung eines Naturschutzgebiets durch

---

[33] Vgl. Young 1992; Smith und Bandy 2005, 8 und Bandy und Smith 2005.
[34] Vgl. Routledge und Cumbers 2009, 211-218. Siehe auch Bandy und Smith 2005 sowie Glassmann
2001.
[35] Vgl. Bandy und Smith 2005 sowie Massey 1999 und Glassmann 2001.
[36] Siehe Andretta und Dörr 2007 sowie Dörr 2007 und Haug 2007.

illegale Baumaßnahmen oder den Bau von Müllverbrennungsanlagen in einem Wohngebiet. Umfragen des russischen Instituts für Öffentliche Meinungsforschung (WCIOM) zeigen, dass das ökologische Bewusstsein in den vergangenen Jahrzehnten gewachsen ist. Aufgrund der unmittelbaren Betroffenheit stehen allerdings eher Fragen wie Luftverschmutzung, Waldrodungen und die illegale Bebauung von Grünflächen und Naherholungsgebieten im Zentrum des Bewusstseins, während der Klimawandel noch keine große Rolle spielt.[37]

Bisher gelingt es außerdem nur bei wenigen umweltpolitischen Themen, Menschen aus ganz Russland und nicht nur aus der lokalen Umgebung zu Protesten zu mobilisieren: positive Beispiele sind seit vielen Jahren die russlandweiten Aktionen für den Schutz des Weltnaturerbes Baikalsee sowie die aktuellen Proteste zur Verteidigung des Nationalparks Utriš gegen Profitinteressen. Allerdings ist auch in diesen Protestkampagnen der Bezug zum Thema Klimaschutz nicht hergestellt worden.[38]

Wenn russische AktivistInnen Klimaschutz wirklich als Anliegen formulieren, das soziale Gerechtigkeit und Umweltschutz vereint, sowie vermitteln, dass heutzutage schon in konkreten lokalen und regionalen politischen Auseinandersetzungen um Klimaschutz gekämpft wird, wenn BürgerInnen gegen die Rodung von Wäldern und gegen den Bau von schädlichen Müllverbrennungsanlagen in Wohngebieten protestieren, dann würde die Mobilisierungskraft des Themas Klimaschutz enorm gestärkt.

Die konkreten Probleme und Chancen der transnationalen Vernetzung von solchen russischen sozialen Bewegungen und Bürgerinitiativen, die sich bisher hauptsächlich implizit mit klimaaktivistischen Fragen beschäftigen, werden im Folgenden herausgearbeitet.

Schwäche der sozialen Bewegungen in Russland

Bürgerinitiativen, NGOs und soziale Bewegungen sind in Russland stark marginalisiert. Sie werden von den Massenmedien und politischen Institutionen ausgegrenzt und von staatlicher Seite immer wieder bedroht. Deswegen gibt es einen großen Bedarf an internationaler Solidarität. Dies stellt an sich eine Chance für die transnationale Vernetzung dar. Die Schwierigkeit besteht aber darin, dass die westeuropäischen und russischen zivilgesellschaftlichen Gruppen dies erkennen und darüber hinaus Kapazitäten aufbringen müssten, um die Kommunikationsstrukturen die für schnelle und nachhaltige Solidarität nötig sind, aufzubauen.

---

[37] Vgl. Fedorov 2006 und Sperfeld 2007. Zu den sozialen Themen siehe Clément 2006.
[38] Vgl. o.N. 2010b und vgl. o.N. 2009b sowie Siegert 2010b.

Insbesondere lokale russische Bürgerinitiativen verfügen nur über sehr geringe Ressourcen. Sogar für ihre Koordination auf Landesebene können bisher keine finanziellen Mittel aufgebracht werden.[39] Eine Expertin formuliert das Problem folgendermaßen:

> „Aber das Problem ist natürlich neben der Sprache oft auch, dass es viele Sachen nicht übersetzt gibt und die Leute hier überhaupt nicht die Kapazitäten haben so einen Austausch zu pflegen. Man muss ja genau wissen, was man voneinander will. Die Leute können oft halt nicht formulieren, was man erwartet, außer meinetwegen jetzt, finanzielle Unterstützung oder bestenfalls vielleicht noch 'ja wie habt ihr das denn gemacht', aber dann muss man das ja auch noch umsetzen können."[40]

Ein Hemmnis für die Zusammenarbeit und Vernetzung ist auch die innere Entwicklung der sozialen Bewegungen in Russland. In den letzten Jahren kämpfen – vor allem auch, aber nicht nur in der Moskauer Region – relativ viele lokale Bürgerinitiativen gegen die Rodung von Wäldern und den Bau von Infrastruktur, Luxusobjekten und Gebäuden auf geschützten Grünflächen. In vielen Fällen konzentrieren sich die Initiativen, vor allem solche gegen Bauprojekte in der Nachbarschaft, nur auf ihre eigenen konkreten Anliegen und sind noch stark einer Nimby-Mentalität (*Not In My Backyard*) verhaftet. Selbst zwischen Bürgerinitiativen mit ähnlichen Anliegen besteht bisher ein geringes Niveau an Solidarität. Gemeinsame Protestaktionen werden nur in seltenen Fällen veranstaltet.[41]

Ein linker Aktivist, der mit Bürgerinitiativen zusammengearbeitet hat, resümiert das Problem folgendermaßen:

> „Die Leute sind massenweise bereit gegen Bauarbeiten in ihrem Hof auf die Straße zu gehen, aber das, was im Hof nebenan oder im Stadtteil vor sich geht, interessiert sie nicht."[42]

Eine Besonderheit war, dass zum Klimagipfel in Kopenhagen im Dezember 2009 das erste Mal eine kleine Kundgebung organisiert wurde, die den Zusammenhang zwischen den lokal bedrohten Waldgebieten und dem Klimaschutz herstellte. An der von Anarchisten und Tierschützern organisierten Aktion für den Walderhalt und für die Reduktion von Treibhausgasen in Russland nahmen auch lokale Bürgerinitiativen teil.[43]

---

[39] Vgl. Clément 2006, 38f.
[40] Interview am 11.3.2009 Weinmann Teil A, Min. 1.
[41] Siehe Interview am 25.3.2009 SDV, Min. 19.
[42] Interview am 25.3.2009 SDV, Min. 19.
[43] Vgl. o.N. 2009a.

Die bisher noch vorherrschende Nimby-Mentalität von Bürgerinitiativen kann insofern als positiv gewertet werden, als dass Teilgruppen der russischen Gesellschaft beginnen, sich zumindest für ihre eigenen Interessen in eingeschränkter Form zu organisieren. Die russische Politologin Tat'jana Vorožeikina sieht die Proteste seit dem Jahr 2005 zur Selbstverteidigung der direkten Interessen von BürgerInnen u.a. gegen soziale Kürzungen und Bauvorhaben sogar schon als ersten Schritt in Richtung größerer Solidarität untereinander.[44]

Gerade die Förderung der inneren Entwicklung von Bewegungen durch die Vernetzung mit westeuropäischen Bewegungen wäre für die russische Seite trotz der unterschiedlichen Situation in Russland von großem Interesse. Denn es fehlt bisher an Erfahrungsaustausch mit sozialen Bewegungen und Bürgerinitiativen aus dem Westen.[45] So könnten mit westeuropäischer Unterstützung Trainings für russische Bewegungen zum Thema Selbstorganisation und Entwicklung von Strategien durchgeführt werden. Auf diese Weise würden die russischen AktivistInnen auch nicht direkt mit einem Themenwunsch wie dem Klimaschutz konfrontiert, der ihnen vielleicht zunächst unattraktiv erscheint. Die Zusammenarbeit würde sich dann – wie ein Aktivist es formuliert – „mehr auf der 'kulturellen' Ebene, und weniger auf der thematischen Ebene"[46] abspielen. Dies könnte die Attraktivität für die russische Seite steigern, weil dort der Bedarf nach Weiterentwicklung im Bereich der internen Organisation und Vernetzung vielfach erkannt wurde.[47]

Für die potentielle Klimabewegung in Russland ist auch die Spaltung zwischen „grünen" und „linken" bzw. „linksradikalen" ökologischen AktivistInnen ein Problem und trägt zu ihrer Schwächung bei. Aus der linksradikalen Szene beschäftigt sich z.B. die anarchistische russlandweite Vereinigung Autonome Aktion (auf Russisch: Avtonomnoe Dejstvie) mit Ökologiethemen. Seit dem Anschlag von Nazis im Sommer 2007 auf ein Anti-Atom-Camp in Sibirien hat sich diese Spaltung vertieft.[48] Auch für die transnationale Vernetzung im Klimabereich stellt sich die Frage, wie mit dieser Spaltung umgegangen bzw. wie sie überwunden werden kann.

Schwach sind die Bewegungen aber nicht nur wegen ihrer eigenen inneren Entwicklung, sondern auch wegen der politischen Repressionen, denen sie ausgesetzt sind. Zum einen ist es in Russland viel schwieriger öffentliche Protestaktionen zu veranstalten, zu der Menschenmassen kommen, da Kundgebungen und Demonstrationen – zumindest in der gewünschten Form – selten genehmigt wer-

[44] Vgl. Vorožeikina 2008.
[45] Vgl. Interview am 11.3.2009 Weinmann, Teil A, Min. 2-3.
[46] Vgl. Interview am 25.3. 2009 Groza, Min. 28.
[47] Siehe auch das Interview am 11.3.2009 Weinmann, Teil A, Min. 2.
[48] Vgl. Interview am 25.3. 2009 Groza, Min. 12 und Clasen 2007.

den und selbst bei legalen Kundgebungen die Einschüchterung von Seiten der Polizei und der Spezialeinsatzkräfte hoch ist. Zum anderen sind bekanntere AktivistInnen und Organisationen in Russland von willkürlichen Repressionen bedroht. Auch im Umweltbereich werden als Vorwand zum Beispiel ein angeblicher Verstoß gegen das Extremismusgesetz oder das Softwarepirateriegesetz vorgebracht.[49] Internationale Solidarität und vor allem Unterstützung aus Westeuropa kann in vielen Fällen helfen, Repressionen gegen individuelle AktivistInnen und Organisationen abzuwenden. Nur transnationale Vernetzung kann dazu führen, dass internationale Solidarität so schnell wie möglich erfolgt. Dieses Bewusstsein existiert in russischen ökologischen Bewegungen zwar schon, in der Praxis ist es aber ein Thema, das noch der Kommunikation und Kooperation zwischen West- und Osteuropa bedarf.[50] Die Schwäche und Bedrohung der sozialen Bewegungen in Russland stellt zugleich einen Ansatzpunkt und damit eine Chance für ihre transnationale Vernetzung dar.

Unterschiede im Diskurs- und Handlungskontext

Die Hauptschwierigkeit für die transnationale Vernetzung sozialer Bewegungen aus Russland und Westeuropa – das wird vor allem auch beim Thema Klimawandel deutlich – ist, dass sich aus unterschiedlichen politischen und gesellschaftlichen Rahmenbedingungen auch verschiedene Tagesordnungen der Bewegungen ergeben. Wenn der politische und gesellschaftliche Diskurs- und Handlungskontext ein gänzlich anderer ist, dann sind auch die Anknüpfungspunkte zum Informationsaustausch, geschweige denn für die Entwicklung gemeinsamer Strategien nicht gegeben. Ein russischer Aktivist, der gerne mehr Aktivitäten zum Thema Klimaschutz in Russland organisieren würde, beschreibt die Probleme bei der transnationalen Vernetzung folgendermaßen:

> „Es ist sehr schwer, Themen zu vereinen, bei vielen Dingen sind wir einfach auf einem anderen Niveau. Es ist sehr schwer, etwas Gemeinsames zu machen, weil wir einfach auf einem absolut anderen Diskussionsniveau sind."[51]

> „Es [A. d. A.: die gegenseitige Verständigung auf internationaler Ebene] ist sehr schwer, weil sich die Realitäten sehr unterscheiden und die Tagesordnungen sehr unterschiedlich sind. Ein banales Thema, der Klimawandel, ist in Europa eines der dominierenden Themen. Bei uns in Russland, ist es sogar in aktivistischen Kreisen

---

[49] Vgl. o.N. 2010 a. Siehe auch Neuner 2009, 22f.
[50] Vgl. Interview am 25.3. 2009 Groza, Min. 52.
[51] Interview am 25.3.2009 Groza, Min. 46.

ziemlich unbekannt. [...] Es ist zum Beispiel auch ein soziales Thema, aber solch ein Verständnis gibt es bei uns bisher überhaupt nicht."[52]

Schwerer wiegt noch, dass sich die politischen und gesellschaftlichen Rahmenbedingungen nicht nur unterscheiden, sondern dass die Probleme, mit denen sich die russischen AktivistInnen auseinandersetzen müssen, oft grundlegender politischer Natur sind:

> „Und dann gibt es noch das Problem, dass wenn man sich [A. d. A.: aus der Europäischen Union] an uns wendet, wir natürlich 'ja, ja, ja' sagen, aber dass wir andere prioritäre Themen haben und weiter gibt es noch das Problem, dass wir eigentlich im Inneren Russlands die Basisthemen haben, dies ist die Demokratie, unsere Demokratie."[53]

Wenn transnationale Vernetzung trotzdem einen Mehrwert für beide Seiten bringen soll, muss versucht werden, eine Verbindung zwischen den in Russland zunächst vorrangig erscheinenden Themen und den Themen, die die westeuropäischen Klimabewegungen verfolgen, herzustellen.

Fehlendes Verständnis und mangelnde Kommunikation

Auf russischer Seite herrscht die Wahrnehmung, dass der Großteil der westeuropäischen AktivistInnen nur über ein sehr geringes Wissen über und Verständnis für die Situation in Russland verfügt. Bisher scheint die Aufmerksamkeit gegenüber Russland auf Protestgruppen fixiert, die sich die Absetzung des russischen Minister- oder Staatspräsidenten zum Ziel gesetzt haben. Andere politisch links und antiautoritär ausgerichtete Gruppen sowie Bürgerinitiativen, die gegen lokale Missstände ankämpfen, werden von westeuropäischer Seite wenig beachtet.[54] In einigen Fällen setzen die russischen AktivistInnen das von ihnen wahrgenommene mangelnde Verständnis westeuropäischer AktivistInnen mit Desinteresse gleich:

> „Welche Aufgaben, welche Ziele in Osteuropa dominieren, was die OsteuropäerInnen brauchen, das sorgt sie [A. d. A.: die linken NGOs, die den Prozess der globalisierungskritischen Bewegungen leiten] wenig und das ist das Problem."[55]

---

[52] Interview am 25.3.2009 Groza, Min. 34.
[53] Interview am 25.3.2009 Groza, Min. 43.
[54] Vgl. Interview am 10.3.2009 Demidov, Min. 48.
[55] Interview am 24.3.2009 Kagarlickij, Min. 52.

Westeuropäische Klimabewegungen, die ihre transnationale Vernetzung nach Russland ernsthaft ausbauen möchten, müssen erst einmal viel Zeit investieren, um den Diskurs- und Handlungskontext der russischen sozialen Bewegungen zu verstehen. Außerdem ist eine regelmäßige Kommunikation über Bedürfnisse, Kapazitäten und Erwartungen beider Seiten notwendig. Diese kommt bisher zwischen sozialen Bewegungen aus Russland und Westeuropa insgesamt zu kurz, nicht nur beim Thema Klimawandel, wie folgendes Zitat eines russischen Aktivisten zeigt:

> „Ich weiß nicht, ob sich die Erwartungen an die Zusammenarbeit unterscheiden. Es wäre eigentlich interessant zu wissen, welche Erwartungen die WesteuropäerInnen an die Zusammenarbeit mit russischen AktivistInnen haben, [...] welche Bedürfnisse und Interessen sie haben, außer Informationen zu bekommen, über das, was hier passiert."[56]

Als praktisches Hindernis bei der transnationalen Zusammenarbeit spielt in Sachen Kommunikation sowohl von russischer als auch von westeuropäischer Seite die Sprachhürde eine Rolle. Unter jungen RussInnen sind gute Englisch- oder Französischkenntnisse nicht die Regel und auch unter westeuropäischen AktivistInnen sind russische Sprachkenntnisse wenig verbreitet. Auch wenn es immer sprachliche Hürden in transnationalen Bewegungsnetzwerken gibt, so fällt AktivistInnen aus Ländern, in denen Englisch oder romanische Sprachen verbreitet sind, die rein sprachliche Kommunikation leichter.

Russlands Status zwischen globalem Norden und Süden

Wenn vom Klimawandel die Rede ist, wird häufig über den *globalen Norden* und den *globalen Süden* gesprochen, oder es werden die veralteten Begriffe von der *Ersten* und der *Dritten Welt* bemüht. Russland wird von diesen Zuschreibungen nicht abgedeckt, es ist für AktivistInnen aus Westeuropa schwer einzuordnen. Darüber hinaus findet an sich schon wenig Auseinandersetzung mit Russland und anderen Ländern der Region statt. Allgemein sind die Kontakte und Beziehungen zwischen Bewegungen aus dem globalen Norden und dem globalen Süden historisch gewachsen. Die heutigen globalisierungskritischen Bewegungen – zu denen die Klimabewegungen im Westen im weitesten Sinne zählen – stehen trotz Unterschiede in einer historischen Kontinuität mit den früheren Dritte-Welt- und Solidaritätsbewegungen.[57] Aus diesem Beziehungsgeflecht zwi-

---

[56] Interview am 25.3. 2009 Groza, Min. 44.
[57] Vgl. Tarrow o.J. und Bräuer 1994. Siehe auch Neuner 2009, 24f.

schen globalem Süden und globalem Norden fallen die ehemaligen postkommunistischen Staaten heraus. Außerdem ist beim Thema Klimawandel die Rolle Russlands nicht so klar, wie das in Bezug auf manche Länder des globalen Südens scheint. Russlands Bevölkerung wird zwar unter den Auswirkungen des Klimawandels zu leiden haben, aber gleichzeitig profitiert der russische Staat von der Ausbeutung klimaschädlicher Ressourcen wie Erdöl und Erdgas. Nach den Vereinigten Staaten und China ist Russland der drittgrößte Emittent von CO_2 mit steigender Tendenz und damit einer der Hauptverursacher der globalen Erwärmung. Russland ist aber auch besonders verwundbar: Während die durchschnittliche globale Temperatur in den letzten 120 bis 150 Jahren durchschnittlich nur um 0,7 Grad stieg, nahm die Wintertemperatur in Sibirien hingegen um zwei bis drei Grad zu.[58]

Aus diesen Gründen ist es auch für klimabewegte AktivistInnen aus Russland nicht einfach, eine Strategie für die Herangehensweise an dieses Thema zu entwickeln. Angesichts dieser Herausforderung könnten sie Unterstützung von westeuropäischer Seite gut gebrauchen. Westeuropäische AktivistInnen, die die Zusammenarbeit mit Russland ausbauen wollen, sollten sich aber bewusst sein, dass die Voraussetzungen im Vergleich zu Ländern des globalen Südens, mit denen schon seit Jahrzehnten ein Austausch besteht, andere sind. Folgendes Zitat eines russischen Aktivisten macht dies noch einmal deutlich:

> „Ehrlich gesagt, als ich vom Europäischen Sozialforum zurück kam, hatte ich die Hoffnung irgendwelche thematischen Veranstaltungen zu organisieren. Aber es ist sehr schwer, diese Ideen [A. d. A.: vom Klimawandel und seinen ökologischen und sozialen Auswirkungen] hierher zu bringen. Man muss ganz von vorne anfangen. [...] Während es in Westeuropa in bestimmten Kreisen ein Verständnis davon gibt, was der Klimawandel ist und wo das Problem liegt [...], ist es hier selbst schwer Leuten von AD [A. d. A.: anarchistische Gruppe mit dem Namen „Autonome Aktion"] zu erzählen, dass es auch ihr Thema ist, weil es dabei um soziale Ungerechtigkeit geht."[59]

Unterstützung bei lokal relevanten Themen

Neben der Hilfe bei der inneren kulturellen Entwicklung der Bewegungen liegen die Chancen für die transnationale Vernetzung und Zusammenarbeit mit russischen AktivistInnen eher bei Themen, die konkret, aktuell oder sogar gerade in Russland „in Mode" sind und auf den ersten Blick nicht immer mit dem abstrak-

---

[58] Vgl. Charap 2010.
[59] Interview am 25.3.2009 Groza, Min. 38.

ten Thema Klimaschutz in Verbindung gebracht werden. Voraussetzung für die Zusammenarbeit ist, dass Themen gefunden werden, die für Menschen in Russland von direktem Interesse sind. Als wichtige Anliegen russischer Bürgerinitiativen und sozialer Bewegungen wurden bereits folgende erwähnt: die Verhinderung von Infrastruktur-, Bau- und Luxusobjekten zulasten von Wäldern, Nationalparks und städtischen Freiflächen in den sowieso schon dicht bebauten russischen Großstädten.

Ein Thema, das nicht direkt von akuter Brisanz ist, aber gerade auch jüngere Menschen anspricht, ist der Aufbau einer Fahrradkultur. Das Fahrrad ist in russischen Großstädten, in denen der motorisierte Verkehr regelmäßig im Stau verharrt, zu einem angesagten Fortbewegungsmittel geworden. Allerdings gibt es für FahrradfahrerInnen bisher keine Infrastruktur, weder Radwege, noch Abstellplätze oder Fahrradselbsthilfewerkstätten und Fahrradclubs.[60]

Russische AktivistInnen bei der Ideen- und Strategieentwicklung zum Thema Fahrradfahren zu unterstützen, ist eine Möglichkeit, praktisch gelebten Klimaschutz in die russische Gesellschaft zu bringen – nach dem Motto „Klimaschutz selber machen". Im Bereich der städtischen Entwicklung gibt es noch weitere Themen, wie den öffentlichen Nahverkehr sowie Miet- und Wohnrechtsthemen, die für russische Bürgerinitiativen relevant sind. Insbesondere das „Recht auf Wohnen" wird in Russland immer wieder Gegenstand sozialer Auseinandersetzungen – aufgrund des knappen und überteuerten Wohnraums, rechtlicher Grauzonen und des hohen Profits, der in der Baubranche erwirtschaftet werden kann. Kriminelle Gruppen nutzen dies aus: Sie bebauen geschützte Grünflächen auf illegale Weise und vertreiben Menschen auch mittels physischer Gewalt aus ihrem Zuhause.[61] Die Probleme, die mit der Überalterung, der schlechten Isolierung und dem hohen Heizkostenverbrauch des russischen Wohnungsbestands einhergehen, bergen für die Zukunft ebenfalls weitere Berührungspunkte für Klimaschutz und -aktivismus.

Die Unterstützung der russischen Bewegungen muss bei aktuellen sozialen Fragen der russischen Gesellschaft ansetzen und den Bezug zum Globalen anschaulich herstellen. Nur so kann in Russland langfristig ein Bewusstsein für den breiteren Kontext geschaffen werden, innerhalb dessen sich die Beeinträchtigung der lokalen Umwelt- und der Lebensbedingungen abspielt. Der Austausch über Strategien und Kampagnen, mit denen dies gelingen kann, wurde vermutlich nicht nur für die russische Seite, sondern auch für PartnerInnen aus Westeuropa hilfreich sein.

---

[60] Vgl. Interview am 25.3.2009 Groza, Min. 3 und 11.
[61] Für nähere Informationen zu Bürgerinitiativen und Organisationen, die im Wohnrechtsbereich aktiv sind und für eine Darstellung von Angriffen und Kämpfen bezüglich des Rechts auf Wohnen in Russland Vgl. Neuner 2009, 70ff. und Weinmann 2009.

Ausblick

Die Probleme der transnationalen Vernetzung können bei adäquatem Umgang zu einem Teil auch als Chancen begriffen werden. So könnten ein Schwerpunkt der Zusammenarbeit zwischen west- und osteuropäischen Bewegungen Workshops zum Thema Selbstorganisation und Entwicklung von Kampagnen sein. Dieser Ansatz bietet sich aufgrund der unterschiedlichen Entwicklung und thematischen Durchdringung des Themas Klimawandel an. Gleichzeitig würden aktivistische Gruppen aus Russland und anderen osteuropäischen Ländern gestärkt, wenn sie schon an der Entwicklung einer transnationalen Klimaschutzkampagne beteiligt und auf diese Weise Anliegen aus ihren Gesellschaften ins Zentrum einer transnationalen Klimakampagne gestellt würden. Bisher allerdings herrschte die Tendenz vor, dass russische Umwelt-NGOs von ihren westeuropäischen PartnerInnen erst um Beteiligung gefragt werden, nach dem das Agenda-Setting für eine transnationale Kampagne stattgefunden hat.[62]

Aber es gibt auch inhaltlich genügend gemeinsame Anknüpfungspunkte für die transnationale Vernetzung von Klimabewegungen aus Russland und Westeuropa. So wächst derzeit auch in westeuropäischen Gesellschaften die soziale Ungleichheit. Klimaschutzkampagnen, die explizit auch soziale Ungleichheit zum Thema haben, sind bisher eher die Ausnahme. Kampagnen, die auf kostenlosen öffentlichen Nahverkehr für alle abzielen, sind sowohl in Westeuropa als auch in Russland ausbaufähig.[63]

Zumindest im öffentlichen Diskurs gibt es derzeit in Russland einen Umschwung bezüglich der Bewertung des Klimawandels und der damit verbundenen Handlungsimplikationen. Hier sollte auf der transnationalen Ebene eine gemeinsame Analyse vorgenommen und Strategien entwickelt werden, wie dieses positive politische Klima genutzt werden kann. Da die transnationale Vernetzung zwischen Bewegungsakteuren im Klimabereich bisher nur sehr gering ausgeprägt ist, ist diese Herausforderung umso größer.

Die Diskussion des russischen Falles hat die Erkenntnisse von Joe Bandy und Jackie Smith bestätigt, dass Repression auf nationaler Ebene die (substantielle) Beteiligung an transnationalen Netzwerken eher behindert. Mehrere Gründe wurden diesbezüglich herausgearbeitet: Der Kampf gegen staatliche Repression bindet Ressourcen und hält auch potentielle AktivistInnen davon ab, sich zu engagieren. Die Repression bewirkt auch, dass der Entwicklungsstand im spezifischen Bereich – hier der Klimawandel – nicht so weit ist, da die Akteure, die Entwicklungen vorantreiben könnten, behindert werden. Dies wiederum er-

---

[62] Vgl. Henry 2010, 159 zur bisherigen Einbindung russischer Umwelt-NGOs in transnationale Klimakampagnen.
[63] Vgl. Heyden und Weinmann 2009, 241.

schwert den gemeinsamen Austausch, weil sich der Diskussionsstand und die konkreten Probleme unterscheiden. Eng mit der Repression hängt auch das Problem der mangelnden finanziellen Ressourcen bzw. personellen Kapazitäten zusammen. Geringere finanzielle Ressourcen einer Seite führen meist auch dazu, dass diese weniger Einfluss auf die Ausgestaltung der transnationalen Netzwerke nehmen kann. Soziale Bewegungen in Westeuropa grenzen sich zwar gegenüber NGOs ab und sind keine rein professionalisierten Akteure. Dennoch verfügen sie aber im Gegensatz zu osteuropäischen aktivistischen Gruppen über die Ressourcen, um teilweise relativ professionell zu arbeiten. Bewegungsorganisationen wie z.B. Attac, die eine wichtige Funktion in transnationalen Netzwerken einnehmen, funktionieren nicht rein ehrenamtlich und ohne Büros, auch wenn sie sich im Gegensatz zu NGOs dadurch auszeichnen, dass sie eine große Zahl ehrenamtlicher AktivistInnen vereinen. Aktivistische Gruppen in Russland sind von solchen Ressourcen und personellen Kapazitäten weit entfernt und tendieren eher dazu, sich vollständig in eine NGO zu transformieren, falls sie sich denn professionalisieren. Die unterschiedlichen Rahmenbedingungen, mit denen Klima-AktivistInnen in West- und Osteuropa konfrontiert sind, insbesondere in Bezug auf Repressionen und Ressourcen, stellen weiterhin die größten Herausforderungen für die transnationale Vernetzung dar.

Auch wenn in Russland keine „Klimabewegungen" vergleichbar mit denen in Westeuropa vorzufinden sind, so gibt es doch sehr viele Gruppen und Initiativen, die sich mit ihren Anliegen implizit für den Schutz des Klimas einsetzen – und damit doch einiges an Potential für die transnationale Vernetzung. Die politischen Gelegenheitsstrukturen sind – wie beschrieben – derzeit in Russland günstig für eine stärkere lokale Verankerung von Klimaschutzfragen, da zum einen lokale Proteste zu Umweltfragen stattfinden und zum anderen ökologische Fragen auch in der Regierung und der öffentlichen Meinung seit der Klimakonferenz von Kopenhagen mehr Aufmerksamkeit bekommen. Um dieses Potential zu nutzen, bedarf es allerdings von westeuropäischer Seite einen klaren Blick auf die Fähigkeiten, Bedürfnisse und Beschränkungen der russischen AktivistInnen und genauso auch umgekehrt. Dieser kann nur über einen offenen Austausch über die jeweiligen Voraussetzungen entstehen und aufrechterhalten werden.

Dieser Beitrag soll dazu anregen, den Blick zu schärfen und die Chancen der Vernetzung nutzbar zu machen. Die meisten der hier analysierten Chancen und Probleme der transnationalen Vernetzung sozialer Bewegungen gelten nicht nur für den Bereich Klimaaktivismus. Was am Beispiel Russlands aufgezeigt wurde, ist außerdem bedingt auch auf die Beziehungen zwischen Bewegungen aus anderen Ländern West- und Osteuropas bzw. der ehemaligen Sowjetunion mit ähnlichen historischen Erfahrungen und gesellschaftlichen Entwicklungen übertragbar. Es gilt aber auch ganz generell: solange ein Mangel an sozialen

228 Monika E. Neuner

Bewegungen und gewachsenen aktivistischen Strukturen auf lokaler und nationaler Ebene herrscht, kann auch transnationale Vernetzung nur in Ansätzen stattfinden. Deswegen sollte in solchen Fällen der Fokus der transnationalen Zusammenarbeit zunächst darauf liegen, Strategien und Aktionen zu entwickeln, um
die sozialen Bewegungen in diesen Ländern vor Ort zu stärken.

Literatur

Andretta, Massimiliano; Dörr, Nicole (2007): Imagining Europe: International and Exter-
nal Non-State Actors at the European Crossroads". In: European Foreign Affairs
Review, Jg. 12, S. 385-400.
Bandy, Joe; Smith, Jackie (2005): Factors affecting Conflict and Cooperation in Transnational Movement Networks. In: Bandy, Joe; Smith, Jackie (Hg.): Coalitions across
Borders. Transnational Protest and the Neoliberal Order. Lanham: Rowman & Lit-
tlefield, S. 231-249.
BBC World Service Poll (2007): All Countries Need to Take Major Steps on Climate
Change: Global Poll. Online verfügbar unter http://www.worldpublicopinion.org/
pipa/pdf/sep07/BBCClimate_Sep07_rpt.pdf, zuletzt geprüft am 08.04.2010.
von Beyme, Klaus (1999): Sozialer Wandel und politische Krise in Rußland. In: Krise in
Rußland. Politische und sozialrechtliche Lösungsansätze. Berlin: Berlin Verlag, S.
167-190.
Brunnengräber, Achim; Klein, Ansgar; Walk, Heike (Hg.) (2005): NGOs im Prozess der
Globalisierung. Mächtige Zwerge – umstrittene Riesen. Bonn: Bundeszentrale für
politische Bildung.
Charap, Samuel (2010): Russlands glanzlose Bilanz bei der Bekämpfung des Klimawandels. In: Russlandanalysen, Nr. 201, S. 2-5. Online verfügbar unter http://www.
laender-analysen.de/russland/pdf/Russlandanalysen201.pdf, zuletzt geprüft am
14.06.2010.
Clasen, Bernhard (2007): Skinheads ermorden AKW-Gegner. Taz vom 22.07.2007. Online verfügbar unter http://www.taz.de/?id=start&art=2190&id=459&cHash=3cb2d
8f059, zuletzt geprüft am 14.04.2010.
Clément, Carine (2006): Vor einer schweren sozialen Krise. In: Ost-West-Gegeninfor-
mationen, Jg. 18, H. 1, S. 35-39.
Davydova, Angelina (2010): Die Klimapolitik Russlands. In: Russland-Anaylsen, Nr.
201, S. 13-14. Online verfügbar unter http://www.laender-analysen.de/russland/
pdf/Russlandanalysen201.pdf, zuletzt geprüft am 14.06.2010.
Deutsch-Russischer Austausch e.V. (2010a): DRA Newsletter März 2010. Online verfügbar unter http://www.austausch.org/newsletter.html#artikel2, zuletzt geprüft am
12.04.2010.
Deutsch-Russischer Austausch e.V. (2010b): DRA Newsletter Januar 2010. Online verfügbar unter http://www.austausch.org/newsletter-archiv/newsletter95.html#artikel1,
zuletzt geprüft am 12.04.2010.

Dörr, Nicole (2007): Is 'Another' Public Sphere Actually Possible? The Case of 'Women Without' in the European Social Forum Process as a Critical Test for Deliberative Democracy. In: Journal of International Women Studies, Jg. 8, H. 3, S. 71-87.

Federal Service for Hydrometeorology and Environmental Monitoring (Roshydromet) (2005): Strategic Prediction for the Period of up to 2010-2015 of Climate Change Expected in Russia and its Impact on Sectors of the Russian Economy, Moskau 2005. Online verfügbar unter http://www.docstoc.com/docs/23158035/Strategic-Prediction-for-the-Period-Of-Up-To-2010-2015-Of-Climate-Change-Expected-In-Russia-And-Its-Impact-On-Sectors-Of-The-Russian-National-Economy/, zuletzt geprüft am 14.04.2010.

Fedorov, Valerij (2006): Ėkologičeskoe soznanie rossijan. [Das ökologische Bewusstsein der RussInnen]. Artikel vom 07.12.2006. Online verfügbar unter http://wciom.ru/arkhiv/tematicheskii-arkhiv/item/single/3702.html?no_cache=1&cHash=6b302eb1d1, zuletzt geprüft am 14.04.2010.

Genov, Nikolai (2003): Tendenzen der sozialen Entwicklung Russlands. Individualisierung einer vermeintlich kollektivistischen Gesellschaft. In: Aus Politik und Zeitgeschichte, B16-17/2003, S. 3-10.

Glassmann, Jim (2001): From Seattle (and Urbon) to Bangkok: the scales of resistance to corporate globalization. In: Environment and Planning D: Society and Space, Jg. 20, S. 513-533.

Götz, Roland (2009): Klimawandel in Russland. Diskussionspapier der Forschungsgruppe 8 Globale Fragen 2009/06. Berlin: Stiftung Wissenschaft und Politik. Online verfügbar unter http://www.swp-berlin.org/common/get_document.php?asset_id=5915, zuletzt geprüft am 08.04.2010.

Haug, Christoph (2007): Meta-Democracy? Practices of public decision-making in the preparatory process for the European Social Forum 2006. Online verfügbar unter http://www.wzb.eu/zkd/zcm/pdf/haug07_helsinki_metademocracy.pdf, zuletzt geprüft am 08.04.2010.

Henry, Laura A. (2010): Red to Green. Environmental Activism in Post-Soviet Russia. Ithaca: Cornell University Press.

Henry, Laura A. (2009): Thinking Globally, Limited Locally: The Russian Environmental Movement and Sustainable Development. In: Agyeman, Julian; Ogneva-Himmelberger, Yelena (Hg.): Environmental justice and sustainability in the former Soviet Union. Massachusetts: Massachusetts Institute of Technology Press.

Henry, Laura; McIntosh Sundstrom, Lisa (2007): Russia and the Kyoto Protocol: Seeking an Alignment of Interests and Image. In: Global Environmental Politics, Jg. 7, H. 4 (November 2007), S. 47-69.

Heyden, Ulrich; Weinmann, Ute (2009): Opposition gegen das System Putin. Herrschaft und Widerstand im modernen Russland. Zürich: Rotpunktverlag.

Kößler, Reinhart (2005): Stichwort Glokalisierung. In: von Braunmühl, Claudia; Huffschmied, Jörg; Wichterich, Christa (Hg.): ABC der Globalisierung. Hamburg: VSA-Verlag, S. 76-77.

Korppoo, Anna (2008): Russia and the Post-2012 Climate Regime. Foreign rather than environmental policy. Briefing Paper 23. 24.11.2008. Online verfügbar unter http://se2.isn.ch/serviceengine/Files/EINIRAS/94428/ipublicationdocument_singled

ocument/471F3091-E558-4D7F-96C0-C8925E7C62A4/en/23_Russia+and+the+
Post+2012+Climate+Regime.pdf, zuletzt geprüft am 08.04.2010.

Krumm, Reinhard (2008): Länderanalyse: Das doppelte Russland. Zum Aufbruch bereit,
in der Tradition gefangen. Publikation der Friedrich-Ebert-Stiftung vom September
2008.

Levada-Zentrum (2009): Potential protesta v marte 2009 [Protestpotential im März 2009].
Meldung vom 26.03.2009. Online verfügbar unter http://www.levada.ru/press/
2009032602.html, zuletzt geprüft am 15.04.2010.

Massey, Doreen (1999): Imaging globalization: power-geometries of timespace. In: Avtar,
Brah; Hickman, Mary J.; an Ghaill, Mairtin Mac (Hg.): Global Futures: migration,
environment and globalization. Basingstoke: Macmillan, S. 27-44.

Münchmeyer, Tobias (2008): „Weniger Geld für Pelzmäntel". Ignoranz und Arroganz in
Russlands Klimapolitik. In: Osteuropa, Nr. 58 (2008), 4-5, S. 217-236.

Neuner, Monika (2009): Globalisierungskritische Bewegungen in Russland und ihre
transnationale Vernetzung. Bisher unveröffentlichte Diplomarbeit am Fachbereich
für Politik und Sozialwissenschaften des Otto-Suhr-Instituts für Politikwissenschaft
der Freien Universität Berlin.

Nußberger, Angelika; Schmidt, Carmen (2007): Vereinsleben auf Russisch oder Don
Quichotte und die russische Bürokratie. In: Russlandanalysen, Nr. 138, S. 2-6. Online verfügbar unter http://www.laender-analysen.de/russland/pdf/Russlandanalysen
138.pdf, zuletzt geprüft am 15.04.2010.

Riegler, Johanna (2005): Der Fall des Proletariats und die Neustrukturierung sozialer
Ungleichheit. Russische Entwicklungen im postsozialistischen Kapitalismus. In:
Riegler, Johanna (Hg.): Kulturelle Dynamik und Globalisierung: Ost- und Westeu-
ropäische Transformationsprozesse aus sozialanthropologischer Perspektive. Wien:
Verlag der Österreichischen Akademie der Wissenschaften.

Robertson, Roland (1998): Glokalisierung, Homogenität und Heterogenität in Raum und
Zeit. In: Beck, Ulrich (Hg.): Perspektiven der Weltgesellschaft. Frankfurt am Main:
Suhrkamp, S. 192-217.

Routledge, Paul; Cumbers, Andrew (2009): Global justice networks. Manchester: Manchester University Press.

Rucht, Dieter; Neidhardt, Friedhelm (2007): Soziale Bewegungen und kollektive Aktionen. In: Joas, Hans (Hg.): Lehrbuch der Soziologie. Frankfurt am Main: Campus, S.
627-651.

Samolodtschikow, Dmitri: Warum verändert sich das Klima: Versionen. Artikel vom
02.08.2007. Online verfügbar unter http://russlandonline.ru/klima/morenews. php?
iditem=115, zuletzt geprüft am 08.04.2010.

Schroeder, Friedrich-Christian (2007): Die russischen Strafvorschriften gegen Extremismus. In: Russlandanalysen, Nr. 149, S. 14-16. Online verfügbar unter http://www.
laender-analysen.de/russland/pdf/Russlandanalysen149.pdf, zuletzt geprüft am
14.04.2010.

Siegert, Jens (2010a): Keine Demonstrationsfreiheit in Russland: Proteste gegen die Aushöhlung der Verfassung. Blog vom 31.01.2010. Online verfügbar unter
http://blog.boell-net.de/blogs/russland-blog/archive/2010/01/31/keine-

demonstrationsfreiheit-in-russland-proteste-gegen-die-aush-246-hlung-der-verfassung.aspx, zuletzt geprüft am 15.5.2010.

Siegert, Jens (2010b): Russische Regierung: Zellulosekombinat am Baikalsee soll wieder produzieren – Durchsuchung der Ökologischen Baikalwelle in Irkutsk. Blog vom 28.01.2010. Online verfügbar unter http://blog.boell-net.de/blogs/russland-blog/archive/2010/01/28/russische-regierung-zellulosekombinat-am-baikalsee-soll-wieder-produzieren-durchsuchung-der-214-kologischen-baikalwelle-in-irkutsk.aspx, zuletzt geprüft am 12.04.2010.

Siegert, Jens (2010c): Teilnehmer der 31er-Demonstrationsfreiheitsdemonstrationen zu zweieinhalb Jahren Lagerhaft verurteilt. Blog vom 15.06.2010. Online verfügbar unter http://blog.boell-net.de/blogs/russland-blog/archive/2010/06/15/teilnehmer-der-31er-demonstrationsfreiheitsdemonstrationen-zu-zweieinhalb-jahren-lagerhaft-verurteilt.aspx, zuletzt geprüft am 13.07.2010.

Siegert, Jens (2009): Russland und das Klima – eine Fortsetzungsgeschichte. Blog vom 30.03.2009 Online verfügbar unter http://blog.boell-net.de/blogs/russland-blog/archive/2009/03/30/russland-und-das-klima-eine-fortsetzungsgeschichte.aspx, zuletzt geprüft am 08.04.2010.

Smith, Jackie; Bandy, Joe (2005): Introduction: Cooperation and Conflict in Transnational Protest. In: Smith, Jackie; Bandy, Joe (Hg.): Coalitions Across Borders: Transnational Protest and the Neoliberal Order. Lanham: Rowman und Littlefield.

Sperfeld, Robert (2007): „Russland entdeckt den Klimaschutz". Interview mit dem russischen WWF-Direktor Jewgenij Schwarz vom 26.10.2007. Online verfügbar unter http://www.netzeitung.de/ausland/790390.html, zuletzt geprüft am 14.04.2010.

Stadelbauer, Jörg (2010): Mögliche Folgen des Klimawandels für Russland. In: Russlandanalysen, Nr. 201, S. 2-5. Online verfügbar unter http://www.laender-analysen.de/russland/pdf/Russlandanalysen201.pdf, zuletzt geprüft am 14.06.2010.

UNFCCC (2008): Conference of the Parties. Fourteenth session. Poznan, 01.-12.12.2008. List of Participants Part 2. FCCC/CP/2008/INF.1 (Part 2) 11.12.2008. Online verfügbar unter http://unfccc.int/resource/docs/2008/cop14/eng/inf01p02.pdf, zuletzt geprüft am 09.04.2010.

Vorobyev, Dmitry (2005): Die russische Umweltbewegung. Zwischen Opposition und Kooperation. In: Russlandanalysen, Nr. 63. Online verfügbar unter http://www.laender-analysen.de/russland/pdf/Russlandanalysen063.pdf, zuletzt geprüft am 08.04.2010.

WCIOM (2007): Global'noe Poteplenie: mif ili real'nost'? [Globale Erwärmung: Mythos oder Realität?] Pressemitteilung Nr. 665 vom 04.07.2007. Online verfügbar unter http://wciom.ru/novosti/press-vypuski/press-vypusk/single/4339.html, zuletzt geprüft am 08.04.2010.

Weinmann, Ute (2009): Bauboom trifft auf Widerstand: Die Anwohnerinitiativen. In: Heyden, Ulrich; Weinmann, Ute (Hg.): Opposition gegen das System Putin. Herrschaft und Widerstand im modernen Russland. Zürich: Rotpunktverlag, S. 161–196.

The World Bank (2009): Public attitudes toward climate change: findings from a multi-country poll. World Development Report 2010. 03. 12. 2009. Online verfügbar unter http://siteresources.worldbank.org/INTWDR2010/Resources/Background-report.pdf, zuletzt geprüft am 14.06.2010.

WWF Russia/ Oxfam (2008): Russian and neighbouring countries: Environmental, economic and social impacts of climate change. Online verfügbar unter http://www. wwf.ru/data/pub/climate/oxfam-eng-210x297.pdf, zuletzt geprüft am 08.04.2010.

Young, Dennis (1992): Organising Principles for International Advocacy Associations. In: Voluntas, Nr. 3, S. 1-28.

o.N. (2009a): V Moskve prošel miting za sochranenie lesov i sokraščenie parnikovych vybrosov [In Moskau hat eine Kundgebung für den Erhalt von Wäldern und die Reduktion von Treibhausgasen stattgefunden.]. Online verfügbar unter www.ikd.ru/ node/11968, zuletzt geprüft am 10.04.2010.

o.N. (2009b): Spasti Utriš –dostojanie Rossii [Den Utriš retten – das Gemeineigentum Russland]. Meldung vom 14.12.2009. Online verfügbar unter http://www.ikd.ru/ node/11976, zuletzt geprüft am 15.04.2010.

o.N. (2010a): Tjumen': publičnye obvinenija v ėkstremisme za ėkologičeskij piket [Tjumen. Öffentliche Anschuldigung des Extremismus für eine ökologische Mahnwache.]. Meldung vom 11.02.2010. Online verfügbar unter http://www.ikd.ru/node/ 12471, zuletzt geprüft am 14.04.2010.

o.N. (2010b): Akzii v zaščitu Bajkala prošli vo vsej strane [Aktionen zur Verteidigung des Baikals haben im ganzen Land stattgefunden.]. Meldung vom 29.03.2010. Online verfügbar unter http://www.ikd.ru/node/12980, zuletzt geprüft am 14.04.2010.

Interviewmaterial

Interview am 10.03.2009 Demidov, Andrej: Institut Kollektivnoe Dejstvie (Institut für Kollektives Handeln) (IKD).

Interview am 11.03.2009 Weinmann, Ute. Teil A und B: ExpertInnen-Interview

Interview am 24.03.2009 Kagarlickij, Boris: Institut globalisazii i socialnych dviženij (Institut für Globalisierung und Soziale Bewegungen) (IGSO).

Interview am 25.03.2009 Groza: Interview aus dem Umfeld der Organisation GROZA Graždanskaja Ob"edinennaja Zelenaja Al'ternativa (Bürgervereinigung für eine grüne Alternative).

Interview am 25.03.2009 SDV: Socialističeskoe dviženie Vpered (Sozialistische Bewegung Vorwärts) (SDV).

NGOs und Agrotreibstoffe
Ein spannungsreiches Verhältnis

Eva Friesinger

Der Gedanke hinter dem Einsatz von Agrokraftstoffen[1] scheint zunächst verlockend und einfach: Endliche fossile Treibstoffe wie Benzin und Diesel mit ihrer negativen Klimabilanz werden durch Treibstoffe aus nachwachsenden Rohstoffen, wie Biodiesel oder Bioethanol ersetzt. Diese setzen bei Verbrennung die Menge an CO_2 wieder frei, die sie zuvor aufgenommen haben. Wenn also nicht von außen Energie z.b. in Form von Dünger oder beim Verarbeitungsprozess zugeführt wird, ergibt sich ein geschlossener CO_2-Kreislauf. Eine Vielzahl unterschiedlicher Pflanzen, etwa Ölpflanzen wie Raps, Soja oder Jatropha und stärkehaltige Pflanzen wie Getreide, Mais, Zuckerrohr oder Zuckerrüben, kann zu Agrokraftstoffen verarbeitet werden.

Die Idee der Kraftstoffgewinnung aus nachwachsenden Rohstoffen ist nicht neu, sondern hat eine Geschichte, die ebenso lang ist wie die der Automobilnutzung selbst. Sie geht bis zur Erfindung der Verbrennungsmotoren Ende des vorletzten Jahrhunderts zurück. Als Rudolf Diesel seinen Diesel-Motor auf der Weltausstellung in Paris vorstellte, wurde er von Erdnussöl angetrieben und Henry Fords berühmtes T-Modell, mit dem er die Serienproduktion von Autos einleitete, konnte mit Bioethanol angetrieben werden. Ford war der Ansicht, Ethanol sei der Treibstoff der Zukunft, der zugleich der Landwirtschaft neue Wachstumsimpulse bringen würde. Durch die Verfügbarkeit von billigen fossilen Kraftstoffen und Kampagnen der Mineralölindustrie wurden Agrokraftstoffe

---

[1] Vor allem KritikerInnen der Treibstoffe benutzen lieber die Vorsilbe „agro" als „bio". Warum sie eher den Kern der Sache trifft, macht die brasilianische Landlosenbewegung Movimento dos Trabalhadores Rurais Sem Terra (MST) deutlich: „Wir können nicht von Agrotreibstoffen reden, von Biodiesel schon gar nicht. Diese Begriffe benutzen die Silbe ‚bio', um auf subtile Weise die Botschaft zu vermitteln, dass die Energie, um die es geht, mit ‚Leben im allgemeinen' zu tun hat. Wir brauchen einen Begriff, der in jeder Sprache die Lage besser zum Ausdruck bringt, ein Wort wie ‚Agrotreibstoff'. Er ist wesentlich genauer, weil er aussagt, worum es wirklich geht: um Energie, die aus Pflanzenprodukten gewonnen wird, die aus der Landwirtschaft stammen" (zit. n. Hees et al. 2007: 18). Gleichzeitig suggeriert die Vorsilbe „bio" Umweltfreundlichkeit und eine ökologische Landwirtschaft, was mit den agroindustriell produzierten Energiepflanzen aus denen Agrarkraftstoffe gewonnen werden, nichts zu tun hat.

jedoch in den nächsten hundert Jahren fast nur noch dann eingesetzt, wenn große Versorgungsengpässe herrschten (Connemann 2008, Kovarik 1998). Bis in neuerer Zeit die zumindest partielle „Lösung" der durch den Verkehrssektor verursachten Klimaprobleme durch Agrartreibstoffe in Aussicht rückte. Das klang in den Ohren mancher Unternehmerin wie auch manches Politikers nach einer „win-win"-Situation, wie eine magische Formel zur „Versöhnung" von Ökologie und Ökonomie. Die in die Biotechnologie gesetzten Hoffnungen illustrieren beispielhaft, wie die ökologische Modernisierung Europas gedacht wird – die Entwicklung innovativer Umwelt-Technologien als Wettbewerbs- und die staatliche Förderung dieser Entwicklung als Standortvorteil. Ist also tatsächlich zu beobachten, dass angesichts des neuen „Hauptwiderspruchs" Klimawandel eine breite Koalition aus „Auto-, Öl-, und Agromultis" gemeinsam mit Regierungen und NGOs relativ einig an der Verwandlung nachwachsender Rohstoffe in Treibstoffe für das kapitalistische Produktionsmodell arbeitet (Fritz 2007a)?

Ganz so einfach ist das nicht zu beantworten und die Koalition ist brüchiger als sie zunächst scheinen mag, denn innerhalb relativ kurzer Zeit hat sich die Lage bereits wieder gewandelt: Agrokraftstoffe haben eine Problematisierung und weitgehenden gesellschaftlichen Akzeptanzverlust erfahren. Binnen weniger Jahre, zeitgleich mit der Überarbeitung der europäischen Biokraftstoffrichtlinie von 2005 bis 2008, entwickelte sich eine transnationale Protestbewegung, die von einem breiten Spektrum von NGOs und sozialen Bewegungen initiiert und getragen wurde. Das reichte von reinen Umwelt-NGOs über Akteure aus dem Entwicklungshilfe- und Internationalismusbereich, Menschenrechtsorganisationen, Initiativen für ökologische Landwirtschaft, aber auch themenübergreifenden Netzwerken, bis hin zu kirchlichen Organisationen. Neben der Veröffentlichung von wissenschaftlichen Studien und Berichten in allen Medien zeugen auch verschiedene Informations- und Protestschreiben[2] von dieser Kampagne. Dadurch oder auch mit Aktionen, z. B. an Tankstellen, sollte vor allem Öffentlichkeit hergestellt werden. Gleichzeitig versuchten die NGOs Lobbying zu betreiben und vor allem Abgeordnete des Europäischen Parlaments zu informieren und zu beeinflussen.

Die Entstehung einer so breiten, Spektren übergreifenden Kampagne ergibt sich unter anderem aus der Komplexität der Agrotreibstoffproblematik. Der weltweite Handel von Agrokraftstoffen sowie der Anbau und Handel mit den dafür benötigten landwirtschaftlichen Erzeugnissen berührt sehr unterschiedliche, aber gleichzeitig eng miteinander verwobene globale Problembereiche und

---

[2] Zum Beispiel der offene Brief „We want Food Sovereignty Not Biofuels", der von diversen lateinamerikanischen Netzwerken unterzeichnet wurde, oder der von vielen europäischen Gruppen und Einzelpersonen unterzeichnete „We call on the EU to abandon targets for biofuel use in Europe" von Anfang 2007 (Reyes 2008, Pye 2009).

Konfliktfelder: Die industrielle Exportlandwirtschaft mit ihren negativen sozialen und ökologischen Auswirkungen wie der Expansion von Monokulturen, der Abholzung von Tropenwäldern, der Gefährdung der Biodiversität und (gewaltsamen) Landvertreibungen. Ebenso die Ausbreitung der Gentechnik, die in engem Zusammenhang damit steht, sowie Debatten um Landraub oder Agro-Imperialismus[3], das vermachtete Verhältnis zwischen kapitalistischen Zentren und Peripherie, weiterhin das Themenfeld Hunger und Ernährung und nicht zuletzt die Konzentration transnationaler Konzerne aus dem Automobil-, Agrar-, Mineralöl- und Gentechniksektor. Es sind darüber hinaus einige Bereiche betroffen, die seit Jahren von NGOs medienwirksam in Szene gesetzt werden und in der allgemeinen Wahrnehmung als besonders moralisch verwerflich verankert sind, wie etwa die Abholzung der Regenwälder und das Aussterben bedrohter Arten, zum Beispiel des Orang Utans. Gleichzeitig eignet sich die Thematik hervorragend zur Skandalisierung, da sie sich trotz aller Komplexität in der öffentlichen Wahrnehmung auf relativ griffige Formeln wie „food versus fuel" oder „Teller statt Tank" herunter brechen lässt. Zudem hatten vor allem die großen NGOs bereits ein beträchtliches Wissen zu den relevanten Problemfeldern erarbeitet, sei es zum Thema Biodiversität, Gentechnik, Landwirtschaft, Klimaschutz oder Ernährung, auf das sie aufbauen konnten. So war es möglich, auf eine Kombination von wissenschaftlicher Expertise und PR-Arbeit für die Kampagnen- und Lobbyarbeit zu setzen, wie sie kennzeichnend ist für das „Moralunternehmertum" (Roth 2001: 63) vieler NGOs und damit erfolgreich das Thema Agrokraftstoffe als umkämpftes Problemfeld zu konstituieren und das Konfliktterrain in der öffentlichen Wahrnehmung zu strukturieren. Die Öffentlichkeitswirksamkeit der Kampagne war also groß und zeitweise gelang es den NGOs, die Deutungshoheit zu erreichen und die Stakeholder aus der Industrie und politischen Institutionen unter Handlungs- und Legitimationsdruck zu setzen.

Allerdings eröffnen sich neue Konfliktlinien und Widersprüche, wenn die nachfolgenden staatlichen, bzw. europäischen Regulationsversuche genauer betrachtet werden. Dabei zeigt sich eine Gemengelage unterschiedlichster Interessen der jeweiligen Stakeholder. Bieten diese divergierenden Interessen bestimmten zivilgesellschaftlichen Akteuren spezifische Möglichkeiten und Spielräume, ihre Anliegen zu äußern und möglicherweise unerwartete Verbündete zu

---

[3] So warnte die Welternährungsorganisation FAO unlängst vor „neokolonialen" Zuständen: Immer mehr reiche Länder mit zu wenig Ackerboden würden sich Plantagen in verarmten Staaten aneignen (Spiegel 2008, GRAIN 2008). Im Herbst 2008 war bekannt geworden, dass der koreanische Daewoo-Konzern plante, eine Vereinbarung mit Madagaskar abzuschließen, für 99 Jahre 1,3 Million Hektar der Insel zu übernehmen, um dort Mais und Pflanzen für die Herstellung von Agrokraftstoffen anzubauen. Diese Fläche ist etwa halb so groß wie das gesamte momentan landwirtschaftlich genutzte Gebiet auf der Insel. Die Proteste dagegen trugen zum Sturz des damaligen madagassischen Präsidenten bei und der Handel kam letztendlich nicht zustande (taz 2009).

finden? Hatte die Kampagne auch jenseits der Öffentlichkeitswirksamkeit Konsequenzen im Hinblick auf die konkreten Schritte, die in der politischen Implementierung der europäischen Biokraftstoffförderung unternommen wurden? Vertreten die sehr unterschiedlichen NGOs auch differierende Positionen bezüglich des Umgangs mit den Agrotreibstoffproblematiken? Und welche Positionen haben es schließlich geschafft, in der Auseinandersetzung um die Regulation hegemonial zu werden? Die Politisierung des Agrokraftstoffthemas soll im Folgenden nachgezeichnet und den sich daraus ergebenden Fragen nachgegangen werden. Zunächst werden dafür der aktuelle Stand der europäischen Agrokraftstoffpolitik und die unterschiedlichen Interessen, die ihr zugrunde liegen, dargestellt. Anschließend werden die in den letzten Jahren in Bezug auf Agrokraftstoffe thematisierten Problemfelder und Ansatzpunkte für den NGO-Protest kurz gestreift. Danach werden die momentanen Zertifizierungsbestrebungen auf EU-Ebene sowie in Deutschland vorgestellt und einer kritischen Betrachtung unterzogen, genauso wie die im Zusammenhang damit relevanten Multi-Stakeholder-Initiativen. Abschließend wird als Gegenpol das Konzept der Ernährungssouveränität aufgegriffen.

Günstiges Klima für Agrokraftstoffe

Seit Anfang des Jahrtausends wird in der EU der Einsatz von Agrokraftstoffen systematisch politisch gefördert. Zunächst wurde 2003 die Biokraftstoffförderrichtlinie (2003/30/EWG) verabschiedet, in der für die EU-Mitgliedstaaten 5,75 Prozent Mindestanteile von Agrokraftstoffen an allen Treibstoffen für den Verkehrssektor als zunächst unverbindliche Zielwerte bis zum Jahr 2010 festgelegt wurden (EU-Kommission 2003). Abgelöst wurde sie 2009 durch die Erneuerbare-Energien-Richtlinie (2009/28/EG), die nun obligatorische Ziele für die Nutzung regenerativer Energien enthält. Darin wurde für alle Mitgliedstaaten der EU der von ihnen jeweils zu erreichende Anteil erneuerbarer Energien am Gesamtenergieverbrauch festgelegt, so dass europaweit der Anteil schließlich bei 20 Prozent liegen soll. Im Verkehrssektor ist darüber hinaus für alle Mitgliedstaaten das gleiche Ziel vorgesehen – ein Anteil regenerativer Energien von 10 Prozent.[4] Agrokraftstoffe, vor allem Biodiesel und Bioethanol, sind momentan die Hauptform der im Verkehr eingesetzten erneuerbaren Energie, auch wenn ihr Anteil am Kraftstoffverbrauch 2008 in der EU insgesamt noch unter zwei Prozent lag. Grundsätzlich wären aber beispielsweise auch Elektrofahrzeuge, die mit Öko-

---

[4] Andere Staaten haben ähnliche Ziele formuliert: So haben etwa die USA vor, bis zum Jahr 2022 den Verbrauch an Biokraftstoffen auf 136 Millionen Liter zu erhöhen und bis 2030 30% des Kraftstoffbedarfs durch Biokraftstoffe zu decken (BioenergyWiki 2010).

strom angetrieben werden, eine von der Richtlinie geförderte Möglichkeit, fossile Treibstoffe zu ersetzen. Wie die Staaten dieses Ziel erreichen sollen, ist nicht vorgegeben, allerdings wird zunehmend, wie etwa in Deutschland, von Steuererleichterungen oder -befreiungen Abstand genommen und es werden Beimischungsquoten für herkömmliche Kraftstoffe festgesetzt (EU-Parlament 2009).

Die Hintergründe für diese politische Förderung der Agrokraftstoffe sind vielfältig, wie sich den verschiedenen Richtlinien und Berichten entnehmen lässt, die von der EU-Kommission herausgegeben wurden. Zu Beginn standen vor allem Aspekte wie die langfristige Sicherung der Energieversorgung der europäischen Staaten und die Gewinnung neuer Absatzmärkte für die landwirtschaftliche Überproduktion der alten und neuen EU-Mitgliedsstaaten im Vordergrund. Im Zusammenhang damit wurden generell positive Auswirkungen für die „Entwicklung des ländlichen Raumes", ein erklärtes Ziel der Gemeinsamen Agrarpolitik der EU, proklamiert. Vor allem die Schaffung von Arbeitsplätzen durch den Anbau von Energiepflanzen und die Produktion von Agrokraftstoffen steht im Vordergrund (Europäische Gemeinschaften 2001, EU-Kommission 2001a, EU-Kommission 2001b).

In zunehmendem Maß spielt aber auch der Klimaschutz eine Rolle bei der Förderung von Agrokraftstoffen – sie sollen dazu beitragen, die im Kyoto-Protokoll festgelegten Emissionsreduktionsziele zu erreichen (EU-Kommission 2005/2006/2007, EU Parlament 2009). Mittlerweile ist dieses Ziel argumentativ stark in den Vordergrund gerückt, wobei allerdings noch 2008 der damalige Bundesumweltminister Gabriel (SPD) zu Protokoll gab, dass Agrokraftstoffe eigentlich „begrenzt etwas mit dem Erreichen von Klimaschutzzielen zu tun" hätten, ginge es doch in erster Linie „um Interessen der Landwirtschaft an der Stabilisierung und dem Ausbau des Biokraftstoffmarktes und (ein) ganz spezielle(s) Interesse der Automobilindustrie" (zit. n. Pedersen 2008).

Im Detail sind diese Interessen je nach Kapitalfraktion zwar durchaus unterschiedlich, aber grundsätzlich kann ganz allgemein davon ausgegangen werden, dass neben das Interesse an der Maximierung der Gewinnspanne zunehmend eine ökologische Ausrichtung der Unternehmen tritt – oder zumindest lautstark proklamiert wird. Insbesondere die Automobilindustrie und Mineralölkonzerne scheinen mit Agrokraftstoffen ein gewisses „greenwashing" zu betreiben. So wirbt etwa BP damit, mit Hilfe von erneuerbaren Energien, unter anderem auch Agrokraftstoffen, das Klima zu schützen[5] und versucht dadurch das Image des

---

[5] Eines der bekanntesten Beispiele dafür war die Umbenennung von British Petroleum (BP) in beyond petroleum (bp), verbunden mit einer Image-Kampagne, die vom Konzern getätigte Investitionen in erneuerbare Energieträger herausstellte, um bp als besonders nachhaltigen, zukunftsorientierten und umweltfreundlichen Konzern zu vermarkten. Die Investitionen in Agrokraftstoffe waren Teil dieser Imagekampagne.

Unternehmens zu verbessern (Müller 2007). Gleichzeitig aber produziert das Kerngeschäft weiterhin einen hohen Anteil der weltweiten CO_2-Emissionen[6] und gerät eher durch die Ölkatastrophe im Golf von Mexiko in die Schlagzeilen.[7] Die Automobilindustrie versucht durch ihre Akzeptanz von Agrokraftstoffen den offensichtlichen Widerspruch zwischen Klimaschutz und dem motorisierten Individual- und Güterverkehr zu mildern. Sie hofft darüber aber auch zu verhindern, sich gesetzlichen Vorschriften zum Kraftstoffverbrauch für neue Modelle unterwerfen zu müssen – und das zumindest in Europa bisher sehr erfolgreich (Harrabin 2008).

Diese vermehrt in die Konzernpolitik integrierten ökologischen Ziele lassen sich dabei nicht allein mit dem Begriff des „greenwashing" fassen. Sie stellen durchaus auch Anpassungsstrategien dar, die dazu dienen sollen, neue und möglicherweise profitable Produktionsbereiche zu erschließen und letztendlich für die Zukunft, also ganz nachhaltig, das Verwertungsinteresse abzusichern. Welche dieser Anpassungsstrategien mehr oder weniger erfolgreich sind, wird allerdings erst die Zukunft zeigen – auf Agrokraftstoffe wird vor allem deshalb gesetzt, weil sie sich relativ problemlos, etwa über die Beimischung zu herkömmlichem Benzin oder Diesel, in existierende Produktions- und Verteilungssysteme einbinden lassen.

Die entscheidende Rolle, die der Verkehrssektor im Hinblick auf den Klimaschutz spielt, wird auch von vielen NGOs betont. Laut IPCC-Bericht von 2007 trägt er etwa 14 Prozent zu den gesamten Treibhausgasemissionen bei, in Deutschland nimmt er mit 18 Prozent die zweite Stelle bei den CO_2-Emissionen ein. Europaweit ist der CO_2-Ausstoß des Verkehrssektors seit 1990 um mehr als 30 Prozent gewachsen und beträgt etwa 30 Prozent des Gesamtenergieverbrauchs. Dabei ist kein Rückgang in Sicht, der Emissionsanteil des Verkehrs wird in den nächsten Jahren vermutlich noch weiter ansteigen (WWF o. J.). Dementsprechend folgerte das deutsche Forum Umwelt und Entwicklung, ein Netzwerk, dem verschiedene NGOs, wie z.B. der WWF, Germanwatch, NABU oder Misereor angehören, in einem Positionspapier zu Biomasse von 2005, der Klimawandel zwinge die Menschheit, auf erneuerbare Energien umzustellen: „In diesem Sinne ist eine massiv ausgebaute Biomasse-Nutzung alternativlos" (FUE 2005: 4).

---

[6] BP verursacht laut eigenem Nachhaltigkeitsbericht (2005) jährliche CO_2-Ausscheidungen in Höhe von 80 Mio. Tonnen – hinzu kommen dann aber noch die Emissionen, die durch die BP-Produkte entstehen: laut Konzernangaben 539 Mio. Tonnen CO_2 im Jahr 2006 (Gammelin/ Jungclaussen 2007).

[7] Die Ölpest im Golf von Mexiko 2010 wurde durch die Explosion der im Auftrag von BP betriebenen Ölbohrplattform Deepwater Horizon im April 2010 ausgelöst. Bei der schwersten Umweltkatastrophe dieser Art in der Geschichte sind seitdem rund 780 Millionen Liter Rohöl in den Golf von Mexiko ausgelaufen (Zeit 2010).

Kritik am Agrobusiness

Ob allerdings gerade Agrokraftstoffe geeignet sind, das Treibhausgasproblem im Verkehrssektor zu lösen, wird inzwischen weitgehend bezweifelt. Denn mit der verstärkten Nutzung von Agrokraftstoffen verschärft sich eine ganze Reihe anderer Konflikte und Probleme. Auf diese wird auch im Biomasse-Positionspapier vom Forum Umwelt und Entwicklung hingewiesen, wo zwar der Ausbau der Biomassenutzung grundsätzlich positiv gesehen wird, aber gerade Agrokraftstoffe eher kritisch betrachtet werden. Während zwar die regionale Verwendung und regionale Wertschöpfungsketten im Zusammenhang mit Bioenergie von den meisten NGOs positiv bewertet werden, kann davon ausgegangen werden, dass die durch die EU-Förderung entstehende Nachfrage nach Agrokraftstoffen zu immer größeren Anteilen durch Importe gedeckt werden müsste. Der wachsende weltweite Handel mit Agrokraftstoffen, beziehungsweise den dafür benötigten Rohstoffen, würde dementsprechend zunehmen und so auch die mit der exportorientierten Landwirtschaft zusammenhängenden sozialen und ökologischen Verwerfungen. Die Landwirtschaft beruht schon jetzt auf hoch technisierten, industrialisierten Bewirtschaftungsformen auf großen Anbauflächen unter Verwendung von Hochertragssorten mit hohen Anforderungen an Boden, Bewässerung, Düngung und Pestizideinsatz. Die Spezialisierung und der Anbau von Pflanzen in großflächigen Monokulturen erzeugen generell ein äußerst verwundbares und instabiles landwirtschaftliches Ökosystem, das den großflächigen Einsatz von Pestiziden und Dünger erfordert, dadurch Boden und Gewässer stark belastet und eine Gefährdung der Biodiversität darstellt (vgl. u. a. Altieri 2000).

Dieses globale landwirtschaftliche System, dessen negative Auswirkungen von den KritikerInnen des Agrobusiness seit Jahrzehnten analysiert und abgelehnt werden, weist nicht nur vielfältige ökologischen Problematiken auf, sondern hat auch die oft gewaltsam ablaufende Verdrängung von Subsistenzwirtschaftsstrukturen mit ihren weitreichenden sozialen Auswirkungen zur Folge. Zum Beispiel gibt es in Indonesien hunderte von ungelösten Landrechtskonflikten im Zusammenhang mit Palmölplantagen und tausende von Menschenrechtsverletzungen bei der Durchsetzung wirtschaftlicher Interessen: „Bäuerliche Gemeinden und Indigene werden buchstäblich mit Gewalt aus ihren Wäldern vertrieben" (Klute 2007: 35). Auch aus Kolumbien wird häufig über gewaltsame Landaneignung durch bewaffnete Gruppen berichtet. „Silber oder Blei ist die Alternative" – wer also sein Land nicht verkaufen will, wird ermordet (Lidoro Hurtado, zitiert nach Goethe 2008: 34). Der exportorientierte Anbau von Pflanzen in großflächigen Monokultur-Plantagen erfordert den intensiven Einsatz von Kapital in Form von Investitionen in Maschinen, Pestizide und Düngemittel, dabei ist er aber wenig arbeitsintensiv[8]. Viele Kleinbetriebe können die finanziellen Belastungen nicht tragen, verschulden sich, verkaufen ihr Land und wandern in andere Regionen ab. „The producers who are rendered redundant are either dispossessed or displaced, or essentially become part of what we may call 'the reserve army of migrant labor'„ (Araghi 2000: 150). Die Landkonzentration steigt in der Folge immer stärker an, während die lokale Lebensmittelerzeugung abnimmt. Pye beschreibt wie der malaysische Palmöl-Industriellen-Komplex, der seinerseits nach Indonesien expandiert, eine dreifache Veränderung von gesellschaftlichen Naturverhältnissen vorantreibt: „Die Umwandlung von Mio. von ha Waldflächen wird begleitet von einer Verwandlung von Kleinbauern zu Kontraktbauern und von der Entstehung eines transnationalen Plantagenproletariats, das in einer kapitalintensiven und vertikal integrierten Agroindustrie für Niedrigstlöhne ausgebeutet wird" (Pye 2009: 450).

Darüber hinaus wird befürchtet, dass der Energiepflanzenanbau ein größeres Einfallstor für den Einsatz genetisch modifizierter Organismen (GMO) öffnen könnte. Das gilt gerade für Regionen wie die EU und weite Teile Asiens oder Afrikas, wo die Verbreitung und Akzeptanz der Gentechnik bisher noch relativ gering ist.[9] Bei den momentan angebauten gentechnisch veränderten Pflanzen geht es vor allem um Herbizid- und Schädlingsresistenzen, es sind aber auch Sorten in der Entwicklung, die speziell die Produktion von Agrotreibstoffen erleichtern sollen.[10] Der Einsatz von GMO ist dabei nicht nur mit einer Vielzahl ungeklärter ökologischer Risiken verbunden, sondern auch mit der noch weiter zunehmenden Kontrolle transnationaler Konzerne über Saatgut und Pflanzenarten. Entwickelt wurden die herbizidtoleranten Pflanzen von Konzernen, die sich den Absatzmarkt für ihre chemischen Pflanzenschutzmittel sichern wollten. Monsanto zum Beispiel vertreibt herbizidresistente GMO („Roundup-Ready ®") zusammen mit dem Herbizid „Roundup"; teilweise sind die Pflanzen gleichzeitig resistent gegen das Bayer-Herbizid „Liberty". Entsprechend dem Growers' Contract von Monsanto darf auch das GM-Soja von Monsanto ausschließlich mit

---

[8] Subsistenzlandwirtschaft schafft ungefähr 35 Arbeitsplätze auf einer Fläche von 100 Hektar. Bei einer Sojakultur ist es nur noch ein einziger auf einer Fläche von 800 Hektar, auf Zuckerrohr- und Palmölplantagen sind es 10 für eine Fläche von 100 Hektar (Fritz 2007a).

[9] Der Anbau von GMO konzentriert sich bis jetzt allerdings auf wenige Regionen der Welt. Rund 90% dieser Pflanzen wachsen in nur vier Ländern, den USA (55%), Argentinien (19%), Brasilien (10%) und Kanada (6%) (Fritz 2007a). In Europa, Asien und Afrika konnten die genetisch modifizierten Pflanzen bisher noch nicht richtig Fuß fassen, auch wenn es mit Indien, China und Südafrika dort ebenfalls einige Staaten gibt, die verstärkt auf den Anbau von GMO setzen (Mertens 2008).

[10] In den USA hat Syngenta bereits eine spezielle Maissorte für die Ethanolgewinnung entwickelt, Monsanto hat in Kanada und den USA eine gentechnisch modifizierte, herbizid-tolerante Zuckerrübe für die Ethanolproduktion auf den Markt gebracht, auch an Bäumen mit einem geringeren Lignin-Gehalt wird gearbeitet (Fritz 2007a, Mertens 2008).

Roundup besprüht werden. Bei Verstößen droht der Konzern den Bauern mit Vertragsstrafen (Fritz 2007a). Zudem können die GMOs patentiert werden – für den Einsatz patentierten Saatguts müssen Landwirte dann jährlich eine Gebühr an die Patentinhaber entrichten; die Möglichkeit einer kostenlosen Wiederaussaat wird ihnen dadurch verwehrt.

Der Ressourcenverbrauch der industriellen Landwirtschaft und die damit einhergehenden ökologischen Probleme stehen auch in engem Zusammenhang zur Klimabilanz eines Agrokraftstoffs. Nach ihrer Analyse der Entwicklung des medialen Klimadiskurses in den letzten Jahren schließen Brunnengräber et al., dass es eine erhöhte Aufmerksamkeit für den Klimawandel „durch das medial vermittelte politische Agenda-Setting als Folge der politischen Institutionalisierung wissenschaftlicher Erkenntnisse gibt" (Brunnengräber et al. 2008: 81). Innerhalb dieses diskursiven Rahmens wurde versucht, die Förderung von Agrokraftstoffen ebenfalls als eine Maßnahme zur Reduktion von CO_2-Emissionen im Rahmen der Vorgaben des Kyoto-Protokolls zu propagieren. Parallel zur gesteigerten Aufmerksamkeit für den Klimawandel und zu den daran geknüpften Hoffnungen auf die Entwicklungen klimafreundlicher Energieproduktion wurde der anfangs so klar erscheinende Zusammenhang zwischen dem Einsatz von Bioenergie und der Reduzierung von Treibhausgasen allerdings immer öfter bezweifelt. Es wurde auf die schlechten Treibhausgasbilanzen zumindest einiger Agrokraftstoffe hingewiesen und damit deren genereller klimapolitischer Nutzen in Frage gestellt. Vor allem Palmöl geriet als Ausgangsprodukt für Agrokraftstoffe in die Kritik, bedeutsam dafür war vor allem eine Studie der internationalen NGO Wetlands International zusammen mit der Universität Wageningen (Hooijer et al. 2006). Aber auch die Klimabilanzen anderer Agrotreibstoffe gerieten in den Fokus der öffentlichen Aufmerksamkeit. So übersandte die OECD im Jahr 2007 den zuständigen Ministern der EU-Mitgliedsstaaten ein Schreiben, in dem WissenschaftlerInnen darauf hinwiesen, „dass Biokraftstoffe aus Mais und Raps nicht zuverlässig zur CO_2-Reduktion beitragen, sondern sogar im Vergleich zu fossilen Kraftstoffen mehr Klimaemissionen verursachen können" (zit. n. Benning 2008: 179). Den Höhepunkt dieser Delegitimierung von Agrokraftstoffen stellte die Studie des Nobelpreisträgers Paul Crutzen (Crutzen et al. 2008) dar, in der er auf mögliche klimaschädliche Folgen des Anbaus von Energiepflanzen aufgrund von Lachgasemissionen hinwies und diese noch weit höher einschätzte als andere Veröffentlichungen bis zu diesem Zeitpunkt. Diese Zahlen sind zwar sehr umstritten, deutlich wurde aber zumindest, dass die Gleichung „Agrokraftstoff ist gleich klimaneutral" nicht aufgeht – eine Erkenntnis, die sich auch in den Köpfen von Teilen der interessierten Öffentlichkeit verankerte. In Deutschland hat 2008 der Wissenschaftliche Beirat der Bundesregierung Globale Umweltveränderungen (WBGU) in seinem Gutachten „Zukunftsfähige Bioenergie und nachhaltige Landnutzung" ebenfalls erklärt, dass Agrokraftstoffe der ersten Generation ungeeignet für den Klimaschutz seien. Denn wenn indirekte Landnutzungsänderungen[11] berücksichtigt würden, dann könnten mehr Treibhausgase freigesetzt werden als bei der Nutzung fossiler Kraftstoffe. Wälder oder Feuchtgebiete sollten außerdem keinesfalls für Bioenergie umgenutzt werden, weil dadurch in der Regel mehr Treibhausgase produziert würden als durch die Nutzung der Bioenergie eingespart werden könnten. Deswegen plädierte der WBGU für einen raschen Ausstieg aus der Förderung von Agrokraftstoffen durch Rücknahme der Beimischungsquoten und stattdessen für einen Ausbau der Elektromobilität (WBGU 2008).

Ein weiteres Konfliktfeld, die Flächenkonkurrenz zwischen Nahrungsmittelanbau und Energiepflanzenanbau, hat durch den steilen Anstieg der Agrar- und nachfolgend auch der Lebensmittelpreise in den letzten Jahren besondere Brisanz und öffentliche Aufmerksamkeit erlangt. Der Preisanstieg begann etwa 2004 und erreichte für die meisten Produkte 2008 seinen vorläufigen Höhepunkt. In vielen Ländern, etwa Indien, Indonesien, Ägypten, Mosambik, Burkina Faso, Senegal, Kamerun, Algerien, Haiti, Honduras und Peru, kam es in der Folge zu Protesten und Hungerrevolten (Fritz 2008a). Die zu diesem Thema entstandene Vielzahl wissenschaftlicher Untersuchungen kam jedoch zu ganz unterschiedlichen Ergebnissen, was den tatsächlichen Zusammenhang der Preissteigerungen mit Agrokraftstoffen betrifft. Denn Grund für die steigenden Preise ist das Zusammenwirken vieler unterschiedlicher Faktoren und es ist stark umstritten, welche davon die entscheidendsten sind. Die KritikerInnen der Agrokraftstoffe erhielten allerdings argumentative Unterstützung von einflussreicher, wenn auch eher unerwarteter Seite: Im November 2007 warnte ein Bericht der OECD davor, ständig neue Ziele für die Verwendung von Agrokraftstoffen aufzustellen (OECD 2007). In einem 2008 von der Weltbank veröffentlichten Bericht (Mitchell 2008) wurde die zunehmende Verbreitung von Agrokraftstoffen als wichtigste Ursache für die Preissteigerungen identifiziert: 70 bis 75 Prozent der Verteuerung zwischen Januar 2002 und Juni 2008 wären demnach auf die Agrotreibstoffe zurückzuführen. Darin inbegriffen sind laut Weltbank auch durch Agrokraftstoffe hervorgerufene Konsequenzen, wie niedrige Getreidevorräte, großflächige Landnutzungsänderungen, „Spekulation" auf den Rohstoffmärkten sowie die von manchen Regierungen verhängten Exportstopps, um die Versorgung der eigenen Bevölkerung sicherzustellen. Die restlichen 25 bis 30 Prozent des Preisanstiegs kämen durch höhere Energiekosten (damit auch steigenden Kosten für Dünger und Transport) und den schwächeren Dollarkurs zustande. Die Studie

---

[11] Der Anbau von Energiepflanzen kann den bereits bestehenden Anbau von Nahrungs- oder Futtermitteln verdrängen, so dass dieser auf andere, bisher unberührte Gebiete ausweichen muss.

wurde in den Medien breit rezipiert, sie ist allerdings ebenfalls stark umstritten. Bezweifelt wird aber vor allem die Höhe der Zahlen. Andere Veröffentlichungen, z.b. von OECD, FAO oder IWF (OECD/FAO 2007, OECD 2008, IWF 2008a/b) stellten teilweise einen geringeren, wenn auch weiterhin signifikanten Einfluss der Agrokraftstoffe auf die Preise fest, als bestätigt gilt aber inzwischen allgemein das, was von NGO-Seite schon lange zuvor geäußert wurde: Es besteht ein Zusammenhang zwischen der Nahrungskrise und dem Biokraftstoff-Boom und dieser Konflikt wird sich in Zukunft mit Sicherheit verschärfen. Seitdem kann es sich kein Landwirtschafts- oder Mineralölverband und kein Biokraftstoff- oder Automobilhersteller mehr leisten, nicht auf den Konflikt zwischen Nahrungsmittel- und Biokraftstoffproduktion einzugehen.

Neben die Problematiken des „fordistisch-fossilistischen Entwicklungsmodells" (Elmar Altvater) treten zudem neue Konfliktfelder, die im Zusammenhang mit neuen Technologien und damit verbundenen neuen sozio-ökonomischen Widersprüchen stehen.[12] Hier lassen sich exemplarisch die Probleme einer „verkürzten Krisenintervention" (Brand/Köhler/Wissen 2008) und eines marktwirtschaftlich orientierten „Post-Kyoto-Klimaregimes" zeigen, bei dem Fragen zu den gesellschaftlichen Ursachen des Klimawandels, zur Nord-Süd-Gerechtigkeit und zu den „gesellschaftlichen Naturverhältnissen" verdrängt werden (Brunnengräber 2002). Besonders deutlich wurde dieser Widerspruch angesichts der zunehmenden Zweifel an der Klimafreundlichkeit von Agrotreibstoffen.

Das Themenfeld Agrokraftstoffe ist durchzogen von Problemen und Konflikten, vor allem im Zusammenhang mit dem Energieverbrauch, der industriellen Landwirtschaft und dem Welthandel. Diese haben zwar unabhängig von Agrokraftstoffen bereits existiert, durch den Biokraftstoff-Boom allerdings eine zusätzliche Verschärfung erfahren. An dieser Aufzählung von Kritikpunkten zeigt sich deutlich die Unzulänglichkeit, sogar Kontraproduktivität, dieser von Politik und Industrie favorisierten Klimaschutzmaßnahme und damit auch die Unzulänglichkeit und Problematik des Versuchs, Klimaschutz selektiv und möglichst konsensfähig, mit Hilfe technologischer Lösungen in das herrschende wachstumsorientierte kapitalistische Wirtschaftssystem zu integrieren.

Den Einwänden etwas entgegensetzen

Im März 2008 hatte Fischer-Boel, die damalige EU-Kommissarin für das Ressort Landwirtschaft und ländliche Entwicklung, erklärt, sie sei sich der vielen gegen Agrokraftstoffe erhobenen Einwände bewusst und die Kommission nehme sie

---

[12] vgl. (allerdings in Bezug auf Biodiversität) Görg/Brand 2001

ernst. Man sei jedoch überzeugt, ihnen etwas entgegenzusetzen zu haben[13] (eurActiv 2008). Was die EU den Einwänden entgegenzusetzen hatte, das hatte der damalige EU-Kommissar für Umweltpolitik, Stavros Dimas bereits Anfang desselben Jahres umrissen: „We have seen that the environmental problems caused by biofuels and also the social problems are bigger than we thought they were. So we have to move very carefully. We have to have criteria for sustainability, including social and environmental issues, because there are some benefits from biofuels" (Harrabin 2008).

Statt also den eingeschlagenen Weg der Agrokraftstoffförderung noch einmal grundsätzlich zu überdenken, hat sich im Zuge der Debatte um Agrokraftstoffe bisher die Forderung durchgesetzt, mit Hilfe von Zertifizierungsverfahren deren nachhaltige Produktion zu garantieren und CO_2-Einsparungsquoten festzulegen. Dabei wird davon ausgegangen, dass die den sozialen und ökologischen Problematiken zugrunde liegende Ursache in einem globalen Rohstoffmarkt besteht, der zwischen nachhaltiger und nicht-nachhaltiger Produktion nicht differenziert – ein klassischer Fall von Marktversagen. Um dieses Marktversagen zu korrigieren müssten nun die (supra)nationalen Institutionen eingreifen und Nachhaltigkeitskriterien einführen. Eine Differenzierung zwischen nachhaltigen und nicht-nachhaltigen nachwachsenden Rohstoffen müsse dabei aber marktkonform sein und die WTO-Regeln beachten, also dem „freien Handel" mit Gütern nicht im Wege stehen, und könne deshalb nur über Zertifizierung erfolgen. Die Nachhaltigkeitskriterien sollen nämlich nicht nur die Umweltfreundlichkeit und die Wiederherstellung des grünen Images von Agrokraftstoffen garantieren. Sie kommen auch den handels- und agrarpolitischen Zielen der meisten europäischen Staaten entgegen, die in der Biokraftstoffproduktion vor allem eine Möglichkeit sehen, die Wettbewerbsfähigkeit ihrer Landwirtschaft und gleichzeitig ihrer oft noch relativ jungen Bioenergie-Industrie zu fördern.

Die EU und die USA blockierten etwa 2007 gemeinsam einen Vorstoß Brasiliens bei der Welthandelsorganisation WTO, Agrartreibstoffe als „umweltfreundliche Produkte" auszuweisen. Damit wollte Brasilien eine Abschaffung der Einfuhrzölle erwirken, die auf bestimmte landwirtschaftliche Erzeugnisse nach wie vor zulässig sind (Backes 2008). Bereits kurz darauf, im Frühjahr 2007, haben allerdings Brasiliens Präsident Lula und Bundeskanzlerin Merkel das deutsch-brasilianische Energieabkommen unterzeichnet, in dem auch die „zeitnahe" Bildung einer gemeinsamen Arbeitsgruppe vorgesehen war, die sich der

---

[13] Sie meinte außerdem, dass der Anstieg der Lebensmittelpreise keine schlechte Sache sei, da dadurch die Einkommen der Bauern in Europa und armen Ländern steigen würden (eurActiv 2008) – außer Acht lassend, dass nur ein sehr geringer Bruchteil der höheren Preise diesen Gruppen zugute kommen und gerade die arme Landbevölkerung zu denen gehört, die besonders unter hohen Nahrungsmittelpreisen leidet.

Entwicklung von Nachhaltigkeitskriterien, Zertifizierungssystemen sowie gemeinsamen Standards für die Agrokraftstoffe widmen sollte. „Erst auf Basis der entwickelten gemeinsamen Standards können die Quoten und Kontingente für Agroenergieimporte vereinbart werden und zwar dann in Brüssel, im Rahmen der gemeinsamen EU-Außenhandelspolitik" (Russau 2008). Ähnliche Ansichten vertreten nicht nur die brasilianische Regierung und die Mineralölindustrie, die durch die Beimischungspflichten vor allem am Zugang zu möglichst kostengünstigen Agrokraftstoffen interessiert ist, sondern auch die traditionellen Verfechter der neoliberalen Freihandelsideologie. So beispielsweise die Weltbank, die sich generell gegen Subventionen für Biokraftstoffe und Zölle richtet, da beides eine Verzerrung von Marktpreisen darstelle. Die Beseitigung der Importzölle würde laut Weltbank „Brasilien und anderen Entwicklungsländern, etwa afrikanischen Staaten, eine profitable Ethanolproduktion für den Export erlauben, um die Quoten in den USA und der EU zu erfüllen" (Fritz 2008a: 18). In Zukunft werden also vermutlich Zertifizierungen zunehmend die Rolle der von den traditionellen Verfechtern der neoliberalen Freihandelsideologie wie WTO und Weltbank kritisierten Zölle und Subventionen einnehmen. Das hoffen zumindest die europäischen Landwirtschaftsverbände und Biokraftstoffproduzenten.[14]

So fordern aus ganz unterschiedlichen Gründen und mit unterschiedlicher Zielsetzung sowohl NGOs als auch protektionistische europäische Landwirtschaftsverbände die Zertifizierung von Agrokraftstoffen. Der Solarenergieverband EUROSOLAR zum Beispiel, der seit Jahren für eine heimische Biomasseerzeugung eintritt, kritisierte, dass die Mineralölkonzerne ihrer Beimischungspflicht „mit Billigimporten" nachkommen würden, „hinter denen höchst zweifelhafte Anbaukonzepte stehen – unter anderem aus Ländern, in denen Tropenwälder abgeholzt werden, um Plantagen für Energiepflanzen anzulegen". Importierte Biokraftstoffe, hinter denen unökologische Anbaubedingungen und lange Lieferketten stünden, seien „ökologisch unverantwortlich". Einige der großen europäischen NGOs – WWF, Greenpeace, BirdLife und das Europäische Umweltbüro – forderten die EU-Kommission auf, sicherzustellen, dass der Biomasse-Aktionsplan „angemessene ökologische und soziale Sicherheitsvorkehrungen" beinhalte (ngo-online 2006). Das Forum Umwelt und Entwicklung hatte ebenfalls beschlossen, dass „für den globalen Ausbau der Bioenergienutzung Kriterien und Regulierungsinstrumente gefunden werden [müssen], die eine ökologi-

---

[14] Tatsächlich ist unklar, ob die WTO die von der EU geplanten Nachhaltigkeitskriterien billigen wird. Im Allgemeinen lehnt sie Versuche ab, verpflichtende Kennzeichnungssysteme zu entwickeln. Freiwillige Systeme sind nur unter der Bedingung des freien Wettbewerbs erlaubt und wenn keinerlei Maßnahmen ergriffen werden, die den Handel mit nicht zugelassenen Gütern verhindern. Zudem ist die Aufnahme sozialer Aspekte, Arbeitsnormen oder Menschenrechtskriterien nach WTO-Regeln unzulässig, während bestimmte ökologische Standards als akzeptabel erachtet werden (eurActiv 2008).

sche und sozial verträgliche Nutzung der Bioenergie im großen Stil ermöglichen" (FUE 2005: 5). Folgerichtig gründeten sie mit Unterstützung des Bundes-
umweltministeriums die Plattform „Nachhaltige Produktion, Handel und Nutzung von Biomasse", die sich um die Förderung der Akzeptanz bemüht, die
Biomassenutzung für energetische Zwecke brauche. Dies könne nur gewährleis-
tet werden, wenn ökologische, soziale und wirtschaftliche Auswirkungen gleichermaßen abgewogen werden. Ergebnis der Diskussionen sollte die Entwicklung gemeinsamer Forderungen der deutschen Umwelt-, Naturschutz- und Ent-
wicklungsverbände sein, um sie in die aktuellen politischen Debatten einbringen
zu können, die den Ausbau einer nachhaltigen Biomasseproduktion und Nutzung
einfordern (WWF 2007). Auch einige der transnationalen Konzerne des Biotech-
nologiesektors mit einem gesteigerten Interesse an der Wiederherstellung der
gesellschaftlichen Akzeptanz ihrer Biokraftstoff-Produkte, haben sich in den
Prozess der Ausarbeitung von Zertifikaten, Nachhaltigkeitskriterien und -stan-
dards eingeschaltet. Um dem Standard Legitimität zu verleihen, sollen möglichst
viele Akteure eingebunden werden. Auf nationaler und europäischer Ebene haben sich so in den letzten Jahren zahlreiche Multi-Stakeholder-Initiativen gegründet, die versuchen, den Begriff der Nachhaltigkeit mit Kriterien zu unterfüttern. Häufig wird auch auf bestehende bzw. in der Entwicklung befindliche Zertifizierungssysteme zurückgegriffen, Beispiele dafür sind etwa der FSC (Forest
Stewardship Council), RSPO (Roundtable Sustainable Palmoil), RTRS (Roundtable Responsible Soy) und BSI (Better Sugar Initiative) (WWF 2010).

Rohstoffproduzenten und Hersteller von Agrokraftstoffen aus Ländern außerhalb der EU protestieren allerdings gegen solche Nachhaltigkeitsstandards,
die ihnen eine bestimmte Art der Produktion vorschreiben wollen, weil dadurch
die europäische Landwirtschaft bevorzugt würde. Die Einführung solcher Kriterien durch die EU wird als unzulässige Einmischung der alten kolonialen Art
kritisiert. So bezeichnen beispielsweise Palmölproduzenten aus Malaysia die
Nachhaltigkeitskriterien als verdeckten Protektionismus und drohen, vor der
WTO dagegen zu klagen. Trotz dieser anti-kolonialen Rhetorik gegen einen
versteckten Protektionismus der EU wird die Einführung von Nachhaltigkeitskriterien für Agrartreibstoffe allerdings als unaufhaltsam akzeptiert (Pye 2009).

Zertifizierung der Nachhaltigkeit

Die Nachhaltigkeitskriterien der Erneuerbare-Energien-Richtlinie der EU sehen
inzwischen vor, dass nur Agrokraftstoffe auf das zu erreichende 10 Prozent-Ziel
angerechnet werden können, die ein Treibhausgasminderungspotenzial von min-

destens 35 Prozent[15] vorweisen können. Des Weiteren dürfen keine Rohstoffe von Naturschutzflächen, von Flächen mit hoher biologischer Vielfalt oder hohem Kohlenstoffbestand („no-go-areas") verwendet worden sein. In der EU angebaute Rohstoffe müssen im Einklang mit der „guten fachlichen Praxis"/ Cross Compliance[16] gewonnen werden. Generell ist in der Richtlinie festgehalten, dass die Herstellung von Agrokraftstoffen auf nachhaltige Weise erfolgen sollte und Agrotreibstoffe, die auf die Ziele der Richtlinie angerechnet werden sollen oder denen nationale Förderregelungen zugutekommen, daher Nachhaltigkeitskriterien erfüllen müssen. Zu den Themen Einfluss von Agrokraftstoffen auf die Verfügbarkeit von Nahrungsmitteln und den sozialen Kriterien, deren Grundlage die Standards der UN-Organisation für Arbeit (ILO) darstellen, sind jeweils Berichtspflichten vorgesehen (EU Parlament 2009).

Bemerkenswert ist hier angesichts der vorausgehenden Kampagne gegen Agrotreibstoffe vor allem, dass zwar im Vorfeld der Verabschiedung der Richtlinie über das schon länger geplante 10%-Ziel viel diskutiert wurde, da es von vielen Parlamentsmitgliedern angesichts der vielfältigen Problematiken als zu hoch angesehen wurde, letzten Endes aber nichts daran geändert wurde. Die gegen Agrokraftstoffe geäußerten Argumente und Positionen hatten also keinerlei Auswirkungen auf die festgelegte Höhe der verpflichtenden Ziele. Hier setzten sich stattdessen die Befürworter der Agrokraftstoffe aus Politik und Wirtschaft durch, so zum Beispiel die Akteure aus der Öl- und Automobilindustrie, die über die European Biofuels Plattform die 10 Prozent-Zielsetzung maßgeblich mitentwickelt hatten (Flitner/Görg 2008). Was die zu erfüllenden Nachhaltigkeitskriterien angeht, ist auffallend, dass vor allem zwei Problembereiche herausgegriffen wurden. Und zwar diejenigen, die im Vorfeld, neben der Nahrungsmittelkonkurrenz, am meisten Aufmerksamkeit erringen konnten: Die Abholzung von Regenwaldgebieten und das Treibhausgasminderungspotential. Andere Bereiche, wie soziale Probleme sowie die Auswirkungen auf Nahrungsmittelpreise, Gentechnik oder indirekte Landnutzungsänderungen werden nur schwach, etwa über die Berichtspflichten, oder gar nicht adressiert. Argumentativ wird das damit begründet, dass, etwa bei den sozialen Richtlinien, Probleme mit der WTO auftreten könnten, bzw. die Auswirkungen schwer zu ermitteln und damit auch nicht zertifizierbar seien.

---

[15] Der Prozentsatz steigt ab 2017 auf 50 Prozent.
[16] Seit 2005 ist für alle Landwirte, die EU-Direktzahlungen erhalten, die „Einhaltung anderweitiger Verpflichtungen" (Cross Compliance) obligatorisch. Anderweitige Verpflichtungen betreffen die Bereiche Umwelt, Gesundheit von Mensch, Tier und Pflanzen sowie Tierschutz. Die Empfänger der Direktzahlungen sind darüber hinaus verpflichtet, die Flächen in einem guten landwirtschaftlichen und ökologischen Zustand zu halten. Im Fall der Nichteinhaltung drohen den Landwirten Sanktionen wie Kürzung oder Streichung der Direktzahlungen (EU-Kommission o. J.).

Die EU-Richtlinie soll bis Ende 2010 in nationales Recht der Mitgliedsstaaten umgesetzt werden. Die genaue Ausgestaltung ist dabei zunächst offen, es kann mit einer Vielzahl von konkurrierenden Verfahren gerechnet werden. „Die EU setzt in gewisser Weise den ‚Meta-Meta-Standard' für Agrosprit-Zertifikate, die in der Gemeinschaft anrechnungsfähig sein werden" (Fritz 2008b: 2). Denn bei den Systemen, die derzeit beispielsweise in Großbritannien, Deutschland und den Niederlanden entwickelt werden, handelt es sich um sogenannte Meta-Standards, die einen Satz von Vergleichskriterien (Benchmark-Kriterien) definieren, denen Zertifizierungssysteme für die verschiedenen Agrotreibstoffe genügen müssen, um anerkannt zu werden. Benchmark-Kriterien bilden sozusagen die Grundlage mit denen alle anderen Zertifizierungssysteme verglichen werden, d.h. diese müssen nachweisen, dass sie dem Richtwert des Meta-Standards folgen. Werden bestimmte Vorgaben nicht abgedeckt, muss nachgebessert werden. Dies würde bei den vorhandenen Zertifizierungssystemen im Zusammenhang mit Agrotreibstoffen vor allem den Nachweis einer Reduktion von Treibhausgasen betreffen. Das bedeutet, verschiedene private, bereits bestehende Zertifikate, wie zum Beispiel der FSC, der RSPO oder der RTRS, könnten grundsätzlich zugelassen werden, sofern sie den festgelegten Kriterien zur Nachhaltigkeit genügen, bzw. dahingehend nachgebessert werden. Auch nach Aussage der WWF-Agrarexpertin Fleckenstein dürfte einer Zertifizierung von Plantagen nach dem ISCC-System bei bestehenden, nach den Kriterien des RSPO zertifizierten Plantagen, kein Problem darstellen, da entsprechende Vorarbeiten wie Umweltbeurteilungen bereits geleistet worden seien (Ausschuss für Umwelt, Naturschutz und Reaktorsicherheit 2010).

In Deutschland wurde bereits vor Verabschiedung der Richtlinie begonnen, an den Biomasse-Nachhaltigkeitsverordnungen[17] zu arbeiten; zudem liefen bereits seit etlichen Jahren Pilotprojekte zur Zertifizierung von Agrokraftstoffen. So konnten bereits 2010 zwei Zertifizierungsverfahren anerkannt werden: Einmal das mit Förderung des Bundeslandwirtschaftsministeriums (BMELV) und der Fachagentur Nachwachsende Rohstoffe (FNR) entwickelte, von der Kölner Beraterfirma Meó Consulting geleitete Projekt International Sustainability and Carbon Certification (ISCC) und zum anderen REDcert, das von führenden Verbänden der deutschen Agrar- und Biokraftstoffwirtschaft (u.a. dem Deutschen Bauernverband und dem Biokraftstoffverband VDB) gegründet wurde (ebd.).

Es gibt bisher noch kaum Erfahrungen mit den Siegeln, deren Anerkennung durch die Bundesanstalt für Landwirtschaft und Ernährung noch nicht lange zurückliegt. Zumindest mit dem ISCC wird bei den Kriterien über die Minimalanforderungen der Nachhaltigkeitsverordnungen hinausgegangen, so müssen

---

[17] BioSt-NachV und Biokraft-NachV

etwa Gewerkschaftsfreiheit oder Mindestlöhne nachgewiesen werden. Negative Auswirkungen auf die örtlichen Lebensmittelpreise sollen ausgeschlossen sein, wobei unklar ist, wie dieser Nachweis zu erbringen sein soll. Allerdings gibt es auch viele Bedenken sowohl im Hinblick auf das ISCC als auch auf die Standards der Richtlinie: Gentechnisch manipulierte Rohstoffe etwa sind nicht ausgeschlossen und es wurde nur zurückhaltend über Pilotvorhaben informiert, in denen das Zertifizierungssystem getestet worden war. Darüber hinaus wird genauso wie in der EU-Richtlinie auch in den bisher anerkannten Verfahren nicht klar, ob oder wie sie die Auswirkungen der indirekten Landnutzungsänderungen durch den Anbau von Agrotreibstoffen erfassen wollen. Von vielen NGOs wird gerade das jedoch als ein entscheidendes Kriterium betrachtet, um die Nachhaltigkeit zu prüfen (Maráz 2010). Ebenso wird die Untergrenze für die Treibhausgas-Emissionsreduktion von 35 Prozent als viel zu niedrig kritisiert – von vielen Umweltorganisationen wurde ein Basiswert von 50 bis 60 Prozent gefordert. Das hätte allerdings dazu geführt, dass nur sehr wenige der momentan aus EU-Anbau hergestellten Kraftstoffe überhaupt unter die Kriterien zur Nachhaltigkeit gefallen wären (Benning 2008). Auf ökologische Probleme im Zusammenhang mit der europäischen industriellen Landwirtschaft geht die Richtlinie ebenfalls nicht ein. Denn es wird davon ausgegangen, dass die bisher dort existierenden Regeln der guten fachlichen Praxis und der Cross-Compliance ausreichen, um eine nachhaltige Produktion zu garantieren. Daran gibt es jedoch ebenfalls Kritik von Umweltverbänden, die darauf hinweisen, dass beide Regelungen nicht dazu geeignet sind, Lachgas-Emissionen und den hohen Energieaufwand für Düngemittel und Pestizide beim großflächigen Anbau nachwachsender Rohstoffe zu reduzieren (ebd.).

Zudem ist noch nicht klar, ob sich das ISCC System überhaupt am Markt durchsetzen wird. Verbände der deutschen Agrarwirtschaft (u.a. der Deutsche Bauernverband und der Biokraftstoffverband VDB) haben Anfang 2010 das Zertifizierungssystem REDcert GmbH gegründet (Maráz 2010). Damit existiert zunächst ein weiteres Verfahren, an dessen Entwicklung sich auch Verbände beteiligt haben, die beim ISCC ebenfalls eine führende Rolle spielen und es steht zu befürchten, dass das konkurrierende System mit niedrigeren Standards arbeiten könnte. Legal wäre das, solange die Kriterien der Nachhaltigkeitsverordnungen erfüllt werden. Vor allem von Seiten des WWF, der in den ISCC-Prozess eingebunden war, bei REDcert aber nicht, wird Kritik geäußert: Martina Fleckenstein[18] äußerte Befürchtungen, das System der Landwirtschaftsindustrie würde zu einem Schmalspursiegel führen. Bei REDcert würden nur die Mindestanforderungen der Richtlinie umgesetzt, soziale Kriterien entfielen. „Das ISCC-

---

[18] Sie ist nicht nur Mitglied des WWF, sondern auch im Vorstand des Dachvereins des ISCC.

Biomasse-Zertifizierungssystem berücksichtigt aber auch soziale und Umweltbe-
lange, was für glaubwürdige und global anwendbare Systeme entscheidend ist."
Sie zweifelt außerdem daran, dass die Agrarverbände innerhalb weniger Monate
ein funktionierendes Zertifizierungssystem auf den Weg bringen könnten. Im
Forstsektor habe das FSC mehr als zehn Jahre und im Pflanzenölsektor der
RSPO rund sechs Jahre bis zur vollen Arbeitsfähigkeit gebraucht (taz 2010).

Nachhaltigkeitsverhandlungen am runden Tisch

Gerade diese Nachhaltigkeitszertifizierung von Palmöl durch den RSPO, die hier
als positives Vorbild genannt wird und an deren Ausgestaltung der WWF ebenfalls beteiligt war, ist allerdings äußerst umstritten. Der runde Tisch wird vor
allem auch von Konzernen der indonesischen und malaysischen Palmölindustrie
als Forum genutzt, da sie erkannt haben, dass die Zusammenarbeit mit NGOs die
Voraussetzung dafür ist, mit „nachhaltigem Palmöl" weiterhin Zugang zum europäischen Markt zu haben (Pye 2009). Eine der beteiligten NGOs, die indonesi-
sche Sawit Watch, vertritt Betroffene aus einem der Anbauländer, ansonsten sind
auch hier der WWF und Oxfam vertreten. Der Rest der Mitglieder repräsentiert
vor allem Unternehmen aus dem Agrar- und Gentechnologiebusiness sowie
Energiekonzerne, u.a. Cargill, Bunge, Bayer, Syngenta, BP, Shell, EDF und
RWE (Fritz 2007a). Von einer Vielzahl sowohl lokaler als auch internationaler
NGO wird der RSPO als „Feigenblatt" des palmölindustriellen Komplexes kritisiert (Robin Wood 2008, Becker 2008). Das Centre for Orangutan Protection auf
Borneo bezeichnete den RSPO als ein Instrument „um die Öffentlichkeit zu
hintergehen und die ökologischen Verbrechen der Palmölunternehmen zu legiti-
mieren" (Centre for Orangutan Protection 2008). Die International Union of
Foodworkers weist darauf hin, dass der RSPO „sich nicht auf die Frauen und
Männer, die tatsächlich auf den Palmlölplantagen arbeiten, erstreckt. [...] Die
brutale Ausbeutung, die die Industrie kennzeichnet, [wird] durch eine Vermark-
tungsmaßnahme als akzeptabel, verantwortungsvoll oder nachhaltig zertifiziert"
(IUF 2006).
    Während sich einige der NGOs trotz dieser Kritik im RSPO-Prozess enga-
giert haben, um wenigstens Kriterien wie Arbeits- und Landrechte einzubringen,
wurden die vielen kleineren Hersteller von Palmöl nicht eingebunden und die
Mehrzahl anderer NGOs beschloss selbst, nicht teilzunehmen. Zu den Gründen
dafür haben sie sich wie folgt geäußert:

„We reasoned that it was much more important for us to stay out and criticise, than
to be sucked into a series of interminable meetings, that would not achieve the ces-

sation of palm oil expansion. (...) RSPO wanted the environmental NGO, because it would make them look good. But companies like Cargill simply cannot be trusted. They want expansion. Expansion will mean destruction of the rain forest. (...) The NGO oppose all expansion of oil palm, and that is the reason we stay out of RSPO. (...) A lot of pressure was put on the Papua New Guinea NGO by NGO and consultants from the EU, who offered them to get donor funding (which never materialised)" (zitiert nach Reyes 2008: 29).

Der Roundtable on Sustainable Biofuels (RSB) ist ein ähnlicher Versuch eines internationalen Multi-Stakeholder-Prozesses. Dabei versammeln sich transnationale Unternehmen, beispielsweise Shell, British Petroleum, Petrobras, Toyota, Dupont, Bunge und Syngenta, internationale Organisationen und NGOs, etwa das World Economic Forum, die International Energy Agency, die Siegel-Organisationen Max Havelaar und FSC sowie der WWF und Oxfam. Mit diesem runden Tisch wurde erstmals der Versuch unternommen, einen internationalen Standard für die Produktion von Agrokraftstoffen zu entwickeln. Betont wurde dabei, dass der Standard „keine Handelsbarriere errichten" dürfe und „generisch, einfach und apolitisch" sein soll (zit. nach Fritz 2007a). Es soll außerdem auf bereits vorhandene Standards zurückgegriffen werden, wie etwa das FSC-Siegel und aktuelle Zertifizierungsprojekte des WWF. Mit dem inzwischen vorläufig entwickelten Zertifizierungssystem bemüht sich der RSB im Moment um EU-Anerkennung entsprechend der Erneuerbare-Energien-Richtlinie (RSB 2010).

Gegen viele dieser von der Industrie dominierten runden Tische gibt es Widerstand von sozialen Bewegungen und Basisnetzwerken. So veranstaltete Via Campesina eine Gegenkonferenz unter dem Titel „Nein zum 'nachhaltigen' Soja" und kritisiert die „skandalöse Unterstützung großer NRO" für das Agrobusiness (zitiert nach Fritz 2007a). Denn jenseits der Bemühungen, Standards für nachhaltige Agrokraftstoffe festzulegen, existiert auch die Forderung nach einem Ende der Agrokraftstoffförderung oder zumindest einem Aufschub. Davon zeugt beispielsweise der Aufruf für ein Moratorium auf Agrotreibstoffe, den über zweihundert Organisationen unterzeichnet haben, von Attac Osttirol über BUND Bayern bis WALHI (Friends of the Earth Indonesien) und Via Campesina (Pye 2009).

Ein Grund für diese generell ablehnende Haltung ist einerseits der angesichts bisheriger Zertifizierungsprozesse fehlende Glaube daran, dass (momentan) vertrauenswürdige Verfahren existieren. In ihrem Papier „Biofuels: Is the Cure Worse Than the Disease?" von 2007 geht auch die OECD nicht davon aus, dass solche Zertifizierungssysteme eine nachhaltige Produktion von Agrotreibstoffen garantieren können: „(...) enforcement and chain of-custody control could prove to be an enormous challenge, as recent experiences with the certification of wood products has shown. (...) Though theoretically possible, reliance on certification schemes to ensure the sustainable production of biofuels is not a realistic safeguard" (zit. n. Reyes 2008: 14).

In der Kritik befinden sich bei den bisherigen Verfahren aber nicht nur die unzureichenden Ergebnisse und das Problem der Kontrolle und Durchsetzung, sondern auch damit zusammenhängende Probleme bezüglich des Prozesses der Entwicklung von Standards und Kriterien. So verweist etwa Kirsten Bredenbeck, Geschäftsführerin des Netzwerks Kooperation Brasilien (KoBra), auf die den Multi-Stakeholder-Prozessen innewohnende Problematik: InteressenvertreterInnen „der betroffenen Bevölkerung sitzen dabei zwecks Entwicklung gemeinsamer Kriterien internationalen Konzernen wie Cargill, Bayer, Syngenta und Plantagenbesitzern gegenüber, als existierten machtpolitisch ungleiche Strukturen schlichtweg nicht" (zit. nach Benning 2008: 180). Oft treten zudem transnationale NGOs, wie eben der WWF, an den Runden Tischen vermittelnd als Stimme der direkt Betroffenen auf, statt deren eigenen Interessenvertretungen zu Wort kommen zu lassen. Und selbst wenn die direkt Betroffenen oder ihre Interessenvertretungen an Runden Tischen teilnehmen, ist es wahrscheinlicher, dass diese Einbindung eher legitimierenden Charakter für die entstehenden Zertifizierungssiegel hat und die divergierenden Interessen der verschiedenen Akteure verdeckt, als dass sie tatsächlich den Prozess ihrer Ausgestaltung maßgeblich beeinflussen können. Pye beurteilt den RSPO denn auch als Umarmungsversuch seitens der Industrie. „Die sozialen und ökologischen Probleme der Palmölexpansion als technisch lösbar verkennend, beteiligen sich die im RSPO vertretenen NGOs an der politischen Legitimierung einer korporativen Aneignung des Nachhaltigkeitsdiskurses. Nachhaltigkeit wird zum ‚Branding Exercise', durchaus profitabel sowohl für eine klimakatastrophale Industrie als auch für Artenschutzunternehmen wie dem WWF" (Pye 2009). In der kritischen NGO-Forschung existieren einige Untersuchungen ähnlicher Prozesse, die aufzeigen, wie die auf Kooperation und konstruktives Mitmachen fixierte, pragmatische Haltung der beteiligten NGOs und der Verzicht auf radikale Kritik der Verhältnisse zur Legitimation von Macht- und Herrschaftsverhältnissen beiträgt (vgl. Brand et al. 2001). Diese pragmatische Haltung zeigt der WWF zum Beispiel auch, wenn er sich zu der viel kritisierten Zertifizierung von gentechnisch verändertem Soja als „nachhaltig" äußert. „Die Soja-Expansion, auch die gentechnische, sei eine Realität, deren Folgen besser durch einen offenen Dialog mit der Industrie zu mildern seien als durch Verweigerung. Wenn freiwillige Standards nur für die gentechnikfreie Produktion gelten, wäre schließlich ein Großteil des Anbaus nicht erfasst." Die Organisation selbst sei aber für ein Gentechnik-Moratorium. Dass der Runde Tisch sich außerdem auch nicht auf Maßnahmen und Kriterien habe einigen können, die weitere Soja-Expansion in natürliche Habitate zu vermeiden, sei bedauerlich und solle noch geändert werden (zit. nach saveourseeds 2009).

Ernährungssouveränität

Jenseits der Auseinandersetzungen um die konkrete Ausgestaltung der Zertifizierungsverfahren, wie sie an den runden Tischen, aber zum Beispiel auch in der Diskussion um REDcert versus ISCC oder um die in der EU-Richtlinie verankerten Nachhaltigkeitsvoraussetzungen geführt werden, existieren aber auch Positionen, die bereits einige Schritte vorher halt machen. Ähnlich wie sich im Zusammenhang mit dem RSPO viele NGOs weigerten, ihre beschränkten Ressourcen konstruktiv in den Prozess einzubringen um dessen Legitimation nach außen zu erhöhen, lehnen etwa die AktivistInnen des globalen Netzwerks Via Campesina, einem internationalen Zusammenschluss von unterschiedlichen Kleinbauern- und Landarbeiterorganisationen aus dem globalen Norden wie auch Süden, die Förderung von Agrokraftstoffen weiterhin konsequent ab. Stattdessen bringen sie immer wieder ihre grundsätzlichen Bedenken gegenüber der technologischen Symptombehandlung von tiefer liegenden gesellschaftlichen Problematiken zum Ausdruck. Sie verweisen darauf, dass die sozialen und ökologischen Verwerfungen ihre Ursache in der expansiven, industriellen Landwirtschaft des Agrobusiness haben und somit auf das engste mit dem momentanen kapitalistischen Wirtschafts- und Gesellschaftssystem verbunden sind. Deshalb gehen sie auch davon aus, dass die Probleme innerhalb dieses Systems nicht durch die Festlegung von Nachhaltigkeitsstandards aus der Welt geschafft werden können. Schon gar nicht, wenn diese Standards die Produktion und den Handel landwirtschaftlicher Rohstoffe jenseits von Agrarkraftstoffen gar nicht betreffen und unter weitgehendem Ausschluss der betroffenen Bauern und Bäuerinnen der Anbauländer außerhalb Europas und der USA festgelegt werden. Viele AktivistInnen fordern deshalb ein Ende der Biokraftstoffförderung und die Fokussierung auf ganz andere Fragen. So schreibt der Biobauer und Sozialwissenschaftler Sonderegger: „Den Kampf der Menschen aus dem Süden für die territoriale Kontrolle und selbstbestimmte Nutzung der natürlichen Ressourcen (...) unterstützen wir am besten mit einer radikalen Infragestellung unseres Lebensstandards und Ressourcen- und Energieverbrauchs. Importierte „grüne" Rohstoffe für die Treibstoffproduktion können unter den herrschenden Bedingungen nie nachhaltig sein. Darum sind auch die Bestrebungen nach Zertifizierungen von verschiedenen Umwelt-NGOs entschieden abzulehnen" (Sonderegger 2007).

Im Zuge der Auseinandersetzungen mit dem Agrobusiness gewinnt die Forderung nach Ernährungssouveränität global an Popularität. So berufen sich beispielsweise in Burkina Faso Bewegungen auf die Parole des einstigen Präsidenten und linken Revolutionärs Thomas Sankara: „Wir konsumieren, was wir produzieren. Wir produzieren, was wir konsumieren" (zit. nach Fritz 2008a: 3). Die Wiedererlangung der Selbstversorgung steht im Moment in vielen Ländern im

Vordergrund, in einigen Staaten wurden angesichts der steigenden Preise für Nahrungsmittel bereits Exportverbote für Lebensmittel verhängt. Der Begriff Ernährungssouveränität umfasst aber wesentlich mehr. Geprägt wurde er Mitte der 1990er Jahre von La Via Campesina; die Forderung wird inzwischen von einer Vielzahl von Bauernvereinigungen, Landlosenbewegungen und NGOs unterstützt. Ernährungssouveränität sperrt sich allerdings gegen eine endgültige und eindeutige Definition, es handelt sich nicht um einen wissenschaftlichen Begriff, sondern um einen des politischen Kampfes – er stellt lediglich eine Grundlage dar, auf der die Ausgestaltung der Forderungen und Vorschläge an die jeweiligen regionalen Gegebenheiten angepasst werden sollen und können. Seit der Deklaration von Via Campesina aus dem Jahr 1996 wurden das Konzept und die daran anknüpfenden politischen Forderungen stetig weiterentwickelt. In Staaten wie Mali, Nepal, Senegal, Venezuela und Bolivien ist Ernährungssouveränität inzwischen bereits in der Verfassung verankert oder dafür vorgesehen (AbL/Germanwatch 2008).

Bei der Ernährungssouveränität geht es im Gegensatz zur Ernährungssicherheit[19] um mehr als den Zugang zur Nahrung, auch wenn das Recht auf Nahrung eine der Forderungen darstellt. Es wird hier vielmehr danach gefragt, wo die Nahrungsmittel herkommen, wer sie produziert und unter welchen Bedingungen sie hergestellt werden. Leitmodell von Via Campesina ist dabei eine kleinbäuerliche Landwirtschaft, die auf nachhaltige Weise vor allem Nahrung für die lokale Bevölkerung produziert. Selbstversorgung, lokaler und regionaler Handel sollen Vorrang vor Exporten und Welthandel haben, Kleinbauern sollen vor billigen subventionierten Exporten geschützt werden, eine Re-Lokalisierung von Produktion und Konsum an Stelle einer Freihandelspolitik zugunsten exportorientierter Unternehmen umgesetzt werden. Dafür müssen Produktionsmöglichkeiten für kleine und mittlere ProduzentInnen geschaffen bzw. aufrecht erhalten werden und die Kontrolle über die Produktionsmittel, wie etwa Wasser, Land und Saatgut müssen in ihren Händen liegen. Das Konzept beinhaltet auch Landreformen, die Achtung der Rechte der Bauern/ Bäuerinnen und LandarbeiterInnen und die Ablehnung des Einsatzes von Gentechnik in der Landwirtschaft. Dazu gehört außerdem auch das Recht der VerbraucherInnen zu entscheiden, was sie konsumieren und wie und von wem es produziert wird. Zudem beinhaltet das Konzept, dass jeder Staat das Recht haben muss, die eigenen Kapazitäten zur Produktion von Nahrungsmitteln aufrecht zu erhalten und über den Grad an

---

[19] Der Begriff der Ernährungssicherheit stammt von der UN-Organisation für Landwirtschaft und Ernährung, FAO, und wird von vielen Regierungen als offizielles Politikziel anerkannt. Die FAO definiert den Begriff als „physischen und wirtschaftlichen Zugang zu Nahrungsmitteln in angemessener Menge für alle Mitglieder eines Haushalts, ohne dass das Risiko besteht, dass dieser Zugang verloren geht" (AbL/Germanwatch 2008).

Eigenversorgung mit Nahrungsmitteln selbst zu bestimmen. Jedes Land muss die
Möglichkeit haben, eine entsprechende, eigenständige Agrar- und Ernährungspo-
litik zu entwickeln und dabei neben den natürlichen Bedingungen auch kulturelle
und produktionstechnische Besonderheiten zu berücksichtigen. Dabei darf jedoch die Agrarproduktion in anderen Ländern nicht beeinträchtigt werden. Das
Konzept der Ernährungssouveränität bezieht sich aber nicht nur auf eine nationalstaatliche Ebene, sondern verweist auf den Zusammenhang von lokalen, nationalen und internationalen Ursachen für Ernährungsunsicherheiten. Es wendet
sich so auch gegen die Liberalisierungspolitiken von IWF und Weltbank und
gegen die WTO, u.a. in Zusammenhang mit deren Vereinbarungen über Rechte
geistigen Eigentums, vor allem im Hinblick auf Biopatente bzw. Biodiversität.
Um Ernährungssouveränität zu realisieren, davon wird ausgegangen, ist eine
grundlegende Umorientierung der nationalen und internationalen Agrar- und
Handelspolitiken erforderlich (AbL/Germanwatch 2008, Via Campesina 2008,
Via Campesina 2010).

Fazit

Rund um die Fragen der Ernährungssouveränität, der Kritik am Agrobusiness
und eng verbunden mit dem Widerstand gegen die momentane Förderung von
Agrokraftstoffen hat sich eine Widerstandsbewegung entwickelt, die soziale
Bewegungen aus dem globalen Süden wie auch dem Norden umfasst und in der
ökologische und soziale Fragen im kapitalistischen Gesamtzusammenhang verortet werden. Denn neben die vielfältigen ökologisch-sozialen Problematiken des
fossilistischen Kapitalismus treten zunehmend Probleme und Konfliktlinien, die
der selektiven und unter dem Primat von Wettbewerbsfähigkeit und Wirtschafts-
wachstum stehenden Integration dieser Problematiken in die postfordistische
Regulation entspringen. Diese Konfliktlinien setzen an den neuen Technologien
– Agrokraftstoffe sind dafür nur ein Beispiel – und den damit verbundenen Widersprüchen an, welche die „reflexive Naturbeherrschung" (Görg 2003) auszeichnen. Der Protest gegen Agrokraftstoffe verweist also auch auf die Schwierigkeiten des Versuchs einer ökologischen Modernisierung der Akkumulations-
bedingungen, einer Umweltpolitik unter Wettbewerbsaspekten und einer Präferenz für wachstumskonforme, technologische Problemlösungsansätze sowie
gleichzeitig eine weitere Kommodifizierung der Natur. Wie Pye schreibt: „Die
Politisierung und breite Delegitimierung von Agrarsprit verdeutlicht die Unfä-
higkeit der ‚ökonomisch-technisch geprägten Instrumentendebatte' (Brunnengräber 2002: 211) des Post-Kyoto-Klimaregimes, auf die sozialökologische Krise
des Klimawandels adäquat zu reagieren."

Eine besondere Rolle spielen NGOs im umkämpften Problemfeld der Regulierung der Biokraftstoffförderung auf europäischer Ebene dadurch, dass sie diese Widersprüche soweit problematisieren und skandalisieren konnten, dass sie von den beteiligten Unternehmen wie auch von staatlicher Seite, beziehungsweise den internationalen Institutionen nicht mehr ignoriert werden können. Die divergierenden Interessen verschiedener Industrien und Staaten bieten zusätzlich Chancen und Spielräume Protest und Widerstand zu artikulieren und auch in die nationalen und internationalen Regulierungsformen einzuschreiben.

Es zeigt sich allerdings in diesem Regulierungsprozess deutlich, dass die Forderungen und Vorschläge zivilgesellschaftlicher Akteure nur sehr selektiv Eingang in den Regulierungsprozess finden. Dabei lassen sich in der Protestkampagne gegen Agrokraftstoffe unterschiedliche Positionen und Konfliktlinien zwischen NGOs ausmachen. Auf der einen Seite diejenigen, denen dieses selektive Aufgreifen von Kritikpunkten nicht ausreicht und die sich deshalb der Nachhaltigkeitsdebatte und der Zertifikatsvergabe komplett entziehen und die Förderung von Biokraftstoffen unter den herrschenden Bedingungen konsequent ablehnen. Und auf der anderen Seite diejenigen, die nach dem Motto „dabei sein ist alles" konstruktiv mitarbeiten (dürfen) und versuchen, dabei wenigstens die Nachhaltigkeitskriterien in ihrem Sinne zu beeinflussen und „das Allerschlimmste" zu verhindern – auch wenn sie eigentlich Agrokraftstoffe in dieser Form ebenfalls generell ablehnen. Dabei bringen sie ihre Ressourcen, ihre Kompetenzen in den jeweiligen Themenbereichen und auch ihr positives Image in den Prozess ein und legitimieren ihn damit. Durch ihre Beteiligung an den politischen Reartikulierungs- und Regulierungsversuchen der Problematiken um Agrokraftstoffe tragen sie so auch zum Kleinarbeiten und Auseinanderdefinieren von Widerstand und Protest bei. Hier spiegelt sich die von Demirovic schon vor knapp zehn Jahren konstatierte „zivilgesellschaftliche Konfliktlinie um Hegemonie" zwischen unterschiedlichen Typen von NGOs wider: „Während die einen zu privilegierten Akteuren werden, die das ‚Ohr' der Unternehmen, internationaler Institutionen und Regierungen haben, können andere versuchen, Öffentlichkeiten zu bilden und zur Formierung sozialer Bewegungen beizutragen" (Demirovic 2001). Allerdings, so kann hinzugefügt werden, ist das eher eine funktionale als eine institutionelle Unterscheidung, vor allem die Mehrzahl der großen NGOs laviert zwischen den beiden Extremen hindurch und versucht beides. Die Delegitimierung von Agrokraftstoffen geht inzwischen so weit, dass viele der finanzstarken internationalen NGOs, so zum Beispiel Greenpeace, sich nicht an den verschiedenen runden Tischen beteiligen und die Biokraftstoffquote weiterhin generell kritisch sehen, auch wenn sie daneben fordern, bei den Nachhaltigkeitskriterien nachzubessern (klimAktiv.de 2007, Greenpeace 2010).

Problematisch wird die Beteiligung an der Legitimierung durch Nachhaltigkeit spätestens dann, wenn dadurch die Probleme und Forderungen von unmittelbar Betroffenen aus den Anbauländern nicht mehr gehört werden. So weist das
lateinamerikanische „Forum Widerstand gegen das Agrobusiness" auf einen
Ansatz hin, der bei der Fokussierung auf Zertifizierungsfragen gänzlich aus dem
Blickpunkt gerät: „Die Zentralität der Energiekrise für die Kapitalakkumulation
eröffnet die Möglichkeit einer globalen Debatte über andere Formen der Produktion und des Lebens, über ein radikal anderes Projekt" (zit. nach Fritz 2007a).
Ohne eine solche Debatte jedoch werde das destruktive Gesellschaftsmodell,
allerdings dann auf Basis der Bioenergien, lediglich fortgeschrieben. Im Hinblick
auf Agrokraftstoffe steht zu befürchten, dass diese Debatte, kaum hatte sie begonnen, schon wieder im Keim erstickt wurde. Die grundsätzlichen Bedenken
und übergreifenden Problemzusammenhänge werden durch die Reartikulation
der Kritik an den Agrotreibstoffen in der Regulierung durch die politischen und
gesellschaftlichen Institutionen marginalisiert und mit dem Verweis darauf beantwortet, Agrokraftstoffe seien alternativlos und in die neuen Regelungen würden die Bedenken schließlich einfließen. Der Widerstand gegen die Agrokraftstoffe ist dadurch zwar nicht völlig zum Verstummen gebracht worden, ob er
allerdings nochmals eine ähnliche Öffentlichkeitswirkung wie in den letzten
Jahren erreichen wird, kann bezweifelt werden.

Literatur

AbL/Germanwatch (2008): Ernährungssouveränität. Ansätze im Umgang mit dem Kon-
    zept in Deutschland. Dokumentation eines Workshops. Online verfügbar unter
    http://germanwatch.org/handel/ernsouv07.pdf, zuletzt geprüft am 11.09.2010.
Altieri, Miguel A. (2000): Ecological Impacts of Industrial Agriculture and the Possibili-
    ties for truly sustainable Farming. In: Magdoff et al.: Hungry for Profit. The Agri-
    business Threat to Farmers, Food and the Environment. New York: Monthly Review
    Press, S. 77-92.
Araghi, Farshad (2000): The great Global Enclosure of our Times: Peasants and the agra-
    rian Question at the End of the Twentieth Century. In: Magdoff et al.: Hungry for
    Profit. The Agribusiness Threat to Farmers, Food and the Environment. New York:
    Monthly Review Press, S. 145-160.
Ausschuss für Umwelt, Naturschutz und Reaktorsicherheit (2010): Öffentliche Anhörung
    zum Gesetzentwurf der Fraktionen der CDU/CSU und FDP. Entwurf eines Gesetzes
    zur Vermeidung kurzfristiger Marktengpässe bei flüssiger Biomasse. BT-Druck-
    sache 17/1750. Online verfügbar unter https://bundestag.de/bundestag/ausschuesse
    17/a16/.../prot_17-15.pdf, zuletzt geprüft am 13.09.2010.
Backes, Martina (2008): Der nächste Irrweg. Pflanzentreibstoffe schaffen mehr Probleme
    als sie lösen. In: iz3w Nr. 305, März/ April 2008, S. 28-31.

Becker, Markus (2008): Greenpeace greift Öko-Siegel an. Spiegel Online vom 11.11.2008. Verfügbar unter http://spiegel.de/wissenschaft/mensch/0,1518,589829, 00.html, zuletzt geprüft am 12.09.2010.

Benning, Reinhild (2008): Zertifizierung oder Moratorium? Zur Diskussion über die Standardsetzung für „nachhaltige Biomasseproduktion". In: AgrarBündnis e.V. (Hg.): Landwirtschaft 2008. Der kritische Agrarbericht. AbL Bauernblatt: Hamm 2008, S. 178-182.

BioenergyWiki (2010): Bioenergy timeline. Online unter http://www.bioenergywiki.net/ Bioenergy_timeline, zuletzt aktualisiert am 16.09.2010, zuletzt geprüft am 16.09. 2010.

Brand, Ulrich; Köhler, Bettina; Wissen, Markus (2008): Sozial-ökologische Konflikte. Emanzipatorische Umweltpolitik ist radikal-demokratische Gesellschaftspolitik. In: ak – analyse & kritik – zeitung für linke Debatte und Praxis, Nr. 529 vom 20.6.2008. Online verfügbar unter http://akweb.de/ak_s/ak529/38k.htm, zuletzt geprüft am 10.09.2010.

Brand, Ulricht; Demirovic, Alex; Görg, Christoph; Hirsch, Joachim (2001): Nichtregie-rungsorganisationen in der Transformation des Staates. Münster: Westfälisches Dampfboot.

Brunnengräber, Achim (2002): „Umwelt- oder Gesellschaftskrise? Zur politischen Öko-nomie des Klimas". In: Görg, Christoph; Brand, Ulrich (Hg): Mythen globalen Um-weltmanagements. Rio+10 und die Sackgassen „nachhaltiger Entwicklung". Müns-ter: Westfälisches Dampfboot, S. 192-215.

Brunnengräber, Achim; Dietz, Kristina; Hirschl, Bernd; Walk, Heide; Weber, Melanie (2008): Das Klima neu denken. Eine sozial-ökologische Perspektive auf die lokale, nationale und internationale Klimapolitik. Münster: Westfälisches Dampfboot.

Brunnengräber, Achim; Burchardt, Hans-Jürgen; Görg, Christoph (Hg.) (2008): Mit mehr Ebenen zu mehr Gestaltung? Multi-Level-Governance in der transnationalen Sozial-und Umweltpolitik, Schriften zur Governance-Forschung, Band 14. Baden-Baden: Nomos.

Centre for Orangutan Protection (2008): „RSPO Main Threat to Orangutans". Press Re-lease. In: Biofuelwatch Digest 774.

Connemann, Joosten (2008): Mit Biodiesel in die Zukunft. In: Gleich, Arnim von; Göß-ling-Reisemann, Stefan: Industrial Ecology. Erfolgreiche Wege zu nachhaltigen in-dustriellen Systemen. Wiesbaden: Vieweg + Teubner, S. 68-77.

Crutzen, Paul J. et al (2008): N_2O release from agro-biofuel production negates global warming reduction by replacing fossil fuels. In: Atmospheric Chemistry and Physics Discussion: 8/2008, S.389–395, Online verfügbar unter http://atmos-chem-phys. net/8/389/2008/, zuletzt geprüft am 12.09.2010.

Demirovic, Alex (2001): NGO, Staat und Zivilgesellschaft. Zur Transformation von Hegemonie. In: Brand, Ulrich et al. (Hg.): Nichtregierungsorganisationen in der Transformation des Staates. Westfälisches Dampfboot: Münster, S. 141–168.

Der Spiegel (2008): Südkoreas Plantage in Afrika, H.48, S. 142.

Europäische Gemeinschaften (2001): Grünbuch. Hin zu einer europäischen Strategie für Energieversorgungssicherheit. Luxemburg: Amt für amtliche Veröffentlichungen der Europäischen Gemeinschaften.

EU-Kommission (2001a): Mitteilung der Kommission an den Rat, das Europäische Parlament, den Wirtschafts- und Sozialausschuss und den Ausschuss der Regionen über alternative Kraftstoffe für den Straßenverkehr und ein Bündel von Maßnahmen zur Förderung der Verwendung von Biokraftstoffen, KOM(2001) 547 endgültig, Brüssel.

EU-Kommission (2001b): Mitteilung der Kommission an den Rat, das Europäische Parlament, den Wirtschafts- und Sozialausschuss und den Ausschuss der Regionen über die Umsetzung der Gemeinschaftsstrategie und des Aktionsplans zu erneuerbaren Energiequellen (1998-2000), KOM(2001) 69 endg., Brüssel.

EU-Kommission (2003): Richtlinie 2003/30/EG des Europäischen Parlaments und des Rates vom 8. Mai 2003 zur Förderung der Verwendung von Biokraftstoffen oder anderen erneuerbaren Kraftstoffen im Verkehrssektor, Amtsblatt der Europäischen Union vom 17.5.2003.

EU-Kommission (2005): Mitteilung der Kommission: Aktionsplan für Biomasse. KOM (2005) 628 endg., Brüssel, 7.12.2005.

EU-Kommission (2006): Mitteilung der Kommission an den Rat und das Europäische Parlament: Fortschrittsbericht Biokraftstoffe. Bericht über die Fortschritte bei der Verwendung von Biokraftstoffen und anderen erneuerbaren Kraftstoffen in den Mitgliedstaaten der Europäischen Union. KOM(2006) 845 endg., Brüssel, 10.1.2007.

EU-Kommission (2007): Mitteilung der Kommission an den Rat und das Europäische Parlament: Fahrplan für erneuerbare Energien. Erneuerbare Energien im 21. Jahrhundert: Größere Nachhaltigkeit in der Zukunft. KOM(2006) 848 endg., Brüssel, 10.01.2007.

EU Parlament (2009): Richtlinie 2009/28/EG des Europäischen Parlaments und des Rates vom 23. April 2009 zur Förderung der Nutzung von Energie aus erneuerbaren Quellen und zur Änderung und anschließenden Aufhebung der Richtlinien 2001/77/EG und 2003/30/EG, Amtsblatt der Europäischen Union vom 5.6.2009.

eurActiv (2008): Biokraftstoffe für den Verkehr. Online verfügbar unter http://euractiv. com/de/verkehr/biokraftstoffe-fuer-den-verkehr-de, zuletzt aktualisiert 03.02.2010, zuletzt geprüft 12.09.2010.

EU-Kommission, (o.J.): Landwirtschaft und ländliche Entwicklung. Online unter http:// ec.europa.eu/agriculture/envir/index_de.htm#crosscom, zuletzt geprüft am 20.08.2010.

Flitner, Michael; Görg, Christoph (2008): Politik im Globalen Wandel – räumliche Maßstäbe und Knoten der Macht. In: Brunnengräber, Achim; Burchardt, Hans-Jürgen; Görg, Christoph (Hg.) (2008): Mit mehr Ebenen zu mehr Gestaltung? Multi-Level-Governance in der transnationalen Sozial- und Umweltpolitik, Schriften zur Governance-Forschung, Band 14. Baden-Baden: Nomos.

Fritz, Thomas (2007a): Zertifiziertes Raubrittertum. Wie Nichtregierungsorganisationen dem Welthandel mit Biomasse auf die Sprünge helfen. In: Lateinamerika Nachrichten, H. 396.

Fritz, Thomas (2007b): Heizen mit Weizen. Kollateralschäden des Welthandels mit Bioenergie. ak – analyse & kritik – Zeitung für linke Debatte und Praxis, Nr. 520 vom 21.9.2007. Online verfügbar unter http://akweb.de/ak_s/ak520/31.htm, zuletzt geprüft am 11.09.2010.

Fritz, Thomas (2008a): Dem Weltmarkt misstrauen. Die Nahrungskrise nach dem Crash. FDCL, Berlin. Online verfügbar unter http://fdcl-berlin.de, zuletzt geprüft am 12.09.2010.

Fritz, Thomas (2008b): Zertifizierung von Agrotreibstoffen. Die Verlängerung des Erdöl-zeitalters und die Privatisierung des Rechts. FDCL, Berlin. Online verfügbar unter http://fdcl-berlin.de, zuletzt geprüft am 12.09.2010.

FUE (Forum Umwelt und Entwicklung) (2005): Weltmarkt für Bioenergie zwischen Klimaschutz und Entwicklungspolitik. Eine NRO-Standpunktbestimmung. Bonn.

Gammelin, Cerstin; Jungclaussen, John F. (2007): Grünes Getöse. In: Die Zeit vom 22. November 2007, S. 35.

Goethe, Tina (2008): Agrotreibstoffe auf Kosten der Ernährungssouveränität. In: Wider-spruch. Beiträge zur sozialistischen Politik, Jg. 28, H. 54, 1.Halbjahr 2008, S. 27-40.

Görg, Christoph; Brand, Ulrich (2002): „Nachhaltige Globalisierung"? Sustainable Deve-lopment als Kitt des neoliberalen Scherbenhaufens. In: dies. (Hg): Mythen globalen Umweltmanagements. Rio + 10 und die Sackgassen „nachhaltiger Entwicklung". Münster: Westfälisches Dampfboot.

Görg, Christoph (2003): Regulation der Naturverhältnisse. Zu einer kritischen Theorie der ökologischen Krise. Münster: Westfälisches Dampfboot.

Görg, Christoph; Brand, Ulrich (2001): Postfordistische Naturverhältnisse. NGO und Staat in der Biodiversitätspolitik. In: Brand et al.: Nichtregierungsorganisationen in der Transformation des Staates. Münster: Westfälisches Dampfboot.

GRAIN (2008): Seized! The 2008 landgrab for food and financial security. GRAIN Brie-fing, October 2008, Online verfügbar unter http://grain.org/briefings/?id=212, zu-letzt geprüft am 11.09.2010.

Greenpeace (2010): Nachhaltigkeitsverordnung der EU hinkt. Online verfügbar unter http://greenpeace.de/themen/klima/nachrichten/artikel/nachhaltigkeitsverordnung_de r_eu_hinkt/, zuletzt aktualisiert am 10.06.2010, zuletzt geprüft am 12.09.2010.

Harrabin, Roger (2008): EU rethinks biofuels guidelines. BBC News vom 14.01.2008, Online verfügbar unter http://news.bbc.co.uk/go/pr/fr/-/1/hi/world/europe/7186380. stm, zuletzt geprüft am 12.09.2010.

Hees, Wolfgang/Müller, Oliver/Schüth, Matthias. (Hg.) (2007): Volle Tanks – leere Tel-ler. Der Preis für Agrokraftstoffe: Hunger, Vertreibung, Umweltzerstörung. Frei-burg: Lambertus.

Hooijer, Aljosja; Silvius, Marcel; Wösten, Henk; Page, Susan (2006): PEAT-CO2: Assessment of CO_2 emissions from drained peatlands in SE Asia. Delft Hydraulics report Q3943 (2006). Online verfügbar unter http://wldelft.nl/cons/area/rbm/PEAT-CO2.pdf, zuletzt geprüft am 14.09.2010.

Hirsch, Joachim (2001): Des Staates neue Kleider. NGO im Prozess der Internationalisie-rung des Staates. In: Brand et al. (Hg.): Nichtregierungsorganisationen in der Trans-formation des Staates. Münster: Westfälisches Dampfboot , S. 13-42.

IMF (2008a): World Economic Outlook 2008. Washington, DC. Online verfügbar unter http://imf.org/external/pubs/ft/weo/2008/01/index.htm, zuletzt geprüft 10.09.2010.

IMF (2008b): Food and Fuel Prices – Recent Developments, Macroeconomic Impact, and Policy Responses. An Update. International Monetary Fund, 19. September 2008. Online verfügbar unter http://imf.org/external/np/pp/eng/2008/063008.pdf

IUF (2006): Marketing Sustainability: RSPO ignores serious rights violations. Online verfügbar unter http://iufdocuments.org/www/documents/MusimMasPowerPoint. pdf, zuletzt geprüft am 12.09.2010.

Klute, Marianne (2007): Fremdwort Nachhaltigkeit. Biodiesel aus indonesischen Palmöl-plantagen. In: iz3w Nr. 298, Januar/ Februar 2007, S.34-35.

klimAktiv.de (2007): Greenpeace sieht Ausbau von Biokraftstoffen kritisch. Online ver-fügbar unter http://klimaktiv.de/article160_4473.html, zuletzt aktualisiert am 05.07. 2010, zuletzt geprüft am 10.09.2010.

Kovarik, Bill (1998): Henry Ford, Charles F. Kettering and the „Fuel of the Future". Online verfügbar unter http://radford.edu/wkovarik/papers/fuel.html, zuletzt geprüft am 11.09.2010.

Maráz, László (2010): Der leichteste Weg führt immer bergab. Zertifizierung von Bio-kraftstoffen in kritischer Phase. Forum Umwelt & Entwicklung, Rundbrief 1/2010. Online verfügbar unter http://schattenblick.org/infopool/umwelt/landwirt/ulauw035 .html, zuletzt geprüft am 11.09.2010.

Mertens, Martha (2008): Etikettenschwindel. Warum gentechnisch veränderte Energiepflan-zen nicht „bio" sind – ein Realitätscheck. In: AgrarBündnis e.V. (Hg.): Landwirtschaft 2008. Der kritische Agrarbericht. AbL Bauernblatt: Hamm 2008, S. 250-254.

Mitchell, Donald (2008): A Note on Rising Food Prices. The World Bank Development ProspectsGroup. Online verfügbar unter http://wds.worldbank.org/external/default/ WDSContentServer/IW3P/IB/2008/07/28/000020439_20080728103002/Rendered/ PDF/WP4682.pdf, zuletzt geprüft am 11.09.2010.

Müller, Ulrich (2007): Greenwash in Zeiten des Klimawandels. Wie Unternehmen ihr Image grün färben. Initiative für Transparenz und Demokratie, Online verfügbar unter http://lobbycontrol.de/download/greenwash-studie.pdf, zuletzt geprüft am 11.09. 2010.

ngo-online (2006): Naturschützer warnen vor Biotreibstoffen aus dem Regenwald. Online verfügbar unter http://ngo-online.de/2006/05/9/kahlschlag-diesel/, zuletzt aktuali-siert am 09. Mai. 2006, zuletzt geprüft am 11.09.2010.

OECD; FAO (2007): Agricultural Outlook 2007-2016. Paris und Rom 2007.

OECD (2008): Rising Food Prices. Causes and Consequences. Online verfügbar unter www.oecd.org/dataoecd/54/42/40847088.pdf, zuletzt geprüft am 10.09.2010.

Pedersen, Klaus (2008): Volle Tanks – leere Teller. In: Junge Welt vom 28.04.2008, On-line verfügbar unter http://welt-ernaehrung.de/2008/04/28/volle-tanks-%E2%80% 93-leere-teller/, zuletzt geprüft am 12.09.10.

Pye, Oliver (2009): Nachhaltige Profitmaximierung. Der Palmöl-Industrielle Komplex und die Debatte um „nachhaltige Biotreibstoffe". In: *PERIPHERIE 112*, S. 429-455. Online verfügbar unter http://.linksnet.de/de/artikel/23963, zuletzt geprüft am 12.09.2010.

Reyes, Oscar (Hg.) (2008): Paving the way for Agrofuels. EU policy, sustainability crite-ria and climate calculations. Discussion paper, Transnational Institute/Corporate Eu-rope Observatory/Grupo de Reflexion Rural, 2. überarbeitete Auflage, Amsterdam. Online verfügbar unter http://archive.corporateeurope.org/docs/agrofuelpush.pdf, zuletzt geprüft am 13.09.2010.

Robin Wood (2008): Agrar-Konzern ADM zerstört Tropenwälder für Palmöl. Pressemit-teilung vom 29.04.2008. Online verfügbar unter http://robinwood.de/german/presse/ index-080429.htm, zuletzt geprüft am 11.09.2010.

Roth, Roland (2001): NGO und transnationale soziale Bewegungen. Akteure einer Welt-
zivilgesellschaft? In: Brand et al. (Hg.): Nichtregierungsorganisationen in der Transformation des Staates. Münster: Westfälisches Dampfboot, S. 43-64.

RSB 2010: RSB Homepage – Introduction. http://energycenter.epfl.ch/page85866.html,
zuletzt geprüft am 12.09.2010.

Russau, Christian (2008): Agro und Atom. Brasilien und Deutschland unterzeichnen
Energieabkommen und verlängern den Atomvertrag. Lateinamerika Nachrichten,
Nummer 408.

saveourseeds (2009): Tanzt der Panda für Monsanto? taz-Blog vom 28.05.2009. Online
verfügbar unter http://blogs.taz.de/saveourseeds/2009/05/28/tanzt_der_panda_fuer_
monsanto/, zuletzt geprüft am 10.09.2010.

Sonderegger, Reto (2007): Vorsicht Greenwash! Schweizer Bauernaktivist greift WWF
und FSC wegen Palmoel- und Soja-Zertifikaten an. Online verfügbar unter http://
regenwald.org/news.php?id=791, zuletzt geprüft am 13.09.2010.

taz (2009): Der Daewoo-Deal. Blutige Unruhen in Madagaskar. Online verfügbar unter
http://taz.de/1/politik/afrika/artikel/1/der-daewoo-deal/, zuletzt aktualisiert am 11.02.
2009, zuletzt geprüft am 12.09.2010.

taz (2010): Biosprit bekommt Ökozertifikat. taz vom 01.03.2010. Online verfügbar unter
http://taz.de/1/zukunft/umwelt/artikel/1/biosprit-bekommt-oekozertifikat/, zuletzt geprüft am 12.09.2010.

Via Campesina (2008): Small farmers feed the world. Industrial agrofuels fuel hunger and
poverty. Position Paper. Online verfügbar unter http://.viacampesina.org/main_en/
index2.php?option=com_ content&do_pdf=1&id=568, zuletzt geprüft am 09. 09.
2010.

Via Campesina (2010): Statement from the People's Movement Assembly on Food Sovereignty. Online verfügbar unter http://viacampesina.org/en/index.php?option=com_
content&view=article&id=934:statement-from-the-peoples-movement-assembly-on-
food-sovereignty&catid=21:food-sovereignty-and-trade&Itemid=38, zuletzt geprüft
am 11.09.2010.

WBGU (2008): Welt im Wandel – Zukunftsfähige Bioenergie und nachhaltige Landnutzung. Online verfügbar unter http://wbgu.de/wbgu_jg2008.html, zuletzt geprüft am
11.09.2010.

WWF (o. J.): Klimaschutz im Verkehr. Die große Transformation steht noch aus. Online
verfügbar unter http://wwf.de/themen/klima-energie/verkehr/, zuletzt geprüft am
11.09.2010.

WWF (2007): Forum Umwelt und Entwicklung und WWF initiieren Diskussionsplatt-
form zu nachhaltiger Biomasse. Online unter http://.wwf.de/presse/details/news/
forum_umwelt_und_entwicklung_und_wwf_initiieren_diskussionsplattform_zu_
nachhaltiger_biomasse/, zuletzt geprüft am 16.09.2010.

WWF (2010): Hintergrundinformation. Zertifizierung von Biomasse. Online verfügbar
unter http://wwf.de, zuletzt geprüft am 10.09.2010.

Zeit (2010): 780 Millionen Liter – die bisher größte Ölpest aller Zeiten. Online verfügbar
unter http://zeit.de/wissen/umwelt/2010-08/bp-oelloch-leck-verzoegerung, zuletzt
aktualisiert am 3.8.2010, zuletzt geprüft am 11.9.2010.

AutorInnen

Philip Bedall, Umweltwissenschaftler (Dipl.), promoviert im Fachbereich Politik- und Sozialwissenschaften der FU Berlin zum Thema „Der klimapolitische Diskurs im Feld transnationaler Netzwerke sozialer Bewegungen und Nicht-Regierungsorganisationen". Arbeits- und Forschungsschwerpunkte: Diskursanalytische Hegemonietheorie, internationale Klimapolitik, NGOs und soziale Bewegungen. eMail: phbedall@zedat.fu-berlin.de

Achim Brunnengräber, Dr. phil, Politikwissenschaftler, seit 2009 Vertretungsprofessor am Lehrstuhl Internationale Politik der TU Dresden und seit 2007 Privatdozent am Fachbereich Politik- und Sozialwissenschaften der FU Berlin. Arbeits- und Forschungsschwerpunkte: Internationale Politische Ökonomie (IPÖ), Global Governance, Multi Level Governance (MLG), Theorien Internationaler Beziehungen (IB), Entwicklungs-, Klima- und Energiepolitik, NGOs und Neue Soziale Bewegungen. Veröffentlichungen u.a.: (2009): Die politische Ökonomie des Klimawandels, Ergebnisse Sozial-ökologischer Forschung, Band 11, München: oekom-Verlag; (Hrsg.) (2005) (zus. mit Ansgar Klein und Heike Walk): NGOs im Prozess der Globalisierung. Mächtige Zwerge – umstrittene Riesen, VS Verlag für Sozialwissenschaften. eMail: priklima@zedat.fu-berlin.de

Fabian Frenzel, PhD, Politikwissenschaftler, ist Senior Lecturer an der Bristol Business School, University of the West of England, UK. Arbeits- und Forschungsschwerpunkte liegen im Bereich Neue Soziale Bewegungen, Mobilitäts- und Tourismusforschung sowie in der Politischen Theorie. Veröffentlichungen u.a.: Globalization from below? The project Indymedia in Africa. In: Mudhai, F. et al. African Media and the Digital Public Sphere, Palgrave Macmillian 2009. eMail: fabian.frenzel@uwe.ac.uk

Eva Friesinger, Diplom-Politikwissenschaftlerin, führt Seminare und Veranstaltungen, u.a. an der FU Berlin, durch. Sie verfasste ihre Diplomarbeit zum Thema „Handel mit Biokraftstoffen im Spannungsfeld divergierender Interessen". Arbeitsschwerpunkte: Feministische Theorien, Antirassismus, Intersektionalität, Ökonomie- und Staatskritik. eMail: eva@sul-serio.net

Mareike Korte hat an der FU Berlin Politikwissenschaft studiert. Ihre Forschungsschwerpunkte sind umweltpolitische Fragestellungen, soziale Bewegungen, Diskursanalyse und Gouvernementalitätstheorien. Ihre Diplomarbeit hat sie zum Thema „Medienstrategien von Protestbewegungen" verfasst. Sie arbeitet bei der Leitstelle Gender Umwelt Nachhaltigkeit (genanet) im Projekt Frauen aktiv gegen Atomenergie. eMail: mareike.korte@web.de

Chris Methmann, Politikwissenschaftler (Dipl.), ist wissenschaftlicher Mitarbeiter am Lehrstuhl Internationale Politik der Universität Hamburg. Seine Arbeits- und Forschungsschwerpunkte umfassen internationale Umwelt- und Klimapolitik, Klimaflüchtlinge und Migration, Internationale Politische Ökonomie sowie poststrukturalistische Gesellschaftstheorien. Jüngste Veröffentlichung: Methmann, C. 2010: ‚Climate Protection' as Empty Signifier: A Discourse Theoretical Perspective on Climate Mainstreaming in World Politics. Millennium 39(2) (Im Erscheinen). eMail: chris.methmann@uni-hamburg.de

Monika E. Neuner hat am Institut d'Etudes Politiques (IEP) Lyon, an der Staatlichen Universität Perm/Russland und an der FU Berlin Politikwissenschaft studiert. Ihre Diplomarbeit schrieb sie zum Thema „Globalisierungskritische Bewegungen in Russland und ihre transnationale Vernetzung". Ihre Forschungsschwerpunkte sind: NGOs, Neue Soziale Bewegungen und Gewerkschaften, Klima- und Energiepolitik, Genderfragen und Internationale Politische Ökonomie (IPÖ). Regionalkenntnisse: Region Osteuropa, insbesondere die ehemaligen GUS-Staaten. Sie führt politische Bildungsseminare durch und arbeitet bei Weltwirtschaft, Ökologie & Entwicklung e. V. (WEED) im Projekt PC Global des Arbeitsbereichs Unternehmensverantwortung und Wertschöpfungsketten zu fairen Arbeitsbedingungen in der Computerindustrie. eMail: monika-neuner@web.de

Jonas Rest hat an der London School of Economics, der Goethe Universität Frankfurt a. M. und dem Fachbereich Politik- und Sozialwissenschaften der FU Berlin studiert. Forschungsschwerpunkte: Internationale Politische Ökonomie, Klima- und Energiepolitik, NGOs und soziale Bewegungen. Er schrieb seine Diplomarbeit zur Frage der Transformation des fossilen Energieregimes und des Aufkommens eines „grünen Kapitalismus". eMail: jonas.rest@gmx.net

Liane Schalatek, Politikwissenschaftlerin, MA in International Affairs (George Washington University, Washington, DC), ist stellvertretende Leiterin des Washingtoner Büros der Heinrich-Böll-Stiftung mit Schwerpunkt Global Economic and Climate Governance. Ihr derzeitiger Arbeitsfokus liegt auf Klimafinanzierung, inklusive ihrer Genderimplikationen. Veröffentlichungen u.a.: Liane Schalatek (2009): Gender and Climate Finance: Double Mainstreaming for Sustainable Development, Washington, DC; Liane Schalatek (2010): Geschlechtergleichheit – (k)ein Mandat für Internationale Klimaverhandlungen? In: Feministische Perspektiven auf Nachhaltigkeitspolitik, Femina Politica, 19. Jg. 01/2010, S.56-67; Liane Schalatek (2010): Gender und Klimafinanzierung: Doppeltes Mainstreaming für Nachhaltige Entwicklung. In: Caglar, Gülay/ do Mar Castro Varela, Maria/ Schwenken, Helen (Hrsg.) Geschlecht – Macht – Klima. Feministische Perspektiven auf Klima, gesellschaftliche Naturverhältnisse und Gerechtigkeit, Budrich Verlag (im Erscheinen). eMail: liane@boell.org

Barbara Unmüßig, Politikwissenschaftlerin, ist seit 2002 Vorstandsmitglied der Heinrich-Böll-Stiftung. Sie ist verantwortlich für die Strategie und Programmentwicklung für Lateinamerika, Afrika, Asien, Nahost und das „Gunda-Werner-Institut für Feminismus und Geschlechterdemokratie". Die Schwerpunkte ihrer Tätigkeit liegen auf den Themen Globalisierung und internationale Klimapolitik, nationale und internationale Geschlechterpolitik sowie Demokratieförderung. Davor war sie u.a. Gründungsmitglied und Sprecherin des Forums Umwelt & Entwicklung sowie Gründerin und Geschäftsführende Vorstandsvorsitzende von Weltwirtschaft, Ökologie und Entwicklung e.V. (WEED). Sie hat zahlreiche Zeitschriften- und Buchbeiträge zu Fragen der internationalen Finanz- und Handelsbeziehungen, der internationalen Umweltpolitik und der Geschlechterpolitik veröffentlicht, dazu zählt auch: Unmüßig, Barbara (2009): Geld für den Klimaschutz – wie muss eine neue Klima Finanzarchitektur aussehen?, erschienen am 21.12.2009 auf www.boell.de. eMail: unmuessig@boell.de

Ernst Ulrich von Weizsäcker, Prof. Dr., Studium der Chemie, Physik und Biologie; 1972-1975 ord. Professor für Interdisziplinäre Biologie an der Universität Essen; 1975-1980 Präsident der Gesamthochschule Kassel; 1981-1984 Direktor am Zentrum für Wissenschaft und Technik im Dienste der Entwicklung bei den Vereinten Nationen; 1984-1991 Direktor des Instituts für Europäische Umweltpolitik in Bonn (IEUP); 1991-2000 Präsident des Wuppertal Instituts für Klima, Umwelt, Energie. Seit 1991 Mitglied des Club of Rome. Von Januar 2006 bis Dezember 2008 war er Dekan der Bren School of Environmental Science and Management, University of California, Santa Barbara. Seitdem: „freiberuflich in Emmendingen" tätig. – Veröffentlichungen u.a.: Faktor Fünf: die Formel für nachhaltiges Wachstum (zus. mit Karlson Hargroves, Michael Smith, unter Mitarbeit von Cheryl Desha und Peter Stasinopoulos), Droemer, München 2010; Erdpolitik: Ökologische Realpolitik an der Schwelle zum Jahrhundert der Umwelt. Darmstadt 1989; (zus. mit Amory B. und L. Hunter Lovins): Faktor Vier:

Doppelter Wohlstand – halbierter Naturverbrauch. Ein Bericht an den Club of Rome. München 1995; Das Jahrhundert der Umwelt – Vision: Öko-effizient leben und arbeiten. Frankfurt/M.-New York 1999 (Band 4 der Buchreihe der EXPO 2000). eMail: ernst@weizsaecker.de

Abstracts

Achim Brunnengräber
Das Klimaregime
Globales Dorf oder sozial umkämpftes, transnationales Terrain?

In diesem, den Band zur „Zivilisierung des Klimaregimes" einführenden Beitrag, wird argumentiert, dass mindestens drei Theorieschulen der Internationalen Beziehungen mit einigem Erklärungsgehalt auf die internationale Klimapolitik angewandt werden können: der Regimeansatz, der die Kooperation der Staaten untereinander und die Problemlösung in den Blick nimmt, konstruktivistische Ansätze, die Ideen und Prozesse diskursiver Bedeutungsprägung für die gewählte Problemdefinition und die Lösungsstrategien behandeln, und schließlich die realistische Schule, die die nationale Selbstbehauptung in einem von Anarchie geprägten internationalen Umfeld herausstellt. Der besondere Fokus liegt dabei auf Non-Governmental-Organizations (NGOs) und Neuen Sozialen Bewegungen (NSB), deren Rollen und Bedeutungen für das Klimaregime herausgearbeitet werden. Auf eine definitorische Verortung der zivilgesellschaftlichen Akteure folgen Erörterungen über deren demokratisierendes Potenzial. Klimapolitik lässt sich, so schließlich die Schlussfolgerung des Beitrags, als transnationales, umkämpftes Konfliktterrain begreifen, auf dem unter Beteiligung ganz unterschiedlicher Akteure um die Durchsetzung von durchaus auch gegenläufigen Deutungen und Interessen gerungen wird.

Barbara Unmüßig
NGOs in der Klimakrise
Fragmentierungsprozesse, Konfliktlinien und strategische Ansätze

Der Glaube an die *eine* globale Zivilgesellschaft, die – in historischer Mission – angesichts des *universellen* Politikversagens die Welt retten soll, hält sich hartnäckig. In Zeiten der Klimakrise, in der die Politik versagt, die notwendigen Maßnahmen zur Anpassung an und Vermeidung des Klimawandels zu beschließen und umzusetzen, können klimapolitisch aktive NGOs und Bewegungen wichtige (korrektive) Funktionen ausüben. Mit einer Stimme sprechen die NGOs jedoch nicht. Bei aller Gemeinsamkeit sind NGOs durch heterogene Interessen geprägt und fragmentiert. Konfliktlinien treten innerhalb der NGO-Community deutlich zu Tage. Die Frage nach einer gerechten Lastenteilung zwischen Nord und Süd, oder ob Marktmechanismen geeignete Instrumente darstellen, dem Klimawandel zu begegnen, wird von NGOs durchaus unterschiedlich beantwortet. Auch in der Wahl ihrer Strategie unterscheiden sich NGOs. Eine Diskussion über komplementäre Strategien und Arbeitsteilung – auch vor dem Hintergrund von Ressourceneinsatz und Wirkung – findet nicht statt. Diese wäre aber, um die Schlagkraft zu erhöhen und den unterschiedlichen Handlungsebenen gerecht zu werden, dringend notwendig. Kein Zweifel: Ideen zu entwickeln und Forderungen aufzustellen, wie die Welt verbessert werden kann, gehören zum Kerngeschäft von NGOs und Bewegungen. Sie können die Welt der politischen bürokratischen Sachzwänge und mühsamen Kompromisse mit Idealen und Utopien konfrontieren, die im politischen Alltagsgeschäft oft im Keim erstickt werden. Und sie genießen das Privileg, über den kurzen Zeithorizont von Wahlterminen hinausschauen und Vorschläge unterbreiten zu können, die in der Politik aus wahltaktischen Gründen allzu oft tabuisiert werden. Aber im Ergebnis können sich klimapolitische engagierte NGOs nur zäh und sporadisch auf gemeinsame Botschaften einigen. Die Fragmentierung und Differenzierung des zivilgesellschaftlichen Engagements im Klimakontext ist größer denn je. Vom harmonisierenden Bild der Zivilgesellschaft, der mehr Problemlösungskompetenz zugetraut wird als „der" Politik, muss daher Abschied genommen werden. Was bleibt, ist, dass NGOs die Debatte um Interessenkonflikte und positionelle Differenzen untereinander suchen müssen.

Philip Bedall
NGOs, soziale Bewegungen und Auseinandersetzungen um Hegemonie
Eine gesellschaftstheoretische Verortung in der Internationalen Politischen Ökonomie

Der umkämpfte Charakter internationaler Klimapolitik macht nicht an der Zivilgesellschaft halt. Für die Erklärung der komplexen Politikprozesse ist es unzureichend, Zivilgesellschaft als eine in sich homogene vermittelnde Einheit gegenüber dem Staat zu begreifen. Anhand von Ansätzen der neo-gramscianischen Internationalen Politischen Ökonomie wird im vorliegenden Beitrag ein alternatives Verständnis dargestellt, das soziale Kräfte hingegen im Kontext von Auseinandersetzungen um Hegemonie in den Blick nimmt. Die Begriffe des Staates bzw. der Zivilgesellschaft in internationalisierter Staatlichkeit – hier dem internationalen Klimaregime – können so konzeptionell bestimmt werden. Davon ausgehend wird die internationale Klimapolitik als hegemoniales Konfliktfeld beschrieben, in der der Klimawandel ‚strategisch selektiv' bearbeitet und so die neoliberale Hegemonie im Bereich des Ökologischen abgesichert wird. Während im Akteursfeld sozialer Bewegungen und NGOs die dort dominanten Akteure diesen hegemonialen Konsens durch ‚konfliktive Kooperation' stützen, zeigt sich hier ebenso die Formierung eines gegen-hegemonialen Projekts. Getragen wird dieses von Akteuren, die sich auf nationaler wie auch internationaler Ebene neu konstituieren und zugleich Ausdruck einer Zuwendung globaler Bewegung zur internationalen Klimapolitik sind.

Jonas Rest
Von der NGOisierung zur bewegten Mobilisierung
Die Krise der Klimapolitik und die neue Dynamik im Feld der NGOs und sozialen Bewegungen

Nachdem nahezu alle Staatchefs die „historische Chance" des UN-Klimagipfels in Kopenhagen betont hatten, konnte letztlich nicht einmal die übliche Gipfel-choreographie das Scheitern der internationalen Klimapolitik verbergen. Die unverbindlichen Emissionsreduktionsziele, welche Regierungen in Verbindung mit dem „Kopenhagen Akkord" formuliert haben, legen einen weiteren Anstieg der Klimaerwärmung weit über das 2-Grad-Ziel hinaus nahe. Die Krise der Klimapolitik hat auch zu einer Krise im Feld der NGOs geführt. Die etablierten internationalen NGOs wie WWF und Greenpeace sind der Finanzialisierung der internationalen Klimapolitik gefolgt und konzentrieren sich inzwischen auf die technische Optimierung marktbasierter Instrumente, deren Einführung sie zunächst bekämpft haben. Diese politisch-strategische Ausrichtung hat dazu geführt, dass sich insbesondere mit dem neuen NGO-Netzwerk „Climate Justice Now" und dem Bewegungsnetzwerk „Climate Justice Action" neue Akteurs-konstellationen entwickelt haben. Diese versuchen, durch die Entwicklung eines neuen *framings* der Klimafrage neue Bündnispotentiale zu erschließen und somit neue strategische Handlungskapazitäten zu entwickeln, die über die engen Handlungskorridore hinausweisen, die sich die internationalen NGOs gegeben haben.

Chris Methmann
NGOs in der staatlichen Klimapolitik
Zwischen diskursiver Intervention und hegemonialer Verstrickung

Die wachsende Bedeutung nichtstaatlicher Akteure in der globalen Klimapolitik hat sich auch in der Entstehung neuer theoretischer Betrachtungsweisen niedergeschlagen. Gemeinsam ist diesen Ansätzen wie dem liberalen Institutionalismus und der Global-Governance-Schule jedoch zumeist, dass sie Staat und Gesellschaft als strikt getrennte Sphären verstehen. Diese Trennung will der vorliegende Beitrag problematisieren, indem er die Verwobenheit staatlicher und gesellschaftlicher Akteure in den Mittelpunkt stellt. Auf Basis poststrukturalistischer Theorieansätze wird argumentiert, dass NGOs in vielen Fällen sowohl Produzenten wie auch Produkte hegemonialer Diskurse sind und daher eng mit Herrschaftsverhältnissen auf der internationalen Bühne verwoben sind. Auf Basis von Sekundärliteratur wird dabei anhand von Beispielen aus der internationalen Klima- und Waldschutzpolitik nachgezeichnet, welchen Mehrwert sowohl die poststrukturalistische Hegemonietheorie und das Konzept der Gouvernementalität für die Analyse nichtstaatlicher Akteure in der globalen Klimapolitik haben.

Liane Schalatek
Zwischen Geschlechterblindheit und *Gender Justice*
‚Gender und Klimawandel' in der inter- und transnationalen Politik

Zwar ist Geschlechtergleichheit bislang noch nicht als normatives Grundprinzip für erfolgreiches globales Agieren im Kampf gegen den Klimawandel in internationalen Klimaverhandlungen verankert; dennoch konnten nach beharrlichem zähen Streben von zivilgesellschaftlicher Seite in den letzten Jahren im UNFCCC-Prozess erste wichtige Erfolge verzeichnet und damit die bisherige fast vollkommene Geschlechterblindheit des internationalen Klimaregimes gelindert werden. Dass Klimawandel geschlechterdifferenzierte Auswirkungen hat und damit auch geschlechterdifferenzierte Antworten braucht, ist zumindest in Ansätzen beim UNFCCC sowie dem Zwischenstaatlichen Ausschuss für Klimaveränderungen (IPCC) angekommen. Die COP15 in Kopenhagen war denn auch aus Sicht von GenderadvokatInnen keine verlorene Klimakonferenz. Sie sind optimistisch und motiviert daran weiterzuarbeiten, dass in Folgejahren das Prinzip der Geschlechtergleichheit im Rahmen internationaler Klimaverhandlungen mehr Gehör finden wird. Diese grundsätzlich hoffnungsvolle Erwartung gründet auf den Fortschritten in der Organisierung, Konsolidierung und Koalitionsbildung von Advocacy-Gruppen im Klimaprozess, die sich dem Genderthema verpflichtet fühlen. Vor allem die Gründung zweier transnationaler Netzwerke zu ‚Gender und Klima', nämlich GenderCC – Women for Gender Justice sowie die Global Gender and Climate Alliance (GGCA) und der stärkere Einbezug von kirchlichen, Entwicklungs- und Menschenrechtsgruppen in die Klimaverhandlungen, die sich dem Leitgedanken internationaler Klimagerechtigkeit verpflichtet fühlen, hat in den letzten drei Jahren zu einer signifikanten Stärkung des zivilgesellschaftlichen Bemühens um Geschlechtergleichheit im UNFCCC-Rahmen geführt. Auch außerhalb des Klimaregimes arbeiten GenderadvokatInnen in spezialisierten NGOs und Netzwerken daran, Genderbewusstsein in das Klimathema zu ‚mainstreamen'. Allerdings wird Geschlechtergerechtigkeit nur im Rahmen einer grundsätzlichen systemischen Änderung bestehender politischer Macht- und Resourcenzugänge auf globaler wie Haushaltebene realisiert werden können, wie sie angesichts der Schwere der Herausforderung zur Bewältigung des Klimawandels unumgänglich scheint.

Fabian Frenzel
Entlegene Orte in der Mitte der Gesellschaft
Zur Geschichte der britischen Klimacamps

In Großbritannien konstituiert sich die Klimaschutzbewegung jenseits von NGOs beinahe ausschliesslich in der Protestform des Camps. Seit dem ersten Klimacamp im Sommer 2006 in der Naehe eines der größten britischen Kohlekraftwerke in Yorkshire haben in Großbritannien jährlich weitere Klimacamps stattgefunden. Das Modell ist auch zu einem Exportschlager geworden. Weltweit haben allein im Jahr 2009 19 Klimacamps stattgefunden. In diesem Artikel wird die Geschichte der britischen Klimacamps vor dem Hintergrund ihrer erfolgreichen Entwicklung und Verbreitung diskutiert. Im Besonderen wird aufgezeigt, dass die britischen Klimacamps in der 30-jährigen Tradition des Protest-Campings in Großbritannien stehen. Die Entwicklung der Protestform des Campings steht in engem Zusammenhang mit gegenkulturellen sowie den Neuen Sozialen Bewegungen. Protestcamps werden darüber hinaus durch neue Mobilitäts- und Kommunkationsformen begünstigt. Als Protestform bringen sie spezifische Vorteile aber auch Nachteile mit sich. Anhand der Beispiele der Klimacamps von 2006 bis 2009 in Großbritannien wird insbesondere aufgezeigt, wie eine Professionalisierung der Protestformen des Campings in der Entwicklung der Klimacamps stattgefunden hat. Diese Professionalisierung zeigt sich insbesondere in drei Aspekten des Verhältnisses des Camps zu seiner Umgebung, nämlich im Hinblick auf den Umgang mit den Medien, den Umgang mit den geographischen und politischen Nachbarn und im Hinblick auf die Gestaltung des Camps als Konsum- und Freizeitraum.

Mareike Korte
Der Köder muss dem Fisch schmecken und nicht dem Angler
Vom Umgang sozialer Bewegungen mit den Medien

Soziale Bewegungen, die neben einer umweltpolitischen Zielsetzung auch emanzipatorische Ziele verfolgen und eine zumindest teilweise Veränderung der Gesellschaft anstreben, haben meist auch ein ambivalentes Verhältnis zu Medien, denn diese folgen bestimmten Funktionsweisen und sind in gesellschaftliche Machtverhältnisse eingebunden, die von diesen Bewegungen kritisiert werden. Andererseits brauchen die Bewegungen die Medien um ihre Inhalte, Ziele und Kritiken zu vermitteln und zu verbreiten. Gerade die Einbindung der Medien in diskursive Hegemonien und Beschränkungen macht es den emanzipatorischen Bewegungen oft schwer, Inhalte zu vermitteln, die etablierten Logiken widersprechen. So befinden sich gesellschaftskritische oder emanzipatorische Teile der Umweltbewegung in einem Spannungsfeld zwischen Anpassung an bestimmte Medienfunktionsweisen und Opposition gegen diese. Am Beispiel zweier umweltpolitische Kampagnen, die einen gewaltfreien Gesellschaftsentwurf vertreten, wird dieses Spannungsfeld näher beleuchtet. Dabei werden verschiedene Handlungsoptionen und -beschränkungen deutlich. So kommt es einerseits darauf an, wo es notwendig erscheint, Kompromisse einzugehen und diese bewusst zu reflektieren und andererseits darauf, Möglichkeiten zu finden, die hegemonial nicht sagbaren Aspekte der eigenen Zielsetzung entweder so zu vermitteln, dass sie sagbar erscheinen oder in alternativen Strukturen einen anderen Raum des Sagbaren zu schaffen.

Monika E. Neuner
Klimabewegungen in Russland
Chancen und Probleme ihrer transnationalen Vernetzung

Angesichts enormer Erdöl- und Erdgasvorkommen, schlecht isolierter Wohnblöcke ohne inidividuelle Heizregelung und staatlicher Repression von politischer Selbstorganisation stellt sich die Frage, ob Russland und Klimaaktivismus" zusammenpassen. Russische AktivistInnen stellen bisher den Zusammenhang zwischen einem Verhalten, das den Menschen vor Ort und der lokalen Umwelt und einem Verhalten, das dem globalen Klima schadet, tatsächlich selten her. Glokalisierung – die lokale Verankerung von globalen Themen – findet noch nicht statt. Linke emanzipatorische Gruppen machen den Klimawandel, der auch in Russland die soziale Ungerechtigkeit verstärkt, ebenfalls selten zu ihrem Thema. Der Prozess der lokalen Verankerung von Themen wie dem Klimaschutz kann allerdings – so die Argumentation – durch transnationale Vernetzung gefördert werden. Auf Basis des Forschungsstands zur transnationalen Vernetzung sozialer Bewegungen und eigener Interviews mit russischen AktivistInnen aus dem Klima- und Ökologiespektrum untersucht dieser Beitrag die bisherige Zusammenarbeit zwischen AktivistInnen aus Russland und der Europäischen Union. Dabei werden die unterschiedlichen Diskurs- und Handlungskontexte der Akteure sowie die bisher daraus resultierenden Verständnis- und Kommunikationsprobleme, aber auch inhaltliche Anknüpfungspunkte und Chancen für eine transnationale Zusammenarbeit aufgezeigt. Die Erkenntnisse zu den Chancen und Problemen der transnationalen Vernetzung von Klimabewegungen aus Russland und Westeuropa können im Wesentlichen auch auf emanzipatorische politische Bewegungen aus einem anderen Themenfeld übertragen werden.

Eva Friesinger
NGOs und Agrotreibstoffe
Ein spannungsreiches Verhältnis

Agrotreibstoffe erscheinen auf den ersten Blick als grüne Alternative zu herkömmlichen Energieträgern. Gegen die europäische Agrotreibstoffpolitik hat sich jedoch in den vergangenen Jahren ein breiter Widerstand entwickelt. Während Agrotreibstoffe von Politik und Konzernen im Gegensatz zu fossilen Energiequellen als klimaschonend dargestellt werden, verweisen verschiedenste NGOs auf eine Vielzahl von ökologischen und sozialen Problemen, die mit der zunehmenden Produktion und Verbreitung von Agrotreibstoffen einhergehen. Die Skandalisierung etwa der Fragwürdigkeit der Klimaneutralität von Agrosprit oder der Konkurrenz zwischen den benötigten Rohstoffen und dem Anbau von Nahrungsmitteln war so erfolgreich, dass die mächtigen Befürworter von Agrotreibstoffen Legitimitätskampagnen starteten: Zertifizierungsverfahren für die Nachhaltige Produktion von Agrokraftstoffen, die im Rahmen von Multi-Stakeholder-Initiativen entwickelt und durchgeführt werden, sollen dem zunehmenden öffentlichen Akzeptanzverlust von Agrosprit entgegenwirken. Diese Prozesse und Verfahren werden von vielen NGOs stark kritisiert, einige arbeiten allerdings auch an den runden Tischen zum nachhaltigen Anbau verschiedener Energiepflanzen mit und erhöhen dadurch deren Legitimation. Die gesellschaftskritischen Fragestellungen, die in der Agrotreibstoffdebatte thematisiert wurden – etwa nach dem Ende des Fossilismus, nach Ernährungssouveränität, nach anderen Formen der Produktion und des Lebens – drohen dabei durch pragmatische Diskussionen um Nachhaltigkeitskriterien und Zertifizierung marginalisiert zu werden.

Neu im Programm
Politikwissenschaft

Carlo Masala / Frank Sauer /
Andreas Wilhelm (Hrsg.)
**Handbuch der
Internationalen Politik**
Unter Mitarbeit von Konstantinos Tsetsos
2010. ca. 510 S. Br. EUR 49,95
ISBN 978-3-531-14352-1

Das Handbuch der Internationalen Politik
vermittelt theoretische und methodische
Grundlagen der Forschungsdisziplin Internationale Beziehungen. Die Einzelbeiträge
geben einen Überblick über Akteure,
Strukturen und Prozesse sowie Hand-
lungsfelder der internationalen Politik und
dienen darüber hinaus der Vermittlung
von aktuellen Erkenntnissen der Forschung. Der Sammelband richtet sich
sowohl an Studierende und Wissenschaftler als auch die interessierte Öffentlichkeit.

Thomas Meyer
Was ist Politik?
3., akt. u. erg. Aufl. 2010. 274 S. Br.
EUR 19,95
ISBN 978-3-531-16467-0

Das Buch bietet allen politisch Interessierten und all denen, die genauer verstehen
möchten, wie Politik funktioniert, eine
fundierte und leicht verständliche Einführung. Es hat zwei besondere Schwer-

punkte: die neuen politischen Fragen
(Identitätspolitik, Zivilgesellschaft, Biopoli-
tik und Globalisierung) und die neuesten
Entwicklungen der Mediendemokratie.

Gerhard Naegele (Hrsg.)
Soziale Lebenslaufpolitik
Unter Mitarbeit von Britta Bertermann
2010. 775 S. (Sozialpolitik und Sozialstaat)
Br. EUR 69,95
ISBN 978-3-531-16410-6

Die demographische Entwicklung in
Deutschland hat uns bewusst gemacht,
dass sich Gesellschaft, Politik und Wirtschaft auf die Einbindung von älteren
Menschen in die Arbeitswelt einstellen
müssen. Damit gewinnt aus durchaus
praktischen Gründen die wissenschaftliche Erforschung des sozialen Lebenslaufs
und seine politische Gestaltung insgesamt
eine zentrale Bedeutung: Die schnelle und
fundamentale Änderung von modernen
Lebensverläufen erfordert eine bewusste
Politik in zahlreichen Bereichen. Dieser
Band bietet einerseits die wissenschaftlichen Grundlagen der Lebenslauffor-
schung, andererseits untersucht er die
Politikbereiche, in denen Lebenslaufpolitik
verstärkt betrieben werden muss.

Neu im Programm Politikwissenschaft

Christine Bauhardt / Gülay Çaglar (Hrsg.)
Gender and Economics
Feministische Kritik der politischen Ökonomie
2010. 308 S. (Gender und Globalisierung)
Br. EUR 34,95
ISBN 978-3-531-16485-4

Arthur Benz / Nicolai Dose (Hrsg.)
Governance – Regieren in komplexen Regelsystemen
Eine Einführung
2., akt. u. veränd. Aufl. 2010. 277 S.
(Governance) Br. EUR 26,95
ISBN 978-3-531-17332-0

Sebastian Bukow / Wenke Seemann (Hrsg.)
Die Große Koalition
Regierung - Politik - Parteien 2005-2009
2010. 391 S. Br. EUR 34,95
ISBN 978-3-531-16199-0

Jürgen Dittberner
Die FDP
Geschichte, Personen, Organisation, Perspektiven. Eine Einführung
2., überarb. u. akt. Aufl. 2010. 343 S. Br. EUR 39,95
ISBN 978-3-531-17494-5

Thorsten Faas / Kai Arzheimer / Sigrid Roßteutscher (Hrsg.)
Information – Wahrnehmung – Emotion
Politische Psychologie in der Wahl- und Einstellungsforschung
2010. 377 S. (Veröffentlichung des Arbeitskreises „Wahlen und politische Einstellungen" der DVPW) Br. EUR 49,95
ISBN 978-3-531-17384-9

Florian Kühn
Sicherheit und Entwicklung in der Weltgesellschaft
Liberales Paradigma und Statebuilding in Afghanistan
2010. 385 S. (Politik und Gesellschaft des Nahen Ostens) Br. EUR 39,95
ISBN 978-3-531-17254-5

Markus M. Müller / Roland Sturm
Wirtschaftspolitik kompakt
2010. 259 S. Br. EUR 24,95
ISBN 978-3-531-14497-9

Franz Walter
Vom Milieu zum Parteienstaat
Lebenswelten, Leitfiguren und Politik im historischen Wandel
2010. 254 S. Br. EUR 24,95
ISBN 978-3-531-17280-4

Erhältlich im Buchhandel oder beim Verlag.
Änderungen vorbehalten. Stand: Juli 2010.

www.vs-verlag.de

VS VERLAG

Abraham-Lincoln-Straße 46
65189 Wiesbaden
Tel. 0611.7878-722
Fax 0611.7878-400